여러분의 합격을 응원하는
해커스PSAT의 특별 혜택

 해커스PSAT 온라인 단과강의 **20% 할인쿠폰**

3K5BA83AK6E74000

해커스PSAT 사이트(psat.Hackers.com) 접속 후 로그인 ▶
우측 퀵배너 [쿠폰/수강권등록] 클릭 ▶ 위 쿠폰번호 입력 후 이용

* 등록 후 7일간

KB218818

 PSAT 패스 [교재 포함형] **10% 할인쿠폰**

KK65A83CK2K39000

해커스PSAT 사이트(psat.Hackers.com) 접속 후 로그인 ▶
우측 퀵배너 [쿠폰/수강권등록] 클릭 ▶ 위 쿠폰번호 입력 후 이용

* 등록 후 7일간 사용 가능(ID당 1회에 한해 등록 가능)

PSAT 패스 [교재 미포함형] **10% 할인쿠폰**

8C68A83BK375E000

해커스PSAT 사이트(psat.Hackers.com) 접속 후 로그인 ▶
우측 퀵배너 [쿠폰/수강권등록] 클릭 ▶ 위 쿠폰번호 입력 후 이용

* 등록 후 7일간 사용 가능(ID당 1회에 한해 등록 가능)

쿠폰 이용 관련 문의 **1588-4055**

해커스PSAT

7급PSAT
유형별 기출
200제 언어논리

해커스

조은정

이력

이화여자대학교 사회과학대학 졸업
(현) 해커스 7급 공채 PSAT 언어논리 대표강사
(현) 베리타스에듀 5급 공채 PSAT 언어논리 대표강사
(현) 베리타스에듀 7급 지역인재 PSAT 언어논리 대표강사
(현) 상상로스쿨 언어이해 대표강사
(전) 한상준 PSAT 전문학원 언어논리 대표강사

저서

해커스PSAT 7급 PSAT 유형별 기출 200제 언어논리
해커스PSAT 7급+민경채 PSAT 16개년 기출문제집 언어논리
해커스PSAT 7급 PSAT 기출문제집
해커스PSAT 7급 PSAT 기본서 언어논리
해커스공무원 7급 PSAT 입문서
5급 공채 PSAT 조은정 언어논리 입문서
5급 공채 PSAT 조은정 언어논리 기본서
112 PSAT 조은정의 떠먹는 언어논리
PSAT 퀴즈 99
112 민간경력자 PSAT 기출 유형분석 총정리
PSAT 조은정 언어논리 실전모의고사

유형과 전략을 잡으면
고득점은 충분히 가능합니다!

7급 공채 PSAT를 준비하는 많은 수험생들이
PSAT 언어논리를 어떻게 준비해야 점수를 올릴 수 있는지 질문을 하곤 합니다.
PSAT는 많은 문제를 풀면서 감을 익히는 것도 중요하지만,
문제의 특징에 맞는 전략을 익히는 것이 더 중요합니다.

PSAT 언어논리에 출제되는 문제 유형에 대한 이해를 높일 수 있도록,
유형별 문제 풀이를 집중적으로 연습하여 문제 풀이의 정확도와 속도를 향상시킬 수 있도록,
취약한 유형을 파악하고 약점을 극복하여 고득점을 달성할 수 있도록
수많은 고민을 거듭한 끝에 『해커스PSAT 7급 PSAT 유형별 기출 200제 언어논리』를 출간하게 되었습니다.

『해커스PSAT 7급 PSAT 유형별 기출 200제 언어논리』는

1. 유형 공략 문제를 통해 유형에 대한 이해를 높이고, 문제 풀이 전략을 습득할 수 있습니다.

2. **취약 유형 진단&약점 극복**을 통해 취약한 유형을 파악하고, 약점을 극복하여 고득점을 달성할 수 있습니다.

3. **기출 재구성 모의고사**를 통해 실전 감각을 극대화하고 PSAT 언어논리 고득점을 달성할 수 있습니다.

『해커스PSAT 7급 PSAT 유형별 기출 200제 언어논리』가 7급 PSAT 고득점을 꿈꾸는 모든 수험생 여러분에게 **훌륭한 길잡이**가
되기를 바랍니다.

조은정

목차

언어논리 고득점을 위한 이 책의 활용법 **|** 6

기간별 맞춤 학습 플랜 **|** 8

7급 공채 및 PSAT 알아보기 **|** 10

언어논리 고득점 가이드 **|** 12

1 독해의 원리

유형 1 개념 이해   16

유형 2 구조 판단   32

유형 3 원칙 적용   50

2 논증의 방향

유형 4 논지와 중심내용   74

유형 5 견해 분석   86

유형 6 논증의 비판과 반박   104

유형 7 논증 평가   116

3 문맥과 단서

유형 8	빈칸 추론	136
유형 9	밑줄 추론	154
유형 10	글의 수정	168

4 논리의 체계

유형 11	논증의 타당성	178
유형 12	논리 퀴즈	186
유형 13	독해형 논리	202

기출 재구성 모의고사   222

[부록]

기출 출처 인덱스

[책 속의 책]

약점 보완 해설집

언어논리 고득점을 위한 **이 책의 활용법**

1 유형 특징을 파악하여 전략적으로 학습한다.

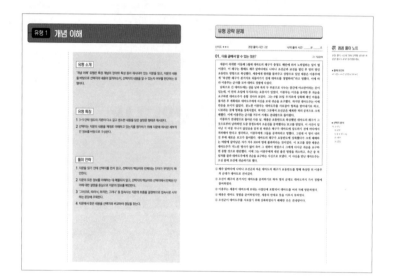

유형 특징 & 풀이 전략

7급 공채 및 출제 경향이 유사한 민간경력자, 5급 공채 PSAT 기출문제의 유형별 특징과 풀이 전략을 확인하여 유형에 대한 이해를 높일 수 있습니다.

2 유형 공략 문제로 문제 풀이법을 익히고 시간 관리 능력을 향상시킨다.

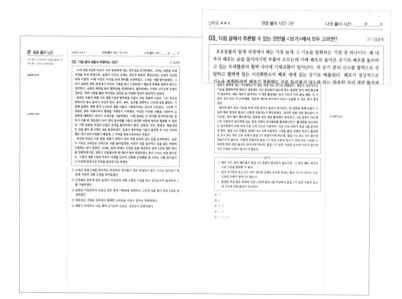

난이도 & 권장 풀이 시간 & 나의 풀이 시간

다양한 난이도로 구성된 유형별 기출문제를 풀면서 시간 관리 연습을 할 수 있습니다. 또한 문제별 난이도와 나의 풀이 시간을 체크하여 문제 풀이 실력을 점검할 수 있습니다.

꼼꼼 풀이 노트

문제 풀이 후, 출제 포인트와 풀이법 등을 정리하여 문제를 효과적으로 복습할 수 있습니다.

3 문항별 정오표 및 취약 유형 분석표로 취약한 유형을 꼼꼼하게 보완한다.

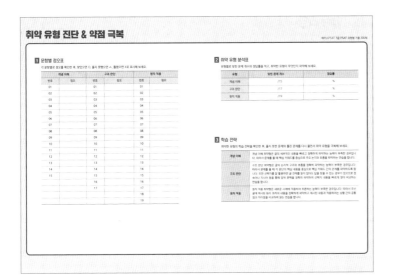

문항별 정오표 & 취약 유형 분석표

유형별로 맞힌 문제 개수와 정답률을 파악하여 유형별로 비교해보고, 자신의 취약한 유형이 무엇인지 확인할 수 있습니다.

학습 전략

취약한 유형의 학습 전략을 확인한 후, 이에 따라 틀린 문제와 풀지 못한 문제를 반복하여 풀면서 약점을 극복할 수 있습니다.

4 기출 재구성 모의고사로 실전 감각을 극대화하고, 상세한 해설로 완벽하게 정리한다.

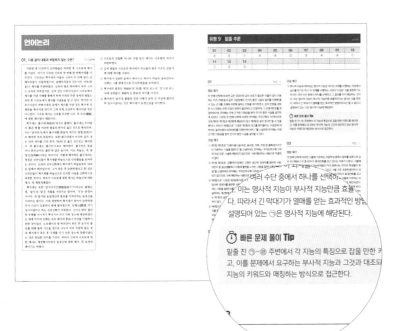

기출 재구성 모의고사

고난도 핵심 기출문제로 구성된 기출 재구성 모의고사를 풀면서 실전 감각을 기를 수 있습니다.

약점 보완 해설집

상세하고 이해하기 쉬운 해설로 모든 문제를 체계적으로 학습할 수 있습니다. 특히 '빠른 문제 풀이 Tip'을 통해 문제를 빠르고 정확하고 푸는 방법까지 익힐 수 있습니다.

기간별 맞춤 학습 플랜

10일 완성 학습 플랜

· 이틀에 한 파트씩 권장 풀이 시간에 따라 유형 공략 문제를 풀면서 유형별 문제 풀이법을 익히고, 취약한 유형을 중심으로 복습합니다. 이후, 실전처럼 시간을 정해 기출 재구성 모의고사를 풀고 마무리합니다.

	＿＿월＿＿일	＿＿월＿＿일	＿＿월＿＿일	＿＿월＿＿일	＿＿월＿＿일
1주차	독해의 원리 유형 1~3	독해의 원리 복습	논증의 방향 유형 4~7	논증의 방향 복습	문맥과 단서 유형 8~10
	＿＿월＿＿일	＿＿월＿＿일	＿＿월＿＿일	＿＿월＿＿일	＿＿월＿＿일
2주차	문맥과 단서 복습	논리의 체계 유형 11~13	논리의 체계 복습	기출 재구성 모의고사	전체 복습

20일 완성 학습 플랜

· 하루에 한 유형씩 권장 풀이 시간에 따라 유형 공략 문제를 풀면서 유형별 문제 풀이법을 익히고, 출제 포인트와 풀이법을 꼼꼼히 분석하며 복습합니다. 이후, 실전처럼 시간을 정해 기출 재구성 모의고사를 풀고 마무리합니다.

	___월___일	___월___일	___월___일	___월___일	___월___일
1주차	독해의 원리 유형 1	독해의 원리 유형 2	독해의 원리 유형 3	독해의 원리 복습	논증의 방향 유형 4
	___월___일	___월___일	___월___일	___월___일	___월___일
2주차	논증의 방향 유형 5	논증의 방향 유형 6	논증의 방향 유형 7	논증의 방향 복습	문맥과 단서 유형 8
	___월___일	___월___일	___월___일	___월___일	___월___일
3주차	문맥과 단서 유형 9	문맥과 단서 유형 10	문맥과 단서 복습	논리의 체계 유형 11	논리의 체계 유형 12
	___월___일	___월___일	___월___일	___월___일	___월___일
4주차	논리의 체계 유형 13	논리의 체계 복습	기출 재구성 모의고사	기출 재구성 모의고사 복습	전체 복습

7급 공채 및 PSAT 알아보기

█ 7급 공채 알아보기

1. 7급 공채란?

7급 공채는 인사혁신처에서 학력, 경력에 관계없이 7급 행정직 및 기술직 공무원으로 임용되기를 원하는 불특정 다수인을 대상으로 실시하는 공개경쟁채용시험을 말합니다. 신규 7급 공무원 채용을 위한 균등한 기회 보장과 보다 우수한 인력의 공무원을 선발하는 데에 시험의 목적이 있습니다. 경력경쟁채용이나 지역인재채용과 달리 20세 이상의 연령이면 국가공무원법 제33조에서 정한 결격사유에 저촉되지 않는 한, 누구나 학력 제한이나 응시상한연령 없이 시험에 응시할 수 있습니다.

- **경력경쟁채용**: 공개경쟁채용시험에 의하여 충원이 곤란한 분야에 대해 채용하는 제도로서 다양한 현장 경험과 전문성을 갖춘 민간전문가를 공직자로 선발한다.
- **지역인재채용**: 자격요건을 갖춘 자를 학교별로 추천받아 채용하는 제도로서 일정 기간의 수습 근무를 마친 후 심사를 거쳐 공직자로 선발한다.

2. 7급 공채 채용 프로세스

※ 상세 일정은 사이버국가고시센터(www.gosi.kr) 참고

▌7급 공채 PSAT 알아보기

1. PSAT란?

PSAT(Public Service Aptitude Test, 공직적격성평가)는 공직과 관련된 상황에서 발생하는 여러 가지 문제에 신속히 대처할 수 있는 문제해결의 잠재력을 가진 사람을 선발하기 위해 도입된 시험입니다. 즉, 특정 과목에 대한 전문 지식 보유 수준을 평가하는 대신, 공직자로서 지녀야 할 기본적인 자질과 능력 등을 종합적으로 평가하는 시험입니다. 이에 따라 PSAT는 이해력, 추론 및 분석능력, 문제해결능력 등을 평가하는 언어논리, 상황판단, 자료해석 세 가지 영역으로 구성됩니다.

2. 시험 구성 및 평가 내용

과목	시험 구성	평가 내용
언어논리	각 25문항/120분	글의 이해, 표현, 추론, 비판과 논리적 사고 등의 능력을 평가함
상황판단		제시문과 표를 이해하여 상황 및 조건에 적용하고, 판단과 의사결정을 통해 문제를 해결하는 능력을 평가함
자료해석	25문항/60분	표, 그래프, 보고서 형태로 제시된 수치 자료를 이해하고 계산하거나 자료 간의 연관성을 분석하여 정보를 도출하는 능력을 평가함

※ 본 시험 구성은 2022년 시험부터 적용

언어논리 고득점 가이드

▌출제 유형 분석

언어논리는 언어에 대한 이해력과 논리적 사고력을 평가하는 영역으로, 크게 독해의 원리, 논증의 방향, 문맥과 단서, 논리의 체계 네 가지 유형으로 나눌 수 있습니다. 이 중 독해의 원리, 문맥과 단서는 5급 공채와 민간경력자 PSAT뿐만 아니라 7급 공채 PSAT에서도 출제 비중이 높습니다. 또한, 논증의 방향은 2022년 7급 공채 PSAT부터 출제 비중이 크게 높아졌고, 논리의 체계는 출제 비중이 높지는 않지만 고난도로 꾸준히 출제되고 있습니다. 네 가지 유형 모두 기본적인 독해력이 필수적으로 요구되므로 주어진 시간 내에 긴 길이의 지문을 빠르고 정확하게 이해하는 능력이 필요합니다.

구분	유형	유형 설명
독해의 원리	· 개념 이해 · 구조 분석 · 원칙 적용	2~5단락 정도의 지문을 제시하고, 지문의 내용을 정확히 이해했는지, 지문의 내용을 바탕으로 지문에 제시되지 않은 정보를 올바르게 추론할 수 있는지, 지문에 제시된 내용을 새로운 상황에 적용할 수 있는지를 묻는 유형
논증의 방향	· 논지와 중심내용 · 견해 분석 · 논증의 비판과 반박 · 논증 평가	1~3단락 정도의 논증이 지문으로 제시되고, 논증의 주장이나 중심내용을 올바르게 이해했는지, 나아가 논증의 주장을 지지하거나 비판하는 등의 평가를 적절하게 할 수 있는지를 묻는 유형
문맥과 단서	· 빈칸 추론 · 밑줄 추론 · 글의 수정	중간에 빈칸이 있거나 밑줄이 그어져 있는 1~3단락 정도의 지문을 제시하고, 내용의 흐름을 파악하여 빈칸에 들어갈 내용을 적절하게 추론할 수 있는지, 밑줄 그어진 구절의 의미를 올바르게 판단할 수 있는지를 묻는 유형
논리의 체계	· 논증의 타당성 · 논리 퀴즈 · 독해형 논리	1~3단락 정도의 비교적 짧은 길이의 지문 또는 퀴즈를 해결하는 데 필요한 3~5개 정도의 명제나 조건을 제시하고, 제시된 명제나 조건의 참·거짓 여부를 판단할 수 있는지, 명제나 조건 간의 관계를 고려하여 논증에서 빠진 전제 또는 결론을 추론할 수 있는지를 묻는 유형

▌출제 경향 분석 & 대비 전략

1. 출제 경향 분석

① 출제 유형

5급 및 민간경력자 PSAT 시험에 출제되었던 유형이 거의 동일하게 출제되고 있으며, 7급 PSAT 시험에서만 출제되는 유형이 모의평가 이후 꾸준히 출제되고 있습니다. 2024년 시험은 기존 기출에서 출제된 유형들이 그대로 출제되어 익숙한 문제들로 구성되었으나 유형별 비중에 변화가 있었습니다. 지문 내용을 단순히 파악하는 문제의 비중이 늘었고, 논증의 방향을 판단하는 문제의 비중은 줄었습니다. 문맥 문제의 경우 실무 소재 문제의 비중이 2021년 기출 이후 가장 낮았습니다. 논리 문제는 2023년 시험보다 비중이 늘었습니다.

② 난도

2024년 시험은 2023년 시험보다 높은 난도로 출제되었습니다. 독해 문제는 2022년, 2023년과 유사하게 평이한 난도로 출제되었습니다. 실험 추리 문제가 출제되었지만, 2023년과 동일한 형태여서 어렵지 않았습니다. 2024년 시험에서 변별력 높은 문제는 논리와 논증 파트에서 주로 출제되어 논리 논증 문제는 2023년에 비해 난도가 높았습니다. 특히 논증 문제에 논리 이론이 접목되는 논리 논증 통합형 문제가 출제되어 체감 난도가 더 높았습니다. 실무 소재 문제는 비중이 줄었으나 기존에 출제되었던 유형이 응용된 형태로 출제되어 2023년에 비해 난도가 높아졌습니다.

③ 소재

인문, 사회, 역사, 과학, 철학, 법조문 등 다양한 소재가 출제됩니다. 특히 실험 소재가 각 유형 별로 난도 높은 소재로 활용되고 있습니다. 또한 7급 PSAT에서만 출제되는 실무 소재 역시 꾸준히 출제되고 있습니다.

2. 대비 전략

① 시험 문제에 대한 분석이 선행되어야 합니다.

PSAT는 전문적인 지식의 암기 여부를 테스트하는 시험이 아닌 적성 시험입니다. 그렇기 때문에 시험의 특징과 출제 경향에 대해 정확히 파악하고, 그에 따라 전략적으로 대비하는 것이 중요합니다. 따라서 실제 언어논리 시험 문제가 어떻게 구성되어 있고, 어떤 소재가 출제되는지, 어떤 문제 유형이 출제되는지 등에 대해 분석하여 시험의 특징을 파악해야 합니다.

② 기본적인 독해력과 사고력을 키워야 합니다.

언어논리에서는 지문의 소재가 다양하게 출제되므로 다양한 소재의 글을 읽고 정확히 이해할 수 있어야 합니다. 이에 따라 꾸준한 독서와 독해 연습을 통해 글의 구조를 이해하고, 글에서 묻고자 하는 바와 출제 의도를 파악하는 연습을 해야 합니다. 또한 논리의 체계 유형은 기본적인 논리 지식을 필수적으로 학습해야 합니다.

③ 유형별 문제 풀이 전략을 익혀야 합니다.

7급 공채 PSAT는 60분 동안 영역별 25문항을 풀어야 하는 시험이므로 시험 시간이 촉박하게 느껴질 수 있습니다. 때문에 언어논리에서 고득점을 획득하기 위해서는 독해 연습과 이론적인 부분에 대한 학습뿐만 아니라 제한된 시간 내에 빠르고 정확하게 문제를 풀 수 있는 유형별 문제 풀이 전략을 익혀야 합니다.

출제 경향

1 독해의 원리는 지문의 내용을 제대로 이해했는지, 지문의 내용을 바탕으로 지문에 제시되지 않은 내용을 올바르게 추론할 수 있는지, 지문에 제시된 내용을 새로운 상황에 적용할 수 있는지를 평가하는 영역이다.

2 문제에서 평가하고자 하는 영역에 따라 ① 개념 이해, ② 구조 판단, ③ 원칙 적용 총 3가지 세부 유형으로 출제되며, 출제 비중은 다음과 같다.

구분		2020년 모의평가	2021년 기출문제	2022년 기출문제	2023년 기출문제	2024년 기출문제
출제 비중 (문항)	1. 개념 이해	2	2	4	3	2
	2. 구조 판단	1	2	2	3	5
	3. 원칙 적용	5	4	2	4	4
	총 문항 수	8	8	8	10	11

3 2020년 모의평가에서는 '중' 난이도, 2021년 기출문제에서는 '중상' 난이도로 출제되어 난도가 점차적으로 어려워졌으나, 2022년과 2023년 기출문제에서는 '중하' 난이도로 다소 평이하게 출제되었고, 2024년 기출문제는 '중' 난이도로 출제되었다.

1 독해의 원리

유형1 개념 이해

유형2 구조 판단

유형3 원칙 적용

유형 1 개념 이해

유형 소개

'개념 이해' 유형은 특정 개념의 정의와 특성 등이 제시되어 있는 지문을 읽고, 지문의 내용을 바탕으로 선택지의 내용이 일치하는지, 선택지의 내용을 알 수 있는지 여부를 판단하는 유형이다.

유형 특징

1 3~5 단락 정도의 지문이 다소 길고 생소한 내용을 담은 설명문 형태로 제시된다.

2 선택지는 지문의 내용을 제대로 이해하고 있는지를 평가하기 위해 지문에 제시된 세부적인 정보를 바탕으로 구성된다.

풀이 전략

1 지문을 읽기 전에 선택지를 먼저 읽고, 선택지의 핵심어와 반복되는 단어가 무엇인지 확인한다.

2 지문의 모든 정보를 이해하는 데 매몰되지 말고, 선택지의 핵심어와 선택지에서 반복된 단어에 대한 설명을 중심으로 지문의 정보를 확인한다.

3 '그러므로, 따라서, 하지만, 그러나' 등 접속사는 지문의 흐름을 결정하므로 접속사로 시작하는 문장에 주목한다.

4 지문에서 찾은 내용을 선택지와 비교하여 정답을 찾는다.

유형 공략 문제

난이도 ★★☆   권장 풀이 시간: 2분   나의 풀이 시간: _____분 _____초

01. 다음 글에서 알 수 있는 것은?

22 7급공채

세종이 즉위한 이듬해 5월에 대마도의 왜구가 충청도 해안에 와서 노략질하는 일이 벌어졌다. 이 왜구는 황해도 해주 앞바다에도 나타나 조선군과 교전을 벌인 후 명의 땅인 요동반도 방향으로 북상했다. 세종에게 왕위를 물려주고 상왕으로 있던 태종은 이종무에게 "북상한 왜구가 본거지로 되돌아가기 전에 대마도를 정벌하라!"라고 명했다. 이에 따라 이종무는 군사를 모아 대마도 정벌에 나섰다.

남북으로 긴 대마도에는 섬을 남과 북의 두 부분으로 나누는 중간에 아소만이라는 곳이 있는데, 이 만의 초입에 두지포라는 요충지가 있었다. 이종무는 이곳을 공격한 후 귀순을 요구하면 대마도주가 응할 것이라 보았다. 그는 6월 20일 두지포에 상륙해 왜인 마을을 불사른 후 계획대로 대마도주에게 서신을 보내 귀순을 요구했다. 하지만 대마도주는 이에 반응을 보이지 않았다. 분노한 이종무는 대마도주를 사로잡아 항복을 받아내기로 하고, 니로라는 곳에 병력을 상륙시켰다. 하지만 그곳에서 조선군은 매복한 적의 공격으로 크게 패했다. 이에 이종무는 군사를 거두어 거제도 견내량으로 돌아왔다.

이종무가 견내량으로 돌아온 다음 날, 태종은 요동반도로 북상했던 대마도의 왜구가 그곳으로부터 남하하던 도중 충청도에서 조운선을 공격했다는 보고를 받았다. 이 사건이 일어난 지 며칠 지나지 않음을 알게 된 태종은 왜구가 대마도에 당도하기 전에 바다에서 격파해야 한다고 생각하고, 이종무에게 그들을 공격하라고 명했다. 그런데 이 명이 내려진 후에 새로운 보고가 들어왔다. 대마도의 왜구가 요동반도에 상륙했다가 크게 패배하는 바람에 살아남은 자가 겨우 300여 명에 불과하다는 것이었다. 이 보고를 접한 태종은 대마도주가 거느린 병사가 많이 죽어 그 세력이 꺾였으니 그에게 다시금 귀순을 요구하면 응할 것으로 판단했다. 이에 그는 이종무에게 내린 출진 명령을 취소하고, 측근 중 적임자를 골라 대마도주에게 귀순을 요구하는 사신으로 보냈다. 이 사신을 만난 대마도주는 고심 끝에 조선에 귀순하기로 했다.

① 해주 앞바다에 나타나 조선군과 싸운 대마도의 왜구가 요동반도를 향해 북상한 뒤 이종무의 군대가 대마도로 건너갔다.

② 조선이 왜구의 본거지인 대마도를 공격하기로 하자 명의 군대도 대마도까지 가서 정벌에 참여하였다.

③ 이종무는 세종이 대마도에 보내는 사절단에 포함되어 대마도를 여러 차례 방문하였다.

④ 태종은 대마도 정벌을 준비하였지만, 세종의 반대로 뜻을 이루지 못하였다.

⑤ 조선군이 대마도주를 사로잡기 위해 상륙하였다가 패배한 곳은 견내량이다.

📝 **꼼꼼 풀이 노트**

권장 풀이 시간에 맞춰 문제를 풀어본 후, 꼼꼼 풀이 노트로 정리해보세요.

■ **출제 포인트**
예) 지문에 제시된 인물들의 행적 파악

■ **선택지 분석**
예) ① 1문단
② 1문단
③ 알 수 없는 내용
④ 3문단
⑤ 2문단

2 논증의 방향
3 문맥과 단서
4 논리의 체계
기출 재구성 모의고사

해커스PSAT 7급 PSAT 유형별 기출 200제 언어논리

난이도 ★★☆   **권장 풀이 시간:** 1분 50초   **나의 풀이 시간:** _____분 _____초

02. 다음 글의 내용과 부합하는 것은?   23 7급공채

> 고려 숙종 9년에 여진이 고려 동북면에 있는 정주성을 공격하였다. 고려는 윤관을 보내 여진을 막게 하였으며, 윤관이 이끄는 군대는 정주성 북쪽의 벽등수라는 곳에서 여진과 싸워 이겼다. 이에 여진은 사신을 보내 화의를 요청하였고, 고려는 이를 받아들였다. 그러나 윤관은 전투 과정에서 여진의 기병을 만나 고전하였기 때문에 대책을 세워야 한다고 생각하고, 숙종의 허락을 받아 별무반을 창설하였다. 별무반에는 기병인 신기군과 보병인 신보군, 적의 기병을 활로 막아내는 경궁군 등 다양한 부대가 편성되어 있었다.
>
> 윤관은 숙종의 뒤를 이은 예종 2년에 별무반을 이끌고 여진 정벌에 나섰다. 그는 정주성 북쪽으로 밀고 올라가 여진의 영주, 웅주, 복주, 길주를 점령하고 그곳에 성을 쌓았다. 이 이듬해 윤관은 정예 병사 8,000여 명을 이끌고 가한촌이라는 곳으로 나아갔다. 그런데 가한촌은 병목 지형이어서 병력을 지휘하기 어려웠다. 여진은 이러한 지형을 이용하여 길 양쪽에 매복하고 있다가 고려군을 기습하였다. 이때 윤관은 큰 위기를 맞이하였지만 멀리서 이를 본 척준경이 10여 명의 결사대를 이끌고 분전한 덕분에 영주로 탈출할 수 있었다. 이후 윤관은 여진의 끈질긴 공격을 물리치면서 함주, 공험진, 의주, 통태진, 평융진에도 성을 쌓아 총 9개의 성을 완성하였다. 윤관이 별무반을 이끌고 출정한 후 여진 지역에 쌓은 성이 모두 9개였기 때문에 그 지역을 동북 9성이라고 부른다.
>
> 하지만 여진은 이후 땅을 되찾기 위하여 여러 차례 웅주와 길주 등을 공격하였다. 윤관이 이끄는 고려군은 가까스로 이를 물리쳤지만, 여진이 성을 둘러싸고 길을 끊는 바람에 고립되는 일이 잦았다. 고려는 윤관 외에도 오연총 등을 파견하여 동북 9성에 대한 방비를 강화하였지만, 전투가 거듭될수록 병사들이 계속 희생되었고 물자 소비도 점점 많아졌다. 그래서 예종 4년에 여진이 자세를 낮추며 강화를 요청했을 때 고려는 이를 받아들이고 여진에 동북 9성 지역을 돌려주기로 하였다.

① 고려는 동북 9성을 방어하는 과정에서 병사들이 계속 희생되고 물자 소비도 늘어났기 때문에 여진의 강화 요청을 받아들였다.

② 오연총은 웅주에 있던 윤관이 여진군에 의해 고립된 사실을 알고 길주로부터 출정하여 그를 구출하였다.

③ 윤관은 여진군과의 끈질긴 전투 끝에 가한촌을 점령하고 그곳에 성을 쌓아 동북 9성을 완성하였다.

④ 척준경은 가한촌 전투에서 패배한 고려군을 이끌고 길주로 후퇴하였다.

⑤ 예종이 즉위하고 다음 해에 신기군과 신보군, 경궁군이 창설되었다.

03. 다음 글에서 추론할 수 있는 것만을 <보기>에서 모두 고르면?   23 7급공채

포유동물의 발생 과정에서 폐는 가장 늦게 그 기능을 발휘하는 기관 중 하나이다. 폐 내부의 폐포는 숨을 들이마시면 부풀어 오르는데 이때 폐로 들어온 공기와 폐포를 둘러싸고 있는 모세혈관의 혈액 사이에 기체교환이 일어난다. 즉 공기 중의 산소를 혈액으로 전달하고 혈액에 있는 이산화탄소가 폐포 내에 있는 공기로 배출된다. 폐포가 정상적으로 기능을 발휘하려면 폐포가 접촉해도 서로 들러붙지 않도록 하는 충분한 양의 계면 활성제가 필요하다. 폐포 세포가 분비하는 이 계면 활성제는 임신 기간이 거의 끝날 때쯤, 즉 사람의 경우 임신 약 34주째쯤, 충분히 폐포에 분비되어 비로소 호흡할 수 있는 폐가 형성된다.

태아의 폐가 정상 기능을 하게 되면 곧이어 출산이 일어난다. 쥐 실험을 통해 호흡이 가능한 폐의 형성과 출산이 어떻게 연동되는지 확인되었다. 임신한 실험 쥐의 출산일이 다가오면, 쥐의 태아 폐포에서는 충분한 양의 계면 활성제가 분비되고 그중 일부가 양수액으로 이동하여 양수액에 있는 휴면 상태의 대식세포를 활성화시킨다. 활성화된 대식세포는 양수액에서 모태 쥐의 자궁 근육 안으로 이동하여, 자궁 근육 안에서 물질 A를 분비하게 한다. 물질 A는 비활성 상태의 효소 B에 작용하여 그것을 활성 상태로 바꾸고 활성화된 효소 B는 자궁 근육 안에서 물질 C가 만들어지게 하는데, 물질 C는 효소 B가 없으면 만들어지지 않는다. 이렇게 만들어진 물질 C가 일정 수준의 농도가 되면 자궁 근육을 수축하게 하여 쥐의 출산이 일어나게 하는데, 물질 C가 일정 수준의 농도에 이르지 않으면 자궁 근육의 수축이 일어나지 않는다.

─────〈보기〉─────

ㄱ. 태아 시기 쥐의 폐포에서 물질 A가 충분히 발견되지 않는다면, 그 쥐의 폐는 정상적으로 기능을 발휘할 수 없다.

ㄴ. 임신 초기부터 효소 B가 모두 제거된 상태로 유지된 암쥐는 출산 시기가 되어도 자궁 근육의 수축이 일어나지 않는다.

ㄷ. 출산을 며칠 앞둔 암쥐의 자궁 근육에 물질 C를 주입하여 물질 C가 일정 수준의 농도에 이르게 되면 출산이 유도된다.

① ㄱ
② ㄴ
③ ㄱ, ㄷ
④ ㄴ, ㄷ
⑤ ㄱ, ㄴ, ㄷ

1 독해의 원리

2 논증의 방향

3 문맥과 단서

4 논리의 체계

기출 재구성 모의고사

해커스PSAT 7급 PSAT 유형별 기출 200제 언어논리

난이도 ★★★　　　　권장 풀이 시간: 2분 10초　　　　나의 풀이 시간: _____분 _____초

04. 다음 글의 내용과 부합하는 것은?　　　　　　18 5급공채

　국민주권에 바탕을 둔 민주주의 원리는 모든 국가기관의 의사가 국민의 의사로 귀착될 수 있어야 한다는 것이다. 이러한 민주주의 원리로부터 국민의 생활에 중요한 영향을 미치는 국가기관일수록 국민의 대표성이 더 반영되어야 한다는 '민주적 정당성'의 원리가 도출된다. 헌법재판 역시 그 중대성을 감안할 때 국민의 대의기관이 직접 담당하는 것이 민주적 정당성의 원리에 부합할 것이다. 헌법재판은 과거 세대와 현재 및 미래 세대에게 아울러 적용되는 헌법과 인권의 가치를 수호하는 특수한 기능을 수행한다. 헌법재판소는 항구적인 인권 가치를 수호하기 위하여 의회입법이나 대통령의 행위를 위헌이라고 선언할 수 있다. 이는 현재 세대의 의사와 배치될 수도 있는 작업이다. 그렇다면 이는 의회와 같은 현 세대의 대표자가 직접 담당하기에는 부적합하다. 헌법재판관들은 현재 다수 국민들의 실제 의사를 반영하기 위하여 임명되는 것이 아니다. 그들의 임무는 현재 국민들이 헌법을 개정하지 않는 한 헌법에 선언된 과거 국민들의 미래에 대한 약정을 최대한 실현하는 것이다. 그렇다면 헌법재판은 의회로부터 어느 정도 독립되고, 전문성을 갖춘 재판관들이 담당해야 한다.

　한편 헌법재판은 사법적으로 이루어질 때 보다 공정하고 독립적으로 이루어질 수 있다. 이는 독립된 재판관에 의하여 이루어지는 법해석을 중심으로 판단이 이루어져야 한다는 것을 말한다. 그런데 독립된 헌법재판소를 두더라도 헌법재판관의 구성방법이 문제된다. 헌법 제1조 제2항에 따라 모든 국가권력은 국민에게 귀착되어야 하는 정당성의 사슬로 연결되어 있기에 헌법재판관 선출은 국민의 직접 위임에 의한 것이 이상적이다. 그러나 현실적으로 국민의 직접선거로 재판관을 선출하는 것은 용이하지 않다. 따라서 대의기관이 관여하여 헌법재판관을 임명함으로써 최소한의 민주적 정당성을 갖추어야 할 것이다. 그러므로 헌법재판관들이 선출되지 않은 소수 혹은 국민에 대하여 책임지지 않는 소수라는 이유만으로 민주적 정당성이 없다고 하는 것은, 헌법재판관 선출에 의회와 대통령이 관여한다는 점에서 무리한 비판이라고 볼 것이다.

① 헌법재판관들은 현행 헌법 개정에 구속되지 않고 미래 세대에 대한 약정을 최대한 실현해야 한다.

② 헌법재판소가 다수의 이익을 대표하는 대의기관의 행위를 위헌이라고 판단하는 것은 민주적 정당성의 원리에 배치된다.

③ 현재 헌법재판관 선출방법은 모든 국가권력이 국민에게 귀착되어야 한다는 민주적 정당성의 원리를 이상적으로 실현하고 있다.

④ 헌법재판은 현재와 미래 세대에게 아울러 적용되는 헌법과 항구적인 인권의 가치를 수호해야 하지만, 이는 현재 세대의 의사와 배치되어서는 안 된다.

⑤ 헌법재판은 사법기관이 담당하는 것이 바람직하며, 그 기관은 현재 세대를 대표하는 대의기관으로부터 어느 정도 독립되고 전문성을 갖출 필요가 있다.

05. 다음 글에서 추론할 수 있는 것은?

> 미국 대통령 후보 선거제도 중 '코커스'는 정당 조직의 가장 하위 단위인 기초선거구의 당원들이 모여 상위의 전당대회에 참석할 대의원을 선출하는 당원회의이다. 대의원 후보들은 자신이 대통령 후보로 누구를 지지하는지 먼저 밝힌다. 상위 전당대회에 참석할 대의원들은 각 대통령 후보에 대한 당원들의 지지율에 비례해서 선출된다. 코커스에서 선출된 대의원들은 카운티 전당대회에서 투표권을 행사하여 다시 다음 수준인 의회선거구 전당대회에 보낼 대의원들을 선출한다. 여기서도 비슷한 과정을 거쳐 주(州) 전당대회 대의원들을 선출해내고, 거기서 다시 마지막 단계인 전국 전당대회 대의원들을 선출한다. 주에 따라 의회선거구 전당대회는 건너뛰기도 한다.
>
> 1971년까지는 선거법에 따라 민주당과 공화당 모두 5월 둘째 월요일까지 코커스를 개최해야 했다. 그런데 민주당 전국위원회가 1972년부터는 대선후보 선출을 위한 전국 전당대회를 7월 말에 개최하도록 결정하면서 1972년 아이오와주 민주당의 코커스는 그 해 1월에 열렸다. 아이오와주 민주당 규칙에 코커스, 카운티 전당대회, 의회선거구 전당대회, 주 전당대회, 전국 전당대회 순서로 진행되는 각급 선거 간에 최소 30일의 시간적 간격을 두어야 한다는 규정이 있었기 때문이다. 이후 아이오와주에서 공화당이 1976년부터 코커스 개최시기를 1월로 옮기면서, 아이오와주는 미국의 대선후보 선출 과정에서 민주당과 공화당 모두 가장 먼저 코커스를 실시하는 주가 되었다.
>
> 아이오와주의 선거 운영 방식은 민주당과 공화당 간에 차이가 있었다. 공화당의 경우 코커스를 포함한 하위 전당대회에서 특정 대선후보를 지지하여 당선된 대의원이 상위 전당대회에서 반드시 같은 후보를 지지해야 하는 것은 아니었다. 반면 민주당의 경우 그러한 구속력을 부여하였다. 그러나 2016년부터 공화당 역시 상위 전당대회에 참여하는 대의원에게 같은 구속력을 부여함으로써 기층 당원의 대통령 후보에 대한 지지도가 전국 전당대회에 참여할 주(州) 대의원 선출에 반영되도록 했다.

① 주 전당대회에 참석할 대의원은 모두 의회선거구 전당대회에서 선출되었다.

② 1971년까지 아이오와주보다 이른 시기에 코커스를 실시하는 주는 없었다.

③ 1972년 아이오와주 민주당의 주 전당대회 선거는 같은 해 2월 중에 실시되었다.

④ 1972년 아이오와주에서 민주당 코커스와 공화당 코커스는 같은 달에 실시되었다.

⑤ 1976년 아이오와주 공화당 코커스에서 특정 후보를 지지한 대의원은 카운티 전당대회에서 다른 후보를 지지할 수 있었다.

난이도 ★★★　　　　권장 풀이 시간: 2분　　　　나의 풀이 시간: _____분 _____초

06. 다음 글에서 알 수 없는 것은?　　　　　19 5급공채

생체에서 신호물질로 작용하는 것에는 기체 형태의 신호물질이 있다. 이 신호물질이 작용하는 표적세포는 신호물질을 만든 세포에 인접한 세포 중 신호물질에 대한 수용체를 가지고 있는 것이다. 이 신호물질과 수용체의 결합은 표적세포의 구조적 상태를 변화시키고 결국 이 세포가 있는 표적조직의 상태를 변화시켜 생리적 현상을 유도한다.

대표적인 기체 형태의 신호물질인 산화질소는 다음과 같은 경로를 통해 작용한다. 먼저 표적조직의 상태를 변화시켜 생리적 현상을 유도하는 자극이 '산화질소 합성효소'를 가지고 있는 세포에 작용한다. 이에 그 세포 안에 있는 산화질소 합성효소가 활성화된다. 활성화된 산화질소 합성효소는 그 세포 내에 있는 아르기닌과 산소로부터 산화질소를 생성하는 화학반응을 일으킨다. 만들어진 산화질소는 인접한 표적세포에 있는 수용체와 결합하여 표적세포 안에 있는 'A 효소'를 활성화시킨다. 활성화된 A 효소는 표적세포 안에서 cGMP를 생성하고, cGMP는 표적세포의 상태를 변하게 한다. 결국 표적세포의 구조적 상태가 변함에 따라 표적세포를 가지고 있는 조직의 상태가 변하게 된다.

혈관의 팽창은 산화질소에 의해 일어나는 대표적인 생리적 현상이다. 혈관에서 혈액이 흐르는 공간은 내피세포로 이루어진 내피세포층이 감싸고 있다. 이 내피세포층의 바깥쪽은 혈관 평활근세포로 된 혈관 평활근육 조직이 감싸고 있다. 혈관이 팽창되기 위해 먼저 혈관의 내피세포는 혈관의 팽창을 유도하는 자극을 받는다. 이 내피세포에서는 산화질소가 만들어지고, 산화질소는 혈관 평활근세포에 작용하여 세포 내에서 cGMP를 생성한다. cGMP의 작용으로 수축되어 있던 혈관 평활근세포가 이완되고 결국에 혈관 평활근육 조직이 이완되면서 혈관이 팽창하게 된다. 이와 같은 산화질소의 기능 때문에 산화질소를 내피세포-이완인자라고도 한다.

① cGMP는 혈관 평활근육 조직의 상태를 변화시킨다.

② 혈관의 내피세포는 산화질소 합성효소를 가지고 있다.

③ 혈관 평활근세포에서 A 효소가 활성화되면 혈관 팽창이 일어난다.

④ A 효소는 표적세포에서 아르기닌과 산소로부터 산화질소를 생성시킨다.

⑤ 혈관 평활근세포는 내피세포-이완인자에 대한 수용체를 가지고 있다.

07. 다음 글에서 알 수 있는 것은?

조선 시대에는 국왕의 부모에 대한 제사를 국가의례로 거행했다. 하지만 국왕의 생모가 후궁이라면, 아무리 왕을 낳았다고 해도 그에 대한 제사를 국가의례로 간주하지 않는 것이 원칙이었다. 그런데 이 원칙은 영조 때부터 무너지기 시작했다. 영조는 왕이 된 후에 자신의 생모인 숙빈 최씨를 위해 육상궁이라는 사당을 세웠다. 또 국가의례에 관한 규례가 담긴 『국조속오례의』를 편찬할 때, 육상궁에 대한 제사를 국가의례로 삼아 그 책 안에 수록해 두었다. 영조는 선조의 후궁이자, 추존왕 원종을 낳은 인빈 김씨의 사당도 매년 방문했다. 이 사당의 이름은 저경궁이다. 원종은 인조의 생부로서, 아들 인조가 국왕이 되었으므로 사후에 왕으로 추존된 인물이다. 한편 영조의 선왕이자 이복형인 경종도 그 생모 희빈 장씨를 위해 대빈궁이라는 사당을 세웠지만, 영조는 단 한 번도 대빈궁을 방문하지 않았다.

영조의 뒤를 이은 국왕 정조는 효장세자의 생모인 정빈 이씨의 사당을 만들어 연호궁이라 불렸다. 잘 알려진 바와 같이 정조는 사도세자의 아들이다. 그런데 영조는 아들인 사도세자를 죽인 후, 오래전 사망한 자기 아들인 효장세자를 정조의 부친으로 삼겠다고 공포했다. 이런 연유로 정조는 정빈 이씨를 조모로 대우하고 연호궁에서 매년 제사를 지냈다. 정조는 연호궁 외에도 사도세자의 생모인 영빈 이씨의 사당도 세워 선희궁이라는 이름을 붙이고 제사를 지냈다. 정조의 아들로서, 그 뒤를 이어 왕이 된 순조 역시 자신의 생모인 수빈 박씨를 위해 경우궁이라는 사당을 세워 제사를 지냈다.

이처럼 후궁의 사당이 늘어났으나 그 위치가 제각각이어서 관리하기가 어려웠다. 이에 순종은 1908년에 대빈궁, 연호궁, 선희궁, 저경궁, 경우궁을 육상궁 경내로 모두 옮겨 놓고 제사를 지내게 했다. 1910년에 일본이 대한제국의 국권을 강탈했으나, 이 사당들에 대한 제사는 유지되었다. 일제 강점기에는 고종의 후궁이자 영친왕 생모인 엄씨의 사당 덕안궁도 세워졌는데, 이것도 육상궁 경내에 자리 잡게 되었다. 이로써 육상궁 경내에는 육상궁을 포함해 후궁을 모신 사당이 모두 7개에 이르게 되었으며, 이때부터 그곳을 칠궁이라 부르게 되었다.

① 경종은 선희궁과 연호궁에서 거행되는 제사에 매년 참석했다.

② 『국조속오례의』가 편찬될 때 대빈궁, 연호궁, 선희궁, 경우궁에 대한 제사가 국가의례에 처음 포함되었다.

③ 영빈 이씨는 영조의 후궁이었던 사람이며, 수빈 박씨는 정조의 후궁이었다.

④ 고종이 대빈궁, 연호궁, 선희궁, 저경궁, 경우궁을 육상궁 경내로 이전해 놓음에 따라 육상궁은 칠궁으로 불리게 되었다.

⑤ 조선 국왕으로 즉위해 실제로 나라를 다스린 인물의 생모에 해당하는 후궁으로서 일제 강점기 때 칠궁에 모셔져 있던 사람은 모두 5명이었다.

1 독해의 원리

2 논증의 방향

3 문맥과 단서

4 논리의 체계

기출 재구성 모의고사

해커스PSAT 7급 PSAT 유형별 기출 200제 언어논리

난이도 ★★☆   권장 풀이 시간: 2분   나의 풀이 시간: _____ 분 _____ 초

08. 다음 글의 내용과 부합하지 않는 것은?   20 5급공채

한국어 계통 연구 분야에서 널리 알려진 학설인 한국어의 알타이어족설은 한국어가 알타이 어군인 튀르크어, 몽고어, 만주·퉁구스어와 함께 알타이어족에 속한다는 것이다. 이 학설은 알타이 어군과 한국어 간에는 모음조화, 어두 자음군의 제약, 관계 대명사와 접속사의 부재 등에서 공통점이 있다는 비교언어학 분석에 근거하고 있다. 하지만 기초 어휘와 음운 대응의 규칙성에서는 세 어군과 한국어 간에 차이가 있어 이 학설의 비교언어학적 근거는 한계를 가지고 있다. 이 때문에, 한국어의 알타이어족설은 알타이 어군과 한국어 사이의 친족 관계 및 공통 조상어로부터의 분화 과정을 설명하기 어렵다.

최근 한국어 계통 연구는 비교언어학 분석과 더불어, 한민족 형성 과정에 대한 유전학적 연구, 한반도에 공존했던 여러 유형의 건국 신화와 관련된 인류학적 연구를 이용하고 있다. 가령, 우리 민족의 유전 형질에는 북방계와 남방계의 특성이 모두 존재한다는 점과 북방계의 천손 신화와 남방계의 난생 신화가 한반도에서 모두 발견된다는 점은 한국어가 북방적 요소와 남방적 요소를 함께 지니고 있음을 시사해준다. 이런 연구들은 한국어 자료가 근본적으로 부족한 상황에서 비롯된 문제점을 극복하여 한국어의 조상어를 밝히는 데 일정한 실마리를 던져준다.

하지만 선사 시대의 한국어와 친족 관계를 맺고 있는 모든 어군들을 알 수는 없으며, 있다고 하더라도 그들과 한국어의 공통 조상어를 밝히기란 쉽지 않다. 지금까지의 연구에 따르면, 고대에는 고구려어, 백제어, 신라어로 나뉘어 있었다. 하지만 이들 세 언어가 서로 다른 언어인지, 아니면 방언적 차이만을 지닌 하나의 언어인지에 대해서는 이견이 있다. 고구려어가 원시 부여어에 소급되는 것과 달리 백제어와 신라어는 모두 원시 한어(韓語)로부터 왔다는 것은 이들 언어의 차이가 방언적 차이 이상이었음을 보여 준다. 이들 세 언어가 고려의 건국으로 하나의 한국어인 중세 국어로 수렴되었다는 것에 대해서는 남한과 북한의 학계가 대립된 입장을 보이지 않지만, 중세 국어가 신라어와 고구려어 중 어떤 언어로부터 분화된 것인지와 관련해서는 두 학계의 입장은 대립된다. 한편, 중세 국어가 조선 시대를 거쳐 근대 한국어로 변모하여 오늘날 우리가 사용하는 현대 한국어가 되는 과정에 대해서는 두 학계의 견해가 일치한다.

① 비교언어학적 근거의 한계로 인해 한국어의 알타이어족설은 알타이 어군과 한국어 간의 친족 관계를 설명하기 어렵다.

② 한반도의 천손 신화에 대한 인류학적 연구는 한국어에 북방적 요소가 있음을 시사한다.

③ 최근 한국어 계통 연구는 부족한 한국어 자료를 보완하기 위해 한민족의 유전 형질에 대한 정보와 한반도에 공존한 건국 신화들을 이용한다.

④ 최근 한국어 계통 연구에서 백제어와 고구려어는 방언적 차이로 인해 서로 다른 계통으로 분류된다.

⑤ 중세 국어에서 현대 한국어에 이르는 한국어 형성 과정에 대한 남북한 학계의 견해는 일치한다.

09. 다음 글에서 알 수 있는 것은?

함경도 경원부의 두만강 건너편 북쪽에 살던 여진족은 조선을 자주 침략하다가 태종 때 서쪽으로 이동해 명이 다스리는 요동의 봉주라는 곳까지 갔다. 그곳에 정착한 여진족은 한동안 조선을 침략하지 않았다. 한편 명은 봉주에 나타난 여진족을 통제하고자 건주위라는 행정단위를 두고, 여진족 추장을 책임자로 임명했다. 그런데 1424년에 봉주가 북쪽의 이민족에 의해 침략받는 일이 벌어졌다. 이에 건주위 여진족은 동쪽으로 피해 아목하라는 곳으로 이동했다. 조선의 국왕 세종은 이들이 또 조선을 침입할 가능성이 있다고 생각하고, 그 침입에 대비하고자 압록강변 중에서 방어에 유리한 곳을 골라 여연군이라는 군사 거점을 설치했다.

세종의 예상대로 건주위 여진족은 1432년 12월에 아목하로부터 곧바로 동쪽으로 진격해 압록강을 건너 여연군을 침략했다. 이 소식을 들은 세종은 최윤덕을 지휘관으로 삼아 이듬해 3월, 건주위 여진족을 정벌하게 했다. 최윤덕의 부대는 여연군에서 서남쪽으로 수백 리 떨어진 지점에 있는 만포에서 압록강을 건넌 후 아목하까지 북진해 건주위 여진족을 토벌했다. 이후에 세종은 만포와 여연군 사이의 거리가 지나치게 멀어 여진족이 그 중간 지점에서 압록강을 건너올 경우, 막기 힘들다고 판단했다. 이에 만포의 동북쪽에 자성군을 두어 압록강을 건너오는 여진에 대비하도록 했다. 이로써 여연군의 서남쪽에 군사 거점이 하나 더 만들어지게 되었다. 자성군은 상류로부터 여연군을 거쳐 만포 방향으로 흘러가는 압록강이 보이는 요충지에 자리 잡고 있다. 세종은 자성군의 지리적 이점을 이용해 강을 건너오는 적을 공격하기 좋은 위치에 군사 기지를 만들도록 했다.

국경 방비가 이처럼 강화되었으나, 건주위 여진족은 다시 강을 넘어 여연군을 침략했다. 이에 세종은 1437년에 이천이라는 장수를 보내 재차 여진 정벌에 나섰다. 이천의 부대는 만포에서 압록강을 건너 건주위 여진족을 토벌했다. 이후 세종은 국경 방비를 더 강화하고자 여연군과 자성군 사이의 중간 지점에 우예군을 설치했으며, 여연군에서 동남쪽으로 멀리 떨어진 곳에 무창군을 설치했다. 이 네 개의 군은 4군이라 불렸으며, 조선이 북쪽 변경에 대한 방비를 강화하는 데 중요한 역할을 했다.

① 여연군이 설치되어 있던 곳에서 동쪽 방면으로 곧장 나아가면 아목하에 도착할 수 있었다.

② 최윤덕은 여연군과 무창군을 잇는 직선 거리의 중간 지점에서 강을 건너 여진족을 정벌했다.

③ 이천의 두 번째 여진 정벌이 끝난 직후에 조선은 북쪽 국경의 방비를 강화하고자 자성군과 우예군, 무창군을 신설했다.

④ 세종은 여진의 침입에 대비하기 위해 경원부를 여연군으로 바꾸고, 최윤덕을 파견해 그곳 인근에 3개 군을 더 설치하게 했다.

⑤ 4군 중 하나인 여연군으로부터 압록강 물줄기를 따라 하류로 이동하면 이천의 부대가 왕명에 따라 여진을 정벌하고자 압록강을 건넜던 지역에 이를 수 있었다.

■ 출제 포인트

■ 선택지 분석

난이도 ★★☆　　　권장 풀이 시간: 2분　　　나의 풀이 시간: ＿＿＿분 ＿＿＿초

10. 다음 글의 내용과 부합하는 것은?　　　21 5급공채

　　화원(畵員)이란 조선시대의 관청인 도화서 소속의 직업 화가를 말한다. 화원은 임금의 초상화인 어진과 공신초상, 의궤와 같은 궁중기록화, 궁중장식화, 각종 지도, 청화백자의 그림, 왕실 행사를 장식하는 단청 등 왕실 및 조정이 필요로 하는 모든 종류의 회화를 제작하고 여러 도화(圖畵) 작업을 담당하였다. 그림과 관련된 온갖 일을 한 화원들은 사실상 거의 막노동에 가까운 일을 했던 사람들이다.

　　고된 노역과 적은 녹봉에도 불구하고 이들은 왜 어려서부터 그림 공부를 하여 도화서에 들어가려고 한 것일까? 그림에 재능이 있는 사람이 화원이 되려고 한 이유는 생각보다 간단하다. 화원이 된다는 것은 국가가 인정한 20~30명의 최상급 화가 중 한 사람이 된다는 것을 의미한다. 비록 중인이지만 화원이 되면 종9품에서 종6품 사이의 벼슬을 받는 하급 관료가 되는 것이다. 따라서 화원이 된 사람은 국가가 인정한 최상급 화가라는 자격과 함께, 경제적으로는 별 도움이 되는 것은 아니지만 관료라는 지위를 갖게 된다.

　　실상 화원은 국가가 주는 녹봉으로 생활했던 사람들이 아니었다. 이들은 낮에는 국가를 위해 일했으나 퇴근 후에는 사적으로 주문을 받아 작품을 제작하였다. 화원들은 벌어들이는 돈의 대부분을 사적 주문에 의한 그림 제작을 통해 획득하였다. 국가 관료라는 지위와 최상급 화가라는 명예는 그림 시장에서 그들의 작품에 보다 높은 가치를 부여하였고, 녹봉에만 의지하는 다른 하급 관료보다 경제적으로 풍요롭게 만들었다. 반면 도화서에 들어가지 못한 일반 화가들은 경제적으로 곤궁하였다. 이들은 일정한 수입이 없었으며 그때그때 값싼 그림을 팔아 생활하였다. 따라서 화원과 비교해 볼 때 시정(市井)의 직업 화가들의 경제 여건은 늘 불안정하였다. 이런 이유로 화원 집안에서는 대대로 화원을 배출하려고 노력했고, 조선후기에는 몇몇 가문이 도화서 화원직을 거의 독점하게 되었다.

① 일반 직업 화가들은 화원 밑에서 막노동에 가까운 일을 담당하였으나 신분은 중인이었다.

② 화원은 국가 관료라는 지위를 가졌으나 경제적 여건은 일반 하급 관료에 비해 좋지 않은 편이었다.

③ 임금의 초상화를 그리는 도화서 소속 화가는 다른 화원에 비해 국가가 인정한 최상급 화가라는 자격을 부여받았다.

④ 도화서 소속 화가는 수입의 가장 많은 부분을 사적으로 주문된 그림을 제작하는 데서 얻었다.

⑤ 적은 녹봉에도 불구하고 화원이 되려는 경쟁이 치열했으므로 화원직의 세습은 힘들었다.

11. 다음 글에서 알 수 있는 것은?　　　　　　　　　　　　　　21 5급공채

　　15~16세기에 이질은 사람들을 괴롭히는 가장 주요한 질병이 되었다. 조선은 15세기부터 냇둑을 만들어 범람원(汎濫原)을 개간하기 시작하였고, 『농사직설』을 편찬하여 적극적으로 벼농사를 보급하였다. 이질은 이처럼 벼농사를 중시하여 냇가를 개간한 조선이 감당하여야 하는 숙명이었다.

　　벼농사를 짓는 논은 밭 위에 물을 가두어 농사를 짓는 농업 시설이었다. 새로 생긴 논 주변의 구릉에는 마을들이 생겨났다. 하지만 사람들이 쏟아내는 오물이 도랑을 통해 논으로 흘러들었고, 사람의 눈에 보이지 않는 미생물 중 수인성(水因性) 병균이 번성하였다. 그중 위산을 잘 견디는 시겔라균은 사람의 몸에 들어오면 적은 양이라도 대장까지 곧바로 도달하였고, 어김없이 이질을 일으켰다.

　　이질은 15세기 초반 급증하기 시작하여 17세기 이후에는 크게 감소하였다. 이러한 변화의 원인은 생태환경의 측면에서 찾을 수 있다. 15~16세기 냇둑에 의한 농지 개간은 범람원을 논으로 바꾸었다. 장마나 강우에 의해 일시적으로 범람하여 발생하는 짧은 침수 기간을 제외하면 범람원은 나머지 대부분의 시간 동안 건조한 상태를 유지하는 벌판을 형성한다. 이곳은 홍수에 잘 견디는 나무로 구성된 숲이 발달하였던 곳이다. 한반도의 하천변에 분포하는 넓은 범람원의 숲이 논으로 개발되면서 뜨거운 여름 동안 습지로 바뀌었고 건조한 환경에 적합한 미생물 생태계가 습한 환경에 적합한 새로운 미생물 생태계로 바뀌었다. 수인성 세균인 병원성 살모넬라균과 시겔라균은 이러한 습지의 생태계에서 번성하여 장티푸스와 이질의 발병률을 크게 높였다.

　　그런데 17세기 이후 농지 개간의 중심축이 범람원 개간에서 산간 지역 개발로 이동하였다. 이는 수인성 전염병 발생을 크게 줄이는 결과를 낳았다. 농법의 측면에서도 17세기 이후에는 남부지역의 벼농사에서 이모작과 이앙법이 확대되었고, 이는 마을에 인접한 논의 사용법을 변화시켰다. 특히 논에 물을 가둬두는 기간이 줄어서 이질 등 수인성 질병 발생의 감소를 가져왔다.

① 『농사직설』을 통한 벼농사 보급 이전의 조선에는 수인성 병균에 의한 질병이 발견되지 않았다.

② 15~16세기 조선의 하천에서 번성하던 시겔라균이 17세기 이후 감소하였다.

③ 17세기 이후 조선에서는 논의 미생물 생태계가 변화되어 이질 감소에 기여하였다.

④ 17세기 이후 조선에서 개간 대상 지역이 바뀌어 인구 밀집지역이 점차 하천 주변에서 산간 지역으로 바뀌었다.

⑤ 17세기 이후 조선 농법의 변화는 건조한 지역에도 농지를 개간할 수 있도록 하여 이질과 장티푸스 발병률을 낮추었다.

1 독해의 원리

2 논증의 방향

3 문맥과 단서

4 논리의 체계

기출 재구성 모의고사

해커스PSAT 7급 PSAT 유형별 기출 200제 언어논리

난이도 ★★☆   권장 풀이 시간: 1분 50초   나의 풀이 시간: _____분 _____초

12. 다음 글에서 알 수 없는 것은?   22 5급공채

> 21세기 들어 서울을 비롯한 아시아의 도시들은 이전 세기와는 또 다른 변화를 겪고 있다. 인문·예술 분야의 종사자들이 한 장소에 터를 잡거나 장소를 오가면서 종전과 다른 새로운 미학과 감정을 부여하여 그 장소들의 전반적 성격을 변화시키고 있기 때문이다. 이들은 오래된 기존의 장소를 재생시키거나 새로운 장소로 만들어 냈다. 개발로부터 소외되었던 장소의 오래된 건물이나 좁은 골목길 등을 재발견하고 새로운 감각, 서사, 감정을 끌어냈다. 그런데 얼마 지나지 않아 이 새로운 변화를 만들어 낸 사람들이 원주민들과 함께 이곳에서 쫓겨나 다른 곳으로 옮겨가는 현상이 나타났다. 이를 함축적으로 지칭하는 용어가 '젠트리피케이션'이다. 이는 흔히 '도심의 노동계급 거주 지역이나 비어 있던 지역이 중간계급의 거주 및 상업 지역으로 변화되는 것'을 의미한다.
>
> 서양 도시의 젠트리피케이션에서 기존 도시 공간이 중간계급의 주택가와 편의 시설로 전환되는 과정은 구역별로 점진적으로 진행된다. 반면 아시아 도시의 젠트리피케이션은 다소 다른 양상을 띤다. 기존 도시 공간이 대량의 방문객을 동반하는, 소비와 여가를 위한 인기 장소를 갖춘 상권으로 급격하게 전환되는 형태이다. 임대료가 상대적으로 싸지만 독특한 매력을 갖춘 문화·예술 관련 장소가 많던 곳에 점차 최신 유행의 카페, 레스토랑 등이 들어선다. 주택가의 상권 전환과 더불어 기존 상권의 성격 전환이 일어나는 것이다.
>
> 이런 상업적 전치(轉置)의 부정적 양상은 부동산 중개업자의 기획, 임대업주의 횡포, 프랜차이즈 업체의 진출로 정점을 찍는다. 부동산 가격과 임대료의 상승으로 그곳에서 거주하거나 사업을 하던 문화·예술인과 원주민들이 다른 곳으로 밀려난다. 임대료를 감당하지 못하거나 재계약을 거부당하기도 하고 건물이 철거되어 재건축되기도 한다. 이런 상업적 전치는 다양한 모습으로 나타나지만 과정이 자발적이지 않다는 점은 공통된다. 창의적 발상으로 만들어지고 운영되면서 그저 상업적이라고만 부르기 힘들었던 곳들이 체계적 전략을 가진 최신의 전문적 비즈니스 공간으로 대체된다. 그리고 이곳에서 밀려날까봐 불안한 사람들이 불만, 좌절, 분노 등이 집약된 감정에 사로잡힌다.

① 21세기 들어 서양의 도시에서는 중간계급이 도심 지역으로 이주하는 현상이 활발하게 나타났다.

② 상업적 전치 과정에서 원주민의 비자발적인 이주가 초래될 뿐 아니라 원주민의 감정적 동요가 발생한다.

③ 서양 도시의 젠트리피케이션에 비해 아시아의 도시에서 발생한 젠트리피케이션은 상권 개발에 집중되는 경향을 띤다.

④ 한국의 젠트리피케이션으로 인한 도시 변화의 속도는 서양의 젠트리피케이션으로 일어난 도시 변화의 속도보다 빠르다.

⑤ 21세기의 한국에서 일어난 기존 장소의 재생이나 재창조와 같은 도시 변화는 인문·예술 분야 종사자가 촉발하고 이끌었다.

13. 다음 글의 내용과 부합하는 것은?

　　고려는 건국 직후, 송에 사신을 보내 우호 관계를 맺었다. 그러나 거란이 요를 세우고 송을 압박할 정도로 힘이 세지자 고려와 송 관계에 변화가 나타났다. 고려는 귀주대첩에서 요를 물리친 바 있지만, 날로 강해지는 요를 중시해야 한다는 판단에서 송과 관계를 끊고 요와 우호 관계를 맺었다. 이후 송의 신종은 요가 차지한 연운 16주 등을 되찾기 위해 요를 공격하려 했으며, 그에 필요한 물자를 고려에서 지원받고자 했다. 이에 신종은 고려에 사신을 보내 관계를 복원하자고 제안했다. 당시 고려 왕이었던 문종은 송의 문물에 관심이 컸기 때문에 그 기회를 이용해 송으로부터 다양한 문물을 들여와야겠다고 생각하고, 신종의 제안을 받아들였다.

　　고려가 관계를 회복하자는 요청에 응하자 신종은 기뻐하였다. 그는 고려 사신이 올 때마다 거액을 들여 환영회를 열고, 고려의 요청을 수용하여 유학생을 받아들였다. 이후 신종은 요를 공격할 때 필요한 물자를 보내 달라고 몇 차례 부탁했다. 하지만 고려는 송에서 서적 등을 들여오는 데에만 관심을 보일 뿐 물자를 보내 달라는 신종의 부탁을 받아들이지는 않았다.

　　이후 여진이 금을 세우고 요를 멸망시키는 일이 벌어졌다. 당시 송 휘종은 금을 도와 요를 없애는 데 일조했다. 그러나 금은 요를 없앤 후에 송까지 공격해 휘종을 잡아갔다. 분노한 송은 고려에 함께 금을 정벌하자고 제안했다. 이때 고려의 대신 김부식은 "휘종이 잡혀가던 해에 나는 사신으로 송에 가서 금 군대의 위력을 봤다."라고 하면서 송의 요청을 받아들여서는 안 된다고 했으며, 국왕 인종도 그에 동의했다. 이후에도 송은 "묘청의 난을 진압하는 데 필요한 군대를 보내주겠으니 그 대가로 고려를 거쳐 금을 공격하게 해 달라."라고 요청했다. 이에 인종은 "당신들이 고려를 통해 금을 공격하면 그들도 고려로 밀고 들어올 것이다. 그렇게 되면 귀국은 북쪽에서 밀려오는 금의 육군도 상대하고, 고려를 거쳐 귀국을 공격하는 금의 수군도 상대해야 하는 상황에 빠질 수 있다."라며 거절했다. 이 말에 실망한 송은 1160년대부터 사신의 규모와 횟수를 줄이더니 1170년대 이후 사신을 보내지 않았다.

① 김부식은 금을 함께 공격하자는 송의 요청을 받아들여서는 안 된다고 하였다.

② 고려 인종은 묘청의 난을 진압하기 위하여 금에 군대를 파견해 달라고 요청하였다.

③ 요는 귀주대첩을 계기로 고려와 외교 관계를 끊고 송에 사신을 파견하기 시작하였다.

④ 송은 요를 공격하기 위해 고려에 군대를 보내 함선을 건조하기 위한 준비 작업에 들어갔다.

⑤ 송 신종은 요를 함께 쳐들어가자는 자신의 제안을 고려가 거부한 데 분노해 고려와의 외교 관계를 끊었다.

난이도 ★★☆   권장 풀이 시간: 1분 50초   나의 풀이 시간: _____분 _____초

14. 다음 글의 내용과 부합하는 것은?   24 5급공채

조선 성종 때 반포된 『경국대전』에는 지방 수령을 뽑아 내려보낼 때 지켜야 할 절차와 규정이 실려 있다. 이에 따르면 지방 수령을 뽑을 때는 인사 담당 관청인 이조가 3인의 후보자를 왕에게 올리게 되어 있었다. 왕이 이 가운데 한 명을 택하면 이조는 그 사실을 경주인에게 바로 알려야 했다. 조정과 지방 관아 사이에 오가는 연락을 취급하는 직책인 경주인은 신임 수령이 뽑혔다는 사실을 그 지방 관아에 알리고, 당사자에게도 왕이 그를 수령으로 임명했다는 사실을 알리는 내용의 고신교지를 보냈다.

이 고신교지를 받은 신임 수령은 무엇보다 먼저 왕에게 감사의 인사를 올리는 의례인 사은숙배를 거행해야 했다. 이를 위해 모월 모일에 사은숙배를 치르겠다는 내용이 담긴 숙배단자를 만들어 의례 주관처인 통례원에 내야 했다. 통례원은 사은숙배를 하겠다는 날에 왕에게 다른 일정은 없는지, 숙배단자가 제 형식을 갖추었는지 등을 따진 뒤 일자를 확정해 알렸다. 이 통보를 받은 신임 수령은 당일 궁궐에 들어가 상서원이라는 곳에서 대기하다가 사은숙배를 해도 좋다는 명이 떨어지면 정전 앞에 나아가 세 번 절하고 왕을 만났다. 이때 왕은 선정을 당부하고, 특별한 지시 사항이 있을 때는 그에 대해 설명하기도 했다. 이후 신임 수령은 인사 담당 관청인 이조를 찾아가 인사하는 의례인 사조를 거쳐야 했다. 조선시대에는 중앙 관청의 직책에 처음 임명된 문관도 사은숙배를 해야 했는데, 사조는 오직 지방 수령에 임명된 자만 거쳐야 하는 절차였다. 지방 수령에 임명되었음에도 사조를 하지 않은 사람은 이조에 불려가 호된 꾸중을 들을 수 있었다.

사은숙배와 사조를 모두 거친 자는 하직숙배를 행한 뒤 임지로 떠났다. 하직숙배란 임지로 가기 전 마지막으로 왕에게 인사하는 의례다. 그런데 이때는 왕이 아니라 승지가 신임 수령을 대신 만나는 경우가 많았다. 하직숙배 때에는 왕이나 승지 앞에서 지방관이 지켜야 하는 일곱 가지 규정인 '수령칠사'를 꼭 암송해야 했다. 만일 이를 제대로 외우지 못하면 부임하기도 전에 그 자리에서 파면당하는 불명예를 안을 수 있었다. 이 절차를 무사히 거친 신임 수령이 임지 경내로 들어가면 그 지역 아전과 주민들이 나와 환영회를 여는 것이 관례였다. 신임 수령은 환영 인파와 함께 관아로 가는 도중 그 지방 향교를 찾아 참배해야 했다. 이처럼 조선 왕조는 수령을 뽑아 보내는 절차를 복잡하게 만들었는데, 이는 그만큼 그 직임을 중시했음을 뜻한다.

① 처음으로 문관직에 임명된 사람에게는 사은숙배와 하직숙배를 모두 거행해야 할 의무가 있었다.

② 임지에 부임한 신임 수령은 해당 지방의 향교를 방문하여 사은숙배를 올리고 수령칠사를 암송해야 했다.

③ 지방 수령으로 임명된 사람은 사은숙배를 하기 전에 반드시 의정부를 찾아가 사조라는 절차를 거행해야 했다.

④ 신임 수령이 결정되면 통례원이 이조를 대신하여 당사자에게 고신교지를 보내 임명 사실을 알리는 일을 했다.

⑤ 정해진 규정대로 사은숙배와 사조를 끝낸 사람이라도 하직숙배 때 수령칠사를 제대로 말하지 못하면 그 직에서 파면될 수 있었다.

15. 다음 글에서 추론할 수 있는 것은?   24 5급공채

> 우주에 떠돌던 물질이 지구에 떨어져 어떤 물체가 만들어졌는데, 그것이 광화문 앞에 있는 이순신 장군상과 구별 불가능하다고 하자. 이 경우 우리는 새로운 것이 창조되었다고 생각하지 않는다. 이와 달리, 우리는 실제 이순신 장군상을 창조된 것이라고 생각한다. 이는 이순신 장군상을 만든 제작자가 있었기 때문이다.
>
> 이제 기이한 형태를 가진 콘크리트 덩어리를 상상해 보자. 이것과 관련하여 두 가지 생각을 할 수 있다. 첫 번째는 이것의 제작자가 의도를 갖고 만든 경우이다. 두 번째는 제작자가 아무런 의도 없이 우연히 첫 번째와 구별이 불가능한 것을 만든 경우이다. 첫 번째 경우에서 제작자는 새로운 것을 창조했지만, 두 번째 경우는 그렇지 않다. 왜냐하면 지구에 떨어져 우연히 만들어진 물체가 창조된 것이 아닌 것처럼, 무엇인가 창조하기 위해서는 그러한 것을 만들고자 하는 제작자의 의도가 있어야 하기 때문이다. 즉 새로운 것을 만들고자 하는 제작자의 창조 의도가 필요하다.
>
> 창조 의도만 있다고 해서 무엇인가가 창조되는 것은 아니다. 가령, 어떤 사람이 나뭇가지를 재료로 독창적인 와인 거치대를 만들 의도를 가졌다고 하자. 그런데 이 사람은 나뭇가지의 위치만 바꾸어 와인병 하나를 얹어 놓았다. 우리는 이 사람이 새로운 와인 거치대를 만들고 싶은 창조 의도가 있었음을 인정하지만, 새로운 것을 창조했다고 생각하지 않는다. 이 사람은 나뭇가지를 전혀 변형시키지 않았기 때문이다. 마찬가지로 누군가가 창조 의도를 가지고 변기를 예술 작품이라고 전시한다면, 그 변기가 예술 작품일 수는 있어도 창조된 것은 아니다.

① 예술 작품은 창조 의도를 동반하지 않는다.

② 제작자의 창조 의도가 반영된 것은 창조된 것이다.

③ 예술 작품은 작품에 사용된 재료를 변형시킨 것이다.

④ 창조된 것은 그것을 만들기 위해 사용된 재료가 변형된 것이다.

⑤ 새로운 물질로부터 기이한 모양이 만들어지면 새로운 것이 창조된 것이다.

약점 보완 해설집 p.2

유형 2 · 구조 판단

유형 소개

'구조 판단' 유형은 지문의 내용뿐만 아니라 지문의 구조를 파악하여 이를 바탕으로 선택지의 내용이 적절한지 여부를 판단하는 유형이다.

유형 특징

1 3~5 단락 정도의 지문이 다소 길고 생소한 내용을 담은 설명문 형태로 제시된다.

2 지문은 정보를 단순히 나열하는 형태가 아니라 특정한 구조를 가지고 정보를 제시하는 형태로 구성된다.

3 지문에서 두 가지 이상의 핵심어가 비교·대조되는 경우가 많으므로 단순한 내용 이해보다는 지문의 구조를 판단하여 그에 맞게 정보를 처리하는 것이 중요하다.

4 선택지는 기본적으로 지문의 세부적인 정보를 바탕으로 구성되지만, 지문의 구조에 따라 핵심어의 계열을 잡을 수 있는지가 주요 쟁점이 된다.

풀이 전략

1 지문을 읽기 전에 선택지를 먼저 읽어 선택지에 반복되는 단어나 비교 표현이 있는지 확인한다.

2 선택지에서 대조되는 단어나 비교 표현이 나타나면 지문에 대조되는 개념이 제시될 가능성이 높으므로 이 부분에 주목한다.

3 대조되는 단어가 보이는 지문의 경우, 대조되는 단어의 특징을 동그라미, 세모 등의 기호로 구별되게 체크하여 대조 개념의 특징을 하나의 '계열'로 정리한다.

4 선택지의 내용이 같은 계열의 단어끼리 매칭되었는지, 반대 계열의 단어끼리 매칭되었는지 여부로 선택지의 정오를 판별한다.

난이도 ★★☆　　　권장 풀이 시간: 1분 50초　　　나의 풀이 시간: ＿＿＿분 ＿＿＿초

01. 다음 글에서 추론할 수 있는 것은?

21 7급공채

생쥐가 새로운 소리 자극을 받으면 이 자극 신호는 뇌의 시상에 있는 청각시상으로 전달된다. 청각시상으로 전달된 자극 신호는 뇌의 편도에 있는 측핵으로 전달된다. 측핵에 전달된 신호는 편도의 중핵으로 전달되고, 중핵은 신체의 여러 기관에 전달할 신호를 만들어서 반응이 일어나게 한다.

연구자 K는 '공포' 또는 '안정'을 학습시켰을 때 나타나는 신경생물학적 특징을 탐구하기 위해 두 개의 실험을 수행했다.

첫 번째 실험에서 공포를 학습시켰다. 이를 위해 K는 생쥐에게 소리 자극을 준 뒤에 언제나 공포를 일으킬 만한 충격을 가하여, 생쥐에게 이 소리가 충격을 예고한다는 것을 학습시켰다. 이렇게 학습된 생쥐는 해당 소리 자극을 받으면 방어적인 행동을 취했다. 이 생쥐의 경우, 청각시상으로 전달된 소리 자극 신호는 학습을 수행하기 전 상태에서 전달되는 것보다 훨씬 센 강도의 신호로 증폭되어 측핵으로 전달된다. 이 증폭된 강도의 신호는 중핵을 거쳐 신체의 여러 기관에 전달되고 이는 학습된 공포 반응을 일으킨다.

두 번째 실험에서는 안정을 학습시켰다. 이를 위해 K는 다른 생쥐에게 소리 자극을 준 뒤에 항상 어떤 충격도 주지 않아서, 생쥐에게 이 소리가 안정을 예고한다는 것을 학습시켰다. 이렇게 학습된 생쥐는 이 소리를 들어도 방어적인 행동을 전혀 취하지 않았다. 이 경우 소리 자극 신호를 받은 청각시상에서 만들어진 신호가 측핵으로 전달되는 것이 억제되기 때문에 측핵에 전달된 신호는 매우 미약해진다. 대신 청각시상은 뇌의 선조체에서 반응을 일으킬 수 있는 자극 신호를 만들어서 선조체에 전달한다. 선조체는 안정 상태와 같은 긍정적이고 좋은 느낌을 느낄 수 있게 하는 것에 관여하는 뇌 영역인데, 선조체에서 반응이 세게 나타나면 안정감을 느끼게 되어 학습된 안정 반응을 일으킨다.

① 중핵에서 만들어진 신호의 세기가 강한 경우에는 학습된 안정 반응이 나타난다.

② 학습된 공포 반응을 일으키지 않는 소리 자극은 선조체에서 약한 반응이 일어나게 한다.

③ 학습된 공포 반응을 일으키는 소리 자극은 청각시상에서 선조체로 전달되는 자극 신호를 억제한다.

④ 학습된 안정 반응을 일으키는 청각시상에서 받는 소리 자극 신호는 학습된 공포 반응을 일으키는 청각시상에서 받는 소리 자극 신호보다 약하다.

⑤ 학습된 안정 반응을 일으키는 경우와 학습된 공포 반응을 일으키는 경우 모두, 청각시상에서 측핵으로 전달되는 신호의 세기가 학습하기 전과 달라진다.

꼼꼼 풀이 노트

권장 풀이 시간에 맞춰 문제를 풀어본 후, 꼼꼼 풀이 노트로 정리해보세요.

■ 출제 포인트

예) 지문에 제시된 실험 결과를 바탕으로 새로운 내용을 추론

■ 선택지 분석

예) ① 4문단
　　② 4문단
　　③ 4문단
　　④ 3문단
　　⑤ 3문단, 4문단

■ 출제 포인트

■ 선택지 분석

난이도 ★★☆ 　　　권장 풀이 시간: 1분 50초 　　　나의 풀이 시간: _____분 _____초

02. 다음 글에서 알 수 있는 것은? 　　　　　　　　　　　　　　　　24 7급공채

> 필사문화와 초기 인쇄문화에서 독서는 대개 한 사람이 자신이 속한 집단 내에서 다른 사람들에게 책을 읽어서 들려주는 사회적 활동을 의미했다. 개인이 책을 소유하고 혼자 눈으로 읽는 묵독과 같은 오늘날의 독서 방식은 당시 대다수 사람에게 익숙한 일이 아니었다. 근대 초기만 해도 문맹률이 높았기 때문에 공동체적 독서와 음독이 지속되었다.
>
> '공동체적 독서'는 하나의 읽을거리를 가족이나 지역·직업공동체가 공유하는 것을 의미한다. 이는 같은 책을 여러 사람이 돌려 읽는 윤독이 이루어졌을 뿐 아니라, 구연을 통하여 특정 공간에 모인 사람들이 책의 내용을 공유했음을 알려준다. 여기에는 도시와 농촌의 여염집 사랑방이나 안방에서 소규모로 이루어진 가족 구성원들의 독서, 도시와 촌락의 장시에서 주로 이루어진 구연을 통한 독서가 포함된다. 공동체적 독서의 목적은 독서에 참여한 사람들로 하여금 책의 사상과 정서에 공감하게 하는 데 있다.
>
> 음독은 '소리 내어 읽음'이라는 의미로서 낭송, 낭독, 구연을 포함한다. 낭송은 혼자서 책을 읽으며 암기와 감상을 위하여 읊조리는 행위를, 낭독은 다른 사람들에게 들려주기 위하여 보다 큰 소리로 책을 읽는 행위를 의미한다. 이에 비해 구연은 좀 더 큰 규모의 청중을 상대로 하며 책을 읽는 행위가 연기의 차원으로 높아진 것을 일컫는다. 이런 점에서 볼 때 음독은 공동체적 독서와 긴밀한 연관을 가질 수밖에 없지만, 음독이 꼭 공동체적 독서라고는 할 수 없다.
>
> 전근대 사회에서는 개인적 독서의 경우에도 묵독보다는 낭송이 더 일반적인 독서 형태였다. 그렇다고 해서 도식적으로 공동체적 독서와 음독을 전근대 사회의 독서 형태라 간주하고, 개인적 독서를 근대 이후의 독서 형태라 보는 것은 곤란하다. 현대 사회에서도 필요에 따라 공동체적 독서와 음독이 많이 행해지며, 반대로 전근대 사회에서도 지배계급이나 식자층의 독서는 자주 묵독으로 이루어졌을 것이기 때문이다. 다만 '공동체적 독서'에서 '개인적 독서'로의 이행은 전근대 사회에서 근대 사회로 이행하는 과정에서 확인되는 독서 문화의 추이라고 볼 수 있다.

① 필사문화를 통해 묵독이 유행하기 시작했다.

② 전근대 사회에서 낭송은 공동체적 독서를 의미한다.

③ 공동체적 독서와 개인적 독서 모두 현대사회에서 행해지는 독서 형태이다.

④ 근대 초기 식자층의 독서 방식이었던 음독은 높은 문맹률로 인해 생겨났다.

⑤ 근대 사회에서 윤독은 주로 도시와 촌락의 장시에서 이루어진 독서 형태였다.

03. 다음 글에서 알 수 있는 것은?

15 5급공채

고전주의적 관점에서는 보편적 규칙에 따라 고전적 이상에 일치시켜 대상을 재현한 작품에 높은 가치를 부여한다. 반면 낭만주의적 관점에서는 예술가 자신의 감정이나 가치관, 문제의식 등을 자유로운 방식으로 표현한 것에 가치를 부여한다.

그렇다면 예술작품을 감상할 때에는 어떠한 관점을 취해야 할까? 예술작품을 감상한다는 것은 예술가를 화자로 보고, 감상자를 청자로 설정하는 의사소통 형식으로 가정할 수 있다. 고전주의적 관점에서는 재현 내용과 형식이 정해지기 때문에 화자인 예술가가 중심이 된 의사소통 행위가 아니라 청자가 중심이 된 의사소통 행위라 할 수 있다. 즉, 예술작품 감상에 있어서 청자인 감상자는 보편적 규칙과 정형적 재현 방식을 통해 쉽게 예술작품을 수용하고 이해할 수 있게 된다. 그런데 의사소통 상황에서 청자가 중요시되지 않는 경우도 흔히 발견된다. 가령 스포츠 경기를 볼 때 주변 사람과 관련 없이 자기 혼자서 탄식하고 환호하기도 한다. 또한 독백과 같이 특정한 청자를 설정하지 않는 발화 행위도 존재한다. 낭만주의적 관점에서 예술작품을 이해하고 감상하는 것도 이와 유사하다. 낭만주의적 관점에서는, 예술작품을 예술가가 감상자를 고려하지 않은 채 자신의 생각이나 느낌을 자유롭게 표현한 것으로 보아야만 작품의 본질을 오히려 잘 포착할 수 있다고 본다.

낭만주의적 관점에서 올바른 작품 감상을 위해서는 예술가의 창작의도나 창작관에 대한 이해가 필요하다. 비록 관람과 감상을 전제하고 만들어진 작품이라 하더라도 그 가치는 작품이 보여주는 색채나 구도 등에 대한 감상자의 경험을 통해서만 파악되는 것이 아니다. 현대 추상회화 창시자의 한 명으로 손꼽히는 몬드리안의 예술작품을 보자. 구상적 형상 없이 선과 색으로 구성된 몬드리안의 작품들은, 그가 자신의 예술을 발전시켜 나가는 데 있어서 관심을 쏟았던 것이 무엇인지를 알지 못하면 이해하기 어렵다.

① 고전주의적 관점과 낭만주의적 관점의 공통점은 예술작품의 재현 방식이다.

② 고전주의적 관점에서 볼 때, 예술작품을 감상하는 것은 독백을 듣는 것과 유사하다.

③ 낭만주의적 관점에서 볼 때, 예술작품 창작의 목적은 감상자 위주의 의사소통에 있다.

④ 낭만주의적 관점에서 볼 때, 예술작품의 창작의도에 대한 충분한 소통은 작품 이해를 위해 중요하다.

⑤ 고전주의적 관점에 따르면 예술작품의 본질은 예술가가 자신의 생각이나 느낌을 창의적으로 표현하는 데 있다.

1 독해의 원리

2 논증의 방향

3 문맥과 단서

4 논리의 체계

기출 재구성 모의고사

해커스PSAT 7급 PSAT 유형별 기출 200제 언어논리

■ 출제 포인트

■ 선택지 분석

04. 다음 글에서 추론할 수 없는 것은?   16 5급공채

『삼국유사』는 신라 전성시대의 경주의 모습을 설명하면서 금입택(金入宅)의 명칭 39개를 나열하고 있다. 신라의 전성시대란 일반적으로 상대, 중대, 하대 중 삼국 통일 이후 100여 년 간의 중대를 가리키는 것이 보통이나, 경주가 왕도로서 가장 발전했던 시기는 하대 헌강왕 대이다. 39개의 금입택이 있었던 시기도 이때이다. 그런데 경덕왕 13년에 황룡사종을 만든 장인이 금입택 가운데 하나인 이상택(里上宅)의 하인이었으므로, 중대의 최전성기에 이미 금입택이 존재하고 있었음을 알 수 있다. 즉 금입택은 적어도 중대부터 만들어지기 시작하여 하대에 이르면 경주에 대략 40여 택이 들어서 있었다. 하지만 『삼국유사』의 기록이 금입택 가운데 저명한 것만을 기록한 것이므로, 실제는 더 많았을 것이다.

'쇠드리네' 또는 '금드리네'의 직역어인 금입택은 금이나 은 또는 도금으로 서까래나 문틀 주위를 장식한 호화주택이다. 지붕은 주로 막새기와를 덮었으며, 지붕의 합각 부분에는 물고기나 화초 모양의 장식을 했다. 김유신 가문이라든가 집사부 시중을 역임한 김양종의 가문, 경명왕의 왕비를 배출한 장사택 가문 등 진골 중에서도 왕권에 비견되는 막대한 권력과 재력을 누리던 소수의 유력한 집안만이 이러한 가옥을 가질 수 있었다.

금입택은 평지에는 만들어지지 않았다. 경주에서는 알천이 자주 범람하였으므로 대저택을 만들기에 평지는 부적절했다. 따라서 귀족들의 금입택은 월성 건너편의 기슭에 주로 조성되었는데, 이 일대는 풍광이 매우 아름다워 주택지로서 최적이었다. 또한 남산의 산록 및 북천의 북쪽 기슭에도 많이 만들어졌는데, 이 지역은 하천을 내려다볼 수 있는 높은 지대라서 주택지로 적합하였다.

또한 지택(池宅), 천택(泉宅), 정상택(井上宅), 수망택(水望宅) 등 이름 가운데 '지(池)', '천(泉)', '정(井)', '수(水)' 등 물과 관계있는 문자가 보이는 금입택이 많다. 이러한 금입택은 물을 이용한 연못이나 우물 등의 시설을 갖추고 있었다. 금입택 중 명남택(楡南宅)에서 보이는 '명(楡)'자는 조선 후기의 실학자 이수광, 이규경 등이 증명한 것처럼, 우리 고유의 글자로 대나무 혹은 돌을 길게 이어 물을 끌어 쓰거나 버리는 데 이용하는 대홈통의 뜻을 갖고 있다. 이러한 수리시설은 오늘날 산지에서 이용되고 있으며, 통일신라시대 사찰이나 궁궐의 조경에도 이용되었다. 명남택은 이러한 수리시설을 갖추었기 때문에 붙은 이름이었다. 한편 금입택 중 사절유택(四節遊宅)과 구지택(仇知宅)은 별장이었다.

① 금입택은 신라 하대 이전에 이미 존재하였다.

② 진골 귀족이라도 금입택을 소유하지 못한 경우도 있었다.

③ 이름에 물과 관계있는 문자가 들어간 금입택은 물을 이용한 시설을 갖추고 있었다.

④ 명남택에서 사용한 수리시설은 귀족 거주용 주택이 아닌 건물에서도 사용되었다.

⑤ 월성 건너편의 기슭은 하천을 내려다볼 수 있는 높은 지대였으므로 주택지로서 적합하였다.

05. 다음 글의 내용과 부합하지 않는 것은?　　　　18 5급공채

1890년 독점 및 거래제한 행위에 대한 규제를 명시한 셔먼법이 제정됐다. 셔먼은 반독점법 제정이 소비자의 이익 보호와 함께 소생산자들의 탈집중화된 경제 보호라는 목적이 있다는 점을 강조했다. 그는 독점적 기업결합 집단인 트러스트가 독점을 통한 인위적인 가격 상승으로 소비자를 기만한다고 보았다. 더 나아가 트러스트가 사적 권력을 강화해 민주주의에 위협이 된다고 비판했다. 이런 비판의 사상적 배경이 된 것은 시민 자치를 중시하는 공화주의 전통이었다.

이후 반독점 운동에서 브랜다이스가 영향력 있는 인물로 부상했다. 그는 독점 규제를 통해 소비자의 이익이 아니라 독립적 소생산자의 경제를 보호하고자 했다. 반독점법의 취지는 거대한 경제 권력의 영향으로부터 독립적 소생산자들을 보호함으로써 자치를 지켜내는 데 있다는 것이다. 이런 생각에는 공화주의 전통이 반영되어 있었다. 브랜다이스는 거대한 트러스트에 집중된 부와 권력이 시민 자치를 위협한다고 보았다. 이 점에서 그는 반독점법이 소생산자의 이익 자체를 도모하는 것보다는 경제와 권력의 집중을 막는 데 초점을 맞추어야 한다고 주장했다.

반독점법이 강력하게 집행된 것은 1930년대 후반에 이르러서였다. 1938년 아놀드가 법무부 반독점국의 책임자로 임명되었다. 아놀드는 소생산자의 자치와 탈집중화된 경제의 보호가 대량 생산 시대에 맞지 않는 감상적인 생각이라고 치부하고, 시민 자치권을 근거로 하는 반독점 주장을 거부했다. 그는 독점 규제의 목적이 권력 집중에 대한 싸움이 아니라 경제적 효율성의 향상에 맞춰져야 한다고 주장했다. 독점 규제를 통해 생산과 분배의 효율성을 증가시키고 그 혜택을 소비자에게 돌려주는 것이 핵심 문제라는 것이다. 이 점에서 반독점법의 목적이 소비자 가격을 낮춰 소비자 복지를 증진시키는 데 있다고 본 것이다. 그는 사람들이 반독점법을 지지하는 이유도 대기업에 대한 반감이나 분노 때문이 아니라, '돼지갈비, 빵, 안경, 약, 배관공사 등의 가격'에 대한 관심 때문이라고 강조했다. 이 시기 아놀드의 견해가 널리 받아들여진 것도 소비자 복지에 대한 당시 사람들의 관심사를 반영했기 때문으로 볼 수 있다. 이런 점에서 소비자 복지에 근거한 반독점 정책이 안정된 법적, 정치적 제도로서의 지위를 갖게 되었다.

① 셔먼과 브랜다이스의 견해는 공화주의 전통에 기반을 두고 있었다.

② 아놀드는 독점 규제의 목적에 대한 브랜다이스의 견해에 비판적이었다.

③ 셔먼과 아놀드는 소비자 이익을 보호한다는 점에서 반독점법을 지지했다.

④ 반독점 주장의 주된 근거는 1930년대 후반 시민 자치권에서 소비자 복지로 옮겨 갔다.

⑤ 브랜다이스는 독립적 소생산자와 소비자의 이익을 보호하여 시민 자치를 지키고자 했다.

난이도 ★★★　　　　권장 풀이 시간: 2분　　　　나의 풀이 시간: ＿＿＿분 ＿＿＿초

06. 다음 글에서 알 수 있는 것은?　　　　　　　　　　　　19 5급공채

조선 시대에 설악산이라는 지명이 포함하는 영역은 오늘날의 그것과 달랐다. 오늘날에는 대청봉, 울산바위가 있는 봉우리, 한계령이 있는 봉우리를 하나로 묶어 설악산이라고 부른다. 그런데 조선 시대의 자료 중에는 현재의 대청봉만 설악산이라고 표시하고 울산바위가 있는 봉우리는 천후산으로, 그리고 한계령이 있는 봉우리는 한계산으로 표시한 것이 많다.

요즘 사람들은 설악산이나 계룡산과 같이 잘 알려진 산에 수많은 봉우리가 포함되어 있는 것이 당연하다고 생각하는데, 고려 시대까지만 해도 하나의 봉우리는 다른 봉우리와 구별된 별도의 산이라는 인식이 강했다. 이런 생각은 조선 전기에도 이어졌다. 그러나 조선 후기에 해당하는 18세기에는 그 인식에 변화가 나타나기 시작했다. 18세기 중엽에 제작된 지도인 『여지도』에는 오늘날 설악산이라는 하나의 지명으로 포괄되어 있는 범위가 한계산과 설악산이라는 두 개의 권역으로 구분되어 있다. 이 지도에 표시된 설악산의 범위와 한계산의 범위를 합치면 오늘날 설악산이라고 부르는 범위와 동일해진다. 그런데 같은 시기에 제작된 『비변사인 방안지도 양양부 도엽』이라는 지도에는 설악산, 천후산, 한계산의 범위가 모두 따로 표시되어 있고, 이 세 산의 범위를 합치면 오늘날의 설악산 범위와 같아진다.

한편 18세기 중엽에 만들어진 『조선팔도지도』에는 오늘날과 동일하게 설악산의 범위가 표시되어 있고, 그 범위 안에 '설악산'이라는 명칭만 적혀 있다. 이 지도에는 한계산과 천후산이라는 지명이 등장하지 않는다. 김정호는 『대동지지』라는 책에서 "옛날 사람들 중에는 한계령이 있는 봉우리를 한계산이라고 부른 이도 있었으나, 사실 한계산은 설악산에 속한 봉우리에 불과하다."라고 설명하였다. 현종 때 만들어진 『동국여지지』에는 "설악산 아래에 사는 사람들은 다른 지역 사람들이 한계산이라 부르는 봉우리를 설악산과 떨어져 있는 별도의 산이라고 생각하지 않고, 설악산 안에 있는 봉우리라고 생각한다."라는 내용이 나온다. 김정호는 이를 참고해 『대동지지』에 위와 같이 썼던 것으로 보인다. 『조선팔도지도』에는 천후산이라는 지명이 표시되어 있지 않은데, 이는 이 지도를 만든 사람이 조선 전기에 천후산이라고 불리던 곳을 대청봉과 동떨어진 별도의 산이라고 생각하지 않았음을 뜻한다.

① 『여지도』에 표시된 설악산의 범위와 『대동지지』에 그려져 있는 설악산의 범위는 동일하다.

② 『동국여지지』에 그려져 있는 설악산의 범위와 『조선팔도지도』에 표시된 설악산의 범위는 동일하다.

③ 『조선팔도지도』에 표시된 대로 설악산의 범위를 설정하면 그 안에 한계령이 있는 봉우리가 포함된다.

④ 『대동지지』와 『비변사인 방안지도 양양부 도엽』에는 천후산과 한계산이 서로 다른 산이라고 적혀 있다.

⑤ 『여지도』에 표시된 천후산의 범위와 『비변사인 방안지도 양양부 도엽』에 표시된 천후산의 범위는 동일하다.

07. 다음 글에서 알 수 있는 것은?

유교는 그 근본 정신과 행위 규범으로 구분될 수 있다. 행위 규범으로서의 유교를 '예교(禮敎)'라고 부른다. 이러한 의미로 보면 예교는 유교의 일부분이었지만, 유교를 신봉하는 사람들의 입장으로 본다면 유교 자체라고 할 수도 있다. 유교 신봉자들에게 예교는 유교적 원리에서 자연스럽게 도출되는 것이었고, 예교를 통해 유교적 가치를 실현할 수 있었기 때문이다. 중국인들이 생활 안에서 직접 경험하는 유교적 가치는 추상적 원리가 아니라 구체적 규율일 수밖에 없었다. 이러한 점에서 유교와 예교는 원리적으로는 하나라고 할 수 있지만, 실질적으로 분명히 구분되는 것이었다. 이제부터 유교의 근본 정신을 그대로 '유교'라고 일컫고, 유교의 행위 규범은 '예교'라고 일컫기로 한다.

전통적으로 중국에서는 예교와 법(法)이 구분되었다. 법이 강제적이며 외재적 규율이라면, 예교는 자발적이고 내면적인 규율이다. '명교(名敎)'와 '강상(綱常)'은 예교와 비슷한 의미로 사용되었는데, 둘 다 예교에 포함되는 개념이다. 명교는 말 그대로 '이름의 가르침'이란 뜻으로, 이름이나 신분에 걸맞도록 행동하라는 규범이었다. 강상은 '삼강(三綱)'과 '오상(五常)'을 함께 일컫는 말로, 예교의 가르침 중 최고의 준칙이었다. 삼강은 임금과 신하, 부모와 자식, 부부 등 신분, 성별에 따른 우열을 규정한 것이었다. 오상은 '인·의·예·지·신'이라는 유학자들이 지켜야 할 덕목이었다. 오상이 유교적 가치의 나열이라고 한다면, 명교와 삼강은 현실적 이름, 신분, 성별에 따른 행위 규범이었다. 이 때문에 근대 중국 지식인들의 유교 비판은 신분 질서를 옹호하는 의미가 내포된 예교 규칙인 명교와 삼강에 집중되었다. 이름이나 신분, 성별에 따른 우열은 분명 평등과 민주의 이념에 어긋나는 것이었기 때문이다.

실제로 유교와 예교를 분리시켰던 사람들은 캉유웨이(康有爲)를 비롯한 변법유신론자들이었다. 이들은 중국의 정치 제도를 변경시켜서 입헌군주국으로 만들려고 했다. 그러한 목적을 달성하기 위해서는 기존의 정치 질서를 핵심적으로 구성하고 있던 예교를 해체하는 작업이 우선이었다. 캉유웨이는 유교 자체를 공격하고자 하지는 않았다. 그는 공자의 원래 생각을 중심으로 유교를 재편하기 위해 예교가 공자의 원래 정신에 어긋난다고 비판했다. 그에 따라 캉유웨이에게 유교와 예교는 명확하게 구별되는 것이 되었다.

① 유교와 예교를 분리하여 이해했던 사람들은 공자 정신을 비판했다.

② 삼강은 신분과 성별에 따른 우열을 옹호하는 강제적이고 외재적인 규율이었다.

③ 전통적인 유교 신봉자들은 법을 준수하는 생활 속에서 유교적 가치를 체험했다.

④ 중국의 일부 지식인들은 유교의 행위 규범에는 민주주의 이념에 위배되는 요소가 있다고 생각했다.

⑤ 명교는 유교적 근본 정신을 담은 규율이었기 때문에 근대의 예교 해체 과정에서 핵심적 가치로 재발견되었다.

난이도 ★★★   권장 풀이 시간: 2분 20초   나의 풀이 시간: ____분 ____초

08. 다음 글에서 알 수 있는 것은?   20 5급공채

> 산소가 관여하는 신진대사에서 부산물로 만들어지는 활성산소는 노화나 질병을 일으킬 수 있다. 따라서 활성산소를 제거하는 항산화 물질을 섭취하는 것은 건강을 지키기 위해 중요하다.
>
> 항산화 물질 중 하나인 폴리페놀은 맥주, 커피, 와인, 찻잎뿐만 아니라 여러 식물에 있다. 폴리페놀의 구성물질 중 약 절반은 항산화 복합물인 플라보노이드이며, 플라보노이드는 플라보놀과 플라바놀이라는 두 항산화 물질로 구성되어 있다.
>
> 찻잎에는 플라바놀에 속하는 카데킨이 있으며, 이 카데킨이 활성산소를 제거하는 중요한 항산화 물질이다. 카데킨은 여러 항산화 물질로 되어있는데, 이중 에피갈로카데킨 갈레이트는 차가 우러날 때 쓰고 떫은맛을 내는 성분인 탄닌이다. 탄닌은 차뿐만 아니라 와인 맛의 특징을 결정짓는 중요한 요소이다.
>
> 제조 과정에서 산화 과정이 일어나지 않아서 비산화 차로 분류되는 녹차는 카데킨을 많이 함유하고 있다. 하지만 산화차인 홍차는 제조하는 동안 일어나는 산화 과정에서 카데킨의 일부가 테아플라빈과 테아루비딘이라는 또 다른 항산화 물질로 전환되는데, 이 두 물질이 홍차를 홍차답게 만드는 맛과 색상을 내는 것에 주된 영향을 미친다. 테아플라빈은 홍차를 만들기 위한 산화가 시작되면서 첫 번째로 나타나는 물질이다. 테아플라빈은 차의 색깔을 오렌지색 계통의 금색으로 변화시키며 다소 투박하고 떫은맛을 내게 한다. 이후에 산화가 더 진행되면 테아루비딘이 나타나는데, 테아루비딘은 차가 좀 더 부드럽고 감미로운 맛을 내고 어두운 적색 계통의 갈색을 갖게 한다. 따라서 산화를 길게 하면 할수록 테아루비딘의 양이 많아지고 차는 더욱더 부드럽고 감미로워진다.
>
> 중국 홍차가 인도나 스리랑카 홍차보다 대체로 부드러운 것은 산화 과정을 더 오래 하기 때문이다. 즉 홍차의 제조 방법과 조건이 차에 있는 테아플라빈과 테아루비딘의 상대적 비율을 결정하고 차의 색상과 맛의 스펙트럼에 영향을 미치는 중요한 요소가 되는 것이다.

① 테아루비딘의 양에 대한 테아플라빈의 양의 비율은 오렌지색 계통의 금색 홍차보다 어두운 적색 계통의 갈색 홍차에서 더 높다.

② 찻잎에 있는 플라보노이드는 활성산소가 생성되지 못하게 함으로써 항산화 작용을 한다.

③ 와인과 커피는 플라바놀이 들어있는 폴리페놀을 가지고 있다.

④ 에피갈로카데킨 갈레이트는 녹차보다 홍차에 더 많이 들어있다.

⑤ 인도 홍차보다 중국 홍차에 카데킨이 더 많이 들어있다.

09. 다음 글에서 추론할 수 있는 것만을 <보기>에서 모두 고르면?

20 5급공채

'공립학교 인종차별 금지 판결의 준수를 종용하면서, 어떤 법률에 대해서는 의도적으로 그 준수를 거부하니 이는 기괴하다.'라고 할 수 있습니다. '어떤 법률은 준수해야 한다고 하면서도 어떤 법률에 대해서는 그를 거부하라 할 수 있습니까?'라고 물을 수도 있습니다. 하지만 이에는 '불의한 법률은 결코 법률이 아니다.'라는 아우구스티누스의 말을 살펴 답할 수 있습니다. 곧, 법률에는 정의로운 법률과 불의한 법률, 두 가지가 있습니다.

이 두 가지 법률 간 차이는 무엇입니까? 법률이 정의로운 때가 언제이며, 불의한 때는 언제인지 무엇을 보고 결정해야 합니까? 우리 사회에서 통용되는 법률들을 놓고 생각해 봅시다. 우리 사회에서 지켜야 할 법률이라는 점에서 정의로운 법률과 불의한 법률 모두 사람에게 적용되는 규약이기는 합니다. 하지만 정의로운 법률은 신의 법, 곧 도덕법에 해당한다는 데에 동의할 것으로 믿습니다. 그렇다면 불의한 법률은 그 도덕법에 배치되는 규약이라 할 것입니다. 도덕법을 자연법이라 표현한 아퀴나스의 말을 빌리면, 불의한 법률은 결국 사람끼리의 규약에 불과합니다. 사람끼리의 규약이 불의한 이유는 그것이 자연법에 기원한 것이 아니기 때문입니다.

인간의 품성을 고양하는 법률은 정의롭습니다. 인간의 품성을 타락시키는 법률은 물론 불의한 것입니다. 인종차별을 허용하는 법률은 모두 불의한 것인데 그 까닭은 인종차별이 영혼을 왜곡하고 인격을 해치기 때문입니다. 가령 인종을 차별하는 자는 거짓된 우월감을, 차별당하는 이는 거짓된 열등감을 느끼게 되는데 여기서 느끼는 우월감과 열등감은 영혼의 본래 모습이 아니라서 올바른 인격을 갖추지 못하도록 합니다.

따라서 인종차별은 정치·사회·경제적으로 불건전할 뿐 아니라 죄악이며 도덕적으로 그른 것입니다. 분리는 곧 죄악이라 할 것인데, 인간의 비극적인 분리를 실존적으로 드러내고, 두려운 소외와 끔찍한 죄악을 표출하는 상징이 인종차별 아니겠습니까? 공립학교 인종차별 금지 판결이 올바르기에 그 준수를 종용할 수 있는 한편, 인종차별을 허용하는 법률은 결단코 그르기에 이에 대한 거부에 동참해달라고 호소하는 바입니다.

───────────── 〈보기〉 ─────────────

ㄱ. 인간의 품성을 고양하는 법률은 도덕법에 해당한다.
ㄴ. 사람끼리의 규약에 해당하는 법률은 자연법이 아니다.
ㄷ. 인종차별적 내용을 포함하지 않는 모든 법률은 신의 법에 해당한다.

① ㄱ
② ㄷ
③ ㄱ, ㄴ
④ ㄴ, ㄷ
⑤ ㄱ, ㄴ, ㄷ

난이도 ★★★   권장 풀이 시간: 2분 20초   나의 풀이 시간: _____분 _____초

10. 다음 글의 내용과 부합하는 것은?   21 5급공채

'공공 미술'이란 공개된 장소에 설치되고 전시되는 작품으로서, 공중(公衆)을 위해 제작되고 공중에 의해 소유되는 미술품을 의미한다. 공공 미술의 역사는 세 가지 서로 다른 패러다임의 변천으로 설명할 수 있다. 첫 번째는 '공공장소 속의 미술' 패러다임으로, 1960년대 중반부터 1970년대 중반까지 대부분의 공공 미술이 그에 해당한다. 이것은 미술관이나 갤러리에서 볼 수 있었던 미술 작품을 공공장소에 설치하여 공중이 미술 작품을 접하기 쉽게 한 것이다. 두 번째는 '공공 공간으로서의 미술' 패러다임으로, 공공 미술 작품의 개별적인 미적 가치보다는 사용가치에 주목하고 공중이 공공 미술을 더 가깝게 느끼고 이해할 수 있도록 미술과 실용성 사이의 구분을 완화하려는 시도이다. 이에 따르면 미술 작품은 벤치나 테이블, 가로등, 맨홀 뚜껑을 대신하면서 공공장소에 완전히 동화된다. 세 번째인 '공공의 이익을 위한 미술' 패러다임은 사회적인 쟁점과 직접적 접점을 만들어 냄으로써 사회 정의와 공동체의 통합을 추구하는 활동이다. 이것은 거리 미술, 게릴라극, 페이지 아트 등과 같은 비전통적 매체뿐만 아니라 회화, 조각을 포함하는 다양한 전통 매체를 망라한 행동주의적이며 공동체적인 활동이라고 할 수 있다.

첫 번째와 두 번째 패러다임은 둘 다 공적인 공간에서 시각적인 만족을 우선으로 한다는 점에서 하나의 틀로 묶을 수 있다. 공적인 공간에서 공중의 미적 향유를 위해서 세워진 조형물이나 쾌적하고 심미적인 도시를 만들기 위해 디자인적 요소를 접목한 공공 편의 시설물은 모두 공중에게 시각적인 만족을 제공하기 위해 제작된 활동이라는 의미에서 '공공장소를 미화하는 미술'이라 부를 수 있다. 세 번째 패러다임인 '공공의 이익을 위한 미술'은 사회 변화를 위한 공적 관심의 증대를 목표로 하고 있어서 공공 공간을 위한 미술이라기보다는 공공적 쟁점에 주목하는 미술이다. 이 미술은 해당 주제가 자신들의 삶에 중요한 쟁점이 되는 특정 공중 일부에게 집중한다. 그런 점에서 이러한 미술 작업은 공중 모두에게 공공장소에 대한 보편적인 미적 만족을 제공하려는 활동과는 달리 '공적인 관심을 증진하는 미술'에 해당한다.

① 공공 공간으로서의 미술은 다양한 매체를 활용하여 사회 정의와 공동체 통합을 추구하는 활동이다.

② 공공장소를 미화하는 미술은 공공 미술 작품의 미적 가치보다 사용가치에 주목하는 시도를 포함한다.

③ 공적인 관심을 증진하는 미술은 공중이 공유하는 문화 공간을 심미적으로 디자인하여 미술과 실용성을 통합하려는 활동이다.

④ 공공장소 속의 미술은 사회 변화를 위한 공적 관심의 증대를 목표로 공중 모두에게 공공장소에 대한 보편적 미적 만족을 제공한다.

⑤ 공공의 이익을 위한 미술은 공간적 제약을 넘어서 공중이 미술을 접할 수 있도록 작품이 존재하는 장소를 미술관에서 공공장소로 확대하는 활동이다.

11. 다음 글에서 추론할 수 있는 것만을 <보기>에서 모두 고르면?　　　21 5급공채

　　물질을 구성하는 작은 입자들의 배열 상태는 어떻게 생겼을까? 이것은 '부피를 최소화시키려면 입자들을 어떻게 배열해야 하는가?'의 문제와 관련이 있다. 모든 입자들이 구형이라고 가정한다면 어떻게 쌓는다고 해도 사이에는 빈틈이 생긴다. 문제는 이 빈틈을 최소한으로 줄여서 쌓인 공이 차지하는 부피를 최소화시키는 것이다.

　　이 문제를 해결하기 위해 케플러는 여러 가지 다양한 배열 방식에 대하여 그 효율성을 계산하는 방식으로 연구를 진행하였다. 그가 제안했던 첫 번째 방법은 인접입방격자 방식이었다. 이것은 수평면(제1층) 상에서 하나의 공이 여섯 개의 공과 접하도록 깔아 놓은 후, 움푹 들어간 곳마다 공을 얹어 제1층과 평행한 면 상에 제2층을 쌓는 방식이다. 이 경우 제2층의 배열 상태는 제1층과 동일하지만 단지 전체적인 위치만 약간 이동하게 된다. 이러한 방식의 효율성은 74%이다.

　　다른 방법으로는 단순입방격자 방식이 있다. 이것은 공을 바둑판의 격자 모양대로 쌓아 가는 방식으로, 이 배열에서는 수평면 상에서 하나의 공이 네 개의 공과 접하도록 배치된다. 그리고 제2층의 배열 상태를 제1층과 동일한 상태로 공의 중심이 같은 수직선 상에 놓이도록 배치한다. 이 방식의 효율성은 53%이다. 이 밖에 6각형격자 방식이 있는데, 이것은 각각의 층을 인접입방격자 방식에 따라 배열한 뒤에 층을 쌓을 때는 단순입방격자 방식으로 쌓는 것이다. 이 방식의 효율성은 60%이다.

　　이러한 규칙적인 배열 방식에 대한 검토를 통해, 케플러는 인접입방격자 방식이 알려진 규칙적인 배열 중 가장 효율이 높은 방식임을 주장했다.

─────〈보기〉─────

ㄱ. 배열 방식 중에서 제1층만을 따지면 인접입방격자 방식의 효율성이 단순입방격자 방식보다 크다.

ㄴ. 단순입방격자 방식에서 하나의 공에 접하는 공은 최대 6개이다.

ㄷ. 어느 층을 비교하더라도 단순입방격자 방식이 6각형격자 방식보다 효율성이 크다.

① ㄱ

② ㄷ

③ ㄱ, ㄴ

④ ㄴ, ㄷ

⑤ ㄱ, ㄴ, ㄷ

난이도 ★★★　　　권장 풀이 시간: 2분 10초　　　나의 풀이 시간: _____분 _____초

12. 다음 글에서 추론할 수 있는 것만을 <보기>에서 모두 고르면?　　21 5급공채

신경계는 우리 몸 안팎에서 일어나는 여러 자극을 전달하여 이에 대한 반응을 유발하는 기관계이며, 그 기본 구성단위는 뉴런이다. 신경계 중 소화와 호흡처럼 뇌의 직접적인 제어를 받지 않는 자율신경계는 교감신경과 부교감신경으로 구성되어 있다. 교감신경과 부교감신경은 눈의 홍채와 같은 다양한 표적기관의 기능을 조절한다.

교감신경과 부교감신경 모두 일렬로 배열된 절전뉴런과 절후뉴런으로 구성되어 있다. 이 두 뉴런이 서로 인접해 있는 곳이 신경절이며, 절전뉴런은 신경절의 앞쪽에, 절후뉴런은 신경절의 뒤쪽에 있다. 절후뉴런의 끝은 표적기관과 연결된다. 교감신경이 활성화되면 교감신경의 절전뉴런 끝에서 신호물질인 아세틸콜린이 분비된다. 분비된 아세틸콜린은 교감신경의 절후뉴런을 활성화시키고, 절전뉴런으로부터 받은 신호를 표적기관에 전달하게 한다. 부교감신경 역시 활성화되면 부교감신경의 절전뉴런 끝에서 아세틸콜린이 분비된다. 아세틸콜린은 부교감신경의 절후뉴런을 활성화시킨다. 교감신경의 절후뉴런 끝에서는 노르아드레날린이, 부교감신경의 절후뉴런 끝에서는 아세틸콜린이 표적기관의 기능을 조절하기 위해 분비된다.

눈에 있는 동공의 크기 조절은 자율신경계가 표적기관의 기능을 조절하는 좋은 사례이다. 동공은 수정체의 앞쪽에 위치해 있는 홍채의 가운데에 있는 구멍이다. 홍채는 동공의 직경을 조절함으로써 눈의 망막에 도달하는 빛의 양을 조절한다. 동공 크기 변화는 홍채에 있는 두 종류의 근육인 '돌림근'과 '부챗살근'의 수축에 의해 일어난다. 이 두 근육은 각각 근육층을 이루는데, 홍채의 안쪽에는 돌림근층이, 바깥쪽에는 부챗살근층이 있다. 어두운 곳에서 밝은 곳으로 이동하면 부교감신경이 활성화되고, 부교감신경의 절후뉴런 끝에 있는 표적기관인 홍채의 돌림근이 수축한다. 돌림근은 동공 둘레에 돌림 고리를 형성하고 있어서, 돌림근이 수축하면 두꺼워지면서 동공의 크기가 줄어든다. 반대로 밝은 곳에서 어두운 곳으로 이동하면 교감신경이 활성화되고, 교감신경의 절후뉴런 끝에 있는 표적기관인 홍채의 부챗살근이 수축한다. 부챗살근은 자전거 바퀴의 살처럼 배열되어 있어서 수축할 때 부챗살근의 길이가 짧아지고 동공의 직경이 커진다. 이렇게 변화된 동공의 크기는 빛의 양에 변화가 일어날 때까지 일정하게 유지된다.

〈보기〉

ㄱ. 밝은 곳에서 어두운 곳으로 이동하면 교감신경의 절전뉴런 끝에서 아세틸콜린이 분비된다.

ㄴ. 어두운 곳에서 밝은 곳으로 이동하면 부교감신경의 절후뉴런 끝에서 아세틸콜린이 분비되고 돌림근이 두꺼워진다.

ㄷ. 노르아드레날린은 돌림근의 수축을 일으키는 반면 아세틸콜린은 부챗살근의 수축을 일으킨다.

① ㄴ

② ㄷ

③ ㄱ, ㄴ

④ ㄱ, ㄷ

⑤ ㄱ, ㄴ, ㄷ

13. 다음 글에서 알 수 있는 것은?　　　　　　　　　　　　　　　22 5급공채

> 조선의 군역제는 양인 모두가 군역을 담당하는 양인개병제였다. 그러나 양인 중 양반이 관료 혹은 예비 관료라는 이유로 군역에서 빠져나가고 상민 또한 군역 부담을 회피하는 풍조가 일었다.
>
> 군역 문제가 심각해지자 이에 대한 여러 대책이 제기되었다. 크게 보면 균등한 군역 부과를 실현하려는 대변통(大變通)과 상민의 군역 부담을 줄임으로써 폐단을 완화하려는 소변통(小變通)으로 나눌 수 있다. 전자의 예로는 호포론(戶布論)·구포론(口布論)·결포론(結布論)이 있고, 후자로는 감필론(減疋論)과 감필결포론이 있다. 호포론은 신분에 관계없이 식구 수에 따라 가호를 몇 등급으로 나누고 그 등급에 따라 군포를 부과하자는 주장이었다. 이는 신분에 관계없이 부과한다는 점에서 파격적인 것이었으나, 가호의 등급을 적용한다 하더라도 가호마다 부담이 균등할 수 없다는 문제가 있었다. 구포론은 귀천을 막론하고 16세 이상의 모든 남녀에게 군포를 거두자는 주장이었다. 결포론은 토지를 소유한 자에게만 토지 소유 면적에 따라 차등 있게 군포를 거두자는 것이었다. 결포론은 경제 능력에 따라 군포를 징수하여 조세 징수의 합리성을 기할 수 있음은 물론 공평한 조세 부담의 이상에 가장 가까운 방안이었다.
>
> 그러나 대변통의 실시는 양반의 특권을 폐지하는 것이었으므로 양반층이 강력히 저항하였다. 이에 상민이 내는 군포를 줄여주어 그들의 고통을 완화시켜 주자는 감필론이 대안으로 떠올랐다. 그런데 감필론의 경우 국가의 군포 수입이 줄어들게 되어 막대한 재정 결손이 수반되므로, 이에 대한 대책이 마련되어야 하였다. 이에 상민이 부담해야 하는 군포를 2필에서 1필로 감축하고 그 재정 결손에 대해서만 양반에게서 군포를 거두자는 감필결포론이 제기되었다. 양반들도 이에 대해 일정 정도 긍정적이었으므로, 1751년 감필결포론을 제도화하여 균역법을 시행하였다. 그러나 균역법은 양반층을 군역 대상자로 온전하게 포괄한 것이 아니었다. 양반이 지게 된 부담은 상민과 동등한 군역 대상자로서가 아니라 민생의 개선에 책임을 져야 할 지배층으로서 재정 결손을 보충하기 위한 양보에 불과한 것이었다. 결국 균역법은 불균등한 군역 부담에서 야기된 폐단을 근본적으로 해결하는 개혁이 될 수 없었다.

① 구포론보다 결포론을 시행하는 것이 양인의 군포 부담이 더 컸다.

② 양반들은 호포론이나 구포론에 비해 감필결포론에 우호적인 입장을 보였다.

③ 균역법은 균등 과세의 원칙 아래 군포에 대한 양반의 면세 특권을 폐지하였다.

④ 결포론은 공평한 조세 부담의 이상에, 호포론은 균등한 군역 부과의 이상에 가장 충실한 개혁안이었다.

⑤ 구포론은 16세 이상의 양인 남녀를 군포 부과 대상으로 규정한 반면, 호포론은 모든 연령의 사람에게서 군포를 거두자고 주장하였다.

🗒 **꼼꼼 풀이 노트**

권장 풀이 시간에 맞춰 문제를 풀어본 후, 꼼꼼 풀이 노트로 정리해보세요.

■ 출제 포인트

■ 선택지 분석

1 독해의 원리

2 논증의 방향

3 문맥과 단서

4 논리의 체계

기출 재구성 모의고사

해커스PSAT 7급 PSAT 유형별 기출 200제 언어논리

난이도 ★★☆   권장 풀이 시간: 2분   나의 풀이 시간: ____분 ____초

14. 다음 글에서 알 수 있는 것은?   22 5급공채

'수치심'과 '죄책감'의 유발 원인과 상황들을 살펴보면, 두 감정은 그것들을 발생시키는 내용이나 상황에 있어서 그다지 차이가 나지 않는다. 발달심리학자 루이스에 따르면, 이 두 감정은 '자의식적이며 자기 평가적인 2차 감정'이며, 내면화된 규범에 비추어 부정적으로 평가받는 일을 했거나 그러한 상황에 처한 것을 공통의 조건으로 삼는다. 두 감정이 다른 종류의 감정들과 경계를 이루며 함께 묶일 수 있는 이유이다.

그러나 이 두 가지 감정은 어떤 측면에서는 확연히 구분된다. 먼저, 두 감정의 가장 근본적인 차이는 부정적 자기 평가에 직면한 상황에서 부정의 범위가 어디까지인지, 그리고 이 상황을 어떻게 심리적으로 처리하는지 등에서 극명하게 드러난다. 수치심은 부정적인 자신을 향해, 죄책감은 자신이 한 부정적인 행위를 향해 심리적 공격의 방향을 맞춘다. 그러다 보니 자아의 입장에서 볼 때 수치심은 자아에 대한 전반적인 공격이 되어 충격도 크고 거기에서 벗어나기도 어렵다. 이에 반해 죄책감은 자신이 한 그 행위에 초점이 맞춰져 자아에 대한 전반적인 문제가 아닌 행위와 관련된 자아의 부분적인 문제가 되므로 타격도 제한적이고 해결 방안을 찾는 것도 상대적으로 용이하다.

위와 같은 두 감정의 서로 다른 자기 평가 방식은 자아의 사후(事後) 감정 상태 및 행동 방식에도 상당히 다른 양상을 낳게 한다. 죄책감은 부정적 평가의 원인이 된 특정한 잘못이나 실수 등을 숨기지 않고 교정, 보상, 원상 복구하는 데에 집중하며, 다른 사람에게 자신의 잘못을 상담하기도 하는 등 적극적인 방식을 통해 부정된 자아를 수정하고 재구성한다. 반면 자신의 정체성과 존재 가치가 부정적으로 노출되어서 감당하기 어려울 정도의 심적 부담을 느끼는 수치심의 주체는 강한 심리적 불안 상태에 놓이게 된다. 그러므로 자신에 대한 부정적 평가를 만회하기보다 은폐나 회피를 목적으로 하는 심리적 방어기제를 동원하여 자신에 대한 스스로의 부정이 더 이상 진행되는 것을 차단하기도 한다.

① 수치심을 느끼는 사람과 죄책감을 느끼는 사람 중 잘못을 감추려는 사람은 드러내는 사람보다 자기 평가에서 부정하는 범위가 넓다.

② 자아가 직면한 부정적 상황에서 자의식적이고 자기 평가적인 감정들이 작동시키는 심리적 방어기제는 동일하다.

③ 부정적 상황을 평가하는 자아는 심리적 불안 상태에서 벗어나기 위해 행위자와 행위를 분리한다.

④ 수치심은 부정적 상황에서 심리적 충격을 크게 받는 성향의 사람이 느끼기 쉬운 감정이다.

⑤ 죄책감은 수치심과 달리 외부의 규범에 반하는 부정적인 일을 했을 때도 발생한다.

15. 다음 글에서 알 수 있는 것은?   23 5급공채

> 정보통신과 매스미디어의 급격한 발달은 개인의 성명과 초상이 광고에 이용되는 것까지도 낯설지 않게 만들었다. 특정인임을 인식할 수 있는 표지 자체가 상업적으로 활용될 수 있는 것이다. 이러한 재산적 가치에 대한 권리로서 '퍼블리시티권'이 등장하였다. 이는 성명·초상·음성 등 개인의 자기동일성에서 유래하는 재산적 가치를 그 개인이 상업적으로 이용할 수 있도록 하는 권리로서, '프라이버시권'이나 '저작권'과 비교해 보면 뚜렷이 특성을 살필 수 있다.
>
> 프라이버시권이 보호하려는 것은 사생활의 비밀과 자유이며, 주거나 통신의 불가침도 포함한다. 고도의 정보화 사회에서 개인의 사생활은 언론·출판·미디어의 침해와 공개에 노출될 위험이 갈수록 커지는 실정이기도 하다. 이에 대응하는 프라이버시권의 보호법익은 인간의 존엄성이라 할 수 있다. 따라서 그에 대한 침해에서는 정신적·육체적 고통을 중심으로 손해의 정도를 파악한다. 반면에 퍼블리시티권은 자기동일성의 사업적 가치를 보호법익으로 하기 때문에, 침해가 발생하였을 때는 그 상업적 가치와 함께 가해자가 얻은 이익을 고려하여 손해를 산정한다.
>
> 저작권은 저작자가 자신이 창작한 저작물을 경제적으로 이용할 수 있도록 보장하여 사회적으로 유익한 창작을 유도하고 창작물을 불법 사용으로부터 보호한다. 저작권과 퍼블리시티권은 모두 개인의 인격이 깃든 가치를 보호한다고 볼 수 있는데, 보호 대상이 구별된다. 저작권은 보호하려는 대상이 개인의 창작물이고, 퍼블리시티권은 개인의 자기동일성을 식별하는 표지이다. 그리고 저작권은 유형의 매체에 고정된 문학작품, 음악작품, 음성녹음 등 창작물 자체를 보호 대상으로 한다. 퍼블리시티권은 그러한 창작물에 나타나기도 하는 개인의 성명·외관·음성 등 자기동일성의 요소를 그 대상으로 하며, 이들 요소는 성질상 꼭 표현 매체에 고정될 필요가 없다.

① 퍼블리시티권과 저작권은 인격이 밴 재산적 가치로써 수익을 얻을 수 있게 하는 권리이다.

② 프라이버시권은 개인의 사생활과 경제적 이익에 대한 침해를 막기 위하여 등장한 개념이다.

③ 저작권은 창작의 자유를 보장하여 창작물의 이용과 유통에 대한 규제를 해소하는 데 목적이 있다.

④ 퍼블리시티권과 프라이버시권은 보호법익이 서로 같지만 침해되었을 때의 손해산정 기준은 동일할 수 없다.

⑤ 프라이버시권과 저작권은 그 보호 대상이 유형의 표현 매체에 고정되어야 한다는 점에서 퍼블리시티권과 차이가 있다.

■ 출제 포인트

■ 선택지 분석

난이도 ★★☆   권장 풀이 시간: 2분   나의 풀이 시간: ＿＿＿분 ＿＿＿초

16. 다음 글에서 추론할 수 있는 것은?   23 5급공채

> 신정치경제학자들은 과반수 다수결이 효율적인 방법이라 인정하면서도, 그것이 언제나 사회적 이익의 결과만을 가져오지는 않는다고 말한다. 소수는 극렬하게 반대하고 다수가 미지근하게 찬성하는 안건과 같은 경우에는 과반수 다수결이 오히려 사회 전체의 순손실을 불러오는 선택이 되기도 한다는 것이다. 집단의 의사라고 결정된 사안에 대해서는 그 집단에서 반대한 구성원들도 따라야 하는 고통을 감내해야 하고, 이런 불이익은 '정치적 외부비용'이라고 부른다. 신정치경제학자들은 정치적 외부비용을 줄일 수 있는 대책으로 집단행동에 필요한 의결정족수를 사안별로 합리적으로 조정할 것을 주장한다.
>
> 의결정족수는 안건을 가결하는 데 필요한 최소 찬성 인원수라 할 수 있다. 의결정족수가 구성원의 10%이면 이 10%의 동의로 집단행동을 할 수 있다. 이런 동의를 얻어내는 데 치러지는 비용을 '합의도출 비용'이라고 한다. 구성원의 51%보다는 10%에 대하여 동의를 얻기가 훨씬 쉬울 것이다. 따라서 집단에서 구성원의 10%를 의결정족수로 정하면, 합의도출 비용도 적게 들고 집단행동을 하기에도 그만큼 쉬워진다. 그렇지만 그 집단행동은 나머지 구성원 90%에서 볼 때 원하지 않는 것이 될 가능성도 커지고, 정치적 외부비용 또한 그만큼 커질 것이다.
>
> 반대로 의결정족수를 구성원의 90%로 하면, 합의도출 비용은 매우 클 것이므로 집단행동도 그만큼 어려워지겠지만, 정치적 외부비용은 작아진다. 나아가 구성원 모두를 의결정족수로 하면, 나를 제외한 나머지 사람들이 독단적으로 나에게 불리한 결정을 내릴 가능성이 제도적으로 차단된다. 정치적 외부비용만 생각하면 이러한 방식이 가장 좋은 의사결정 규칙으로 보일 수 있다. 그러나 모두를 남김없이 설득해내는 일은 사실상 불가능한 경우가 많다. 따라서 정치적 외부비용과 합의도출 비용을 종합적으로 고려한다면, 합리적인 의사결정 규칙은 이 두 비용의 합계를 최소화하는 것이다.

① 의결정족수를 구성원의 100%로 하면 정치적 외부비용이 최소화된다.

② 집단에서 의결에 필요한 구성원 비율이 커질수록 합의도출 비용은 작아진다.

③ 과반수 다수결은 합의도출 비용을 최소화하는 합리적인 의사결정 규칙이다.

④ 의결정족수가 작아질수록 정치적 외부비용과 합의도출 비용의 합계가 작아진다.

⑤ 소수만이 적극 찬성하는 안건일수록 의결정족수를 작게 해야 집단 전체에 유익하다.

17. 다음 글에서 알 수 있는 것은?　　　　　　　　　　　　　24 5급공채

신라에는 수도 서라벌에 적을 둔 사람들을 6개의 두품과 진골, 성골로 나누는 신분 제도가 있었다고 한다. 이 가운데 성골과 진골은 두품 신분이 누릴 수 없는 특권을 가진 지배층이었다. 그런데 오늘날 현존하는 사료에는 성골과 진골을 가르는 기준이 나타나 있지 않다. 역사학자들은 어떤 사람이 성골 신분을 가질 수 있었는지 알아내기 위해 오랫동안 연구를 진행해야 했다. 그 과정에서 한때 부모가 모두 왕의 자손이면 성골이고 한쪽만 그러하면 진골이라는 주장이 나온 적이 있지만, 부모가 모두 왕의 자손임에도 진골인 사람이 있었다는 사실이 밝혀지면서 잘못된 견해임이 확인되었다.

밝혀진 바에 따르면 성골은 신라 제26대 진평왕이 처음 만들어낸 신분이다. 진평왕은 숙부인 진지왕을 몰아내고 즉위했다. 진지왕은 진흥왕의 둘째 아들로서 형 동륜이 살아 있었다면 왕이 될 수 없었으나 동륜이 일찍 사망함에 따라 진흥왕의 뒤를 잇게 되었다. 동륜의 아들인 진평왕은 이에 불만을 품고 세력을 키워 진지왕을 내쫓은 뒤 왕위에 올랐다. 진지왕은 폐위 직후 죽었지만, 그 아들은 살아서 자식을 남겼다. 만일 이 진지왕의 아들 또는 손자가 반란을 일으키기라도 한다면 왕위가 다시 진지왕의 자손으로 넘어갈 수 있었다. 진평왕은 이러한 사태를 막고자 성골이라는 신분을 만들어낸 뒤 성골만 왕위에 오르게 했다. 그가 성골 신분을 부여한 사람은 자기 자신과 부인, 자기 딸, 그리고 자기 친형제와 그가 낳은 딸뿐이었다. 그는 앞으로 태어날 자기 아들에게도 성골 신분을 주겠다고 했다. 그런데 진평왕은 끝내 아들을 두지 못했고, 딸이 뒤를 이어 왕이 되었다. 그가 바로 선덕여왕이다.

진평왕 즉위 전 신라의 최고 신분은 진골이었고, 진골에서 왕이 나오는 것이 당연했다. 그런데 진평왕이 성골에게만 왕위를 물려주기로 한 바람에 선덕여왕 사후 왕위를 이을 사람은 진평왕의 조카인 진덕여왕밖에 남지 않게 되었다. 진평왕의 부인과 딸, 친형제가 모두 죽었기 때문이다. 이후 진덕여왕마저 죽자 성골이 없어졌고, 결국 진지왕의 손자인 김춘추가 왕이 되었다. 김춘추는 진지왕의 아들 용수와 진평왕의 딸 천명부인 사이에서 태어난 사람이다. 그를 두고 진골로서 처음 왕위에 오른 인물이라고 말하는 사람이 적지 않았지만, 성골에 대한 이해가 깊어지면서 김춘추가 진골로서 왕이 된 첫 인물이 아니라는 점을 이해하는 사람이 늘고 있다.

① 동륜은 왕족이었지만 진골 신분이 아니었기 때문에 왕위에 오르지 못했다.
② 진덕여왕은 천명부인이 낳은 딸이기 때문에 선덕여왕의 뒤를 이어 왕위에 오를 수 있었다.
③ 동륜은 반란을 일으켜 진지왕을 죽이고 왕위에 올랐으나 조카인 진평왕에 의해 폐위되었다.
④ 김춘추는 진평왕의 외손자로 태어났으며 성골 신분에 들지 못한 인물이었다.
⑤ 진지왕의 아들인 용수는 두품 출신이었으므로 천명부인과 결혼할 수 있었다.

약점 보완 해설집 p.7

■ 출제 포인트

■ 선택지 분석

유형 3 원칙 적용

유형 소개

'원칙 적용' 유형은 지문에 제시된 원리나 원칙을 선택지나 <보기>에 적용하여 적절하게 추론하거나 판단할 수 있는지를 묻는 유형이다.

유형 특징

1 3~5단락 정도의 지문이 다소 길고 생소한 내용을 담은 설명문 형태로 제시된다.

2 지문에는 주로 하나의 원리나 원칙이 제시되거나 두 개 이상의 원리나 원칙이 대조되어 제시된다.

3 원리나 원칙은 생소한 내용으로 구성될 확률이 높고, 이를 선택지나 <보기>에 제시된 구체적인 사례에 적용하여 결과를 추론하는 형태로 출제된다.

4 선택지나 <보기>는 지문에 직접적으로 제시되지 않은 내용을 추론하거나 판단하는 내용으로 구성된다.

풀이 전략

1 지문을 읽기 전에 선택지나 <보기>를 먼저 보고 원칙을 적용하는 문제인지 확인한다.

2 선택지에서 조건이나 사례가 제시되면, 원리나 원칙을 적용하는 문제이므로 지문을 읽을 때 원리나 원칙의 개념을 찾는 데 주목한다.

3 지문에 원리·원칙이 하나만 제시되어 있다면, 원리·원칙의 구체적인 내용을 파악한 후 선택지나 <보기>의 사례와 비교한다.

4 지문에 원리·원칙이 두 개 이상 제시되어 있다면, 원리·원칙 간의 차이점에 초점을 두고 지문의 정보를 파악한 후 선택지나 <보기>의 사례에 적용한다.

난이도 ★★☆ 　　　권장 풀이 시간: 1분 40초 　　　나의 풀이 시간: _____분 _____초

01. 다음 글의 내용을 적용한 것으로 가장 적절한 것은?

20 7급모의

> 연역논증은 전제를 통해 결론이 참이라는 사실을 100% 보장하려는 논증인데, 이 가운데 결론의 참을 100% 보장하는 논증을 '타당한 논증'이라 한다. 반면 귀납논증은 전제를 통해 결론을 개연적으로 뒷받침하려는 논증이다. 귀납논증 중에는 뒷받침하는 정도가 강한 것도 있고 약한 것도 있다. 귀납논증은 형식의 측면에서도 여러 가지로 분류될 수 있는데, 이 중 우리가 자주 쓰는 귀납논증은 다음과 같은 것이다.
>
> ○ 보편적 일반화: 유형 I에 속하는 n개의 개체를 조사해 보니 이들 모두에서 속성 P를 발견하였다. 따라서 유형 I에 속하는 모든 개체들은 속성 P를 가질 것이다.
>
> ○ 통계적 일반화: 유형 I에 속하는 n개의 개체를 조사해 보니 이들 가운데 m개에서 속성 P를 발견하였다. 따라서 유형 I에 속하는 모든 개체 중 m/n이 속성 P를 가질 것이다. 단, m/n은 0보다 크고 1보다 작다.
>
> ○ 통계적 삼단논법: 유형 I에 속하는 개체 중 m/n에서 속성 P를 발견하였다. 개체 α는 유형 I에 속한다. 따라서 개체 α는 속성 P를 가질 것이다. 단, m/n은 0보다 크고 1보다 작다.
>
> ○ 유비추론: 유형 I에 속하는 개체 α가 속성 P_1, P_2, P_3을 갖고, 유형 II에 속하는 개체 β도 똑같이 속성 P_1, P_2, P_3을 갖는다. 개체 α가 속성 P_4를 가진다는 사실이 발견되었다. 따라서 개체 β는 속성 P_4를 가질 것이다.

① '우리나라 공무원 중 여행과 음악을 모두 좋아하는 이들의 비율은 전체의 80%를 넘지 않는다. 따라서 우리나라 공무원 중 여행을 좋아하는 이들의 비율은 전체의 80%를 넘지 않을 것이다.'는 타당한 논증으로 분류된다.

② '우리나라 전체 공무원 중 100명을 조사해 보니 이들은 업무의 70% 이상을 효과적으로 수행하고 있다. 따라서 우리나라 전체 공무원들은 업무의 70% 이상을 효과적으로 수행하고 있을 것이다.'는 보편적 일반화로 분류된다.

③ '우리나라 공무원 중 30%가 운동을 좋아한다. 따라서 우리나라 20대 공무원 중 30%는 운동을 좋아할 것이다.'는 통계적 일반화로 분류된다.

④ '해외연수를 다녀온 공무원의 95%가 정부 정책을 지지한다. 공무원 갑은 정부 정책을 지지하고 있다. 따라서 갑은 해외연수를 다녀왔을 것이다.'는 통계적 삼단논법으로 분류된다.

⑤ '임신과 출산으로 태어난 을과 그를 복제하여 만든 병은 유전자와 신경 구조가 똑같다. 따라서 을과 병은 둘 다 80세 이상 살 것이다.'는 유비추론으로 분류된다.

1 독해의 원리

2 논증의 방향

3 문맥과 단서

4 논리의 체계

기출 재구성 모의고사

해커스PSAT 7급 PSAT 유형별 기출 200제 언어논리

📝 **꼼꼼 풀이 노트**

권장 풀이 시간에 맞춰 문제를 풀어본 후, 꼼꼼 풀이 노트로 정리해보세요.

■ **출제 포인트**

예) 지문에 제시된 내용 파악 후, 선택지에 적용

■ **선택지 분석**

예) ① 전제의 참이 결론의 참을 100% 보장하지는 X
② 올바른 귀납논증
③ 귀납논증의 형식을 잘못 설명함
④ 전제가 부족함
⑤ 귀납논증의 형식을 잘못 설명함

난이도 ★★★　　　　권장 풀이 시간: 2분 10초　　　　나의 풀이 시간: _____분 _____초

02. 다음 글의 갑~병에 대한 판단으로 적절한 것만을 <보기>에서 모두 고르면? 21 7급공채

다음 두 삼단논법을 보자.

(1) 모든 춘천시민은 강원도민이다.
　　모든 강원도민은 한국인이다.
　　따라서 모든 춘천시민은 한국인이다.

(2) 모든 수학 고득점자는 우등생이다.
　　모든 과학 고득점자는 우등생이다.
　　따라서 모든 수학 고득점자는 과학 고득점자이다.

(1)은 타당한 삼단논법이지만 (2)는 부당한 삼단논법이다. 하지만 어떤 사람들은 (2)도 타당한 논증이라고 잘못 판단한다. 왜 이런 오류가 발생하는지 설명하기 위해 세 가지 입장이 제시되었다.

갑: 사람들은 '모든 A는 B이다'를 '모든 B는 A이다'로 잘못 바꾸는 경향이 있다. '어떤 A도 B가 아니다'나 '어떤 A는 B이다'라는 형태에서는 A와 B의 자리를 바꾸더라도 아무런 문제가 없다. 하지만 '모든 A는 B이다'라는 형태에서는 A와 B의 자리를 바꾸면 논리적 오류가 생겨난다.

을: 사람들은 '모든 A는 B이다'를 약한 의미로 이해해야 하는데도 강한 의미로 이해하는 잘못을 저지르는 경향이 있다. 여기서 약한 의미란 그것을 'A는 B에 포함된다'로 이해하는 것이고, 강한 의미란 그것을 'A는 B에 포함되고 또한 B는 A에 포함된다'는 뜻에서 'A와 B가 동일하다'로 이해하는 것이다.

병: 사람들은 전제가 모두 '모든 A는 B이다'라는 형태의 명제로 이루어진 것일 경우에는 결론도 그런 형태이기만 하면 타당하다고 생각하고, 전제 가운데 하나가 '어떤 A는 B이다'라는 형태의 명제로 이루어진 것일 경우에는 결론도 그런 형태이기만 하면 타당하다고 생각하는 경향이 있다.

─────────〈보기〉─────────

ㄱ. 대다수의 사람이 "어떤 과학자는 운동선수이다. 어떤 철학자도 과학자가 아니다."라는 전제로부터 "어떤 철학자도 운동선수가 아니다."를 타당하게 도출할 수 있는 결론이라고 응답했다는 심리 실험 결과는 갑에 의해 설명된다.

ㄴ. 대다수의 사람이 "모든 적색 블록은 구멍이 난 블록이다. 모든 적색 블록은 삼각 블록이다."라는 전제로부터 "모든 구멍이 난 블록은 삼각 블록이다."를 타당하게 도출할 수 있는 결론이라고 응답했다는 심리 실험 결과는 을에 의해 설명된다.

ㄷ. 대다수의 사람이 "모든 물리학자는 과학자이다. 어떤 컴퓨터 프로그래머는 과학자이다."라는 전제로부터 "어떤 컴퓨터 프로그래머는 물리학자이다."를 타당하게 도출할 수 있는 결론이라고 응답했다는 심리 실험 결과는 병에 의해 설명된다.

① ㄱ

② ㄷ

③ ㄱ, ㄴ

④ ㄴ, ㄷ

⑤ ㄱ, ㄴ, ㄷ

03. 다음 글의 <실험>의 결과를 가장 잘 설명하는 것은?

23 7급공채

소자 X는 전류가 흐르게 되면 빛을 발생시키는 반도체 소자로, p형 반도체와 n형 반도체가 접합된 구조를 가지고 있다. X에 전류가 흐르게 되면, p형 반도체 부분에 정공이 주입되고 n형 반도체 부분에 전자가 주입된다. 이때 p형 반도체와 n형 반도체의 접합 부분에서는 정공과 전자가 서로 만나 광자, 즉 빛이 발생한다. 그런데 X에 주입되는 모든 정공과 전자가 빛을 발생시키지는 않는다. 어떤 정공과 전자는 서로 만나지 못하기도 하고, 어떤 정공과 전자는 서로 만나더라도 빛을 발생시키지 못한다. 내부 양자효율은 주입된 정공－전자 쌍 중 광자로 변환된 것의 비율을 의미한다. 예를 들어, X에 정공－전자 100쌍이 주입되었을 때 이 소자 내부에서 60개의 광자가 발생하였다면, 내부 양자효율은 0.6으로 계산된다. 이는 X의 성능을 나타내는 중요한 지표 중 하나로, X의 불순물 함유율에 의해서만 결정되고, 불순물 함유율이 낮을수록 내부 양자효율은 높아진다.

X의 성능을 나타내는 또 하나의 지표로 외부 양자효율이 있다. 외부 양자효율은 X 내에서 발생한 광자가 X 외부로 방출되는 정도와 관련된 지표이다. X 내에서 발생한 광자가 X를 벗어나는 과정에서 일부는 반사되어 외부로 나가지 못한다. X 내에서 발생한 광자 중 X 외부로 벗어난 광자의 비율이 외부 양자효율로, 예를 들어 X 내에서 발생한 광자가 100개인데 40개의 광자만이 X 외부로 방출되었다면, 외부 양자효율은 0.4인 것이다. 외부 양자효율은 X의 굴절률에 의해서만 결정되며, 굴절률이 클수록 외부 양자효율은 낮아진다. 같은 개수의 정공－전자 쌍이 주입될 경우, X에서 방출되는 광자의 개수는 외부 양자효율과 내부 양자효율을 곱한 값이 클수록 많아진다.

한 연구자는 X의 세 종류 A, B, C에 대해 다음과 같은 실험을 수행하였다. A와 B의 굴절률은 서로 같았지만, 모두 C의 굴절률보다는 작았다.

〈실험〉

같은 개수의 정공－전자 쌍이 주입되는 회로에 A, B, C를 각각 연결하고 방출되는 광자의 개수를 측정하였다. 실험 결과, 방출되는 광자의 개수는 A가 가장 많았고 B와 C는 같았다.

① 불순물 함유율은 B가 가장 높고, A가 가장 낮다.

② 불순물 함유율은 C가 가장 높고, A가 가장 낮다.

③ 내부 양자효율은 C가 가장 높고, A가 가장 낮다.

④ 내부 양자효율은 A가 B보다 높고, C가 B보다 높다.

⑤ 내부 양자효율은 C가 A보다 높고, C가 B보다 높다.

■ 출제 포인트

■ 선택지 분석

난이도 ★☆☆　　　　권장 풀이 시간: 1분 40초　　　　나의 풀이 시간: _____분 _____초

04. 다음 글의 <표>에 대한 판단으로 적절한 것만을 <보기>에서 모두 고르면? 23 7급공채

주무관 갑은 국민이 '적극행정 국민신청'을 하는 경우, '적극행정 국민신청제'의 두 기준을 충족하는지 검토한다. 이때 두 기준을 모두 충족한 신청안에만 적극행정 담당자를 배정하고, 두 기준 중 하나라도 충족하지 못한 신청안은 반려한다.

우선 신청안에 대해 '신청인이 같은 내용으로 민원이나 국민제안을 제출한 적이 있는지 여부'를 기준으로 하여 '제출한 적 있음'과 '제출한 적 없음'을 판단한다. 그리고 '신청인이 이전에 제출한 민원의 거부 또는 국민제안의 불채택 사유가 근거 법령의 미비나 불명확에 해당하는지 여부'를 기준으로 '해당함'과 '해당하지 않음'을 판단한다. 각각의 기준에서 '제출한 적 있음'과 '해당함'을 충족하는 신청안에만 적극행정 담당자가 배정된다.

최근에 접수된 안건 (가)는 신청인이 같은 내용의 민원을 제출한 적이 있으나, 근거 법령의 미비나 불명확 때문이 아니라 민원의 내용이 사인(私人) 간의 권리관계에 관한 것이어서 거부되었다. (나)는 신청인이 같은 내용의 국민제안을 제출한 적이 있으나, 근거 법령이 불명확하다는 이유로 불채택되었다. (다)는 신청인이 같은 내용으로 민원을 제출한 적이 있으나 근거 법령의 미비를 이유로 거부되었다. (라)는 신청인이 같은 내용으로 민원이나 국민제안을 제출한 적이 없었다.

접수된 안건 (가)~(라)에 대해 두 기준 및 그것의 충족 여부를 위의 내용을 바탕으로 다음과 같은 형식의 <표>로 나타내었다.

〈표〉 적극행정 국민신청안 처리 현황

기준 ＼ 안건	(가)	(나)	(다)	(라)
A	㉠	㉡	㉢	㉣
B	㉤	㉥	㉦	㉧

〈보기〉

ㄱ. A에 '신청인이 같은 내용의 민원이나 국민제안을 제출한 적이 있는지 여부'가 들어가면 ㉠과 ㉡이 같다.

ㄴ. ㉠과 ㉢이 서로 다르다면, B에 '신청인이 이전에 제출한 민원의 거부 또는 국민제안의 불채택 사유가 근거 법령의 미비나 불명확에 해당하는지 여부'가 들어간다.

ㄷ. ㉤과 ㉥이 같다면 ㉦과 ㉧이 같다.

① ㄱ

② ㄴ

③ ㄱ, ㄷ

④ ㄴ, ㄷ

⑤ ㄱ, ㄴ, ㄷ

05. 다음 글의 실험 결과를 가장 잘 설명하는 것은?

광검출기는 빛을 흡수하고 이를 전기 신호인 광전류로 변환하여 빛의 세기를 측정하는 장치로, 얼마나 넓은 범위의 세기를 측정할 수 있는지가 광검출기의 성능을 결정하는 주요 지표이다.

광검출기에서는 빛이 조사되지 않아도 열에너지의 유입 등 외부 요인에 의해 미세한 전류가 발생할 수 있는데, 이러한 전류를 암전류라 한다. 그런데 어떤 광검출기에 세기가 매우 작은 빛이 입력되어 암전류보다 작은 광전류가 발생한다면, 발생한 전류가 암전류에 의한 것인지 빛의 조사에 의한 것인지 구분할 수 없다. 따라서 이 빛의 세기는 이 광검출기에서 측정할 수 없다.

한편, 광검출기에는 광포화 현상이 발생하는데, 이는 광전류의 크기가 빛의 세기에 따라 증가하다가 특정 세기 이상의 빛이 입력되어도 광전류의 크기가 더 이상 증가하지 않고 일정하게 유지되는 것을 뜻한다. 광포화가 일어나기 위한 빛의 최소 세기를 광포화점이라 하고, 광검출기는 광포화점 이상의 세기를 갖는 서로 다른 빛에 대해서는 각각의 세기를 측정할 수 없다. 결국, 어떤 광검출기가 측정할 수 있는 빛의 최소 세기를 결정하는 암전류의 크기와 빛의 최대 세기를 결정하는 광포화점의 크기는 광검출기의 성능을 결정하는 주요 지표이다.

한 과학자는 세기가 서로 다른 빛 A~D를 이용하여 광검출기 I과 II의 성능 비교 실험을 하였다. 이때 빛의 세기는 A>B>C이며 D>C이다. 광검출기 I과 II로 A~D 각각의 빛의 세기를 측정할 수 있는 경우를 ○, 측정할 수 없는 경우를 ×로 정리하여 실험 결과를 아래 표에 나타내었다.

빛 광검출기	A	B	C	D
I	○	○	×	×
II	×	○	×	○

① 두 광검출기가 각각 검출할 수 있는 빛의 최소 세기는 I과 II가 같고, 광포화점은 I이 II보다 작다.

② 두 광검출기가 각각 검출할 수 있는 빛의 최소 세기는 I이 II보다 크고, 광포화점은 I이 II보다 작다.

③ 두 광검출기가 각각 검출할 수 있는 빛의 최소 세기는 I이 II보다 작고, 광포화점은 I이 II보다 작다.

④ 두 광검출기가 각각 검출할 수 있는 빛의 최소 세기는 I이 II보다 작고, 광포화점은 I이 II보다 크다.

⑤ 두 광검출기가 각각 검출할 수 있는 빛의 최소 세기는 I이 II보다 크고, 광포화점은 I이 II보다 크다.

06. 다음 글에서 추론할 수 있는 것을 <보기>에서 모두 고르면?   13 외교관

조선전기에 성에 관한 법률은 혼외의 성관계를 모두 범죄로 규정하고 있었다. 따라서 강간은 말할 것도 없고 남녀가 서로 뜻이 맞아 행한 일반 성관계, 법률상 용어로 화간(和姦)도 범죄에 해당하였다. 특히 오늘날과 달리 기혼 남녀가 배우자 이외의 이성과 성관계를 갖는 것만이 아니라 미혼 남녀의 화간도 간통죄로 처벌받았다. 화간은 장80대로 처벌되었는데, 남편이 있는 여자가 화간한 경우 여자는 한 등급을 높여 장90대의 형에 처하였다. 은밀하게 간통을 하는 화간과 달리 공공연하게 간통 행위를 하는 조간(刁姦)의 경우에는 화간보다 두 등급 높은 장100대에 처하였으며, 기혼 여성은 여기에서 다시 한 등급을 더 높여 강제 노역을 하는 도형(徒刑)으로 처벌하였다. 강간범의 경우에는 목을 매달아 죽이는 교형(絞刑)에 처하였고, 강간 미수범은 여기에서 한 등급을 낮추어 장100대를 때리고 3천리 밖으로 유배를 보내게 하였다. 이때 피해 여성은 처벌하지 않았다. 간통을 해서 낳은 아이가 있을 경우에는 간통을 한 남자가 아이의 양육을 책임졌으며, 간통을 한 여자가 남편이 있을 경우 남편이 그 여자를 노비로 팔 수 있었다.

다른 범죄와 마찬가지로 신분이 다른 남녀 사이의 간통은 신분에 따라 형량에 차이가 있었다. 즉 남자 종이나 머슴이 주인의 아내나 딸을 간통한 경우 화간인 경우에도 목을 잘라 죽이는 참형에 처하였고, 남자 종이 평민의 부녀자와 간통한 경우에는 일반인 사이의 간통죄보다 한 등급을 높여 처벌하였다. 특히 조선후기가 되면 평민 또는 천민의 남자와 양반 부녀자와의 성 관련 범죄 행위에 대해서는 처벌 법규를 추가로 제정하여 규제를 강화하였다. 이에 따라 여자 종의 남편이 자기 아내의 상전의 부인과 간통한 경우에 간통한 남녀 모두 즉시 참형에 처하도록 하였으며, 평민이나 천민이 양반의 아내나 딸을 겁탈하려한 경우에는 미수에 그쳤을지라도 즉시 참형에 처하도록 하였다.

―――――――――― 〈보기〉 ――――――――――

ㄱ. 신분이 같은 유부남 갑돌이와 유부녀 갑순이가 화간하여 아들을 낳았다면, 갑돌이의 형량은 장80대, 갑순이의 형량은 장90대이며, 아들의 양육은 갑돌이가 책임졌을 것이다.

ㄴ. 처자식이 있는 평민 을돌이가 처녀인 평민 을순이와 다른 사람의 눈에 띄는 것에 구애 받지 않고 성관계를 가졌다면, 을돌이의 형량은 도형이고 을순이의 형량은 장100대일 것이다.

ㄷ. 조선전기의 평민 병돌이가 양반의 아내를 강간하려 미수에 그쳤다면 그의 형량은 장100대에 3천리 밖으로의 유배일 것이지만, 조선후기의 평민 정돌이가 양반의 딸을 강간하려 미수에 그쳤다면 그의 형량은 참형일 것이다.

① ㄱ

② ㄴ

③ ㄱ, ㄷ

④ ㄴ, ㄷ

⑤ ㄱ, ㄴ, ㄷ

07. 다음 글에서 추론할 수 있는 것만을 <보기>에서 모두 고르면?

15 5급공채

대선후보 경선 여론조사에서 후보에 대한 지지 정도에 따라 피조사자들은 세 종류로 분류된다. 특정 후보를 적극적으로 지지하는 사람들과 소극적으로 지지하는 사람들, 그리고 기타에 해당하는 사람들이다.

후보가 두 명인 경우로 한정해서 생각해 보자. 여론조사 방식은 설문 문항에 따라 두 가지로 분류된다. 하나는 선호도 방식으로 "차기 대통령 후보로 누구를 더 선호하느냐"라고 묻는다. 선호도 방식은 적극적으로 지지하는 사람들과 소극적으로 지지하는 사람들을 모두 지지자로 계산하는 방식이다. 이 여론조사 방식에서 적극적 지지자들과 소극적 지지자들은 모두 지지 의사를 답한다.

다른 한 방식은 지지도 방식으로 "내일(혹은 오늘) 투표를 한다면 누구를 지지하겠느냐"라고 묻는다. 특정 후보를 적극적으로 지지하는 지지자들은 두 경쟁 후보를 놓고 두 물음에서 동일한 반응을 보일 것이다. 문제는 어느 한 후보를 적극적으로 지지하지 않는 소극적 지지자들이다. 이들은 특정 후보가 더 낫다고 생각하기 때문에 선호도를 질문할 경우에는 특정 후보를 선호한다고 대답하지만, 지지 여부를 질문할 경우에는 지지하는 후보가 없다는 '무응답'을 선택한다. 따라서 지지도 방식은 적극적 지지자만 지지자로 분류하고 나머지는 기타로 분류하는 방식에 해당한다.

───────〈보기〉───────

ㄱ. A후보가 B후보보다 적극적 지지자의 수가 많고 소극적 지지자의 수는 적을 경우, 지지도 방식을 사용할 때 A후보가 B후보보다 더 많은 지지를 받을 것이다.

ㄴ. A후보가 B후보보다 적극적 지지자의 수는 적고 소극적 지지자의 수가 많을 경우, 선호도 방식을 사용할 때 A후보가 B후보보다 더 많은 지지를 받을 것이다.

ㄷ. A후보가 B후보보다 적극적 지지자와 소극적 지지자의 수가 각각 더 많다면, 선호도 방식에 비해 지지도 방식에서 A후보와 B후보 사이의 지지자 수의 격차가 더 클 것이다.

① ㄱ

② ㄷ

③ ㄱ, ㄴ

④ ㄴ, ㄷ

⑤ ㄱ, ㄷ

난이도 ★★★　　　　권장 풀이 시간: 2분　　　　나의 풀이 시간: _____ 분 _____ 초

08. 다음 글에서 추론할 수 있는 것만을 <보기>에서 모두 고르면?　　　　16 5급공채

'도박사의 오류'라고 불리는 것은 특정 사건과 관련 없는 사건을 관련 있는 것으로 간주했을 때 발생하는 오류이다. 예를 들어, 주사위 세 개를 동시에 던지는 게임을 생각해보자. 첫 번째 던지기 결과는 두 번째 던지기 결과에 어떤 영향도 미치지 않으며, 이런 의미에서 두 사건은 서로 상관이 없다. 마찬가지로 10번의 던지기에서 한 번도 6의 눈이 나오지 않았다는 것은 11번째 던지기에서 6의 눈이 나온다는 것과 아무 상관이 없다. 그럼에도 불구하고, 우리는 "10번 던질 동안 한 번도 6의 눈이 나오지 않았으니, 이번 11번째 던지기에서는 6의 눈이 나올 확률이 무척 높다."라고 말하는 경우를 종종 본다. 이런 오류를 '도박사의 오류 A'라고 하자. 이 오류는 지금까지 일어난 사건을 통해 미래에 일어날 특정 사건을 예측할 때 일어난다.

하지만 반대 방향도 가능하다. 즉, 지금 일어난 특정 사건을 바탕으로 과거를 추측하는 경우에도 오류가 발생한다. 다음 사례를 생각해보자. 당신은 친구의 집을 방문했다. 친구의 방에 들어가는 순간, 친구는 주사위 세 개를 던지고 있었으며 그 결과 세 개의 주사위에서 모두 6의 눈이 나왔다. 이를 본 당신은 "방금 6의 눈이 세 개가 나온 놀라운 사건이 일어났다는 것에 비춰볼 때, 내가 오기 전에 너는 주사위 던지기를 무척 많이 했음에 틀림없다."라고 말한다. 당신은 방금 놀라운 사건이 일어났다는 것을 바탕으로 당신 친구가 과거에 주사위 던지기를 많이 했다는 것을 추론한 것이다. 하지만 이것도 오류이다. 당신이 방문을 여는 순간 친구가 던진 주사위들에서 모두 6의 눈이 나올 확률은 매우 낮다. 하지만 이 사건은 당신 친구가 과거에 주사위 던지기를 많이 했다는 것에 영향을 받은 것이 아니다. 왜냐하면 문을 열었을 때 처음으로 주사위 던지기를 했을 경우에 문제의 사건이 일어날 확률과, 문을 열기 전 오랫동안 주사위 던지기를 했을 경우에 해당 사건이 일어날 확률은 동일하기 때문이다. 이 오류는 현재에 일어난 특정 사건을 통해 과거를 추측할 때 일어난다. 이를 '도박사의 오류 B'라고 하자.

〈보기〉

ㄱ. 갑이 당첨 확률이 매우 낮은 복권을 구입했다는 사실로부터 그가 구입한 그 복권은 당첨되지 않을 것이라고 추론하는 것은 도박사의 오류 A이다.

ㄴ. 을이 오늘 구입한 복권에 당첨되었다는 사실로부터 그가 그동안 꽤 많은 복권을 샀을 것이라고 추론하는 것은 도박사의 오류 B이다.

ㄷ. 병이 어제 구입한 복권에 당첨되었다는 사실로부터 그가 구입했던 그 복권의 당첨 확률이 매우 높았을 것이라고 추론하는 것은 도박사의 오류 A도 아니며 도박사의 오류 B도 아니다.

① ㄱ

② ㄴ

③ ㄱ, ㄷ

④ ㄴ, ㄷ

⑤ ㄱ, ㄴ, ㄷ

09. 다음 글에서 바르게 추론한 것만을 <보기>에서 모두 고르면?

17 5급공채

우리가 현재 가지고 있는 믿음들은 추가로 획득된 정보에 의해서 수정된다. 뺑소니사고의 용의자로 갑, 을, 병이 지목되었고 이 중 단 한 명만 범인이라고 하자. 수사관 K는 운전 습관, 범죄 이력 등을 근거로 각 용의자가 범인일 확률을 추측하여, '갑이 범인'이라는 것을 0.3, '을이 범인'이라는 것을 0.45, '병이 범인'이라는 것을 0.25만큼 믿게 되었다고 하자. 얼마 후 병의 알리바이가 확보되어 병은 용의자에서 제외되었다. 그렇다면 K의 믿음의 정도는 어떻게 수정되어야 할까?

믿음의 정도를 수정하는 두 가지 방법이 있다. 방법 A는 0.25를 다른 두 믿음에 동일하게 나누어 주는 것이다. 따라서 병의 알리바이가 확보된 이후 '갑이 범인'이라는 것과 '을이 범인'이라는 것에 대한 K의 믿음의 정도는 각각 0.425와 0.575가 된다. 방법 B는 기존 믿음의 정도에 비례해서 분배하는 것이다. 위 사례에서 '을이 범인'이라는 것에 대한 기존 믿음의 정도 0.45는 '갑이 범인'이라는 것에 대한 기존 믿음의 정도 0.3의 1.5배이다. 따라서 믿음의 정도 0.25도 이 비율에 따라 나누어주어야 한다. 즉 방법 B는 '갑이 범인'이라는 것에는 0.1을, '을이 범인'이라는 것에는 0.15를 추가하는 것이다. 결국 방법 B에 따르면 병의 알리바이가 확보된 이후 '갑이 범인'이라는 것과 '을이 범인'이라는 것에 대한 K의 믿음의 정도는 각각 0.4와 0.6이 된다.

〈보기〉

ㄱ. 만약 기존 믿음의 정도들이 위 사례와 달랐다면, 병이 용의자에서 제외된 뒤 '갑이 범인'과 '을이 범인'에 대한 믿음의 정도의 합은, 방법 A와 방법 B 중 무엇을 이용하는지에 따라 다를 수 있다.

ㄴ. 만약 기존 믿음의 정도들이 위 사례와 달랐다면, 병이 용의자에서 제외된 뒤 '갑이 범인'과 '을이 범인'에 대한 믿음의 정도의 차이는 방법 A를 이용한 결과가 방법 B를 이용한 결과보다 클 수 있다.

ㄷ. 만약 '갑이 범인'에 대한 기존 믿음의 정도와 '을이 범인'에 대한 기존 믿음의 정도가 같았다면, '병이 범인'에 대한 기존 믿음의 정도에 상관없이 병이 용의자에서 제외된 뒤 방법 A를 이용한 결과와 방법 B를 이용한 결과는 서로 같다.

① ㄴ
② ㄷ
③ ㄱ, ㄴ
④ ㄱ, ㄷ
⑤ ㄴ, ㄷ

권장 풀이 시간에 맞춰 문제를 풀어본 후,
꼼꼼 풀이 노트로 정리해보세요.

■ 출제 포인트

■ 선택지 분석

난이도 ★★★　　　　권장 풀이 시간: 2분 20초　　　　나의 풀이 시간: _____분 _____초

10. 다음 글에서 추론할 수 있는 것만을 <보기>에서 모두 고르면?　　　19 5급공채

두 선택지 중 하나를 고르는 게임을 생각해 보자. 게임 A에서 철수는 선택1을 선호한다.

〈게임 A〉 선택1: 100만 원이 들어 있는 봉투 100장 중에서 봉투 하나를 무작위로 선택한다.
　　　　　선택2: 200만 원이 들어 있는 봉투 10장, 100만 원이 들어 있는 봉투 89장, 빈 봉투 1장 중에서 봉투 하나를 무작위로 선택한다.

한편 그는 게임 B에서는 선택4를 선호한다.

〈게임 B〉 선택3: 100만 원이 들어 있는 봉투 11장, 빈 봉투 89장 중에서 봉투 하나를 무작위로 선택한다.
　　　　　선택4: 200만 원이 들어 있는 봉투 10장, 빈 봉투 90장 중에서 봉투 하나를 무작위로 선택한다.

그런데 선호와 관련한 원리 K를 생각해 보자. 이는 "기댓값을 계산해 그 값이 더 큰 것을 선호하라."는 것을 말한다. 이 원리를 받아들인다면, 철수는 게임 A에서는 선택2를, 게임 B에서는 선택4를 선호해야 한다. 계산을 해보면 그 둘의 기댓값이 다른 것보다 더 크기 때문이다.

한편 선호와 관련해 또 다른 원리 P도 있다. 이는 "두 게임이 '동일한 구조'를 지닌다면, 두 게임의 선호는 바뀌지 말아야 한다."는 것을 말한다. 이때 두 게임의 선택에 나오는 '공통 요소'를 다른 것으로 대체한 것은 '동일한 구조'를 지닌다고 본다. 예를 들어보자. 먼저 선택1은 "100만 원이 들어 있는 봉투 11장, 100만 원이 들어 있는 봉투 89장 중에서 봉투 하나를 무작위로 선택한다."와 같다는 사실에서 출발하자. 이렇게 볼 경우, 이제 선택1과 선택2는 '100만 원이 들어 있는 봉투 89장'을 공통 요소로 포함하고 있으므로 이를 '빈 봉투 89장'으로 대체하자. 그러면 다음 두 선택으로 이루어진 게임도 앞의 게임 A와 동일한 구조를 지닌 것이 된다는 것이다.

선택1*: 100만 원이 들어 있는 봉투 11장, 빈 봉투 89장 중에서 봉투 하나를 무작위로 선택한다.
선택2*: 200만 원이 들어 있는 봉투 10장, 빈 봉투 90장 중에서 봉투 하나를 무작위로 선택한다.

원리 P는 선택1을 선택2보다 선호하는 사람이라면 동일한 구조를 지닌 이 게임에서도 선택1*을 선택2*보다 선호해야 한다는 것을 말해준다. 흥미로운 사실은 선택1*과 선택2*는 앞서 나온 게임 B의 선택3 및 선택4와 정확히 같다는 점이다. 그러므로 선택1을 선택2보다 선호하는 철수가 원리 P를 받아들인다면 선택3을 선택4보다 선호해야 한다.

――――― 〈보기〉 ―――――

ㄱ. 〈게임 A〉에서 선택1을, 〈게임 B〉에서 선택3을 선호하는 사람은 두 원리 가운데 적어도 하나는 거부해야 한다.

ㄴ. 〈게임 A〉에서 선택2를, 〈게임 B〉에서 선택3을 선호하는 사람은 두 원리 가운데 적어도 하나는 거부해야 한다.

ㄷ. 〈게임 A〉에서 선택2를, 〈게임 B〉에서 선택4를 선호하는 사람은 두 원리 가운데 적어도 하나는 거부해야 한다.

① ㄱ

② ㄷ

③ ㄱ, ㄴ

④ ㄴ, ㄷ

⑤ ㄱ, ㄴ, ㄷ

11. 다음 글에서 추론할 수 있는 것만을 <보기>에서 모두 고르면?   20 5급공채

> 란체스터는 한 국가의 상대방 국가에 대한 군사력 우월의 정도를, 전쟁의 승패가 갈린 전쟁 종료 시점에서 자국의 손실비의 역수로 정의했다. 예컨대 전쟁이 끝났을 때 자국의 손실비가 1/2이라면 자국의 군사력은 적국보다 2배로 우월하다는 것이다. 손실비는 아래와 같이 정의된다.
>
> $$\text{자국의 손실비} = \frac{\text{자국의 최초 병력 대비 잃은 병력 비율}}{\text{적국의 최초 병력 대비 잃은 병력 비율}}$$
>
> A국과 B국이 전쟁을 벌인다고 하자. 전쟁에는 양국의 궁수들만 참가한다. A국의 궁수는 2,000명이고, B국은 1,000명이다. 양국 궁수들의 숙련도와 명중률 등 개인의 전투 능력, 그리고 지형, 바람 등 주어진 조건은 양국이 동일하다고 가정한다. 양측이 동시에 서로를 향해 1인당 1발씩 화살을 발사한다고 하자. 모든 화살이 적군을 맞힌다면 B국의 궁수들은 1인 평균 2개의 화살을, A국 궁수는 평균 0.5개의 화살을 맞을 것이다. 하지만 화살이 제대로 맞지 않거나 아예 안 맞을 수도 있으니, 발사된 전체 화살 중에서 적 병력의 손실을 발생시키는 화살의 비율은 매번 두 나라가 똑같이 1/10이라고 하자. 그렇다면 첫 발사에서 B국은 200명, A국은 100명의 병력을 잃을 것이다. 따라서 ㉠첫 발사에서의 B국의 손실비는 $\dfrac{200/1,000}{100/2,000}$이다.
>
> 마찬가지 방식으로, 남은 A국 궁수 1,900명은 두 번째 발사에서 B국에 190명의 병력 손실을 발생시킨다. 이제 B국은 병력의 39%를 잃었다. 이런 손실을 당하고도 버틸 수 있는 군대는 많지 않아서 전쟁은 B국의 패배로 끝난다. B국은 A국에 첫 번째 발사에서 100명, 그 다음엔 80명의 병력 손실을 발생시켰다. 전쟁이 끝날 때까지 A국이 잃은 궁수는 최초 병력의 9%에 지나지 않는다. 이로써 ㉡B국에 대한 A국의 군사력이 명확히 드러난다.

───────────〈보기〉───────────

ㄱ. 다른 조건이 모두 같으면서 A국 궁수의 수가 4,000명으로 증가하면 ㉠은 16이 될 것이다.

ㄴ. ㉡의 내용은 A국의 군사력이 B국보다 4배 이상으로 우월하다는 것이다.

ㄷ. 전쟁 종료 시점까지 자국과 적국의 병력 손실이 발생했고 그 수가 동일한 경우, 최초 병력의 수가 적은 쪽의 손실비가 더 크다.

① ㄱ

② ㄷ

③ ㄱ, ㄴ

④ ㄴ, ㄷ

⑤ ㄱ, ㄴ, ㄷ

■ 출제 포인트

■ 선택지 분석

1 독해의 원리

2 논증의 방향

3 문맥과 단서

4 논리의 체계

기출 재구성 모의고사

해커스PSAT 7급 PSAT 유형별 기출 200제 언어논리

■ 출제 포인트

■ 선택지 분석

난이도 ★★☆   권장 풀이 시간: 1분 50초   나의 풀이 시간: _____분 _____초

12. 다음 글에 비추어 볼 때, <사례>에 대해 추론한 것으로 적절한 것만을 <보기>에서 모두 고르면?

22 5급공채

우리는 여러 대상들에 대하여 다른 선호를 가지고 있다. 그러면 이 선호를 어떻게 비교할 수 있을까? 예를 들어 생각해보자. 갑은 한식, 중식, 일식, 양식 각각에 대한 선호도를 정량화할 수는 없지만, 그 좋아하는 정도는 한식이 제일 크고 일식이 제일 작다는 것은 분명히 알고 있다. 그러면 실제로 한식과 일식을 좋아하는 정도와 상관없이, 이를 각각 1과 0으로 둔다. 그리고 다음의 두 가지 대안을 놓고 선택하게 하면, 한식·일식에 비추어 다른 음식을 좋아하는 순위도 알 수 있다.

A: 무조건 중식을 먹는다.
B: 한식을 먹을 확률이 0.7, 일식을 먹을 확률이 0.3인 추첨을 한다.

B를 선택할 때 갑이 느끼는 만족의 기댓값은 0.7이다. 따라서 갑이 A와 B 가운데 어떤 선택이라도 상관없다고 생각한다면, 그가 중식을 좋아하는 정도는 0.7이 된다. 한편, 갑이 둘 중 B를 선택한다면 그가 중식을 좋아하는 정도는 0.7보다 작고, A를 선택한다면 그 정도는 0.7보다 크다.

이와 같은 방식을 다른 음식에도 적용하면, 모든 음식의 선호를 비교할 수 있다. 우리가 어떤 음식을 얼마나 좋아하는지 비록 그 절대적 정도를 알 수는 없어도, 다른 음식을 통하여 선호의 순위를 따져볼 수는 있는 것이다.

─────── 〈사례〉 ───────

을이 한식, 중식, 일식, 양식 중 좋아하는 정도는 양식이 제일 크고 중식이 제일 작다. 을은 C와 D 중 D를 선택하고, E와 F 중 어떤 대안을 선택해도 상관하지 않는다.

C: 무조건 한식을 먹는다.
D: 양식을 먹을 확률이 0.8, 중식을 먹을 확률이 0.2인 추첨을 한다.
E: 무조건 일식을 먹는다.
F: 양식을 먹을 확률이 0.3, 중식을 먹을 확률이 0.7인 추첨을 한다.

─────── 〈보기〉 ───────

ㄱ. 을은 일식보다 한식을 더 좋아할 것이다.
ㄴ. 을은 E보다 "양식을 먹을 확률이 0.5, 중식을 먹을 확률이 0.5인 추첨을 한다."라는 대안을 선택할 것이다.
ㄷ. 을의 음식 선호도가 중식이 제일 높고 양식이 제일 낮은 것으로 바뀌고 각 대안에 대한 선택 결과는 〈사례〉와 동일하다면, 을은 한식보다 일식을 더 좋아할 것이다.

① ㄱ

② ㄴ

③ ㄱ, ㄷ

④ ㄴ, ㄷ

⑤ ㄱ, ㄴ, ㄷ

13. 다음 글에서 추론할 수 있는 것은?　　　　　　　　　　　　　　　*23 5급공채*

> X는 한국의 500원짜리 동전을 감별할 목적으로 설계·제작된 감별기이다. X에 500원 동전을 집어넣으면 파란불이 켜지고 크기나 무게가 다른 동전을 집어넣으면 빨간불이 켜진다. 기계의 내부상태는 그 기계가 지금 무엇에 대한 상태인가를 나타낸다. X의 내부상태는 C상태와 E상태 두 가지이다. X가 C상태일 때는 파란불이, E상태일 때는 빨간불이 각각 켜진다. X는 500원 동전의 크기와 무게에 정확하게 반응하며 크기나 무게가 다른 동전은 C상태를 야기하지 않는다. X가 설계된 목적 하에서 C는 500원 동전에 관한 상태이고 E는 500원 동전이 아닌 동전에 관한 상태이다. 그 상황에서 X의 파란불은 "투입된 동전이 500원이다."를 의미한다. 논의를 위해 한국의 500원짜리 동전과 미국의 25센트짜리 동전이 크기와 무게에서 같다고 가정하자. 그렇다면 25센트 동전을 X에 넣었을 때도 파란불이 켜질 것이다. 그러나 X는 500원 동전을 감별할 목적으로 설계되었기 때문에, 그 파란불은 "투입된 동전이 500원이다."라는 의미를 갖는다.
>
> 그런데 우연한 계기로 X가 미국에 설치되었다고 하자. 미국인들은 동전을 몇 번 넣어보고는 X에 25센트 동전을 넣으면 파란불이 켜지고 다른 동전을 넣으면 빨간불이 켜진다는 사실을 알게 된다. 그 이후부터 미국인들은 25센트 동전을 감별하는 목적으로 X를 사용하기 시작했다. 이제 X는 새로운 사용 목적을 갖게 된 것이다. 이러한 사용 목적 아래에서 미국에 설치된 X의 파란불은 "투입된 동전이 500원이다."가 아니라 "투입된 동전이 25센트이다."라는 의미를 갖는다.
>
> 이 사례는 인공물이 표상하는 의미가 고정되지 않는다는 것을 보여준다. X의 사용 목적에 따라 X의 C와 E는 다른 것에 대한 상태가 될 수 있고 X에 표시되는 파란불과 빨간불은 처음 설계 당시 지녔던 것과 다른 의미를 지닐 수 있다.

① 미국에 설치된 X에 빨간불이 켜졌다면 투입된 동전은 500원 동전이 아닐 것이다.

② 미국에 설치된 X에 500원 동전을 투입하여 파란불이 켜졌다면 X의 내부상태는 C가 아닐 것이다.

③ 두 동전을 X에 차례로 투입하여 두 번 모두 E상태가 되었다면 두 동전의 크기와 무게는 같을 것이다.

④ X의 파란불이 "투입된 동전이 500원이다."를 의미하는지의 여부는 X에 투입된 동전이 무엇인지에 의해 결정된다.

⑤ 미국에 설치된 X가 25센트 동전을 감별하는 것이 아닌 다른 목적을 가지더라도 X에 켜진 파란불은 여전히 "투입된 동전이 25센트이다."를 의미할 것이다.

📓 **꼼꼼 풀이 노트**

권장 풀이 시간에 맞춰 문제를 풀어본 후, 꼼꼼 풀이 노트로 정리해보세요.

■ 출제 포인트

■ 선택지 분석

1 독해의 원리

2 논증의 방향

3 문맥과 단서

4 논리의 체계

기출 재구성 모의고사

해커스PSAT 7급 PSAT 유형별 기출 200제 언어논리

난이도 ★★★   권장 풀이 시간: 2분 15초   나의 풀이 시간: _____분 _____초

14. 다음 글의 <실험>의 결과를 가장 잘 설명하는 것은?   23 5급공채

> 광센서는 입사한 빛에 의해 전자가 들뜬 상태로 전이하는 현상을 이용한다. 반도체 물질에서 전자가 빛에 의해 에너지를 얻으면 이동이 비교적 자유로운 상태인 '들뜬 상태'가 된다. 그러므로 들뜬 상태의 전자가 얼마나 많은지를 측정하여 빛의 세기를 잴 수 있다. 그런데 빛이 들어오지 않을 때도 전자가 들뜬 상태로 전이하는 경우가 있다. 이러한 전자는 빛에 의해 들뜬 상태가 된 전자와 섞이기 때문에 광센서로 빛의 세기를 정확하게 측정하지 못하게 한다. 이렇게 측정하려는 대상을 교란하는 요인을 '잡음'이라 한다.
>
> 빛이 들어오지 않을 때 광센서에서 전자가 들뜬 상태로 전이하는 이유는 크게 두 가지이다. 하나는 열적 현상으로, 광센서 내부의 원자 진동에 의해 원자에 속박된 전자 일부가 큰 에너지를 얻어 들뜬 상태로 전이하는 것이다. 이런 방식으로 들뜬 상태로 전이하는 전자의 수는 원자의 진동이 없는 절대 0도, 즉 −273℃에서는 0이었다가 광센서의 절대 온도에 정비례하여 증가한다. 다른 하나는 양자 현상이다. 불확정성 원리에 의하면 광센서 내부의 전자 중 일부는 확률적으로 매우 큰 에너지를 가지게 되어 들뜬 상태로 전이한다. 이러한 현상의 발생 정도는 광센서의 종류에 따라 달라질 뿐, 광센서의 온도에 관계없이 일정하다.
>
> 열적 현상에 의한 잡음을 '열적 잡음', 양자 현상에 의한 잡음을 '양자 잡음'이라 하며, 두 잡음의 합을 광센서의 전체 잡음이라고 한다. 광센서의 구조와 이를 구성하는 물질에 따라 열적 잡음의 크기와 양자 잡음의 크기는 달라진다.
>
> 광센서의 열적 잡음과 양자 잡음의 상대적인 크기를 구하기 위해 다음 실험을 수행하였다.
>
> 〈실험〉
>
> 실온에서 구조와 구성 물질이 다른 광센서 A와 B의 전체 잡음을 측정하고, 광센서의 온도를 높인 후 다시 두 광센서의 전체 잡음의 크기를 측정하였다. 실험 결과, 실온에서는 A와 B의 전체 잡음의 크기가 같았으나, 고온에서는 A의 전체 잡음의 크기가 B의 전체 잡음의 크기보다 컸다.

① 온도 증가분에 대한 열적 잡음 증가분은 A와 B가 같다.

② 온도 증가분에 대한 양자 잡음 증가분은 B가 A보다 크다.

③ 실온에서 열적 잡음은 A가 B보다 크고, 양자 잡음은 B가 A보다 크다.

④ 실온에서 열적 잡음은 B가 A보다 크고, 양자 잡음은 A가 B보다 크다.

⑤ 실온에서 A와 B는 열적 잡음의 크기가 서로 같고, 양자 잡음의 크기도 서로 같다.

15. 다음 글의 <실험>의 결과를 가장 잘 설명하는 것은?   24 5급공채

물질은 다양한 파장의 적외선을 방출하는데, 물질마다 적외선의 방출 특성이 다르다. 적외선의 특정 파장 세기를 비교하면 서로 다른 물질을 구분할 수 있다. 그러나 서로 다른 물질이지만 특정 파장의 세기가 같다면, 그 파장의 세기를 측정해서는 이들을 구분할 수 없다.

한 연구자는 적외선의 특정 파장 세기를 측정하는 방법으로 물질을 구분하기 위한 시스템 A와 B를 개발하였다. 두 시스템 모두 적외선의 서로 다른 파장 I, II, III의 세기를 각각 검출하는 3개의 검출기로 구성되었다. 그런데 연구자는 시스템 A와 B가 모두 오작동하는 것을 발견하였고, 오작동의 원인은 각각 검출기 하나가 손상되어 해당 파장의 검출이 불가능하기 때문으로 밝혀졌다. 손상된 검출기가 무엇인지 알아보기 위해 적외선 방출 특성이 서로 다른 물질 X, Y, Z를 각각의 시스템이 구분하는지에 대해 실험을 수행하였다.

X, Y, Z는 각각 파장 I, II, III을 모두 방출한다. X, Y, Z가 방출하는 파장 I의 세기는 모두 같다. Y와 Z가 방출하는 파장 II의 세기는 서로 같지만 X가 방출하는 파장 II의 세기는 그와 다르다. X와 Z가 방출하는 파장 III의 세기는 서로 같지만 Y가 방출하는 파장 III의 세기는 그와 다르다.

<실험>

X, Y, Z에서 방출되는 적외선을 시스템 A와 B를 통해 측정하였다. 측정 결과, 시스템 A에서는 Y와 Z는 구분할 수 있었던 반면 X와 Z를 구분할 수 없었고, 시스템 B에서는 X와 Z를 구분할 수 있었던 반면 Y와 Z를 구분할 수 없었다.

① 시스템 A에서는 파장 I의 검출기가 손상되었고, 시스템 B에서는 파장 II의 검출기가 손상되었다.

② 시스템 A에서는 파장 I의 검출기가 손상되었고, 시스템 B에서는 파장 III의 검출기가 손상되었다.

③ 시스템 A에서는 파장 II의 검출기가 손상되었고, 시스템 B에서는 파장 I의 검출기가 손상되었다.

④ 시스템 A에서는 파장 II의 검출기가 손상되었고, 시스템 B에서는 파장 III의 검출기가 손상되었다.

⑤ 시스템 A에서는 파장 III의 검출기가 손상되었고, 시스템 B에서는 파장 II의 검출기가 손상되었다.

📓 **꼼꼼 풀이 노트**

권장 풀이 시간에 맞춰 문제를 풀어본 후, 꼼꼼 풀이 노트로 정리해보세요.

■ 출제 포인트

■ 선택지 분석

1 독해의 원리

2 논증의 방향

3 문맥과 단서

4 논리의 체계

기출 재구성 모의고사

해커스PSAT 7급 PSAT 유형별 기출 200제 언어논리

■ 출제 포인트

■ 선택지 분석

난이도 ★★★   권장 풀이 시간: 4분   나의 풀이 시간: _____분 _____초

※ 다음 글을 읽고 물음에 답하시오. [16~17]

21 5급공채

90개의 구슬이 들어 있는 항아리가 있다. 이 항아리에는 붉은색 구슬이 30개 들어 있다. 나머지 구슬은 검은색이거나 노란색이지만, 그 이외에는 어떤 정확한 정보도 주어져 있지 않다. 내기1은 다음의 두 선택 중 하나를 택한 후 항아리에서 구슬을 하나 꺼내 그 결과에 따라서 상금을 준다.

선택1: 꺼낸 구슬이 붉은색이면 1만 원을 받고, 그 이외의 경우에는 아무것도 받지 못한다.
선택2: 꺼낸 구슬이 검은색이면 1만 원을 받고, 그 이외의 경우에는 아무것도 받지 못한다.

최악의 상황을 피하고자 한다면, 당신은 둘 중에서 선택1을 택해야 한다. 꺼낸 구슬이 붉은색일 확률은 1/3로 고정되어 있지만, 꺼낸 구슬이 검은색일 확률은 0일 수도 있고 그 경우 당신은 돈을 받지 못할 것이기 때문이다. 그럼 이번에는 다음의 내기2를 생각해보자.

선택3: 꺼낸 구슬이 붉은색이거나 노란색이면 1만 원을 받고, 그 이외의 경우에는 아무것도 받지 못한다.
선택4: 꺼낸 구슬이 검은색이거나 노란색이면 1만 원을 받고, 그 이외의 경우에는 아무것도 받지 못한다.

위에서와 마찬가지로 최악의 상황을 피하고자 한다면, 당신은 선택3이 아닌 선택4를 택해야 한다. 꺼낸 구슬이 붉은색이거나 노란색일 확률의 최솟값은 1/3이지만, 검은색이거나 노란색일 확률은 2/3로 고정되어 있기 때문이다.

최악의 상황을 피하는 결정은 합리적이다. 즉, 선택1과 선택4를 택하는 것은 합리적이다. 그런데 이 결정은 여러 선택지들 중에서 한 가지를 합리적으로 선택하기 위해서는 기댓값이 가장 큰 선택지를 선택해야 한다는 '기댓값 최대화 원리'를 위반한다. 기댓값은 모든 가능한 사건들에 대해, 각 사건이 일어날 확률과 그 사건이 일어났을 때 받게 되는 수익의 곱들을 모두 합한 값이다. 우리는 꺼낸 구슬이 붉은색일 확률은 1/3이라는 것을 알고 있지만 꺼낸 구슬이 검은색일 확률은 모르고 있다. 하지만 그 확률이 0과 2/3 사이에 있는 어떤 값이라는 것은 알고 있다. 그 값을 b라고 하자. 그렇다면 선택1의 기댓값은 1/3만 원, 선택2는 b만 원, 선택3은 1−b만 원, 선택4는 2/3만 원이다.

당신은 선택1과 선택2 중에서 선택1을 택했다. 이 선택이 기댓값 최대화 원리에 따라 이루어진 것이라면, b는 1/3보다 작아야 한다. 한편, 당신은 선택3과 선택4 중에서 선택4를 택했다. 이 선택이 기댓값 최대화 원리에 따라 이루어진 것이라면, 1−b는 2/3보다 작아야 한다. 즉 b는 1/3보다 커야 한다. 결국, 당신의 두 선택 중 하나는 기댓값 최대화 원리에 따른 선택이 아니다.

이처럼 ㉠항아리 문제는 정확한 정보가 주어지지 않은 상태에서 우리의 합리적 선택이 기댓값 최대화 원리와 충돌하는 경우가 있다는 것을 보여준다.

16. 위 글에 대한 분석으로 적절한 것만을 <보기>에서 모두 고르면?

〈보기〉

ㄱ. 항아리 문제에서 붉은색 구슬이 15개로 바뀐다고 하더라도 ㉠이라는 결론은 따라 나온다.

ㄴ. 항아리 문제에서 최악의 상황을 피하고자 내기1에서 선택1을, 내기2에서 선택4를 택한 것이 합리적인 결정이 아니라는 것을 받아들인다면, ㉠이라는 결론은 따라 나오지 않는다.

ㄷ. 꺼낸 구슬이 검은색일 확률이 얼마인가에 대한 정확한 정보가 주어지지 않은 경우에는 기댓값 사이의 크기를 비교할 수 없다는 것을 받아들인다면, ㉠이라는 결론은 따라 나오지 않는다.

① ㄱ

② ㄷ

③ ㄱ, ㄴ

④ ㄴ, ㄷ

⑤ ㄱ, ㄴ, ㄷ

17. 위 글을 토대로 할 때, 다음 <사례>에서 추론할 수 있는 것만을 <보기>에서 모두 고르면?

〈사례〉

갑과 을이 선택1과 선택2 중에서 하나, 그리고 선택3과 선택4 중에서 하나를 고른다. 그 후, 항아리에서 각자 구슬을 한 번만 뽑아 자신이 뽑은 구슬의 색깔에 따라서 두 선택에 따른 상금을 받는다고 해 보자. 갑은 선택1과 선택3을 택했다. 을은 선택1과 선택4를 택했다.

〈보기〉

ㄱ. 갑과 을이 같은 액수의 상금을 받았다면, 갑이 꺼낸 구슬은 노란색이었을 것이다.

ㄴ. 항아리에 검은색 구슬의 개수가 20개 미만이라면, 갑의 선택은 기댓값이 가장 큰 선택지이다.

ㄷ. 갑과 을이 아닌 사회자가 구슬을 한 번만 뽑아 그 구슬의 색깔에 따라서 갑과 을에게 상금을 주는 것으로 규칙을 바꾼다면, 갑이 을보다 더 많은 상금을 받을 확률과 그렇지 않을 확률은 같다.

① ㄱ

② ㄷ

③ ㄱ, ㄴ

④ ㄴ, ㄷ

⑤ ㄱ, ㄴ, ㄷ

📋 **꼼꼼 풀이 노트**

권장 풀이 시간에 맞춰 문제를 풀어본 후, 꼼꼼 풀이 노트로 정리해보세요.

■ 출제 포인트

■ 선택지 분석

1 독해의 원리

2 논증의 방향

3 문맥과 단서

4 논리의 체계

기출 재구성 모의고사

해커스PSAT 7급 PSAT 유형별 기출 200제 언어논리

난이도 ★★★　　　　권장 풀이 시간: 4분　　　　나의 풀이 시간: ＿＿＿분 ＿＿＿초

※ 다음 글을 읽고 물음에 답하시오. [18~19]

24 5급공채

　　표본에 의한 통계 가설의 평가로 가장 널리 알려진 방법은 '통계 가설이 틀리더라도 표본과 비슷한 자료를 얻게 될 확률'을 이용하는 것이다. 이 확률이 제법 높다면, 해당 통계 가설은 믿을 만한 근거가 없다고 판정된다. 왜냐하면 그런 확률을 가지는 표본은 해당 통계 가설이 거짓이라도 어렵지 않게 얻을 수 있는 것이기 때문이다. 하지만 그 확률이 제법 낮다면, 특히 어떤 정해진 문턱값보다 낮다면, 통계 가설이 참이라는 것에 대한 유의미한 증거가 있다고 결론 내린다. 왜냐하면 해당 통계 가설이 거짓이라면, 그런 표본은 쉽게 얻을 수 있는 것이 아니기 때문이다. 이 방법에서 연구자들이 평가하고자 하는 통계 가설은 '대립가설'이라고 불리고, 이 대립가설이 거짓이라는 가설은 '귀무가설'이라고 불린다. 귀무가설이 참일 때 표본과 비슷한 자료를 얻게 될 확률은 'p-값'이라고 한다. 그리고 p-값과 비교되어 대립가설이 참이라는 것에 대한 유의미한 증거의 존재 여부를 판단하는 기준이 되는 문턱값은 '유의수준'이라고 불리며, 일반적으로 0.05나 0.01이 많이 사용된다. 정리하면 p-값이 유의수준보다 작을 때 대립가설이 참이라는 것에 대한 유의미한 증거가 있고, 그렇지 않을 때 대립가설이 참이라는 것에 대한 유의미한 증거가 있지 않다고 본다.

　　예를 들어 보자. 연구자 갑은 이번에 새로 개발된 신약 A가 콜레스테롤 수치를 낮추는 데 효과가 있는지 확인하고 싶어 한다. 그는 '신약 A는 콜레스테롤 수치를 낮춘다'는 대립가설을 세우고, 이를 평가하기 위해서 '신약 A는 콜레스테롤 수치를 낮추는 데 아무 효과가 없다'라는 귀무가설을 검증한다. 갑은 먼저 실험군과 대조군을 무작위로 나누었다. 그리고 실험군에는 신약 A를, 대조군에는 가짜약을 제공한 뒤, 두 집단의 콜레스테롤 수치 평균의 차이를 관찰하는 실험을 진행하였다. 그 결과, 갑은 p-값이 0.04에 불과한 실험 결과를 획득하였다. 그는 이 실험 결과와 0.05라는 유의수준을 이용하여 '신약 A는 콜레스테롤 수치를 낮춘다'가 참이라는 것에 대한 유의미한 증거가 있다고 발표하였다.

　　위 사례는 p-값을 이용해 통계 가설을 평가하는 전형적인 모습을 보여준다. 하지만 이 방법을 사용하거나 이 방법을 사용한 연구를 평가할 때는 언제나 조심해야 한다. 왜냐하면 갑이 다음과 같이 실험 결과를 내놓는 경우를 생각해 볼 수 있기 때문이다. 사실 신약 A는 콜레스테롤 수치와 아무 상관없는 것이었다. 그로 인해 갑은 30번 정도 반복된 실험에서 모두 0.05보다 큰 p-값을 얻었다. 갑의 목표는 0.05보다 작은 p-값을 가지는 실험 결과를 얻는 것이었다. 우연히 그다음 실험에서 원하던 대로 0.05보다 작은 p-값을 얻었다. 정직한 과학자라면, 자신의 실험 결과를 모두 보고하고 이를 바탕으로 적절히 평가 받아야 할 것이다. 하지만 신약 A의 효과를 간절히 바랐던 갑은 그의 나머지 실험을 폐기하고 유의미한 증거가 나온 실험 결과만을 발표하였다. 이렇게 유의미한 p-값을 가지는 실험 결과가 나올 때까지 실험을 반복하고, 그 결과 중 일부만 발표하는 연구 부정 행위를 'p-해킹'이라고 부른다.

18. 위 글에서 알 수 있는 것은?

① p-해킹이 일어났다는 것은 귀무가설이 거짓이라는 것에 대한 유의미한 증거이다.

② 실험군과 대조군의 분류가 완전히 무작위로 이루어졌다면 p-해킹은 일어나지 않는다.

③ 귀무가설이 참일 때 표본과 비슷한 자료를 얻게 될 확률이 높다면, 유의수준은 커질 수밖에 없다.

④ 표본 자료의 p-값이 0.05보다 크다면, 관련 대립가설이 참일 확률이 0.95보다 높다는 것에 대한 좋은 증거가 있다고 결론 내릴 수 있다.

⑤ 큰 값을 유의수준으로 사용했을 때에는 대립가설이 참이라는 것의 유의미한 증거가 되지만, 작은 값을 유의수준으로 삼았을 때에는 그런 증거가 되지 않는 표본 자료가 있을 수 있다.

📝 **꼼꼼 풀이 노트**

권장 풀이 시간에 맞춰 문제를 풀어본 후,
꼼꼼 풀이 노트로 정리해보세요.

■ 출제 포인트

■ 선택지 분석

19. 위 글을 토대로 할 때 다음 <사례>에 대한 분석으로 적절한 것만을 <보기>에서 모두 고르면?

─────────〈사례〉─────────

을은 새로 개발된 신약 B와 콜레스테롤 수치 사이의 관계를 확인하고자 한다. 그런데 신약 B에 관심을 가지고 있는 연구자는 을만이 아니었다. 을 이외에도 약 30여 명이 그 약에 관심을 가지고 있었다. 을을 포함한 연구자 각각은 같은 실험 조건으로 연구를 진행하고 있다는 사실을 서로 모른 채 신약 B가 효과가 있다는 결과를 산출하려는 어떠한 의도도 없이 실험을 진행하였다. 그 결과 30여 명의 연구자들 중에서 을만 0.05보다 작은 p-값을 가지는 유의미한 실험 결과를 얻었다. 다른 연구자들은 신약과 콜레스테롤 수치 사이에 유의미한 결과를 산출하지 못하였기 때문에 자신의 실험 결과를 폐기하고 금방 잊어버렸다. 결국 유의미한 결과를 산출한 을의 연구만 발표되었고, 발표 결과를 들은 일부 사람들은 신약 B의 효과를 믿게 되었다.

─────────〈보기〉─────────

ㄱ. 신약 B에 대한 연구 사례는 심각한 연구 부정을 의도하지 않았어도, 대립가설이 틀렸음에도 불구하고 유의미하다고 판단되는 결과를 우연히 얻을 수 있다는 것을 보여준다.

ㄴ. 신약 A에 대한 갑의 연구 속 0.05보다 작은 p-값을 가진 실험 결과는 실제로 약효가 없음에도 불구하고 우연히 나온 결과이지만, 신약 B에 대한 을의 연구 속 0.05보다 작은 p-값을 가진 실험 결과는 그렇지 않다.

ㄷ. 신약 A에 대한 연구 속 30여 개의 실험 결과의 p-값들은 유의수준을 넘는 범위에 다양하게 분포되어 있지만, 신약 B에 대한 연구 속 30여 개의 실험 결과의 p-값들은 유의수준을 넘는 특정한 값 주변에 밀집되어 있는 양상을 띨 것이다.

① ㄱ

② ㄴ

③ ㄱ, ㄷ

④ ㄴ, ㄷ

⑤ ㄱ, ㄴ, ㄷ

약점 보완 해설집 p.13

취약 유형 진단 & 약점 극복

1 문항별 정오표

각 문항별로 정오를 확인한 후, 맞았으면 O, 풀지 못했으면 △, 틀렸으면 X로 표시해 보세요.

개념 이해		구조 판단		원칙 적용	
번호	정오	번호	정오	번호	정오
01		01		01	
02		02		02	
03		03		03	
04		04		04	
05		05		05	
06		06		06	
07		07		07	
08		08		08	
09		09		09	
10		10		10	
11		11		11	
12		12		12	
13		13		13	
14		14		14	
15		15		15	
		16		16	
		17		17	
				18	
				19	

2 취약 유형 분석표

유형별로 맞힌 문제 개수와 정답률을 적고, 취약한 유형이 무엇인지 파악해 보세요.

유형	맞힌 문제 개수	정답률
개념 이해	/15	%
구조 판단	/17	%
원칙 적용	/19	%

3 학습 전략

취약한 유형의 학습 전략을 확인한 후, 풀지 못한 문제와 틀린 문제를 다시 풀면서 취약 유형을 극복해 보세요.

개념 이해	개념 이해 취약형은 글의 세부적인 내용을 빠르고 정확하게 파악하는 능력이 부족한 경우입니다. 따라서 문제를 풀 때 핵심 키워드를 중심으로 주요 논지와 흐름을 파악하는 연습을 합니다.
구조 판단	구조 판단 취약형은 글의 논리적 구조와 흐름을 정확히 파악하는 능력이 부족한 경우입니다. 따라서 문제를 풀 때 각 문단의 핵심 내용을 중심으로 핵심 키워드 간의 관계를 파악하도록 합니다. 또한 선택지를 잘 활용하면 글 전체를 읽지 않아도 답을 찾을 수 있는 경우가 있으므로 접속어나 지시어 등을 통해 앞뒤 문맥을 정확히 파악하여 선택지 내용을 빠르게 찾아 비교하는 연습을 합니다.
원칙 적용	원칙 적용 취약형은 새로운 사례에 적용하여 추론하는 능력이 부족한 경우입니다. 따라서 우선 글에 제시된 원리·원칙의 내용을 정확하게 파악하고 제시된 내용과 적용하려는 상황 간의 공통점과 차이점을 비교하며 읽는 연습을 합니다.

1 독해의 원리
2 논증의 방향
3 문맥과 단서
4 논리의 체계
기출 재구성 모의고사
해커스PSAT 7급 PSAT 유형별 기출 200제 언어논리

출제 경향

1 논증의 방향은 논증의 주장이나 중심내용을 올바르게 이해했는지, 나아가 논증의 주장을 지지하거나 비판하는 등의 평가를 적절하게 할 수 있는지를 평가하기 위한 영역이다.

2 문제에서 평가하고자 하는 영역에 따라 ① 논지와 중심내용, ② 견해 분석, ③ 논증의 비판과 반박, ④ 논증 평가 총 4가지 세부 유형으로 출제되며, 출제 비중은 다음과 같다.

구분		2020년 모의평가	2021년 기출문제	2022년 기출문제	2023년 기출문제	2024년 기출문제
출제 비중	1. 논지와 중심내용	1	0	1	2	0
	2. 견해 분석	3	2	3	2	2
	3. 논증의 비판과 반박	0	1	0	0	0
	4. 논증 평가	2	1	3	2	2
	총 문항 수	5	4	7	6	4

3 2020년 모의평가에서는 '중' 난이도로 출제되었으나, 2021년과 2022년 기출문제에서는 '중상' 난이도로, 2023년에는 다시 '중' 난이도로 출제되었다. 2024년 기출문제는 '중상' 난이도로 작년에 비해 어렵게 출제되었다.

2 논증의 방향

유형 4 논지와 중심내용

유형 5 견해 분석

유형 6 논증의 비판과 반박

유형 7 논증 평가

유형 4 논지와 중심내용

유형 소개

'논지와 중심내용' 유형은 제시된 지문에서 필자가 말하고자 하는 가장 중요한 주장·논지·결론을 찾거나, 일반적인 지문에서 다루는 내용 중 가장 중요한 내용을 찾는 유형이다.

유형 특징

1 2~3단락 정도의 지문이 주어지고, 논조가 뚜렷한 논설문이나 구체적인 내용을 설명하는 설명문이 제시된다.

2 선택지는 지문에서 말하고자 하는 중요 내용이나 제시하고자 하는 핵심 주장으로 구성된다.

풀이 전략

1 각 단락의 내용을 요약하듯이 빠르게 읽고, 각 단락의 내용을 정리하는 가장 중요한 문장을 체크한다.

2 단락별로 가장 중요하거나 포괄적인 내용을 담고 있는 문장이 무엇인지 확인한다.

3 '그러므로, 따라서, 요컨대' 등 결과를 나타내는 접속사로 시작하는 문장과 '그러나, 하지만' 등 역접의 접속사로 시작하는 문장 뒤에는 필자가 얘기하고자 하는 중요 내용이 정리되어 있을 가능성이 높으므로 주목한다.

4 지문에서 체크한 문장을 선택지와 비교하여 가장 유사한 내용을 가진 선택지를 찾는다.

유형 공략 문제

01. 다음 글에서 글쓴이가 주장하는 바가 아닌 것은?

06 5급공채

　　몇몇 철학자들의 생각에 따르면 우리는 매순간 이른바 '자아'를 마음속으로 분명하게 의식하고 있다. 즉 우리는 자아의 존재와 그 존재의 지속성을 느끼며, 증명할 필요를 느끼지도 않을 만큼 자아의 완전한 동일성을 확신한다는 것이다. 그들은 가장 강렬한 감각과 격렬한 열정조차 우리의 눈길을 자아로부터 떼어놓지 못한다고 말한다. 더 나아가 그들은 자아의 존재에 대해 또 다른 증거를 찾는다 해도 자아의 명증성이 더 분명히 드러나는 것은 아니라고 주장한다. 왜냐하면 증명은 증명의 대상보다 더 확실한 것에서 출발해야 하는데, 자아의 존재보다 더 확실한 것은 없기 때문이라는 것이다.

　　하지만 확신에 찬 이와 같은 주장들은 우리의 실제 경험과 상반되며, 이런 방식으로 설명해서는 자아의 관념을 이해할 수 없다. 모든 실제적 관념은 분명히 그 관념을 불러일으키는 하나의 인상※과 결부되어 있다. 그렇다면 자아의 관념은 어떤 인상으로부터 유래하는가?

　　자아는 그 자체로 하나의 인상이 아니지만, 다양한 인상과 관념들이 그것과 관계를 맺고 있다고 여겨진다. 만약 어떤 인상이 자아의 관념을 불러일으킨다면, 우리 삶의 전 과정을 통해 그 인상은 변하지 않는 동일성을 유지해야한다. 자아는 그와 같은 방식으로 존재한다고 여겨지기 때문이다. 그러나 지속적이고 불변하는 인상은 없다. 고통과 쾌락, 슬픔과 기쁨, 열정과 감각은 번갈아가며 발생하고 결코 동시에 존재하지 않는다. 그러므로 자아의 관념은 이러한 인상들 가운데 어떤 것으로부터도 유래할 수 없다.

※ 인상: 경험의 직접적인 자료로서 감각에 의해 우리 마음에 주어지는 대상의 생생한 모습이나 성질

① 자아의 존재는 증명할 필요도 없이 확실하게 의식된다.

② 자아의 관념은 특정한 하나의 인상에서 유래하지 않는다.

③ 자아의 동일성을 주장하는 사람들이 말하는 자아의 관념은 실제 경험과 맞지 않는다.

④ 지속하는 자아에 대응하는 인상은 없다.

⑤ 인상에 근거하지 않는 실제적 관념은 없다.

🗒 꼼꼼 풀이 노트

권장 풀이 시간에 맞춰 문제를 풀어본 후,
꼼꼼 풀이 노트로 정리해보세요.

■ 출제 포인트
예) 글의 주장 파악

■ 선택지 분석
예) ① '몇몇 철학자'의 주장을 글쓴이의 주장인 것
　　처럼 바꿈
　　② 3문단
　　③ 2문단
　　④ 3문단
　　⑤ 2문단

■ 출제 포인트

■ 선택지 분석

난이도 ★★★　　　　권장 풀이 시간: 1분 40초　　　　나의 풀이 시간: _____분 _____초

02. 다음 글의 논지로 가장 적절한 것은?

06 5급공채

왜 선진국 기업들이 유전자 특허를 위해 속도전을 펼치는 것일까? 답은 뻔하다. 특허를 내면 막대한 돈을 벌 수 있기 때문이다. 유전자의 기능을 밝혀 특허를 획득하면 유전자 재조합 기술 등으로 원하는 단백질의 대량 생산이 가능해지고 또 특정 질환의 진단과 치료에도 활용할 수 있다. 그래서 어떤 사람은 의학적으로 중요한 유전자를 발굴해 세계의 주요 국가에서 물질 특허를 받는 것은 그 나라에 진출할 수 있도록 토지나 건물을 확보하는 것보다 더 중요한 교두보를 확보하는 일이라고 말하며 유전자 특허의 중요성을 역설한다. 우리처럼 수출로 먹고 살 수밖에 없는 처지에서는 솔깃한 이야기가 아닐 수 없다. 그렇다면 결론은 "빨리 연구해서 유전자 특허를 하나라도 더 따자!"가 되는가? 이것은 간단하지 않은 문제이다.

대체로 자신이 새롭게 개발한 것에 대해 특허권을 주장하는 행위는 널리 받아들여진다. 그렇다면 유전자에 대해 특허를 부여한다는 것은 유전자가 인간의 '발명품'이라는 말인가? 현재의 특허법을 보면, 생명체나 생명체의 일부분이라도 그것이 인위적으로 분리·확인된 것이라면 발명으로 간주하고 있다. 따라서 유전자도 자연으로부터 분리·정제되어 이용 가능한 상태가 된다면 화학물질이나 미생물과 마찬가지로 특허의 대상으로 인정된다.

그러나 유전자 특허 반대론자들은 자연 상태의 생명체나 그 일부분이 특허에 의해 독점될 수 있다는 발상자체가 터무니없다고 지적한다. 수만 년 동안의 인류 진화 역사를 통해 형성되어 온 유전자를 실험실에서 분리하고 그 기능을 확인했다는 이유만으로 독점적 소유권을 인정하는 일은, 마치 한 마을에서 수십 년 동안 함께 사용해 온 우물물의 독특한 성분을 확인했다는 이유로 특정한 개인에게 우물의 독점권을 준다는 논리만큼 부당하다는 것이다.

이러한 주장은 그럴듯한 반론처럼 들리기는 하지만 유전자의 특허권을 포기하게 할 만큼 결정적이지는 못하다. 사실 우물의 비유는 적절하지 않다. 왜냐하면 어떤 사람이 우물물의 특성을 확인했다고 해서 그 사람만 우물물을 마시게 한다면 부당한 처사겠지만, 우물물의 특정한 효능을 확인해서 다른 용도로 가공한다면 그런 수고의 대가는 정당하기 때문이다. 유전자 특허권의 경우는 바로 후자에 해당된다. 또한 특허권의 효력은 무한히 지속되지 않고 출원일로부터 20년을 넘지 못하도록 되어 있어 영구적인 독점이 아니다.

① 유전자 특허의 사회적·경제적 의미에 대해 상반된 견해들이 대립하고 있다.

② 유전자는 특정한 기법에 의해 분리되고 그 기능이 확인된 경우 특허의 대상이 될 수 있다.

③ 유전자 특허는 유전자 재조합 기술이나 특정 단백질의 생산과 관련된 경우에 한해 허용하는 것이 옳다.

④ 유전자가 생명체의 일부분임을 고려할 때 특허를 허용하더라도 영구적 독점의 방식이어서는 안 된다.

⑤ 유전자 특허를 향한 경쟁은 막대한 경제적 이득과 맞물려 있기 때문에, 특허권의 정당성에 관한 논란은 무의미하다.

03. 다음 글의 중심 내용으로 가장 적절한 것은?

06 5급공채

화이트(H. White)는 19세기 역사 관련 저작들에서 역사가 어떤 방식으로 서술되어 있는지를 연구했다. 그는 특히 '이야기식 서술'에 주목했는데, 이것은 역사적 사건의 경과 과정이 의미를 지닐 수 있도록 서술하는 양식이다. 그는 역사적 서술의 타당성이 문학적 장르 내지는 예술적인 문체에 의해 결정된다고 보았다. 이러한 주장에 따르면 역사적 서술의 타당성은 결코 논증에 의해 결정되지 않는다. 왜냐하면 논증은 지나간 사태에 대한 모사로서의 역사적 진술의 '옳고 그름'을 사태 자체에 놓여 있는 기준에 의거해서 따지기 때문이다.

이야기식 서술을 통해 사건들은 서로 관련되면서 무정형적 역사의 흐름으로부터 벗어난다. 이를 통해 역사의 흐름은 발단·중간·결말로 인위적으로 구분되어 인식 가능한 전개 과정의 형태로 제시된다. 문학 이론적으로 이야기하자면, 사건 경과에 부여되는 질서는 '구성(plot)'이며 이야기식 서술을 만드는 방식은 '구성화(emplotment)'이다. 이러한 방식을 통해 사건은 원래 가지고 있지 않던 발단·중간·결말이라는 성격을 부여받는다. 또 사건들은 일종의 전형에 따라 정돈되는데, 이러한 전형은 역사가의 문화적인 환경에 의해 미리 규정되어 있거나 경우에 따라서는 로맨스·희극·비극·풍자극과 같은 문학적 양식에 기초하고 있다.

따라서 이야기식 서술은 역사적 사건의 경과 과정에 특정한 문학적 형식을 부여할 뿐만 아니라 의미도 함께 부여한다. 우리는 이야기식 서술을 통해서야 비로소 이러한 역사적 사건의 경과 과정을 인식할 수 있게 된다는 말이다. 사건들 사이에서 만들어지는 관계는 사건들 자체에 내재하는 것이 아니다. 그것은 사건에 대해 사고하는 역사가의 머릿속에만 존재한다.

① 역사의 의미는 절대적인 것이 아니라 현재 시점에서 새롭게 규정되는 것이다.

② 역사가가 속한 문화적인 환경은 역사와 문학의 기술 내용과 방식을 규정한다.

③ 역사적 사건에서 객관적으로 드러나는 발단에서 결말까지의 일정한 과정을 서술하는 일이 역사가의 임무이다.

④ 이야기식 역사 서술이란 사건들 사이에 내재하는 인과적 연관을 찾아내는 작업이다.

⑤ 이야기식 역사 서술은 문학적 서술 방식을 원용하여 역사적 사건의 경과 과정에 의미를 부여한다.

📓 꼼꼼 풀이 노트

권장 풀이 시간에 맞춰 문제를 풀어본 후, 꼼꼼 풀이 노트로 정리해보세요.

■ 출제 포인트

■ 선택지 분석

1 독해의 원리

2 논증의 방향

3 문맥과 단서

4 논리의 체계

기출 재구성 모의고사

해커스PSAT 7급 PSAT 유형별 기출 200제 언어논리

난이도 ★★☆　　　　　권장 풀이 시간: 1분 30초　　　　　나의 풀이 시간: ＿＿＿분 ＿＿＿초

04. 다음 글의 중심 내용으로 가장 적절한 것은?　　　　　09 5급공채

우리는 일상적으로 몸에 익히게 된 행위의 대부분이 뇌의 구조나 생리학적인 상태에 의해 이미 정해진 방향으로 연결되어 있다는 사실을 알고 있다. 우리는 걷고, 헤엄치고, 구두끈을 매고, 단어를 쓰고, 익숙해진 도로로 차를 모는 일 등을 수행하는 동안에 거의 대부분 그런 과정을 똑똑히 의식하지 않는다.

언어 사용 행위에 대해서도 비슷한 이야기를 할 수 있다. 마이클 가자니가는 언어 활동의 핵심이 되는 왼쪽 뇌의 언어 중추에 심한 손상을 입은 의사의 예를 들고 있다. 사고 후 그 의사는 세 단어로 된 문장도 만들 수 없게 되었다. 그런데 그 의사는 실제로 아무 효과가 없는데도 매우 비싼 값이 매겨진 특허 약에 대한 이야기를 듣자, 문제의 약에 대해 무려 5분 동안이나 욕을 퍼부어 댔다. 그의 욕설은 매우 조리 있고 문법적으로 완벽했다. 이로부터 그가 퍼부은 욕설은 손상을 입지 않은 오른쪽 뇌에 저장되어 있었다는 사실을 알게 되었다. 여러 차례 반복된 욕설은 더 이상 의식적인 언어 조작을 필요로 하지 않게 되었고, 따라서 오른쪽 뇌는 마치 녹음기처럼 그 욕설을 틀어 놓은 것이다.

사람의 사유 행위도 마찬가지이다. 우리는 일상적으로 어떻게 새로운 아이디어를 얻게 되는가? 우리는 엉뚱한 생각에 골몰하거나 다른 일을 하고 있는 동안 무의식중에 멋진 아이디어가 떠오르곤 하는 경우를 종종 경험한다. '영감'의 능력으로 간주할 만한 이런 일들은 시간을 보내기 위해 언어로 하는 일종의 그림 맞추기 놀이와 비슷한 것이다. 그런 놀이를 즐길 때면 우리는 의식하지 못하는 사이에 가장 적합한 조합을 찾기도 한다. 이처럼 영감이라는 것도 의식적으로 발생하는 것이 아니라 자동화된 프로그램에 의해 나타나는 것이다.

① 인간의 사고 능력은 일종의 언어 능력이다.

② 인간은 좌뇌가 손상되어도 조리있게 말할 수 있다.

③ 인간의 우뇌에 저장된 정보와 좌뇌에 저장된 정보는 독립적이다.

④ 인간의 언어 사용에서 의식이 차지하는 비중이 크지만 영감에서는 그렇지 않다.

⑤ 일상적인 인간 행위는 대부분 의식하지 않고도 자동적으로 이루어진다.

05. 다음 글의 내용을 포괄하는 진술로 가장 적절한 것은?　　　　10 5급공채

> 　　사람의 신체는 형체가 있으나 지각은 형체가 없습니다. 형체가 있는 것은 죽으면 썩어 없어지지만, 형체가 없는 것은 모이거나 흩어지는 일이 없으니, 죽은 뒤에 지각이 있을 법도 합니다. 죽은 뒤에도 지각이 있을 경우에만 불교의 윤회설이 맞고, 지각이 없다고 한다면 제사를 드리는 것에 실질적 근거는 없을 것입니다. 사람의 지각은 정기(精氣)에서 나옵니다. 눈과 귀가 지각하는 것은 넋의 영이며, 마음이 생각하는 것은 혼의 영입니다. 지각하고 생각하는 것은 기(氣)이며, 생각하도록 하는 것은 이(理)입니다. 이(理)는 지각이 없고 기는 지각이 있습니다. 따라서 귀가 있어야 듣고, 눈이 있어야 보며, 마음이 있어야 생각을 할 수 있으니, 정기가 흩어지고 나면 무슨 물체에 무슨 지각이 있겠습니까? 지각이 없다고 한다면 비록 천당과 지옥이 있다고 하더라도 즐거움과 괴로움을 지각할 수 없으니, 불가의 인과응보설(因果應報說)은 저절로 무너지게 됩니다.
> 　　죽은 뒤에는 지각이 없다 해도 제사를 지내는 것에는 이치[理]가 있습니다. 사람이 죽어도 오래되지 않으면 정기가 흩어졌다 해도 바로 소멸되는 것은 아니기 때문에 정성과 공경을 다하면 돌아가신 조상과 느껴서 통할 수 있습니다. 먼 조상의 경우 기운은 소멸했지만 이치는 소멸한 것이 아니니 또한 정성으로 느껴서 통할 수 있습니다. 감응할 수 있는 기운은 없지만 감응할 수 있는 이치가 있기 때문입니다. 조상이 돌아가신 지 오래되지 않았으면 기운으로써 감응하고, 돌아가신 지 오래되었으면 이치로써 감응하는 것입니다.

① 윤회설이 부정된다고 해서 제사가 부정되지는 않는다.

② 제사는 조상의 기를 느껴서 감응하는 것이다.

③ 죽은 사람과는 기운과 정성을 통해 감응할 수 있다.

④ 사람이 죽으면 지각이 없어지므로 인과응보설은 옳지 않다.

⑤ 사람이 죽으면 정기는 흩어지므로 지각은 존재하지 않는다.

🗒 **꼼꼼 풀이 노트**

권장 풀이 시간에 맞춰 문제를 풀어본 후, 꼼꼼 풀이 노트로 정리해보세요.

■ 출제 포인트

■ 선택지 분석

1 독해의 원리

2 논지와 비판

3 문맥과 단서

4 논리의 체계

기출 재구성 모의고사

해커스PSAT 7급 PSAT 유형별 기출 200제 언어논리

난이도 ★★☆   권장 풀이 시간: 1분 30초   나의 풀이 시간: _____분 _____초

06. 다음 글의 논지로 가장 적절한 것은?   14 5급공채

물리학의 근본 법칙들은 실재 세계의 사실들을 정확하게 기술하는가? 이 질문에 확신을 가지고 그렇다고 대답할 사람은 많지 않을 것이다. 사실 다양한 물리 현상들을 설명하는 데 사용되는 물리학의 근본 법칙들은 모두 이상적인 상황만을 다루고 있는 것 같다. 정말로 물리학의 근본 법칙들이 이상적인 상황만을 다루고 있다면 이 법칙들이 실재 세계의 사실들을 정확히 기술한다는 생각에는 문제가 있는 듯하다.

가령 중력의 법칙을 생각해 보자. 중력의 법칙은 "두 개의 물체가 그들 사이의 거리의 제곱에 반비례하고 그 둘의 질량의 곱에 비례하는 힘으로 서로 당긴다."는 것이다. 이 법칙은 두 물체의 운동을 정확하게 설명할 수 있는가? 그렇지 않다는 것은 분명하다. 만약 어떤 물체가 질량뿐만이 아니라 전하를 가지고 있다면 그 물체들 사이에 작용하는 힘은 중력의 법칙만으로 계산된 것과 다를 것이다. 즉 위의 중력의 법칙은 전하를 가지고 있는 물체의 운동을 설명하지 못한다.

물론 사실을 정확하게 기술하는 형태로 중력의 법칙을 제시할 수 있다. 가령, 중력의 법칙은 "중력 이외의 다른 어떤 힘도 없다면, 두 개의 물체가 그들 사이의 거리의 제곱에 반비례하고 그 둘의 질량의 곱에 비례하는 힘으로 서로 당긴다."로 수정될 수 있다. 여기서 '중력 이외의 다른 어떤 힘도 없다면'이라는 구절이 추가된 것에 주목하자. 일단, 이렇게 바뀐 중력의 법칙이 참된 사실을 표현한다는 것은 분명해 보인다. 그러나 이렇게 바꾸면 한 가지 중요한 문제가 발생한다.

어떤 물리 법칙이 유용한 것은 물체에 작용하는 힘들을 통해 다양하고 복잡한 현상을 설명할 수 있기 때문이다. 물리 법칙은 어떤 특정한 방식으로 단순한 현상만을 설명하는 것을 목표로 하지 않는다. 중력의 법칙 역시 마찬가지다. 그것이 우리가 사는 세계를 지배하는 근본적인 법칙이라면 중력이 작용하는 다양한 현상들을 설명할 수 있어야 한다. 하지만 '중력 이외의 다른 어떤 힘도 없다면'이라는 구절이 삽입되었을 때, 중력의 법칙이 설명할 수 있는 영역은 무척 협소해진다. 즉 그것은 오로지 중력만이 작용하는 아주 특수한 상황만을 설명할 수 있을 뿐이다. 결과적으로 참된 사실들을 진술하기 위해 삽입된 구절은 설명력을 현저히 감소시킨다. 이 문제는 거의 모든 물리학의 근본 법칙들이 가지고 있다.

① 물리학의 근본 법칙은 그 영역을 점점 확대하는 방식으로 발전해 왔다.

② 물리적 자연 현상이 점점 복잡하고 다양해짐에 따라 물리학의 근본 법칙도 점점 복잡해진다.

③ 더 많은 실재 세계의 사실들을 기술하는 물리학의 법칙이 그렇지 않은 법칙보다 뛰어난 설명력을 가진다.

④ 물리학의 근본 법칙들은 이상적인 상황을 나루고 있어 실재 세계의 사실들을 정확하게 기술하는 데 어려움이 없다.

⑤ 참된 사실을 정확하게 기술하려고 물리 법칙에 조건을 추가하면 설명 범위가 줄어 다양한 물리 현상을 설명하기 어려워진다.

07. 다음 글의 논지로 가장 적절한 것은?

18 5급공채

> 베블런에 의하면 사치품 사용 금기는 전근대적 계급에 기원을 두고 있다. 즉, 사치품 소비는 상류층의 지위를 드러내는 과시소비이기 때문에 피지배계층이 사치품을 소비하는 것은 상류층의 안락감이나 쾌감을 손상한다는 것이다. 따라서 상류층은 사치품을 사회적 지위 및 위계질서를 나타내는 기호(記號)로 간주하여 피지배계층의 사치품 소비를 금지했다. 또한 베블런은 사치품의 가격 상승에도 그 수요가 줄지 않고 오히려 증가하는 이유가 사치품의 소비를 통하여 사회적 지위를 과시하려는 상류층의 소비행태 때문이라고 보았다.
>
> 그러나 소득 수준이 높아지고 대량 생산에 의해 물자가 넘쳐흐르는 풍요로운 현대 대중사회에서 서민들은 과거 왕족들이 쓰던 물건들을 일상생활 속에서 쓰고 있고 유명한 배우가 쓰는 사치품도 쓸 수 있다. 모든 사람들이 명품을 살 수 있는 돈을 갖고 있을 때 명품의 사용은 더 이상 상류층을 표시하는 기호가 될 수 없다. 따라서 새로운 사회의 도래는 베블런의 과시소비이론으로 설명하기 어려운 소비행태를 가져왔다. 이 때 상류층이 서민들과 구별될 수 있는 방법은 오히려 아래로 내려가는 것이다. 현대의 상류층에게는 차이가 중요한 것이지 사물 그 자체가 중요한 것이 아니기 때문이다. 월급쟁이 직원이 고급 외제차를 타면 사장은 소형 국산차를 타는 것이 그 예이다.
>
> 이와 같이 현대의 상류층은 고급, 화려함, 낭비를 과시하기보다 서민들처럼 소박한 생활을 한다는 것을 과시한다. 이것은 두 가지 효과가 있다. 사치품을 소비하는 서민들과 구별된다는 점이 하나이고, 돈 많은 사람이 소박하고 겸손하기까지 하여 서민들에게 친근감을 준다는 점이 다른 하나이다.
>
> 그러나 그것은 극단적인 위세의 형태일 뿐이다. 뽐냄이 아니라 남의 눈에 띄지 않는 겸손한 태도와 검소함으로 자신을 한층 더 드러내는 것이다. 이런 행동들은 결국 한층 더 심한 과시이다. 소비하기를 거부하는 것이 소비 중에서도 최고의 소비가 된다. 다만 그들이 언제나 소형차를 타는 것은 아니다. 차별화해야 할 아래 계층이 없거나 경쟁 상대인 다른 상류층 사이에 있을 때 그들은 마음 놓고 경쟁적으로 고가품을 소비하며 자신을 마음껏 과시한다. 현대사회에서 소비하지 않기는 고도의 교묘한 소비이며, 그것은 상류층의 표시가 되었다. 그런 점에서 상류층을 따라 사치품을 소비하는 서민층은 순진하다고 하지 않을 수 없다.

① 현대의 상류층은 낭비를 지양하고 소박한 생활을 지향함으로써 서민들에게 친근감을 준다.

② 현대의 서민들은 상류층을 따라 겸손한 태도로 자신을 한층 더 드러내는 소비행태를 보인다.

③ 현대의 상류층은 그들이 접하는 계층과는 무관하게 절제를 통해 자신의 사회적 지위를 과시한다.

④ 현대에 들어와 위계질서를 드러내는 명품을 소비하면서 과시적으로 소비하는 새로운 행태가 나타났다.

⑤ 현대의 상류층은 사치품을 소비하는 것뿐만 아니라 소비하지 않기를 통해서도 자신의 사회적 지위를 과시한다.

난이도 ★★☆   권장 풀이 시간: 1분 30초   **나의 풀이 시간:** _____분 _____초

08. 다음 글의 결론으로 가장 적절한 것은?   18 5급공채

정치 갈등의 중심에는 불평등과 재분배의 문제가 자리하고 있다. 이 문제로 좌파와 우파는 오랫동안 대립해 왔다. 두 진영이 협력하여 공동의 목표를 이루려면 두 진영이 불일치하는 지점을 찾아 이 지점을 올바르고 정확하게 분석해야 한다. 바로 이것이 우리가 논증하고자 하는 바다.

우파는 시장 원리, 개인 주도성, 효율성이 장기 관점에서 소득 수준과 생활환경을 실제로 개선할 수 있다고 주장한다. 반면 정부 개입을 통한 재분배는 그 규모가 크지 않아야 한다. 이 점에서 이들은 선순환 메커니즘을 되도록 방해하지 않는 원천징수나 근로장려세 같은 조세 제도만을 사용해야 한다고 주장한다.

반면 19세기 사회주의 이론과 노동조합 운동을 이어받은 좌파는 사회 및 정치 투쟁이 극빈자의 불행을 덜어주는 더 좋은 방법이라고 주장한다. 이들은 불평등을 누그러뜨리고 재분배를 이루려면 우파가 주장하는 조세 제도만으로는 부족하고, 생산수단을 공유화하거나 노동자의 급여 수준을 강제하는 등 보다 강력한 정부 개입이 있어야 한다고 주장한다. 정부의 개입이 생산 과정의 중심에까지 영향을 미쳐야 시장 원리의 실패와 이 때문에 생긴 불평등을 해소할 수 있다는 것이다.

좌파와 우파의 대립은 두 진영이 사회정의를 바라보는 시각이 다른 데서 비롯된 것이 아니다. 오히려 불평등이 왜 생겨났으며 그것을 어떻게 해소할 것인가를 다루는 사회경제 이론이 다른 데서 비롯되었다. 사실 좌우 진영은 사회정의의 몇 가지 기본 원칙에 합의했다.

행운으로 얻었거나 가족에게 물려받은 재산의 불평등은 개인이 통제할 수 없다. 개인이 통제할 수 없는 요인 때문에 생겨난 불평등을 그런 재산의 수혜자에게 책임지우는 것은 옳지 않다. 이 점에서 행운과 상속의 혜택을 받은 이들에게 이런 불평등 문제를 해결하라고 요구하는 것은 바람직하지 않다. 혜택 받지 못한 이들, 곧 매우 불리한 형편에 부닥친 이들의 처지를 개선하려고 애써야 할 당사자는 당연히 국가다. 정의로운 국가라면 국가가 사회 구성원 모두 평등권을 되도록 폭넓게 누리도록 보장해야 한다는 정의의 원칙은 좌파와 우파 모두에게 널리 받아들여진 생각이다.

불리한 형편에 놓인 이들의 삶을 덜 나쁘게 하고 불평등을 누그러뜨려야 하는 국가의 목표를 이루는 데 두 진영이 협력하는 첫걸음이 무엇인지는 이제 거의 분명해졌다.

---

① 좌파와 우파는 자신들의 문제점을 개선하려고 애써야 한다.

② 좌파와 우파는 정치 갈등을 해결하려는 의지가 있어야 한다.

③ 좌파와 우파는 사회정의를 위한 기본 원칙에 먼저 합의해야 한다.

④ 좌파와 우파는 분배 문제 해결에 국가가 앞장서야 한다는 데 동의해야 한다.

⑤ 좌파와 우파는 불평등을 일으키고 이를 완화하는 사회경제 메커니즘을 보다 정확히 분석해야 한다.

09. 다음 글의 핵심 논지로 가장 적절한 것은?　　　22 5급공채

지식에 대한 상대주의자들은 한 문화에서 유래한 어떤 사고방식이 있을 때, 다른 문화가 그 사고방식을 수용하게 만들 만큼 논리적으로 위력적인 증거나 논증은 있을 수 없다고 주장한다. 왜냐하면 문화마다 사고방식의 수용 가능성에 대한 서로 다른 기준을 가지고 있기 때문이다. 이를 바탕으로 그들은 서로 다른 문화권의 과학자들이 이론적 합의에 합리적으로 이를 수 없다고 주장한다. 이러한 주장은 한 문화의 기준과 그 문화에서 수용되는 사고방식이 함께 진화하여 분리 불가능한 하나의 덩어리를 형성한다고 믿기 때문에 나타난다.

예를 들어 문화적 차이가 큰 A와 B의 두 과학자 그룹이 있다고 하자. 그리고 A 그룹은 수학적으로 엄밀하고 놀라운 예측에 성공하는 이론만을 수용하고, B 그룹은 실제적 문제에 즉시 응용 가능한 이론만을 수용한다고 하자. 그렇다면 각 그룹은 어떤 이론을 만들 때, 자신들의 기준을 만족할 수 있는 이론만을 만들 것이다. 그 결과 A 그룹에서 만든 이론은 엄밀하고 놀라운 예측을 제공하겠지만, 응용 가능성의 기준에서 보면 B 그룹에서 만든 이론보다 못할 것이다. 즉 A 그룹이 만든 이론은 A 그룹만이 수용할 것이고, B 그룹이 만든 이론은 B 그룹만이 수용할 것이다. 이처럼 문화마다 다른 기준은 자신의 문화에서 만들어진 이론만 수용하도록 만들 것이다. 이것이 상대주의자의 주장이다.

그러나 한 사람이 특정 문화나 세계관의 기준을 채택한다고 해서 그 사람이 반드시 그 문화나 세계관의 특정 사상이나 이론을 고집하는 것은 아니다. 다음과 같은 상상을 해 보자. A 그룹이 어떤 이론을 만들었는데, 그 이론이 고도로 엄밀하고 놀라운 예측에 성공함과 동시에 즉각적으로 응용할 수 있는 것이라 하자. 그렇다면 A 그룹뿐 아니라 B 그룹도 그 이론을 받아들일 것이다. 실제로 데카르트주의자들은 뉴턴 물리학이 데카르트 물리학보다 데카르트적인 기준을 잘 만족했기 때문에 결국 뉴턴 물리학을 받아들였다.

① 과학 이론 중에는 다양한 문화의 평가 기준을 만족하는 것이 있다.

② 과학의 발전 과정에서 이론 선택은 문화의 상대적인 기준에 따라 이루어진다.

③ 과학자들은 당대의 다른 이론보다 탁월한 이론에 대해서는 자기 문화의 기준으로 평가하지 않는다.

④ 과학의 발전 과정에서 엄밀한 예측 가능성과 실용성을 판단하는 기준이 항상 고정된 것은 아니다.

⑤ 문화마다 다른 평가 기준을 따르더라도 자기 문화에서 형성된 과학 이론만을 수용하는 것은 아니다.

📓 **꼼꼼 풀이 노트**

권장 풀이 시간에 맞춰 문제를 풀어본 후,
꼼꼼 풀이 노트로 정리해보세요.

■ 출제 포인트

■ 선택지 분석

1 독해의 원리

2 논증의 방향

3 문맥과 단서

4 논리의 체계

기출 재구성 모의고사

해커스PSAT 7급 PSAT 유형별 기출 200제 언어논리

■ 출제 포인트

■ 선택지 분석

난이도 ★★☆　　　권장 풀이 시간: 1분 30초　　　나의 풀이 시간: ＿＿＿분 ＿＿＿초

10. 다음 글의 핵심 논지로 가장 적절한 것은?

24 5급공채

소득 불평등이 개인의 유전적 자질 차이로 생겨난 결과이기에 피할 수 없다는 주장이 존재한다. 여기에는 개인별로 가진 능력이 다르므로 사회적 성취도 달라질 수밖에 없다는 전제가 깔려 있다. 이러한 주장에 따르면, 가난한 집안에서 태어난 아이들이 부유한 집안에서 태어난 아이들에 비해 성공할 확률이 낮은 것은 부모로부터 유전을 통해 상대적으로 열등한 자질을 물려받았기 때문이다. 그런데 최근의 연구 결과들은 이러한 주장을 다른 시각에서 검토할 수 있게 해 준다.

A대학의 연구팀은 부모의 소득수준이 다른 영유아 77명의 뇌를 일정한 시간차를 두고 자기공명영상법(MRI)을 이용해 주기적으로 촬영하였다. 그리고 연구 대상자의 가구 소득을 낮음, 중간, 높음의 세 단계로 나누고, 소득수준을 기준으로 영유아들의 뇌 기관 중 대뇌 회백질을 집중적으로 분석하였다. 대뇌 회백질은 뇌에서 정보 처리와 의사 결정을 담당하며, 학습 능력에 있어 핵심적 역할을 하는 기관이다. 대뇌 회백질의 면적이 넓을수록 학습 능력이 우수하다. A대학 연구팀의 분석 결과, 가구 소득의 수준과 시간의 흐름에 따른 대뇌 회백질의 면적 변화는 비례하였다. 태어났을 때는 영유아들 사이에 대뇌 회백질 면적 차이가 거의 없었지만, 일정 연령에 도달했을 때 고소득층 아이들의 대뇌 회백질 면적이 저소득층 아이들에 비해 상대적으로 더 큰 것으로 나타났다.

사회경제적 수준에 따라 발달 차이가 나는 뇌 기관은 대뇌 회백질만이 아니다. 인간의 뇌에서 언어적, 의식적 기억을 담당하는 기관은 해마인데, 이것이 학습 과정에서 핵심적 기능을 담당한다. 해마는 스트레스 호르몬의 영향을 받는다. 스트레스 호르몬은 고용 불안, 생계 불안 등의 문제에 지속적으로 노출될 때 증가하며, 이는 결국 해마의 정상적인 발달을 저해한다. 저소득층 사람들은 이러한 문제들에 빈번하게 노출될 수밖에 없으며, 이는 저소득층 가정에서 자라나는 아이들 역시 마찬가지다. 실제로 저소득층 아이들은 고소득층 아이들에 비해 해마의 크기가 상대적으로 작은 것으로 나타났다.

이러한 연구 결과는 사회경제적 수준에 따라 학습 능력을 담당하는 뇌 기관의 발달 정도에 차이가 있음을 보여준다. 그리고 영유아 시절에 시작된 학습 능력의 차이는 그들이 성장하고 난 이후 소득 불평등으로 이어질 가능성이 크다.

① 부모로부터 획득한 유전적 요인에 따라 사회적 성취의 질적 수준이 결정된다.

② 뇌 기관 발달을 촉진함으로써 저소득층 아이들이 유전적 자질의 차이를 극복할 수 있도록 해야 한다.

③ 학습 능력의 차이는 사회경제적 환경과 밀접하게 관련되어 있으며, 이는 소득 불평등으로 이어질 수 있다.

④ 소득 불평등의 문제는 학습 과정을 담당하는 뇌 기관 발달의 성도와 가구의 소득수준이 반비례하기 때문에 생겨난다.

⑤ 소득 불평등의 문제는 개인의 능력 차이로 생겨난 결과여서 이를 해결하기 위한 제도적 장치의 효용은 제한적이다.

약점 보완 해설집 p.18

유형 5 견해 분석

유형 소개

'견해 분석' 유형은 여러 명의 견해가 제시된 지문에서 각각의 견해를 비교하고 선택지나 <보기>에서 분석한 내용을 고르는 유형이다.

유형 특징

1 2~3단락 정도의 등장인물의 견해로 구성된 지문이 제시된다.

2 지문은 주로 '(가), (나), (다)' 혹은 '갑, 을, 병'의 대조 지문 형태로 각각의 견해가 제시되는 경우가 많다.

3 선택지나 <보기>는 지문에 제시된 등장인물의 견해를 찾아 그들의 견해를 비교·분석하는 내용으로 구성된다.

풀이 전략

1 지문에 제시된 등장인물별로 가장 중요하거나 가장 포괄적인 내용을 담은 문장을 찾아 주장을 찾는다.

2 가 등장인물이 같은 주장을 하고 있는지, 다른 주장을 하고 있는지 구분한다.

3 각 선택지나 <보기>에서 어떤 주장을 비교하는지 확인하고, 표현에 유의하여 각 주장 간의 관계를 파악한다.

4 선택지나 <보기>에 '양립 가능성', '모순관계'와 같은 표현이 있는 경우, 두 주장이 동시에 참이 될 수 있는지, 없는지에 대한 여부를 중심으로 주장 간의 관계를 파악한다.

난이도 ★★★ 　　　　 권장 풀이 시간: 1분 40초 　　　　 나의 풀이 시간: _____분 _____초

01. 다음 글의 갑~병의 견해에 대한 분석으로 적절한 것만을 <보기>에서 모두 고르면?

20 7급모의

우리는 'A라는 성질을 가진 대상이 모두 B라는 성질을 가진다.'고 주장할 때 'A는 모두 B이다.'라는 형식의 진술 U를 사용한다. A라는 성질을 가진 대상이 존재할 때, U가 언제 참이고 언제 거짓인지에 대한 어떤 의견 차이도 없다. 즉 A라는 성질을 가진 대상이 존재할 때, 그 대상들이 모두 B라는 성질을 가진다면 U는 참이고, 그 대상들 중 B라는 성질을 가지지 않는 대상이 있다면 U는 거짓이다. 하지만 A라는 성질을 가진 대상이 존재하지 않을 때, U가 언제 참이고 언제 거짓인지를 둘러싸고 여러 견해가 있다.

갑: U는 'A이면서 B가 아닌 대상은 하나도 없다.'는 주장으로 이해해야 한다. 만약 A인 대상이 존재하지 않는다면, A이면서 B가 아닌 대상은 당연히 존재하지 않는다. 따라서 A인 대상이 존재하지 않는 경우, U는 참이다.

을: U에는 'A이면서 B가 아닌 대상은 하나도 없다.'는 주장과 더불어 'A인 대상이 존재한다.'는 주장까지 담겨 있다. 그러므로 A인 대상이 존재하지 않는다면, 후자의 주장이 거짓이 되므로 U 역시 거짓이다.

병: A인 대상이 존재하지 않는다는 사실만 갖고 U가 참이라거나 거짓이라고 말해서는 안된다. 오히려 A인 대상이 존재해야 한다는 것은 U를 참이나 거짓으로 판단하기 위해 먼저 성립해야 할 조건이다. 그러므로 A인 대상이 존재하지 않는다면, 이 조건을 충족하지 못한 것이므로 U는 참도 거짓도 아니다.

─────〈보기〉─────

ㄱ. 갑과 을은 'A인 대상이 존재하지만 B인 대상이 존재하지 않는다면, U는 거짓이다.'라는 것에 동의한다.

ㄴ. 을과 병은 'U가 참이라면, A인 대상이 존재한다.'는 것에 동의한다.

ㄷ. 갑과 병은 'U가 거짓이라면, A인 대상이 존재한다.'는 것에 동의한다.

① ㄱ

② ㄷ

③ ㄱ, ㄴ

④ ㄴ, ㄷ

⑤ ㄱ, ㄴ, ㄷ

꼼꼼 풀이 노트

권장 풀이 시간에 맞춰 문제를 풀어본 후, 꼼꼼 풀이 노트로 정리해보세요.

■ 출제 포인트
예) 내용에 대한 갑, 을, 병의 견해 비교

■ 선택지 분석
예) ㄱ. 갑과 을의 견해 비교
　　 ㄴ. 을과 병의 견해 비교
　　 ㄷ. 갑과 병의 견해 비교

꼼꼼 풀이 노트

권장 풀이 시간에 맞춰 문제를 풀어본 후,
꼼꼼 풀이 노트로 정리해보세요.

■ 출제 포인트

■ 선택지 분석

02. 다음 글의 <논쟁>에 대한 분석으로 적절한 것만을 <보기>에서 모두 고르면?

22 7급공채

갑과 을은 △△국 「주거법」 제○○조의 해석에 대해 논쟁하고 있다. 그 조문은 다음과 같다.

제○○조(비거주자의 구분) ① 다음 각 호에 해당하는 △△국 국민은 비거주자로 본다.
1. 외국에서 영업활동에 종사하고 있는 사람
2. 2년 이상 외국에 체재하고 있는 사람. 이 경우 일시 귀국하여 3개월 이내의 기간 동안 체재한 경우 그 기간은 외국에 체재한 기간에 포함되는 것으로 본다.
3. 외국인과 혼인하여 배우자의 국적국에 6개월 이상 체재하는 사람
② 국내에서 영업활동에 종사하였거나 6개월 이상 체재하였던 외국인으로서 출국하여 외국에서 3개월 이상 체재 중인 사람의 경우에도 비거주자로 본다.

〈논쟁〉

쟁점 1: △△국 국민인 A는 일본에서 2년 1개월째 학교에 다니고 있다. A는 매년 여름방학과 겨울방학 기간에 일시 귀국하여 2개월씩 체재하였다. 이에 대해, 갑은 A가 △△국 비거주자로 구분된다고 주장하는 반면, 을은 그렇지 않다고 주장한다.

쟁점 2: △△국과 미국 국적을 모두 보유한 복수 국적자 B는 △△국 C 법인에서 임원으로 근무하였다. B는 올해 C 법인의 미국 사무소로 발령받아 1개월째 영업활동에 종사 중이다. 이에 대해, 갑은 B가 △△국 비거주자로 구분된다고 주장하는 반면, 을은 그렇지 않다고 주장한다.

쟁점 3: △△국 국민인 D는 독일 국적의 E와 결혼하여 독일에서 체재 시작 직후부터 5개월째 길거리 음악 연주를 하고 있다. 이에 대해, 갑은 D가 △△국 비거주자로 구분된다고 주장하는 반면, 을은 그렇지 않다고 주장한다.

〈보기〉

ㄱ. 쟁점 1과 관련하여, 일시 귀국하여 체재한 '3개월 이내의 기간'이 귀국할 때마다 체재한 기간의 합으로 확정된다면, 갑의 주장은 옳고 을의 주장은 그르다.

ㄴ. 쟁점 2와 관련하여, 갑은 B를 △△국 국민이라고 생각하지만 을은 외국인이라고 생각하기 때문이라고 하면, 갑과 을 사이의 주장 불일치를 설명할 수 있다.

ㄷ. 쟁점 3과 관련하여, D의 길거리 음악 연주가 영업활동이 아닌 것으로 확정된다면, 갑의 주장은 그르고 을의 주장은 옳다.

---

① ㄱ
② ㄷ
③ ㄱ, ㄴ
④ ㄴ, ㄷ
⑤ ㄱ, ㄴ, ㄷ

03. 다음 글에서 A의 견해로 볼 수 있는 것은?

15 5급공채

명예는 세 가지 종류가 있다. 첫째는 인간으로서의 존엄성에 근거한 고유한 인격적 가치를 의미하는 내적 명예이며, 둘째는 실제 이 사람이 가진 사회적·경제적 지위에 대한 사회적 평판을 의미하는 외적 명예, 셋째는 인격적 가치에 대한 자신의 주관적 평가 내지는 감정으로서의 명예감정이다.

악성 댓글, 즉 악플에 의한 인터넷상의 명예훼손이 통상적 명예훼손보다 더 심하기 때문에 통상의 명예훼손행위에 비해서 인터넷상의 명예훼손행위를 가중해서 처벌해야 한다는 주장이 일고 있다. 이에 대해 법학자 A는 다음과 같이 주장하였다.

인터넷 기사 등에 악플이 달린다고 해서 즉시 악플 대상자의 인격적 가치에 대한 평가가 하락하는 것은 아니므로, 내적 명예가 그만큼 더 많이 침해되는 것으로 보기 어렵다. 또한 만약 악플 대상자의 외적 명예가 침해되었다고 하더라도 이는 악플에 의한 것이 아니라 악플을 유발한 기사에 의한 것으로 보아야 한다. 오히려 악플로 인해 침해되는 것은 명예감정이라고 보는 것이 마땅하다. 다만 인터넷상의 명예훼손행위는 그 특성상 해당 악플의 내용이 인터넷 곳곳에 퍼져 있을 수 있어 명예감정의 훼손 정도가 피해자의 정보수집량에 좌우될 수 있다는 점을 간과해서는 안 될 것이다. 구태여 자신에 대한 부정적 평가를 모을 필요가 없음에도 부지런히 수집·확인하여 명예감정의 훼손을 자초한 피해자에 대해서 국가가 보호해줄 필요성이 없다는 점에서 명예감정을 보호해야 할 법익으로 삼기 어렵다. 따라서 인터넷상의 명예훼손이 통상적 명예훼손보다 더 심하다고 보기 어렵다.

① 기사가 아니라 악플로 인해서 악플 피해자의 외적 명예가 침해된다.

② 악플이 달리는 즉시 악플 대상자의 내적 명예가 더 많이 침해된다.

③ 악플 피해자의 명예감정의 훼손 정도는 피해자의 정보수집 행동에 영향을 받는다.

④ 인터넷상의 명예훼손행위를 통상적 명예훼손행위에 비해 가중해서 처벌하여야 한다.

⑤ 인터넷상의 명예훼손행위의 가중처벌 여부의 판단에서 세 종류의 명예는 모두 보호하여야 할 법익이다.

📋 **꼼꼼 풀이 노트**

권장 풀이 시간에 맞춰 문제를 풀어본 후, 꼼꼼 풀이 노트로 정리해보세요.

■ 출제 포인트

■ 선택지 분석

1 독해의 원리

2 논증의 방향

3 문맥과 단서

4 논리의 체계

기출 재구성 모의고사

해커스PSAT 7급 PSAT 유형별 기출 200제 언어논리

난이도 ★★☆　　　권장 풀이 시간: 1분 30초　　　나의 풀이 시간: ＿＿＿분 ＿＿＿초

04. 다음 A의 견해로 볼 수 없는 것은?　　　17 5급공채

> 왕이 말했다. "선생께서 천리의 먼 길을 오셨는데, 장차 무엇으로 우리 국가에 이익이 있게 하시겠습니까?"
> A가 대답했다. "왕께서는 어떻게 이익을 말씀하십니까? 오직 인의(仁義)가 있을 따름입니다. 모든 사람이 이익만을 추구한다면, 서로 빼앗지 않고는 만족하지 못할 것입니다. 사람의 도리인 인을 잘 실천하는 사람이 자기 부모를 버린 경우는 없으며, 공적 직위에서 요구되는 역할인 의를 잘 실천하는 사람이 자기 임금을 저버린 경우는 없습니다."
> 왕이 물었다. "탕(湯)이 걸(桀)을 방벌하고, 무(武)가 주(紂)를 정벌하였다는데 정말 그런 일이 있었습니까? 신하가 자기 군주를 시해한 것이 정당합니까?"
> A가 대답했다. "인을 해친 자를 적(賊)이라 하고, 의를 해친 자를 잔(殘)이라 하며, 잔적(殘賊)한 자를 일부(一夫)라 합니다. 일부인 걸과 주를 죽였다는 말은 들었지만 자기 군주를 시해하였다는 말은 듣지 못했습니다. 무릇 군주란 백성의 부모로서 그 도리와 역할을 다하는 인의의 정치를 해야 하는 공적 자리입니다. 탕과 무는 왕이 되었을 때 비록 백성들을 수고롭게 했지만, 그 지위에 요구되는 역할을 온전히 다하는 정치를 행했기 때문에 오히려 최대의 이익을 누릴 수 있었습니다. 걸과 주는 이와 반대되는 정치를 행하면서 자신의 이익만을 추구하며, 자신을 태양에 비유하였습니다. 하지만 백성들은 오히려 태양과 함께 죽고자 하였습니다. 백성들이 그 임금과 함께 죽고자 한다면, 군주가 어떻게 정당하게 그 지위와 이익을 향유할 수 있겠습니까?"

① 인의에 의한 정치를 펼치는 왕은 백성들을 수고롭게 할 수도 있다.

② 인의를 잘 실천하면 이익의 문제는 부차적으로 해결될 가능성이 있다.

③ 탕과 무는 자기 군주를 방벌했다는 점에서 인의 가운데 특히 의를 잘 실천하지 못한 사람이다.

④ 군주는 그 자신과 국가의 이익 이전에 군주로서의 도리와 역할을 온전히 수행하는 데 최선을 다해야 한다.

⑤ 공적 지위에 있는 자가 직책에 요구되는 도리와 역할을 수행하지 않고 사익(私益)을 추구하면 그 권한과 이익을 제한하는 것은 정당하다.

05. 다음 갑과 을의 견해에 대한 분석으로 가장 적절한 것은?　　　17 5급공채

> 갑: 좋아. 우리 둘 다 전지전능한 신이 존재한다는 가정에서 시작하는군. 이제 철수가 t시
> 점에 행동 A를 할 것이라고 해볼까? 신은 전지전능하니까 철수가 t시점에 행동 A를
> 할 것임을 알겠지. 그런데 신은 전지전능하므로, 철수가 t시점에 행동 A를 한다는 것
> 은 필연적이야. 그리고 필연적으로 발생하는 것은 자유로운 것이 아니지. 따라서 철수
> 의 행동 A는 자유롭지 않아.
> 을: 비록 어떤 행동이 필연적이더라도 그 행동에 누군가의 강요가 없다면 자유로운 행동
> 이 될 수 있어. 그러므로 철수가 t시점에 행동 A를 할 것임이 필연적이라 하더라도, 그
> 것만으로부터 행동 A가 자유롭지 않다고 판단할 수는 없지. 신이나 다른 누군가가 그
> 행동을 철수에게 강요했는지의 여부를 확인해야 해. 만약 신이 철수가 t시점에 행동 A
> 를 할 것임을 안다면 철수의 행동 A가 필연적이라는 것은 나도 인정해. 하지만 그로부
> 터 신이 철수의 그 행동을 강요했음이 곧바로 도출되지는 않아. 따라서 철수의 행동은
> 여전히 자유로울 수 있지.
> 갑: 필연적인 행동이 자유롭지 않은 이유는 다른 행동을 할 가능성이 차단되었기 때문이
> 야. 만일 전지전능한 신이 존재하고 그 신이 철수가 t시점에 행동 A를 할 것임을 안다
> 면, 철수가 t시점에 행동 A를 할 것이 필연적이라는 것은 너도 인정했지? 그것이 필연
> 적이라면 철수가 t시점에 행동 A 외에 다른 행동을 할 가능성은 없지. 신의 강요가 없
> 을지라도 말이야.
> 을: 맞아. 그렇지만 신이 강요하지 않는 한, 철수의 행동 A에는 A에 대한 철수 자신의 의
> 지가 반영되어 있어. 즉, 철수의 행동 A는 철수 자신의 판단에 의한 행동이라는 것이
> 지. 그렇기 때문에 철수의 행동 A는 자유로울 수 있어. 반면에 철수의 행동 A가 강요
> 된 것이라면 행동 A에는 철수 자신의 의지가 반영되어 있지 않았겠지만 말이야. 그러
> 니까 철수의 행동 A가 필연적인지의 여부는 그 행동이 자유로운 것인지의 여부를 가
> 리는 데 결정적인 게 아니야.

① 갑과 을은 전지전능한 신이 존재할 경우 철수의 행동에 철수의 의지가 반영될 수 없다는 데
동의한다.

② 갑은 강요에 의한 행동을 자유로운 것으로 생각하지 않지만, 을은 그것을 자유로운 것으로
생각한다.

③ 갑은 필연적인 행동에는 다른 행동의 가능성이 차단된다고 생각하지만, 을은 필연적인 행동
에도 다른 행동의 가능성이 있다고 생각한다.

④ 갑은 만약 전지전능한 신이 존재하지 않는다면 철수의 행동은 자유로울 것이라고 생각하지
만, 을은 그러한 신이 존재하더라도 철수의 행동은 자유로울 수 있다고 생각한다.

⑤ 갑은 다른 행동을 할 가능성이 없으면 행동의 자유가 없다고 생각하지만, 을은 그런 가능성
이 없다는 것으로부터 행동의 자유가 없다는 것이 도출된다고 생각하지 않는다.

1 독해의 원리

2 논증의 방향

3 문맥과 단서

4 논리의 체계

기출 재구성 모의고사

해커스PSAT 7급 PSAT 유형별 기출 200제 언어논리

■ 출제 포인트

■ 선택지 분석

난이도 ★★☆   권장 풀이 시간: 1분 40초   나의 풀이 시간: _____분 _____초

06. 다음 글의 ㉠~㉣에 대한 분석으로 가장 적절한 것은?   19 5급공채

문화재라 하면 도자기와 같은 인간의 창작물만을 떠올리기 쉽지만, 어떤 나라는 천연기념물이나 화석과 같은 자연물도 문화재로 분류한다. 하지만 A국의 문화재보호법은 그와 같은 자연물을 문화재가 아닌 '보호대상'으로 지정한다. 이에 대해 "A국에서 보호대상으로 분류된 자연물은 단순한 자연물이 아니다. 그 사물들은 학술상의 가치뿐 아니라 인류가 보존하고 공유해야 할 무형의 가치도 지녔기 때문에 보호대상으로 지정된 것이다. 그러므로 A국에서 보호대상으로 지정된 자연물을 문화재로 분류해야 마땅하다."는 ㉠견해가 있다. 반면에 "인간의 창작물이 아닌 어떤 사물을 우리가 가치가 크다고 여기기 때문에 문화재로 보는 것은, 우리가 문화재로 여기기 때문에 문화재로 본다는 동어반복과 다르지 않으므로, 자연물을 문화재로 보아야 하는 근거를 설득력 있게 제시했다고 볼 수 없다."는 ㉡견해도 있다. 이러한 견해들에 대해 A국 정부 관계자는 "문화재란 인간의 창작물만을 지칭한다. 그리고 오로지 보호대상만이 문화재가 될 수 있다. 인간이 문화적인 생활을 영위하기 위해서는 자연도 그 중요한 요소로서 소중히 보존해야 하기 때문에 A국은 특정한 자연물을 보호대상으로 지정하고 있다."라고 ㉢설명한다.

한편 B국의 문화재보호법은 자연물을 문화재에 포함하고 있다. 이에 대해 B국 정부 관계자는 "인간의 여러 활동은 인간이 처해 있는 역사적·사회적·문화적 환경이라는 다양한 환경의 영향을 받으며 행해진다. 인간의 활동 가운데 특히 예술의 발전 과정에서 자연이 미치는 영향은 크다. 또한 자연적 조건에 따라 풍속 관습의 양상도 변화한다. 따라서 예술과 풍속의 기반으로서의 자연물을 파악하고 보존해야 함은 당연하다. 그러한 사물들은 모두 보호대상이 되며, 모든 보호대상은 문화재에 포함된다."라고 ㉣설명한다.

① ㉠에 따르면 학술상의 가치를 지니지 않은 A국의 인공물은 모두 문화재에서 제외되어야 마땅하다.

② ㉡에 따르면 화석은 인류가 보존하고 공유해야 할 무형의 가치를 지니지 않는다.

③ ㉢에 따르면 보호대상이면서 문화재인 것은 모두 인간의 창작물이어야 한다.

④ ㉣에 따르면 B국에서 문화재로 분류된 사물은 모두 자연 환경의 영향을 받았다.

⑤ ㉠~㉣ 중에 자연물을 문화재에서 명시적으로 제외하는 것은 둘이다.

07. 다음 글에 대한 분석으로 적절한 것만을 <보기>에서 모두 고르면?　　　19 5급공채

　　이론 A는 행위자들의 선호가 제도적 맥락 속에서 형성된다고 본다. 한편, 행위를 설명하기 위해 선호를 출발점으로 삼는 이론 B는 선호의 형성 과정에 주목하지 않는다. 왜냐하면 선호는 '주어진 것'이며 제도나 개인의 심리에 의해 설명해야 할 대상이 아니라고 보기 때문이다. 이 주어진 선호는 합리적인 것으로 간주된다. 왜냐하면 이론 B에서 상정된 개인은 자기 자신의 이익을 최대화하는 전략을 선택하는 존재, 즉 합리적 존재라 가정되기 때문이다.

　　이론 A는 행위자들의 선호를 주어진 것으로 간주해서는 안 된다고 본다. 행위의 구체적 맥락을 이해하지 못한다면 자기 이익을 최대화하는 전략을 따른 행위를 강조하는 것이 아무런 의미를 갖지 못한다고 보기 때문이다. 구체적인 상황 속에서 행위자는 특정한 목적과 수단을 가지고 행위하기 마련이다. 그렇다면 그런 행위자들의 행위를 제대로 설명하기 위해서는 그 목적과 수단이 왜 자신의 이익을 최대화한다고 생각했는지, 즉 왜 그런 선호가 형성되었는지 설명해야 한다. 그런데 제도와 같은 맥락적 요소를 배제하면, 그런 선호 형성을 설명할 수 없다. 따라서 이론 A는 행위자들의 선호 형성도 설명해야 할 대상으로 상정한다.

　　이론 A가 선호의 형성을 설명하려 한다고 해서 개인의 심리를 분석하려는 것은 아니다. 이론 A에 따르면, 제도는 구체적 상황에 처한 행위자들의 선택을 제약함으로써 그들의 전략에 영향을 준다. 또한 제도는 행위자들이 자신이 추구하는 목적을 구체화하는 데도 영향을 미친다. 그렇다고 행위가 제도에 의해 완전히 결정된다는 것은 아니다. 구체적 상황에서의 행위자들의 행위를 이해하게 해주는 단서는 제도적 맥락으로부터 찾아야 한다는 것이 이론 A의 견해이다.

〈보기〉

ㄱ. 선호 형성과 관련해 이론 A와 이론 B는 모두 개인의 심리에 대한 분석에 주목하지 않는다.

ㄴ. 이론 A는 맥락적 요소를 이용해 선호 형성 과정을 설명하려고 하지만 이론 B는 선호 형성 과정을 설명하려 하지 않는다.

ㄷ. 이론 B는 행위자가 자기 자신의 이익을 최대화하는 전략에 따른다는 것을 부정하지만 이론 A는 그렇지 않다.

① ㄱ

② ㄷ

③ ㄱ, ㄴ

④ ㄴ, ㄷ

⑤ ㄱ, ㄴ, ㄷ

난이도 ★★☆   권장 풀이 시간: 1분 40초   나의 풀이 시간: _____ 분 _____ 초

08. 다음 글의 A~D에 대한 분석으로 적절한 것만을 <보기>에서 모두 고르면?   19 5급공채

> A: '정격연주'란 음악을 연주할 때 그것이 작곡된 시대에 연주된 느낌을 정확하게 구현하는 것을 목표로 하는 연주이다. 그럼 어떻게 정격연주가 가능할까? 그 방법은 옛 음악을 작곡 당시에 공연된 것과 똑같이 재연하는 것이다. 이런 연주는 가능하며, 그렇다면 우리는 음악이 작곡되었던 때와 똑같은 느낌을 구현할 수 있을 것이다.
>
> B: 옛 음악을 작곡 당시에 연주된 것과 똑같이 재연하는 것은 이상일 뿐이지 현실화할 수 없다. 18세기 오페라 공연에서 거세된 사람만 할 수 있었던 카스트라토 역을 오늘날에는 도덕적인 이유에서 여성 소프라노가 맡아서 노래한다. 따라서 과거와 현재의 연주 관습상 차이 때문에, 옛 음악을 작곡 당시와 똑같이 재연하는 것은 불가능하다.
>
> C: 똑같이 재연하지 못한다고 해서 정격연주가 불가능한 것은 아니다. 작곡자는 명확히 하나의 의도를 갖고 작품을 창작한다. 작곡자가 자신의 작품이 어떻게 들리기를 의도했는지 파악해 연주하면, 작곡된 시대에 연주된 느낌을 정확하게 구현할 수 있다. 따라서 작곡자의 의도를 파악할 수 있다면 정격연주를 할 수 있다.
>
> D: 작곡자의 의도대로 한 연주가 작곡된 시대에 연주된 느낌을 정확하게 구현하지 못할 수 있다. 작곡된 시대에 연주된 느낌을 정확하게 구현하려면 작곡자의 의도뿐만 아니라 당시의 연주 관습도 고려해야 한다. 전근대 시대에 악기 구성이나 프레이징 등은 작곡자의 의도만이 아니라 연주자와 연주 상황에 따라 관습적으로 결정되었다. 따라서 작곡자의 의도와 연주 관습을 모두 고려하지 않는다면 정격연주를 실현할 수 없다.

───────────〈보기〉───────────

> ㄱ. A와 C는 옛 음악을 과거와 똑같이 재연한다면 과거의 연주 느낌이 구현될 수 있다는 것을 부정하지 않는다.
>
> ㄴ. B는 어떤 과거 연주 관습은 현대에 똑같이 재연될 수 없다는 것을 인정하지만 D는 그렇지 않다.
>
> ㄷ. C와 D는 작곡자의 의도를 파악한다면 정격연주가 가능하다는 것에 동의한다.

① ㄱ

② ㄴ

③ ㄱ, ㄷ

④ ㄴ, ㄷ

⑤ ㄱ, ㄴ, ㄷ

09. 다음 갑~병의 견해에 대한 분석으로 적절한 것만을 <보기>에서 모두 고르면?

20 5급공채

갑: 현대 사회에서 '기술'이라는 용어는 낯설지 않다. 이 용어는 어떻게 정의될 수 있을까? 한 가지 분명한 사실은 우리가 기술이라고 부를 수 있는 것은 모두 물질로 구현된다는 것이다. 기술이 물질로 구현된다는 말은 그것이 물질을 소재 삼아 무언가 물질적인 결과물을 산출한다는 의미이다. 나노기술이나 유전자조합기술도 당연히 이 조건을 만족하는 기술이다.

을: 기술은 반드시 물질로 구현되는 것이어야 한다는 말은 맞지만 그렇게 구현되는 것들을 모두 기술이라고 부를 수는 없다. 가령, 본능적으로 개미집을 만드는 개미의 재주 같은 것은 기술이 아니다. 기술로 인정되려면 그 안에 지성이 개입해 있어야 한다. 나노기술이나 유전자조합기술을 기술이라 부를 수 있는 이유는 둘 다 고도의 지성의 산물인 현대과학이 그 안에 깊게 개입해 있기 때문이다. 더 나아가 기술에 대한 우리의 주된 관심사가 현대 사회에 끼치는 기술의 막강한 영향력에 있다는 점을 고려할 때, '기술'이란 용어의 적용을 근대 과학혁명 이후에 등장한 과학이 개입한 것들로 한정하는 것이 합당하다.

병: 근대 과학혁명 이후의 과학이 개입한 것들이 기술이라는 점을 부인하지 않는다. 하지만 그런 과학이 개입한 것들만 기술로 간주하는 정의는 너무 협소하다. 지성이 개입해야 기술인 것은 맞지만 기술을 만들어내기 위해 과학의 개입이 꼭 필요한 것은 아니다. 오히려 기술은 과학과 별개로 수많은 시행착오를 통해 발전해 나가기도 한다. 이를테면 근대 과학혁명 이전에 인간이 곡식을 재배하고 가축을 기르기 위해 고안한 여러 가지 방법들도 기술이라고 불러야 마땅하다. 따라서 우리는 '기술'을 더 넓게 적용할 수 있도록 정의할 필요가 있다.

〈보기〉

ㄱ. '기술'을 적용하는 범위는 셋 중 갑이 가장 넓고 을이 가장 좁다.

ㄴ. 을은 '모든 기술에는 과학이 개입해 있다.'라는 주장에 동의하지만, 병은 그렇지 않다.

ㄷ. 병은 시행착오를 거쳐 발전해온 옷감 제작법을 기술로 인정하지만, 갑은 그렇지 않다.

---

① ㄱ

② ㄴ

③ ㄱ, ㄷ

④ ㄴ, ㄷ

⑤ ㄱ, ㄴ, ㄷ

📋 꼼꼼 풀이 노트

권장 풀이 시간에 맞춰 문제를 풀어본 후,
꼼꼼 풀이 노트로 정리해보세요.

■ 출제 포인트

■ 선택지 분석

1 독해의 원리

2 논증의 방향

3 문맥과 단서

4 논리의 체계

기출 재구성 모의고사

해커스PSAT 7급 PSAT 유형별 기출 200제 언어논리

■ 출제 포인트

■ 선택지 분석

난이도 ★★★   권장 풀이 시간: 1분 50초   나의 풀이 시간: _____분 _____초

10. 다음 갑~병의 견해에 대한 분석으로 적절한 것만을 <보기>에서 모두 고르면?

20 5급공채

> 갑: 인간과 달리 여타의 동물에게는 어떤 형태의 의식도 없다. 소나 개가 상처를 입었을
> 때 몸을 움츠리고 신음을 내는 통증 행동을 보이기는 하지만 실제로 통증을 느끼는
> 것은 아니다. 동물에게는 통증을 느끼는 의식이 없으므로 동물의 행동은 통증에 대한
> 아무런 느낌 없이 이루어지는 것이다. 우리는 늑대를 피해 도망치는 양을 보고 양이
> 늑대를 두려워한다고 말한다. 그러나 두려움을 느낀다는 것은 의식적인 활동이므로
> 양이 두려움을 느끼는 일은 일어날 수 없다. 양의 행동은 단지 늑대의 몸에서 반사된
> 빛이 양의 눈을 자극한 데 따른 반사작용일 뿐이다.
>
> 을: 동물이 통증 행동을 보일 때는 실제로 통증을 의식한다고 보아야 한다. 동물은 통증
> 을 느낄 수 있으나 다만 자의식이 없을 뿐이다. 우리는 통증을 느낄 수 있는 의식과
> 그 통증을 '나의 통증'이라고 느낄 수 있는 자의식을 구별해야 한다. 의식이 있어야만
> 자의식이 있지만, 의식이 있다고 해서 반드시 자의식을 갖는 것은 아니다. 세 번의 전
> 기충격을 받은 쥐는 그때마다 통증을 느끼지만, '내'가 전기충격을 세 번 받았다고 느
> 끼지는 못한다. '나의 통증'을 느끼려면 자의식이 필요하며, 통증이 '세 번' 있었다고
> 느끼기 위해서도 자의식이 필요하다. 자의식이 없으면 과거의 경험을 기억하는 일은
> 불가능하기 때문이다.
>
> 병: 동물이 아무것도 기억할 수 없다는 주장을 인정하고 나면, 동물이 무언가를 학습할
> 수 있다는 주장은 아예 성립할 수 없을 것이다. 그렇게 되면 동물의 학습에 관한 연구
> 는 무의미해질 것이다. 하지만 어느 이웃에게 한 번 발로 차인 개는 그를 만날 때마다
> 그 사실을 기억하고 두려움을 느끼며 몸을 피한다. 그렇다면 무언가를 기억하기 위해
> 자의식이 꼭 필요한 것일까. 그렇지는 않아 보인다. 실은 인간조차도 아무런 자의식
> 없이 무언가를 기억하여 행동할 때가 있다. 하물며 동물은 말할 것도 없을 것이다. 또
> 한, 과거에 경험한 괴로운 사건은 '나의 것'이라고 받아들이지 않고도 기억될 수 있다.

─────────── 〈보기〉 ───────────

ㄱ. 갑과 병은 동물에게 자의식이 없다고 여긴다.

ㄴ. 갑과 을은 동물이 의식 없이 행동할 수 있다고 여긴다.

ㄷ. 을에게 기억은 의식의 충분조건이지만, 병에게 기억은 학습의 필요조건이다.

① ㄱ

② ㄷ

③ ㄱ, ㄴ

④ ㄴ, ㄷ

⑤ ㄱ, ㄴ, ㄷ

11. 다음 논쟁에 대한 분석으로 가장 적절한 것은?   21 5급공채

> 갑: 인과관계를 규정하는 방법은 확률을 이용하는 것이다. 사건 A가 사건 B의 원인이라는 말은 "A가 일어날 때 B가 일어날 확률이, A가 일어나지 않을 때 B가 일어날 확률보다 더 크다."로 규정되는 상관관계를 의미한다. 이 규정을 '확률 증가 원리'라 한다.
> 을: 확률 증가 원리가 인과관계를 어느 정도 설명하지만 충분한 규정은 아니다. 아이스크림 소비량이 증가할 때 일사병 환자가 늘어날 확률은 아이스크림 소비량이 증가하지 않을 때 일사병 환자가 늘어날 확률보다 크다. 하지만 아이스크림 소비량의 증가는 결코 일사병 환자 증가의 원인이 아니다. 그 둘은 그저 상관관계만 있을 뿐이다.
> 병: 그 문제는 해결할 수 있다. 날씨가 무더워졌다는 것은 아이스크림 소비량 증가와 일사병 환자 증가 모두의 공통 원인이다. 이 공통 원인 때문에 아이스크림 소비량 증가와 일사병 환자 증가 사이에 상관관계가 나타난 것이다. 상관관계만으로 인과관계를 추론할 수 없는 가장 중요한 이유는 바로 이러한 공통 원인의 존재 가능성 때문이다. 나는 공통 원인이 존재하지 않는다는 전제 아래에서는 인과관계를 확률 증가 원리로 규정할 수 있다고 본다.

① 갑과 병에 따르면, 인과관계가 성립하면 상관관계가 성립한다.

② 병에 따르면, 상관관계가 성립하면 인과관계가 성립한다.

③ 병에 따르면, 확률 증가 원리가 성립하면 언제나 인과관계가 성립한다.

④ 인과관계가 성립한다고 인정하는 사례는 갑보다 을이 더 많다.

⑤ 인과관계가 성립한다고 인정하는 사례는 갑보다 병이 더 많다.

📝 **꼼꼼 풀이 노트**

권장 풀이 시간에 맞춰 문제를 풀어본 후, 꼼꼼 풀이 노트로 정리해보세요.

■ 출제 포인트

■ 선택지 분석

1 독해의 원리

2 논증의 방향

3 문맥과 단서

4 논리의 체계

기출 재구성 모의고사

해커스PSAT 7급 PSAT 유형별 기출 200제 언어논리

■ 출제 포인트

■ 선택지 분석

난이도 ★★☆　　　권장 풀이 시간: 1분 40초　　　나의 풀이 시간: ＿＿분 ＿＿초

12. 다음 글의 A와 B에 대한 분석으로 가장 적절한 것은?　　　21 5급공채

> A는 근대화란 곧 산업화이고, 산업화는 농촌을 벗어난 농민들이 도시의 임금노동자가 되어가는 과정이라고 생각했다. 토지에 얽매이지 않으며 노동력 말고는 팔 것이 없는 이들을 '자유로운 노동자'라고 불렀다. 이들 중에서 한 사람의 임금으로 가족 전부를 부양할 수 있을 만큼의 급여를 확보한 특권적인 노동자가 나타난다. 이 노동자가 한 집안의 가장 혹은 '빵을 벌어오는 사람'이다. 이렇게 자신과 가족의 생활을 유지할 만큼 급여를 받는 피고용자를 정규직이라 불러왔다. 그 급여 수준이 어느 정도인지, 일주일에 몇 시간을 노동해야 하는지에 대해서는 역사적으로 각 사회의 '건강하고 문화적인' 생활수준과 노사협의를 통해서 결정된다. A는 산업화가 지속적으로 진전되면 세상의 모든 사람은 정규직 임금노동자가 된다고 예측했다.
>
> 이에 이의를 제기한 B는 산업화가 진전됨에 따라 노동자들이 크게 핵심부, 반주변부, 주변부로 나뉜다고 주장했다. 핵심부에 속하는 노동자들은 혼자 벌어 가정을 유지할 만큼의 급여를 확보하는 정규직 노동자들인데, 이들의 일자리는 사회적 희소재로서 앞으로는 늘어나지 않을 것으로 예측되었다. 그 대신에 반주변부에는 정규직보다 급여가 낮은 비정규직을 포함하는 일반 노동자들이, 그리고 시장 바깥의 주변부에는 실업자를 포함해서 반주변부보다 열악한 상황에 놓인 노동자들이 계속해서 남아돌게 될 것이라고 했다. 그의 예측은 적중했다.
>
> 산업화가 진전된 선진국에서는 고용의 파이가 더 이상 확대되지 않거나 축소되었다. 일반적으로 노조가 발달한 선진국에는 노동자에게 '선임자 특권'이라는 것이 있다. 이로 인해 이미 고용된 나이 많은 노동자를 해고하는 것이 어려워져 신규 채용을 회피하게 된다. 그 결과 국제적으로 정규직의 파이는 거의 모든 사회에서 축소되는 경향을 낳았다. 그러한 바탕 위에 노동시장에서 고용의 비정규직화는 지속적으로 강화되었으며 청년 실업률 또한 높아졌다.

① A는 정규직 노동자의 실질 급여 수준이 산업화가 진전됨에 따라 지속적으로 하락할 것으로 보았다.

② B는 산업화가 진전됨에 따라 기존의 주변부 노동자들과는 다른 새로운 형태의 주변부 노동자들이 계속해서 생성될 것이라고 보았다.

③ A와 B는 모두 선임자 특권이 청년 실업률을 높이는 데 기여한다고 보았다.

④ A와 B는 모두 산업화가 진전되면 궁극적으로 한 사회의 노동자들의 급여가 다양한 수준에서 결정된다고 보았다.

⑤ A는 정규직 노동자가, B는 핵심부 노동자가 한 사람의 노동자 급여로 가족을 부양할 수 있다고 보았다.

13. 다음 글의 A와 B에 대한 분석으로 적절한 것만을 <보기>에서 모두 고르면?

22 5급공채

> 기체에 고전역학의 운동방정식을 직접 적용해야 하는지에 대하여 물리학자 A와 B는 다음과 같은 의견을 제시했다.
>
> A: 기체 상태 변화를 예측하기 위해서 고전역학을 직접 적용할 필요가 없다. 작은 부피의 기체에도 엄청나게 많은 수의 분자가 포함되어 있고, 이들은 복잡하게 운동하므로 개별 분자의 운동을 예측하기 위해서는 방대한 양의 고전역학의 운동방정식을 풀어야 한다. 반면, 기체 상태 변화를 예측하는 데 쓰이는 거시적 지표인 온도, 압력, 밀도 등의 물리량은 평균적 분자운동에 관한 것이기 때문에, 그것들을 얻기 위해 각 분자의 운동을 분석할 필요가 없다. 개별 분자의 운동을 정확히 알지 못하더라도 분자의 집단적인 운동은 통계적 방법만으로 분석할 수 있다.
>
> B: 모든 개별 분자의 운동 상태를 결정하는 것은 어렵지만 필요하다. 기체와 관련된 대부분의 현상에서, 개별 분자가 아닌 분자 집단에 대한 분석을 통해 평균속도를 포함한 기체 상태 변화에 대한 정보를 알아낼 수 있다는 사실에는 동의한다. 하지만 통계적 방법을 적용하기 어려운 상황에서는 기체 상태 변화를 정확히 예측할 수 없는 경우가 있다는 것에 주목해야 한다. 이때에는 분자와 분자의 충돌이나 각 분자의 운동에 대한 개별 방정식을 푸는 것이 필요하다. 외부에서 주어지는 힘 등의 조건을 이용하여 운동방정식을 계산하면 어떤 경우라도 개별 분자들의 위치와 속도를 포함하여 기체에 대한 완전한 정보를 얻을 수 있으므로, 이런 상황을 설명하는 데에도 아무 문제가 없다. 이런 정보들을 종합하면 모든 기체 상태 변화와 관련된 거시적 지표의 변화를 예측할 수 있다.

─────── 〈보기〉 ───────

ㄱ. A는 개별 기체 분자의 운동을 완전히 예측하는 것이 불가능하다는 것에 동의한다.

ㄴ. B는 개별 기체 분자의 운동과 관련된 값을 계산하는 것보다는 이들의 집단적 운동을 탐구하는 것이 더 다양한 기체 상태 변화를 예측할 수 있다는 것에 동의한다.

ㄷ. 기체 분자 집단의 운동을 통계적 방법으로 분석하는 것으로는 기체 상태 변화 예측이 불가능한 경우가 있다는 것에 A는 동의하지 않지만, B는 동의한다.

① ㄴ

② ㄷ

③ ㄱ, ㄴ

④ ㄱ, ㄷ

⑤ ㄱ, ㄴ, ㄷ

📝 **꼼꼼 풀이 노트**

권장 풀이 시간에 맞춰 문제를 풀어본 후, 꼼꼼 풀이 노트로 정리해보세요.

■ 출제 포인트

■ 선택지 분석

난이도 ★★☆   권장 풀이 시간: 1분 40초   나의 풀이 시간: _____ 분 _____ 초

14. 다음 글의 A와 B에 대한 분석으로 적절한 것만을 <보기>에서 모두 고르면? 23 5급공채

유행이란 어떤 새로운 양식이나 현상이 사회에 널리 퍼지는 경향을 의미한다. 유행은 특정한 취향과 기호가 사회 구성원 다수의 승인을 받아 사회 저변으로 확대되는 과정에서 형성된다. 이러한 유행의 형성 원인을 두고 다음의 두 견해가 있다.

A: 유행은 개인의 취향과 기호를 이용하는 산업 자본에 의해 기획되고 만들어진 것이다. 패션쇼나 전시회 등으로 올해의 유행 상품을 만들어낸 기업은 그 상품을 시장에 선보이기 무섭게 바로 내년에 유행시킬 상품을 준비한다. 개인은 자신의 취향이나 기호에 따라 어떤 상품을 선택했다고 착각할 수 있지만 실은 선택해야 할 상품을 기업이 이미 정해 놓은 것이다. 어떤 유행이 오랜 기간 지속되면 기업은 이윤이 줄어들 수밖에 없으므로, 기업은 주기적으로 새로운 유행을 만들어낸다. 더 나아가 기업은 미디어를 적극 활용하여 유행의 변화 속도를 과거보다 더 빠르게 만들었다.

B: 소비자는 자기의 취향과 기호에 의해 상품을 주체적으로 선택한다고 믿지만 실제로는 그렇지 않다. 실상은 다른 사람들과 같아지지 않으면 준거집단에서 소외되어 따돌림 당할지도 모른다는 불안이 상품을 선택하고 소비하게 만든다. 소외에 대한 이러한 불안은 소비자들로 하여금 자신의 주변에서 무슨 일이 벌어지고 있는지를 주목하게 한다. 나아가 그렇게 주목한 것들을 추종하고 모방하여 소비하도록 부추긴다. 바로 이와 같은 과정을 거쳐서 결과적으로 유행이 형성되는 것이다.

────── 〈보기〉 ──────

ㄱ. A도 B도 유행의 형성 원인이 소비자 개인의 취향과 기호에 의한 주체적 상품 선택이라고 보지 않는다.

ㄴ. B와 달리 A는 소비자들의 모방 심리가 유행에 영향을 미치지 않는다고 주장한다.

ㄷ. A보다 B가 사회에서 유행의 발생과 변화 속도를 더 잘 설명할 수 있다.

① ㄱ
② ㄷ
③ ㄱ, ㄴ
④ ㄴ, ㄷ
⑤ ㄱ, ㄴ, ㄷ

15. 다음 글의 갑~병에 대한 분석으로 적절한 것만을 <보기>에서 모두 고르면? 23 5급공채

갑: 이론 T에 근거하는 개념이 지칭하는 무언가를 E라고 해 볼까? 만일 T가 성공적인 이론이라면 E는 존재하고, T가 성공적이지 않은 이론이라면 E는 존재하지 않아. 따라서 우리가 일상적으로 '믿음'이나 '욕구' 등의 개념으로 지칭하는 심적 상태는 존재하지 않는다고 보아야 해. 그런 개념은 통속 심리학에 근거한 것들인데 통속 심리학은 성공적인 이론이 아니야. 왜냐하면 통속 심리학은 신경과학과 달리 우리 행동에 대해서 예측과 설명을 성공적으로 제공하지 못하기 때문이야.

을: E의 존재 여부를 판단하는 너의 기준에 동의해. 이론의 성공은 예측과 설명의 성공에 달려있다는 것에도 동의하지. 그런데 통속 심리학은 믿음이나 욕구와 같은 개념을 통해 우리의 행동을 성공적으로 예측하고 설명해. 신경과학이 아무리 발전한다고 해도 네가 잠시 후 무엇을 할지 예측할 수는 없어. 하지만 통속 심리학은 네가 물 마시기를 욕구한다는 것과 냉장고 안에 물이 있다고 믿는다는 것을 통해 네가 잠시 후 냉장고 문을 열 것이라는 예측을 성공적으로 제공할 수 있어.

병: 물론 통속 심리학의 개념을 통해 우리의 행동을 성공적으로 예측하고 설명할 수 있다는 것은 맞아. 그러나 그러한 예측과 설명이 성공적이라는 것이 심적 상태가 존재한다는 것을 보여주는 것은 아니야. 예를 들어 바둑을 두는 AI가 왜 이러한 수를 두는지 설명하는 데는 그 AI에게 승리에 대한 욕구와 그 수를 두면 이긴다는 믿음을 귀속시키는 게 유용해. 그렇지만 AI에게 실제로 그러한 믿음이나 욕구가 있다고 볼 수는 없지.

───────────── 〈보기〉 ─────────────

ㄱ. 갑은 심적 상태가 존재한다는 것에 동의하지 않지만 을은 동의한다.

ㄴ. 을과 병은 통속 심리학에서 사용하는 개념에 의해 인간의 행동을 성공적으로 예측하고 설명할 수 있다는 것에 동의한다.

ㄷ. 병은 믿음이나 욕구와 같은 개념이 지칭하는 것이 존재하지 않을 수 있다는 것에 동의하지만 갑은 동의하지 않는다.

① ㄱ

② ㄷ

③ ㄱ, ㄴ

④ ㄴ, ㄷ

⑤ ㄱ, ㄴ, ㄷ

📋 **꼼꼼 풀이 노트**

권장 풀이 시간에 맞춰 문제를 풀어본 후,
꼼꼼 풀이 노트로 정리해보세요.

■ 출제 포인트

■ 선택지 분석

1 독해의 원리

2 논증의 방향

3 문맥과 단서

4 논리의 체계

기출 재구성 모의고사

해커스PSAT 7급 PSAT 유형별 기출 200제 언어논리

■ 출제 포인트

■ 선택지 분석

난이도 ★★☆   권장 풀이 시간: 3분 40초   나의 풀이 시간: _____ 분 _____ 초

※ 다음 글을 읽고 물음에 답하시오. [16~17]   22 7급공채

인간은 지구상의 생명이 대량 멸종하는 사태를 맞이하고 있지만, 다른 한편으로는 실험실에서 인공적으로 새로운 생명체를 창조하고 있다. 이런 상황에서, 자연적으로 존재하는 종을 멸종으로부터 보존해야 한다는 생물 다양성의 보존 문제를 어떤 시각으로 바라보아야 할까? A는 생물 다양성을 보존해야 한다고 주장한다. 이를 위해 A는 다음과 같은 도구적 정당화를 제시한다. 우리는 의학적, 농업적, 경제적, 과학적 측면에서 이익을 얻기를 원한다. '생물 다양성 보존'은 이를 위한 하나의 수단으로 간주될 수 있다. 바로 그 수단이 우리가 원하는 이익을 얻는 최선의 수단이라는 것이 A의 첫 번째 전제이다. 그리고 ___(가)___ 는 것이 A의 두 번째 전제이다. 이 전제들로부터 우리에게는 생물 다양성을 보존할 의무와 필요성이 있다는 결론이 나온다.

이에 대해 B는 생물 다양성 보존이 우리가 원하는 이익을 얻는 최선의 수단이 아님을 지적한다. 특히 합성 생물학은 자연에 존재하는 DNA, 유전자, 세포 등을 인공적으로 합성하고 재구성해 새로운 생명체를 창조하는 것을 목표로 한다. B는 우리가 원하는 이익을 얻고자 한다면, 자연적으로 존재하는 생명체들을 대상으로 보존에 애쓰는 것보다는 합성 생물학을 통해 원하는 목표를 더 합리적이고 체계적으로 성취할 수 있을 것이라고 주장한다. 인공적인 생명체의 창조가 우리가 원하는 이익을 얻는 더 좋은 수단이므로, 생물 다양성 보존을 지지하는 도구적 정당화는 설득력을 잃는다는 것이다. 그래서 B는 A가 제시하는 도구적 정당화에 근거하여 생물 다양성을 보존하자고 주장하는 것은 옹호될 수 없다고 말한다.

한편 C는 모든 종은 보존되어야 한다고 주장하면서 생물 다양성 보존을 옹호한다. C는 대상의 가치를 평가할 때 그 대상이 갖는 도구적 가치와 내재적 가치를 구별한다. 대상의 도구적 가치란 그것이 특정 목적을 달성하는 데 얼마나 쓸모가 있느냐에 따라 인정되는 가치이며, 대상의 내재적 가치란 그 대상이 그 자체로 본래부터 갖고 있다고 인정되는 고유한 가치를 말한다. C에 따르면 생명체는 단지 도구적 가치만을 갖는 것이 아니다. 생명체를 오로지 도구적 가치로만 평가하는 것은 생명체를 그저 인간의 목적을 위해 이용되는 수단으로 보는 인간 중심적 태도이지만, C는 그런 태도는 받아들일 수 없다고 본다. 생명체의 내재적 가치 또한 인정해야 한다는 것이다. 그 생명체들이 속한 종 또한 그 쓸모에 따라서만 가치가 있는 것이 아니다. 그리고 내재적 가치를 지니는 것은 모두 보존되어야 한다. 이로부터 모든 종은 보존되어야 한다는 결론에 다다른다. 왜냐하면 ___(나)___ 때문이다.

16. 위 글의 (가)와 (나)에 들어갈 내용을 적절하게 나열한 것은?

① (가): 어떤 것이 우리가 원하는 이익을 얻는 최선의 수단이라면 우리에게는 그것을 실행할 의무와 필요성이 있다

　(나): 생명체의 내재적 가치는 종의 다양성으로부터 비롯되기

② (가): 어떤 것이 우리가 원하는 이익을 얻는 최선의 수단이 아니라면 우리에게는 그것을 실행할 의무와 필요성이 없다

　(나): 생명체의 내재적 가치는 종의 다양성으로부터 비롯되기

③ (가): 어떤 것이 우리가 원하는 이익을 얻는 최선의 수단이라면 우리에게는 그것을 실행할 의무와 필요성이 있다

　(나): 모든 종은 그 자체가 본래부터 고유의 가치를 지니기

④ (가): 어떤 것이 우리가 원하는 이익을 얻는 최선의 수단이 아니라면 우리에게는 그것을 실행할 의무와 필요성이 없다

　(나): 모든 종은 그 자체가 본래부터 고유의 가치를 지니기

⑤ (가): 우리에게 이익을 제공하는 수단 가운데 생물 다양성의 보존보다 더 나은 수단은 없다

　(나): 모든 종은 그 자체가 본래부터 고유의 가치를 지니기

---

17. 위 글에 대한 분석으로 적절한 것만을 <보기>에서 모두 고르면?

〈보기〉

ㄱ. A는 생물 다양성을 보존해야 한다고 주장하지만, B는 보존하지 않아도 된다고 주장한다.

ㄴ. B는 A의 두 전제가 참이더라도 A의 결론이 반드시 참이 되지는 않는다고 비판한다.

ㄷ. 자연적으로 존재하는 생명체가 도구적 가치를 가지느냐에 대한 A와 C의 평가는 양립할 수 있다.

① ㄱ

② ㄷ

③ ㄱ, ㄴ

④ ㄴ, ㄷ

⑤ ㄱ, ㄴ, ㄷ

약점 보완 해설집 p.21

꼼꼼 풀이 노트

권장 풀이 시간에 맞춰 문제를 풀어본 후, 꼼꼼 풀이 노트로 정리해보세요.

■ 출제 포인트

■ 선택지 분석

1 독해의 원리

2 논증의 방향

3 문맥과 단서

4 논리의 체계

기출 재구성 모의고사

해커스PSAT 7급 PSAT 유형별 기출 200제 언어논리

유형 6 논증의 비판과 반박

유형 소개

'논증의 비판과 반박' 유형은 지문으로 제시된 논증의 전제와 결론을 비판·반박하는 선택지나 <보기>를 제시하여 논증의 결론을 적절하게 반박하는 내용을 고르는 유형이다.

유형 특징

1 지문으로 주장을 나타내는 '결론'과 그 결론을 지지하는 '전제'로 이루어진 '논증'이 2~3단락 정도의 길이로 주어진다.

2 논증은 전제가 참일 때 결론이 반드시 참이 되어야 타당하므로 논증을 비판하거나 반박하기 위해서 전제가 결론을 지지하지 못한다고 공격하거나 전제가 참이어도 결론이 참이 되지 않는다고 공격한다.

3 선택지는 논증의 전제나 결론을 반박 또는 지지하거나, 혹은 논증과 직접적인 관련성이 없는 내용으로 구성된다.

풀이 전략

1 발문에서 비판이나 반박의 대상이 무엇인지 확인한다.

2 비판과 반박의 대상이 논지인 경우, 지문에서 논증의 전제와 결론(논지)을 확인하고, 비판과 반박의 대상이 논지가 아닌 경우, 지문에서 그 내용을 확인한다.

3 선택지나 <보기>의 내용이 비판과 반박의 대상과 비교하여 어떤 '방향성'을 갖는지 파악한다.

4 비판의 대상인 논증의 전제 또는 결론과 방향성이 반대인 선택지나 <보기>를 찾는다.

난이도 ★★★　　　　권장 풀이 시간: 1분 50초　　　　나의 풀이 시간: _____분 _____초

01. 다음 글의 '도덕적 딜레마 논증'에 대한 비판으로 적절한 것만을 <보기>에서 모두 고르면?

14 민경채

1890년대에 이르러 어린이를 의료 실험 대상에서 배제시켜야 한다는 주장이 대두되었다. 그 주장의 핵심적인 근거는 어린이가 의료 실험과 관련하여 제한적인 동의능력만을 가지고 있다는 것이었다. 여기서 동의능력이란, 충분히 자율적인 존재가 제안된 실험의 특성이나 위험성 등에 대한 적절한 정보를 인식하고 그것에 기초하여 그 실험을 자발적으로 받아들일 수 있는 능력을 일컫는다. 그렇기 때문에 어린이를 실험 대상으로 하는 연구는 항상 도덕적 논란을 불러일으켰고, 1962년 이후 미국에서는 어린이에 대한 실험이 거의 시행되지 않았다. 이러한 상황에서 1968년 미국의 소아 약물학자 셔키는 다음과 같은 '도덕적 딜레마 논증'을 제시하였다. 어린이를 실험 대상에서 배제시키면, 어린이 환자 집단에 대해 충분한 실험을 하지 않은 약품들로 어린이를 치료하게 되어 어린이를 더욱 커다란 위험에 몰아넣게 된다. 따라서 어린이를 실험 대상에서 배제시키는 것은 도덕적으로 올바르지 않다. 반면, 어린이를 실험 대상에서 배제시키지 않으면, 제한적인 동의능력만을 가진 존재를 실험 대상에 포함시키게 된다. 제한된 동의능력만을 가진 이를 실험 대상에 포함시키는 것은 도덕적으로 올바르지 않다. 따라서 어린이를 실험 대상에 포함시키는 것은 도덕적으로 올바르지 않다. 우리의 선택지는 어린이를 실험 대상에서 배제시키거나 배제시키지 않는 것뿐이다. 결국 어떠한 선택을 하든 도덕적인 잘못을 저지를 수밖에 없다.

─────〈보기〉─────

ㄱ. 어린이를 실험 대상으로 하는 연구는 그 위험성의 여부와는 상관없이 모두 거부되어야 한다. 왜냐하면 적합한 사전 동의 없이 행해지는 어떠한 실험도 도덕적 잘못이기 때문이다.

ㄴ. 동물실험이나 성인에 대한 임상 실험을 통해서도 어린이 환자를 위한 안전한 약물을 만들어낼 수 있다. 따라서 어린이를 실험 대상에 포함시키지 않더라도 어린이 환자가 안전하게 치료받지 못하는 위험에 빠지지 않을 수 있다.

ㄷ. 부모나 법정 대리인을 통해 어린이의 동의능력을 적합하게 보완할 수 있다. 어린이의 동의능력이 부모나 법정 대리인에 의해 적합하게 보완된다면 어린이를 실험 대상에 포함시켜도 도덕적 잘못이 아닐 수 있다. 따라서 이런 경우의 어린이를 실험 대상에 포함시켜도 도덕적 잘못이 아닐 수 있다.

① ㄱ

② ㄴ

③ ㄱ, ㄷ

④ ㄴ, ㄷ

⑤ ㄱ, ㄴ, ㄷ

권장 풀이 시간에 맞춰 문제를 풀어본 후, 꼼꼼 풀이 노트로 정리해보세요.

■ **출제 포인트**

예) 제시된 논증의 구조 파악, 논증의 전제,결론에 대한 비판

■ **선택지 분석**

예) ㄱ. 도덕적 딜레마 논증의 '결론'과 같은 방향
　　ㄴ. 도덕적 딜레마 논증의 '전제'와 반대 방향
　　ㄷ. 도덕적 딜레마 논증의 '전제'와 반대 방향

난이도 ★★☆   권장 풀이 시간: 1분 30초   나의 풀이 시간: _____분 _____초

02. 다음 논증을 비판하는 방안으로 적절하지 않은 것은?   06 5급공채

> 사이버공간은 관계의 네트워크이다. 사이버공간은 광섬유와 통신위성 등에 의해 서로 연결된 컴퓨터들이 물리적인 네트워크로 구성되어 있다. 그러나 사이버공간이 물리적인 연결만으로 이루어지는 것은 아니다. 사이버공간을 구성하는 많은 관계들은 오직 소프트웨어를 통해서만 실현되는 순전히 논리적인 연결이기 때문이다. 양쪽 차원 모두에서 사이버공간의 본질은 관계적이다.
>
> 인간 공동체 역시 관계의 네트워크에 의해 결정된다. 가족끼리의 혈연적인 네트워크, 친구들 간의 사교적인 네트워크, 직장 동료들 간의 직업적인 네트워크 등과 같이 인간 공동체는 여러 관계들에 의해 중첩적으로 연결되어 있다.
>
> 사이버공간과 마찬가지로 인간의 네트워크도 물리적인 요소와 소프트웨어적인 요소를 모두 가지고 있다. 예컨대 건강관리 네트워크는 병원 건물들의 물리적인 집합으로 구성되어 있지만, 도시에 환자를 추천해주는 전문가와 의사들 간의 비물질적인 네트워크에 크게 의존한다.
>
> 사이버공간을 유지하려면 네트워크 간의 믿을 만한 연결을 유지하는 것이 결정적으로 중요하다. 다시 말해, 사이버공간 전체의 힘은 다양한 접속점들 간의 연결을 얼마나 잘 유지하느냐에 달려 있다. 이것은 인간 공동체의 힘 역시 접속점 즉 개인과 개인, 다양한 집단과 집단 간의 견고한 관계 유지에 달려 있다는 점을 보여준다. 사이버공간과 마찬가지로 인간의 사회 공간도 공동체를 구성하는 네트워크의 힘과 신뢰도에 결정적으로 의존한다.

① 사이버공간의 익명성이 인간 공동체에 위협이 될 수도 있음을 지적한다.

② 유의미한 비교를 하기에는 양자 간의 차이가 너무 크다는 것을 보여준다.

③ '네트워크'의 개념이 양자의 비교 근거가 될 만큼 명확하지 않다는 것을 보여준다.

④ 사이버공간과 인간 공동체 간에 있다고 주장된 유사성이 실제로는 없음을 보인다.

⑤ 사이버공간과 인간 공동체의 공통점으로 거론된 네트워크라는 속성이 유비추리를 뒷받침할 만한 적합성을 갖추지 못했음을 보인다.

03. 다음 글에 나오는 논증을 반박하는 것이 아닌 것은?

07 5급공채

> 윤리와 관련하여 가장 광범위하게 받아들여진 사실 가운데 하나는 옳은 것과 그른 것에 대한 광범위한 불일치가 과거부터 현재까지 항상 있어 왔고, 아마도 앞으로도 계속 있을 것이라는 점이다. 가령 육식이 올바른지 여부를 두고 한 문화에 속해 있는 사람들의 판단은 다른 문화에 속해 있는 사람들의 판단과 굉장히 다르다. 뿐만 아니라 한 문화에 속한 사람들의 판단은 시대마다 아주 다르기도 하다. 심지어 우리는 동일한 문화와 시대 안에서도 하나의 행위에 대해 서로 다른 윤리적 판단을 하는 경우를 볼 수 있다. 이러한 사실이 의미하는 바는 사람들의 윤리적 기준이 시간과 장소 그리고 그들이 살고 있는 상황에 따라 달라진다는 것이다. 그러므로 올바른 윤리적 기준은 그것을 적용하는 사람에 따라 상대적이다. 이것이 바로 윤리적 상대주의의 핵심 논지이다. 따라서 우리는 윤리적 상대주의가 참이라는 결론을 내려야 한다.

① 사람들의 윤리적 판단은 그들이 사는 지역에 따라 크게 다르지 않다.

② 윤리적 판단이 다르다고 해서 윤리적 기준도 반드시 달라지는 것은 아니다.

③ 윤리적 상대주의가 옳다고 해서 사람들의 윤리적 판단이 항상 서로 다른 것은 아니다.

④ 인류학자들에 따르면 문화에 따른 판단의 차이에도 불구하고 일부 윤리적 기준은 보편적으로 신봉되고 있다.

⑤ 서로 다른 윤리적 판단이 존재하는 경우에도 그 중에 올바른 판단은 하나뿐이며, 그런 올바른 판단을 옳게 만들어 주는 객관적 기준이 존재한다.

📝 꼼꼼 풀이 노트

권장 풀이 시간에 맞춰 문제를 풀어본 후, 꼼꼼 풀이 노트로 정리해보세요.

■ 출제 포인트

■ 선택지 분석

난이도 ★★☆　　　**권장 풀이 시간:** 1분 40초　　　**나의 풀이 시간:** ＿＿＿분 ＿＿＿초

04. 다음 글에 나타난 식민사관을 비판하기 위한 방법으로 적절하지 않은 것은? 09 5급공채

> 식민사관은 한마디로 일제어용학자들이 일본의 한국침략을 역사적으로 정당화하기 위해 고안해낸 사관이다. 즉 일제가 한국을 강점한 뒤, 그 행위의 정당성을 한국역사를 통해 입증하고, 이를 토대로 근대화론을 펼쳐 일제의 한국 진출과 침략을 정당화한 것이다.
>
> 식민사관의 핵심은 타율성이론(他律性理論)과 정체성이론(停滯性理論)이다. 이 두 이론을 구체적으로 설명하기에 앞서 일제가 자신들의 침략을 정당화하고 식민통치의 이론으로 사용한 일선동조론(日鮮同祖論)을 살펴보자. 일선동조론은 '일본과 조선은 같은 조상에서 시작되었다'는 뜻이다. 이 이론을 통하여 일제는 일본과 한국이 원래 같은 민족이었음을 강조함으로써 1910년 일제의 한국강점을 침략 행위가 아니라고 주장하였다. 즉 같은 조상에서 출발한 한국과 일본이 그 동안에 분열과 갈등을 극복하고 같은 민족으로서 행복을 다시 찾게 된 것이 바로 1910년의 '한일합방'이라는 것이다.
>
> 타율성이론은 한국사가 한국인의 자율적 결단에 의해 전개되지 못하고 외세의 침략과 지배에 의해 타율적으로 전개되었다는 주장이다. 이 이론은 한국이 식민지로 전락한 것은 일제의 침략 때문이 아니고 외세의 지배로부터 벗어날 수 없었던 한국사의 필연적 결과일 뿐이라고 설명한다. 일제는 한국에 대한 자신들의 침략과 지배를 정당화하기 위하여 온 정력을 기울여 한국사의 '타율성'을 조작하였다. 그들이 한국사의 시작을 중국 이주자들의 식민지 정권에서 찾으며 기자와 위만을 강조하였던 것이 그 한 예이다. 이 외에도 일제는 고대 한국이 수백 년 동안 한사군과 일본의 지배를 받았으며, 그 후에도 중국과 만주, 몽고 등이 쉬지 않고 한국을 침략하였고, 이로 인해 한국사에 일관되게 흐르는 타율성이 형성되었다고 강조하였다.
>
> 식민사관의 또 한 축인 정체성이론을 살펴보자. 이 이론은 한국사가 왕조의 변천 등 정치 변화에도 불구하고 사회경제적 측면에서 거의 발전하지 않았다고 주장한다. 이를 통하여 일제는 한국 침략과 지배가 낙후된 한국 사회를 발전시키기 위한 행위였다고 정당화하였다. 한국사의 정체성 이론에 근거해 전개한 그들의 근대화론은 결국 일제의 한국 진출과 침략이 한국의 정체성을 극복하고 한국의 근대화를 위한 것이라는 말로 귀결된다.

① 동일한 혈통이라고 해서 침략이 정당화되지 않음을 밝힌다.

② 타율성이론이 제시한 역사적 사례들이 다양하게 해석됨을 밝힌다.

③ 조선후기 실학자들이 논한 신분제 철폐, 토지개혁, 상공업 진흥론 등을 들어 근대화를 향한 사회·문화적 변화가 있었음을 밝힌다.

④ 한국이 독자적 언어, 문자, 문화를 형성했음을 사료를 통해 제시한다.

⑤ 사료를 통해, 1910년 이후에 민족자본이 형성되었음을 밝힌다.

05. 다음 글의 A가 비판하는 내용이 아닌 것은?　　　　10 5급공채

생물학자 A는 진화의 점진적 변화를 강조하는 전통적 다윈주의에 반기를 들고 진화가 비약적으로 일어날 수 있다는 주장을 펼쳤다. 진화는 일정한 속도로 달리는 운동이 아니라 도움닫기, 점프, 멀리뛰기 등의 다양한 운동으로 구성된 것과 같다.

그는 진화가 진보라는 생각을 비판한다. 복잡성이 증가하는 방향으로만 진화가 일어나는 것은 아니라는 것이다. 그는 생명체의 역사에서 우발적 요인들이 얼마나 중요한지를 역설한다. 시간이 흐를수록 점점 복잡한 구조의 생명체들이 등장한 것은 사실이다. 하지만 복잡한 구조의 생명체임에도 불구하고 멸종해 버린 생명체도 얼마든지 찾을 수 있다. 그런 의미에서 A는 지구의 주인이 역설적으로 박테리아라고 말한다. 박테리아는 단순한 생명체이지만 40억 년의 지구 역사와 그 험난한 환경 변화 속에서도 끊임없이 진화하여 적응하고, 양적으로도 최고의 자리를 변함없이 지킨 생명체이기 때문이다.

A는 6,500만 년 전에 소행성이 지구를 덮친 사건이 다른 시각에 일어났다면 공룡은 멸종하지 않았을지 모르며, 포유류의 시대도 열리지 않았거나 좀 더 늦게 열렸을 것이라고 말한다. 이런 맥락에서 그는 지구를 다시 초기 상태로 돌려놓고 시간을 흐르게 한다면 그 사이에 확률에 의한 선택 과정의 개입과 같은 이유 때문에 어쩌면 인류와 같은 존재도 없었을 수 있고, 지금과는 전혀 다른 생물군이 나왔을 수도 있다고 주장한다.

그는 또한 세포의 탄생과 같이 진화의 분수령을 이루는 몇 가지 주요 사건을 강조하는 주류 학자들의 생각을 비판한다. 즉 몇 가지 기념비적인 사건들에 대한 지나친 집착이 진화에 대한 연구를 편협하게 만든다는 것이다. 그런 사건은 진화의 과정에서 발견되는 비약적인 변화에 해당하는 사건이었을 뿐이다. 진화 연구에서 더 중요한 것은 진화 과정에서 일어난 무수한 사건들이 어떤 패턴을 따라 일어나는지 밝혀내는 것이다.

① 진화 과정은 유일하며 필연적이다.

② 진화는 점진적인 변화를 통해 드러난다.

③ 진화에 있어서 복잡성의 증가가 진보를 의미한다.

④ 지구 환경의 급격한 변화는 종의 출현에 영향을 미친다.

⑤ 진화에 대한 연구는 기념비적인 사건에 초점을 맞추어야 한다.

📋 꼼꼼 풀이 노트

권장 풀이 시간에 맞춰 문제를 풀어본 후, 꼼꼼 풀이 노트로 정리해보세요.

■ 출제 포인트

■ 선택지 분석

1 독해의 원리
2 논증의 방향
3 문맥과 단서
4 논리의 체계
기출 재구성 모의고사

해커스PSAT 7급 PSAT 유형별 기출 200제 언어논리

난이도 ★★☆   권장 풀이 시간: 1분 40초   나의 풀이 시간: _____분 _____초

06. 다음 글에 대한 비판으로 가장 적절한 것은?   12 5급공채

> 철학이 현실 정치에서 꼭 필요한 것이라고 생각하는 사람은 드물 것이다. 인간 사회는 다양한 개인들이 모여 구성한 것이며 현실의 다양한 이해와 가치가 충돌하는 장이다. 이 현실의 장에서 철학은 비현실적이고 공허한 것으로 보이기 쉽다. 그렇다면 올바른 정치를 하기 위해 통치자가 해야 할 책무는 무엇일까? 통치자는 대립과 갈등의 인간 사회를 조화롭고 평화롭게 만들기 위해서 선과 악, 옳고 그름을 명확히 판단할 수 있는 기준을 제시해야 할 것이다.
>
> 개인들은 자신의 입장에서 자신의 이해관계를 관철시키기 위해 의견을 개진한다. 의견들을 제시하여 소통함으로써 사람들은 합의를 도출하기도 하고 상대방을 설득하기도 한다. 이렇게 보면 의견의 교환과 소통은 선과 악, 옳고 그름을 판단하는 기준을 마련해 줄 수 있을 것처럼 보인다. 하지만 의견을 통한 합의나 설득은 사람들로 하여금 일시적으로 옳은 것을 옳다고 믿게 할 수는 있지만, 절대적이고 영원한 기준을 찾을 수는 없다.
>
> 절대적이고 영원한 기준은 현실의 가변적 상황과는 무관한, 진리 그 자체여야 한다. 따라서 인간 사회의 판단 기준을 제시할 수 있는 사람은 바로 철학자이다. 철학자야말로 진리와 의견의 차이점을 분명히 파악할 수 있으며 절대적 진리를 궁구할 수 있기 때문이다. 따라서 철학자가 통치해야 인간 사회의 갈등을 완전히 해소하고 사람들의 삶을 올바르게 이끌 수 있다.

① 인간 사회의 판단 기준이 가변적이라 해도 개별 상황에 적합한 합의 도출을 통해 사회 갈등을 완전히 해소할 수 있다.

② 다양한 의견들의 합의를 이루기 위해서는 개별 상황 판단보다 높은 차원의 판단 능력과 기준이 필요하다.

③ 인간 사회의 판단 기준이 현실의 가변적 상황과 무관하다고 해서 비현실적인 것은 아니다.

④ 정치적 의견은 이익을 위해 왜곡될 수 있지만 철학적 의견은 진리에 순종한다.

⑤ 철학적 진리는 일상 언어로 표현된 의견과 뚜렷이 구분된다.

07. 다음 글에서 B가 A의 논증을 비판하기 위해 사용할 수 있는 주장으로 적절하지 않은 것은?

13 5급공채

두 사람의 과학자가 외계인의 존재에 대해 논쟁하였다. 물리학자 A는 이렇게 반문하였다. 우주에 우리와 같은 지성을 갖춘 존재들이 넘쳐난다면 그들은 어디에 있는가? A가 생각한 것은 외계 지적 생명체가 지구 바깥에 아주 많이 있다면, 적어도 그들 중 일부는 기술적으로 우리보다 앞서 있을 것이라는 점이다. 그들은 우주를 탐사하는 장치를 만들었을 것이고, 우주선으로 우주여행을 할 수 있었을 것이다. 그렇다면 우리가 오래 전에 외계 지적 생명체의 증거를 보았어야 하지만, 아직까지 그러한 증거는 발견된 적이 없다. 따라서 A는 외계 지적 생명체가 존재하지 않는다고 결론을 내렸다.

이에 대해 천문학자 B는 다음과 같이 반박하였다. 우리의 태양, 행성, 또는 우리의 물리화학적 구조에 특별한 것이 없으므로, 그와 비슷한 태양과 행성들도 많이 있을 것이다. 그리고 우리와 마찬가지로 탄소에 기반을 두고 진화한 생물이 은하계에 많이 있을 것이다. 그렇다면 은하계의 많은 곳에는 우리와 크게 다르지 않은 존재들이 분명히 있을 것이다. 따라서 B는 은하계에 지성을 갖춘 인간과 같은 생명체가 많이 있을 것이라 결론을 내렸다.

① 생물학의 법칙은 전 우주에서 동일하게 적용된다.

② 행성 간의 거리 때문에 외계 생명체와의 상호작용이 일어나기 어렵다.

③ 외계 생명체의 증거를 포착할 만큼 우리의 측정기술이 발전하지 못했을 수 있다.

④ 외계 지적 생명체는 우주 탐사 장치를 만들 정도로 기술을 발달시키지 못했을 수 있다.

⑤ 외계 지적 생명체의 증거가 없다고 해서 외계 지적 생명체가 존재하지 않는다고 단정할 수 없다.

난이도 ★★☆　　　　권장 풀이 시간: 1분 30초　　　　나의 풀이 시간: _____분 _____초

08. 다음 글이 비판의 대상으로 삼는 주장으로 가장 적절한 것은?　　13 5급공채

> 경제 문제는 대개 해결이 가능하다. 대부분의 경제 문제에는 몇 개의 해결책이 있다. 그러나 모든 해결책은 누군가가 상당한 손실을 반드시 감수해야 한다는 특징을 갖고 있다. 하지만 누구도 이 손실을 자발적으로 감수하고자 하지 않으며, 우리의 정치제도는 누구에게도 이 짐을 짊어지라고 강요할 수 없다. 우리의 정치적, 경제적 구조로는 실질적으로 제로섬(zero-sum)적인 요소를 지니는 경제 문제에 전혀 대처할 수 없다.
>
> 대개의 경제적 해결책은 대규모의 제로섬적인 요소를 갖기 때문에 큰 손실을 수반한다. 모든 제로섬 게임에는 승자가 있다면 반드시 패자가 있으며, 패자가 존재해야만 승자가 존재할 수 있다. 경제적 이득이 경제적 손실을 초과할 수도 있지만, 손실의 주체에게 손실의 의미란 상당한 크기의 경제적 이득을 부정할 수 있을 만큼 매우 중요하다. 어떤 해결책으로 인해 평균적으로 사회는 더 잘살게 될 수도 있지만, 이 평균이 훨씬 더 잘살게 된 수많은 사람들과 훨씬 더 못살게 된 수많은 사람들을 감춘다. 만약 당신이 더 못살게 된 사람 중 하나라면 내 수입이 줄어든 것보다 다른 누군가의 수입이 더 많이 늘었다고 해서 위안을 얻지는 않을 것이다. 결국 우리는 우리 자신의 수입을 보호하기 위해 경제적 변화가 일어나는 것을 막거나 혹은 사회가 우리에게 손해를 입히는 공공정책이 강제로 시행되는 것을 막기 위해 싸울 것이다.

① 빈부격차를 해소하는 것만큼 중요한 정책은 없다.
② 사회의 총생산량이 많아지게 하는 정책이 좋은 정책이다.
③ 경제문제에서 모두가 만족하는 해결책은 존재하지 않는다.
④ 경제적 변화에 대응하는 정치제도의 기능에는 한계가 존재한다.
⑤ 경제정책의 효율성을 높이는 방법은 일관성을 유지하는 것이다.

09. 다음 글의 주장에 대한 비판으로 적절한 것만을 <보기>에서 모두 고르면?　14 5급공채

> 유클리드 기하학에서 공리들은 직관적으로 자명하여 증명을 필요로 하지 않는다. 그리고 공리들로부터 연역적으로 증명된 정리는 감각 경험의 지지를 필요로 하지 않는다. 그러므로 유클리드 기하학의 지식은 철저하게 선험적이다. 플라톤은 이에 관해 탁월한 논의를 전개했다. 그는 기하학적 진리에 관한 우리의 지식이 감각 경험으로부터 얻은 증거에 근거할 수 없다고 주장했다. 감각 경험을 통해서는 기하학적 도형인 점, 직선 또는 정삼각형을 접할 수 없기 때문이다. 점이란 위치만 있고 면적이 없기에 보이지 않는다. 또한 직선이란 폭이 없고 절대적으로 곧아야 하는데 우리가 종이 위에서 보는 직선은 언제나 어느 정도 폭이 있고 또 항상 조금은 구부러져 있다. 마찬가지로 종이 위의 정삼각형도 아무리 뛰어난 제도사가 그려 놓아도 세 변의 길이가 완전히 동등하지는 않다.

─────────〈보기〉─────────

ㄱ. 유클리드 기하학과 비(非)유클리드 기하학은 전혀 다른 공리 체계에 기초하고 있지만 각각 자체적으로 정합적인 지식을 구성한다. 이러한 사실은 기하학이 실재 세계를 반영할 이유가 없음을 보여준다.

ㄴ. 대다수의 사람들이 유클리드 기하학의 공리는 직관적으로 자명하므로 증명 없이 받아들이는데, 그러한 직관이 인간의 경험에 영향을 받는다는 사실은 유클리드 기하학이 경험에 의지하고 있다는 것을 드러낸다.

ㄷ. '1+1=2'는 감각 경험과 무관하게 얻어지는 지식이지만 일상생활에서 활용이 가능하다. 실재 세계에 적용된다고 해서 경험적인 지식은 아니다.

① ㄴ

② ㄷ

③ ㄱ, ㄴ

④ ㄱ, ㄷ

⑤ ㄱ, ㄴ, ㄷ

📓 **꼼꼼 풀이 노트**

권장 풀이 시간에 맞춰 문제를 풀어본 후,
꼼꼼 풀이 노트로 정리해보세요.

■ 출제 포인트

■ 선택지 분석

1 독해의 원리

2 논증의 방향

3 문맥과 단서

4 논리의 체계

기출 재구성 모의고사

해커스PSAT 7급 PSAT 유형별 기출 200제 언어논리

■ 출제 포인트

■ 선택지 분석

난이도 ★★★　　　　권장 풀이 시간: 1분 50초　　　　나의 풀이 시간: _____분 _____초

10. 다음 글의 <이론>에 대한 반례에 해당하는 것만을 <보기>에서 모두 고르면?

15 5급공채

단백질 접힘은 단백질이 고유한 3차 구조를 형성하여 기능을 수행하는 데 매우 중요하다. 단백질이 비정상적인 접힘 구조를 형성하는 것을 단백질의 변성이라고 하는데 단백질이 변성되면 원래의 기능을 수행하지 못할 뿐 아니라, 경우에 따라서는 변성된 단백질이 전혀 다른 기능을 나타내어 질병을 유발하기도 한다. 최근 신경계 질환 중 하나인 질병 D는 신경세포에 존재하는 정상 단백질 P의 변성과 연관이 있을 수 있다는 연구 결과가 제시되었다. 이 연구 결과를 바탕으로 어떤 과학자는 질병 D가 발병할 수 있는 다양한 메커니즘 중 하나로 다음 <이론>을 제시하였다.

〈이론〉

유전자 X의 돌연변이가 생기면 정상 단백질 P는 돌연변이 단백질 P로 바뀐다. 일단 돌연변이 단백질 P가 신경세포에 존재하면 정상 단백질 P와 결합하고, 결합된 정상 단백질 P를 변성시켜 비정상 단백질 P로 바꾸게 된다. 그러면 비정상 단백질 P는 또 다른 정상 단백질 P를 비정상 단백질 P로 바꾸고, 이 과정이 연속적으로 일어나면서 정상 단백질 P의 대부분이 비정상 단백질 P로 바뀌게 된다. 이렇게 되면 비정상 단백질 P가 서로 모여 신경세포에서 단백질 응집을 일으킨다. 이러한 비정상 단백질 P의 단백질 응집이 일어나면, 신경세포에 독성을 유발하게 되어 신경세포가 죽게 되므로 질병 D를 초래한다.

〈보기〉

ㄱ. 신경세포에서 비정상 단백질 P의 단백질 응집이 일어나도 신경세포에 독성을 유발하지 않았다는 연구 결과
ㄴ. 질병 D가 나타난 환자의 신경세포에서 비정상 단백질 P의 단백질 응집이 나타나지 않았다는 연구 결과
ㄷ. 돌연변이 단백질 P가 나타나는 요인으로 유전자 X의 돌연변이와 무관한 다른 요인을 발견하였다는 연구 결과

① ㄱ
② ㄴ
③ ㄱ, ㄷ
④ ㄴ, ㄷ
⑤ ㄱ, ㄴ, ㄷ

약점 보완 해설집 p.26

유형 소개

'논증 평가' 유형은 지문으로 제시된 논증의 내용을 파악하고, 선택지에 제시되는 사례가 논증의 결론이 참이 될 가능성을 높이는 진술(강화하는 진술)인지, 반대로 논증의 결론이 참이 될 가능성을 낮추는 진술(약화하는 진술)인지를 판단하는 문제 유형이다.

유형 특징

1 전제와 결론으로 구성된 2~3단락 정도의 '논증'이나 '(가), (나), (다)', 혹은 '갑, 을, 병' 형태로 구분된 각각의 논증이 지문으로 제시된다.

2 지문에 제시된 전제 외에 선택지나 <보기>에 제시된 전제가 추가되었을 때, 지문에 제시된 논증의 결론이 참이 될 확률이 더 높아지는지 혹은 더 낮아지는지를 묻는다.

3 선택지나 <보기>는 논증을 지지 또는 반박하거나 논증과 직접적인 관련성이 없는 사례로 구성된다.

풀이 전략

1 발문에서 강화·약화나 평가의 대상이 무엇인지 찾고, 지문에서 그 내용을 확인한다.

2 강화·약화나 평가의 대상이 논증이나 논지일 경우, 논증의 전제와 결론(논지)을 확인하고, 강화·약화나 평가의 대상이 그 외의 것일 경우, 그 대상을 찾아 내용을 확인한다.

3 선택지나 <보기>의 강화·약화나 평가의 대상이 되는 내용과 비교하여 어떤 '방향성'을 갖는지 파악한다.

4 '강화하는 진술'이나 '지지하는 진술'을 찾아야 하는 경우, 논증의 전제나 결론과 방향성이 같은지를 확인하고, '약화하는 진술'을 찾아야 하는 경우, 논증의 전제나 결론과 방향성이 반대인지를 확인한다.

유형 공략 문제

난이도 ★★★	권장 풀이 시간: 1분 40초	나의 풀이 시간: _____분 _____초

🗒 꼼꼼 풀이 노트

권장 풀이 시간에 맞춰 문제를 풀어본 후,
꼼꼼 풀이 노트로 정리해보세요.

01. 다음 글의 ㉠과 ㉡에 대한 평가로 적절한 것만을 <보기>에서 모두 고르면? 22 7급공채

진화론에 따르면 개체는 배우자 선택에 있어서 생존과 번식에 유리한 개체를 선호할 것으로 예측된다. 그런데 생존과 번식에 유리한 능력은 한 가지가 아니므로 합리적 선택은 단순하지 않다. 예를 들어 배우자 후보 α와 β가 있는데, 사냥 능력은 α가 우수한 반면, 위험 회피 능력은 β가 우수하다고 하자. 이 경우 개체는 더 중요하다고 판단하는 능력에 기초하여 배우자를 선택하는 것이 합리적이다. 이를테면 사냥 능력에 가중치를 둔다면 α를 선택하는 것이 합리적이라는 것이다. 그런데 α와 β보다 사냥 능력은 떨어지나 위험 회피 능력은 β와 α의 중간쯤 되는 새로운 배우자 후보 γ가 나타난 경우를 생각해 보자. 이때 개체는 애초의 판단 기준을 유지할 수도 있고 변경할 수도 있다. 즉 애초의 판단 기준에 따르면 선택이 바뀔 이유가 없음에도 불구하고, 새로운 후보의 출현에 의해 판단 기준이 바뀌어 위험 회피 능력이 우수한 β를 선택할 수 있다.

한 과학자는 동물의 배우자 선택에 있어 새로운 배우자 후보가 출현하는 경우, ㉠애초의 판단 기준을 유지한다는 가설과 ㉡판단 기준에 변화가 발생한다는 가설을 검증하기 위해 다음과 같은 실험을 수행하였다.

〈실험〉

X 개구리의 경우, 암컷은 두 가지 기준으로 수컷을 고르는데, 수컷의 울음소리 톤이 일정할수록 선호하고 울음소리 빈도가 높을수록 선호한다. 세 마리의 수컷 A~C는 각각 다른 소리를 내는데, 울음소리 톤은 C가 가장 일정하고 B가 가장 일정하지 않다. 울음소리 빈도는 A가 가장 높고 C가 가장 낮다. 과학자는 A~C의 울음소리를 발정기의 암컷으로부터 동일한 거리에 있는 서로 다른 위치에서 들려주었다. 상황 1에서는 수컷 두 마리의 울음소리만을 들려주었으며, 상황 2에서는 수컷 세 마리의 울음소리를 모두 들려주고 각 상황에서 암컷이 어느 쪽으로 이동하는지 비교하였다. 암컷은 들려준 울음소리 중 가장 선호하는 쪽으로 이동한다.

〈보기〉

ㄱ. 상황 1에서 암컷에게 들려준 소리가 A, B인 경우 암컷이 A로, 상황 2에서는 C로 이동했다면, ㉠은 강화되지 않지만 ㉡은 강화된다.

ㄴ. 상황 1에서 암컷에게 들려준 소리가 B, C인 경우 암컷이 B로, 상황 2에서는 A로 이동했다면, ㉠은 강화되지만 ㉡은 강화되지 않는다.

ㄷ. 상황 1에서 암컷에게 들려준 소리가 A, C인 경우 암컷이 C로, 상황 2에서는 A로 이동했다면, ㉠은 강화되지 않지만 ㉡은 강화된다.

① ㄱ

② ㄷ

③ ㄱ, ㄴ

④ ㄴ, ㄷ

⑤ ㄱ, ㄴ, ㄷ

난이도 ★★☆   권장 풀이 시간: 1분 30초   나의 풀이 시간: _____분 _____초

02. 다음 글의 논지를 약화하는 것으로 적절하지 않은 것은?   16 5급공채

> 지구 곳곳에서 심각한 기후 변화가 나타나고 있고 그 원인이 인간의 활동에 있다는 주장
> 은 일견 과학적인 것처럼 들리지만 따지고 보면 진실과는 거리가 먼, 다분히 정치적인 프
> 로파간다에 불과하다. "자동차는 세워 두고, 지하철과 천연가스 버스 같은 대중교통을 이
> 용합시다."와 같은, 기후 변화와 사실상 무관한 슬로건에 상당수의 시민이 귀를 기울이
> 도록 만든 것은 환경주의자들의 성과였지만, 그 성과는 사회 전체의 차원에서 볼 때 가슴
> 아파해야 할 낭비의 이면에 불과하다.
> 희망컨대 이제는 진실을 직시하고, 현명해져야 한다. 기후 변화가 일어나는 이유는 인
> 간이 발생시키는 온실가스 때문이 아니라 태양의 활동 때문이라고 보는 것이 합리적이다.
> 태양 표면의 폭발이나 흑점의 변화는 지구의 기후 변화에 막대한 영향을 미친다. 결과적
> 으로 태양의 활동이 활발해지면 지구의 기온이 올라가고, 태양의 활동이 상대적으로 약해
> 지면 기온이 내려간다. 환경주의자들이 말하는 온난화의 주범은 사실 자동차가 배출하는
> 가스를 비롯한 온실가스가 아니라 태양이다. 태양 활동의 거시적 주기에 따라 지구 대기
> 의 온도는 올라가다가 다시 낮아지게 될 것이다.
> 대기화학자 브림블컴은 런던의 대기오염 상황을 16세기 말까지 추적해 올라가서 20세
> 기까지 그 거시적 변화의 추이를 연구했는데, 그 결과 매연의 양과 아황산가스 농도가 모
> 두 19세기 말까지 빠르게 증가했다가 그 이후 아주 빠르게 감소하여 1990년대에는 16세
> 기 말보다도 낮은 수준에 도달했음이 밝혀졌다. 반면에 브림블컴이 연구 대상으로 삼은
> 수백 년의 기간 동안 지구의 평균 기온은 지속적으로 상승해왔다. 두 변수의 이런 독립적
> 인 행태는 인간이 기후에 미치는 영향이 거의 없다는 것을 보여준다.

① 인간이 출현하기 이전인 고생대 석탄기에 북유럽의 빙하지대에 고사리와 같은 난대성 식
  물이 폭넓게 서식하였다.

② 태양 활동의 변화와 기후 변화의 양상 간의 상관관계를 조사해 보니 양자의 주기가 일치
  하지 않았다.

③ 태양 표면의 폭발이 많아지는 시기에 지구의 평균 기온은 오히려 내려간 사례가 많았다.

④ 최근 20년간 세계 여러 나라가 연대하여 대기오염을 줄이는 적극적인 노력을 기울인 결
  과 지구의 평균 기온 상승률이 완화되었다.

⑤ 최근 300년간 태양의 활동에 따른 기후 변화의 몫보다는 인간의 활동에 의해 좌우되는
  기후 변화의 몫이 더 크다는 증거가 있다.

03. 다음 글의 ⊙에 대한 평가로 적절하지 않은 것은?   16 5급공채

중생대의 마지막 시기인 백악기(K)와 신생대의 첫 시기인 제3기(T) 사이에 형성된, 'K/T 경계층'이라고 불리는 점토층이 있다. 이 지층보다 아래쪽에서는 공룡의 화석이 발견되지만 그 위에서는 전혀 발견되지 않는다. 도대체 그 사이에 무슨 일이 벌어진 것일까? 우리는 물리학자 앨버레즈가 1980년에 『사이언스』에 게재한 논문 덕분에 이 물음에 대한 유력한 답을 알게 되었다.

앨버레즈는 동료들과 함께 지층이 퇴적된 시간을 정확히 읽어내는 방법을 연구하고 있었다. 일반적으로 지층의 두께는 퇴적 시간과 비례하지 않는다. 얇은 지층이 수백 년에 걸쳐 서서히 퇴적된 것일 수도 있고, 수십 미터가 넘는 두께의 지층이라도 며칠, 심지어 몇 시간의 격변에 의해 형성될 수 있기 때문이다. 앨버레즈는 이 문제를 이리듐 측정을 통해 해결하려 했다. 이리듐은 아주 무거운 금속으로, 지구가 생성되던 때 핵 속으로 가라앉아 지구 표면에는 거의 남아 있지 않다. 오늘날 지표면에서 미량이나마 검출되는 이리듐은 우주 먼지나 운석 등을 통해 오랜 시간에 걸쳐 지구 표면에 내려앉아 생긴 것이다. 앨버레즈는 이리듐 양의 이러한 증가 속도가 거의 일정하다고 보고, 이리듐이 지구 표면에 내려앉는 양을 기준으로 삼아 지층이 퇴적되는 데 걸린 시간을 측정하려 했다.

조사 결과 지표면의 평균 이리듐 농도는 0.3ppb이었고 대체로 일정했다. 그런데 이탈리아 북부의 어느 지역을 조사했을 때 그곳의 K/T경계층에서 특이한 점이 발견되었다. 평균보다 무려 30배나 많은 이리듐이 검출된 것이다. 원래 이 경우 다른 지층이 형성될 때보다 K/T경계층의 퇴적이 30분의 1 정도의 속도로 아주 느리게 진행되었다고 결론을 내려야 했지만, 다른 증거들을 종합할 때 이 지층의 형성이 그렇게 오래 걸렸다고 볼 이유가 없었다. 그래서 이들은 다른 결론을 선택했다. 이 시기에 지구 밖에서 한꺼번에 대량의 이리듐이 왔다는 것이었다. 이리듐의 농도를 가지고 역산한 결과, 앨버레즈는 ⊙약 6,500만 년 전 지름 10킬로미터 크기의 소행성이 지구와 충돌했고 이 충돌에서 생긴 소행성과 지각의 무수한 파편들이 대기를 떠돌며 지구 생태계를 교란함으로써 대멸종이 일어나 공룡이 멸종했다는 결론에 도달했다. 공룡 멸종의 원인에 대한 이런 견해는 오늘날 과학계가 수용하고 있는 최선의 가설이다.

① 만일 신생대 제3기(T) 이후에 형성된 지층에서 공룡 화석이 대량으로 발견될 경우 약화된다.

② 고생대 페름기에 일어난 대멸종이 소행성 충돌과 무관하게 진행되었다는 사실이 입증되더라도 강화되지 않는다.

③ 동일한 시간 동안 우주먼지로 지구에 유입되는 이리듐의 양이 일정하지 않고 큰 변화폭을 지닌다는 사실이 입증되면 약화된다.

④ 앨버레즈가 조사한 이탈리아 북부의 지층이 K/T경계층이 아니라 다른 시기에 형성된 지층이었음이 밝혀질 경우 약화된다.

⑤ K/T경계층 형성 시기 이외에 공룡이 존재했던 다른 시기에도 지름 10킬로미터 규모의 소행성이 드물지 않게 지구에 충돌했음이 입증될 경우 강화된다.

■ 출제 포인트

■ 선택지 분석

난이도 ★★★　　　　　권장 풀이 시간: 1분 50초　　　　　나의 풀이 시간: _____분 _____초

04. 다음 글의 내용에 대한 평가로 가장 적절한 것은?　　　　17 5급공채

우리나라는 눈부신 경제 성장을 이룩하였고 일인당 국민소득도 빠른 속도로 증가해왔다. 소득이 증가하면 더 행복해질 것이라는 믿음과는 달리, 한국사회 구성원들의 전반적인 행복감은 높지 않은 실정이다. 전반적인 물질적 풍요에도 불구하고 왜 한국 사람들의 행복감은 그만큼 높아지지 않았을까? 이 물음에 대한 다음과 같은 두 가지 답변이 있다.

(가) 일반적으로 소득이 일정한 수준에 도달한 이후에는 소득의 증가가 반드시 행복의 증가로 이어지지는 않는다. 인간이 살아가기 위해서는 물질재와 지위재가 필요하다. 물질재는 기본적인 의식주의 욕구를 충족시키는 데 필요한 재화이며, 경제 성장에 따라 공급이 늘어난다. 지위재는 대체재의 존재 여부나 다른 사람들의 요구에 따라 가치가 결정되는 비교적 희소한 재화나 서비스이며, 그 효용은 상대적이다. 경제 성장의 초기 단계에서는 물질재의 공급을 늘리면 사람들의 만족감이 커지지만, 경제가 일정 수준 이상으로 성장하면 점차 지위재가 중요해지고 물질재의 공급을 늘려서는 해소되지 않는 불만이 쌓이게 되는 이른바 '풍요의 역설'이 발생한다. 따라서 한국 사람들이 경제 수준이 높아진 만큼 행복하지 않은 이유는 소득 증가에 따른 자연스러운 현상이다.

(나) 한국 사회의 행복 수준은 단순히 풍요의 역설로 설명할 수 없다. 행복에 대한 심리학적 연구에 따르면 타인과 비교하는 성향이 강한 사람일수록 행복감이 낮아지게 된다. 비교 성향이 강한 사람은 사회적 관계에서 자신보다 우월한 사람들을 준거집단으로 삼아 비교하기 쉽고 이로 인해 상대적 박탈감이 커질 수 있기 때문이다. 한국과 같은 경쟁 사회에서는 진학이나 구직 등에서 과열 경쟁이 벌어지고 등수에 의해 승자와 패자가 구분된다. 이 과정에서 비교 우위를 차지하지 못한 사람들은 좌절을 경험하기 쉬운데, 비교 성향이 강할수록 좌절감은 더 크다. 따라서 한국 사회의 행복감이 낮은 이유는 한국 사람들이 다른 사람들과 비교하는 성향이 매우 높은 데에서 찾을 수 있다.

① 지위재에 대한 경쟁이 치열한 국가일수록 전반적인 행복감이 높다는 사실은 (가)를 강화한다.

② 경제적 수준이 비슷한 나라들과 비교하여 한국의 지위재가 상대적으로 풍부하다는 사실은 (가)를 강화한다.

③ 한국 사회는 일인당 소득 수준이 비슷한 다른 나라들과 비교하더라도 행복감의 수준이 상당히 낮다는 조사 결과는 (가)를 강화한다.

④ 한국보다 소득 수준이 높고 대학 입학을 위한 입시 경쟁이 매우 치열한 나라가 있다는 사실은 (나)를 약화한다.

⑤ 자신보다 우월한 사람들을 준거집단으로 삼는 경향이 한국보다 강함에도 불구하고 행복감이 더 높은 나라가 있다는 사실은 (나)를 약화한다.

05. 다음 A의 견해를 약화하는 진술로 적절하지 않은 것은?   17 5급공채

어떤 사람들은 특별히 길을 잘 기억하고 찾아가는 반면 다른 이들은 길을 찾는 데 어려움을 호소한다. A는 뇌신경에 대한 연구를 통해 이러한 차이가 나타나는 이유의 실마리를 찾았다. A는 해마에 있는 신경세포의 하나인 장소세포를 발견하였다. 해마는 대뇌의 좌·우 측두엽 안쪽 깊숙이 자리한 기관으로 기억을 저장하고 상기시켜 기억의 제조 공장으로 불린다. A는 장소세포가 공간을 탐색하고 기억하는 역할을 하며, 우리가 장소를 옮기면 이 신경세포가 활성화되어 우리가 어디에 있는지 인식할 수 있다고 보고 있다. A는 이런 장소세포의 기능을 쥐 실험을 통해 확인하였다. 미로상자에 쥐를 가둔 뒤 행동을 관찰한 결과, 쥐는 처음에는 이리저리 돌아다니다가 시간이 흐를수록 지나갔던 장소에 가면 멈칫거리는 행동을 보였고 그 때마다 특정 장소세포의 활성화가 관찰되었다. A는 쥐가 지나갔던 장소의 시각적 정보가 해마 속 장소세포에 저장되어 해당 지점에 도달했을 때, 장소세포가 신호를 보내 쥐가 이런 행동을 보인 것으로 분석했다.

A는 장소세포와 더불어, 뇌의 내비게이션 시스템을 구성하는 데 있어 핵심적인 역할을 할 것으로 추측되는 격자세포를 발견했다. 쥐가 상자 안에서 먹이를 찾아다닐 때의 뇌 신호를 분석한 결과 해마 바로 옆 내후각피질의 신경세포인 격자세포가 집단적으로 반응했다는 것이 A의 연구결과 내용이다. 격자세포의 반응은 특정한 지점에서만 나타났는데, 이 지점들을 모아서 그려보면 일정한 간격을 가진 격자 모양으로 나타났다. 상자 속 쥐가 아무런 규칙 없이 움직인 것으로 보이지만 실제로는 자기만의 좌표를 가지고 어느 지점을 지나고 있는지 알고 행동했다는 의미다. 쥐를 이용한 동물 실험의 연구결과를 토대로 A는 해마의 장소세포가 특정 지점의 모양새에 관한 기억을 보관하고, 격자세포는 공간과 거리에 관한 정보를 저장하며 이를 장소세포에 효율적으로 제공함으로써 사람이 길을 찾아가도록 도와주는 것으로 본다.

① 해마의 신경세포가 거의 활성화되지 않아도 쥐가 길을 잘 찾는 연구 사례가 보고되었다.

② 사람의 장소세포는 쥐와 달리 해마뿐만 아니라 소뇌에서도 발견된다는 연구 사례가 보고되었다.

③ 공간과 거리에 대한 정보량은 산술적으로 매우 크기 때문에 신경세포가 저장할 수 있는 양을 초과한다.

④ 미로상자 속의 쥐가 멈칫거리는 행동은 이미 지나간 장소에 있던 냄새를 기억했기 때문이라는 것이 밝혀졌다.

⑤ 쥐에는 있지만 사람에게는 없는 세포 구성 성분이 발견된 것에 비추어 볼 때, 사람의 세포가 쥐의 세포와 유사하지 않다.

난이도 ★★☆   권장 풀이 시간: 1분 40초   나의 풀이 시간: _____분 _____초

06. 다음 글의 논지를 약화하는 것으로 가장 적절한 것은?   18 5급공채

> 과학 연구는 많은 자원을 소비하지만 과학 연구에 사용할 수 있는 자원은 제한되어 있다. 따라서 우리는 제한된 자원을 서로 경쟁적인 관계에 있는 연구 프로그램들에 어떻게 배분하는 것이 옳은가라는 물음에 직면한다. 이 물음에 관해 생각해 보기 위해 상충하는 두 연구 프로그램 A와 B가 있다고 해보자. 현재로서는 A가 B보다 유망해 보이지만 어떤 것이 최종적으로 성공하게 될지 아직 아무도 모른다. 양자의 관계를 고려하면, A가 성공하고 B가 실패하거나, A가 실패하고 B가 성공하거나, 아니면 둘 다 실패하거나 셋 중 하나이다. 합리적 관점에서 보면 A와 B가 모두 작동할 수 있을 정도로, 그리고 그것들이 매달리고 있는 문제가 해결될 확률을 극대화하는 방향으로 자원을 배분해야 한다. 그렇게 하려면 자원을 어떻게 배분해야 할까?
>
> 이 물음에 답하려면 구체적인 사항들에 대한 세세한 정보가 필요하겠지만, 한 쪽에 모든 자원을 투입하고 다른 쪽에는 아무 것도 배분하지 않는 것은 어떤 경우에도 현명한 방법이 아니다. 심지어 A가 B보다 훨씬 유망해 보이는 경우라도 A만 선택하여 지원하는 '선택과 집중' 전략보다는 '나누어 걸기' 전략이 더 바람직하다. 이유는 간단하다. 현재 유망한 연구 프로그램이 쇠락의 길을 걷게 될 수도 있고 반대로 현재 성과가 미미한 연구 프로그램이 얼마 뒤 눈부신 성공을 거둘 가능성이 있기 때문이다. 따라서 현명한 사회에서는 대부분의 자원을 A에 배분하더라도 적어도 어느 정도의 자원은 B에 배분할 것이다. 다른 조건이 동일하다고 가정하면, 현재 시점에서 평가된 각 연구 프로그램의 성공 확률에 비례하는 방식으로 자원을 배분하는 것이 합리적일 것이다. 이런 원칙은 한 영역에 셋 이상 다수의 상충하는 연구 프로그램이 경쟁하고 있는 경우에도 똑같이 적용될 수 있다. 물론 적절한 주기로 연구 프로그램을 평가하여 자원 배분의 비율을 조정하는 일은 잊지 않아야 한다.

① '선택과 집중' 전략은 기업의 투자 전략으로 바람직하지 않다.

② 연구 프로그램들에 대한 현재의 비교 평가 결과는 몇 년 안에 확연히 달라질 수도 있다.

③ 상충하는 연구 프로그램들이 모두 작동하기 위해서는 배분 가능한 것 이상의 자원이 필요한 경우가 발생할 수 있다.

④ 연구 프로그램이 아무리 많다고 하더라도 그것들 중에 최종적으로 성공하게 되는 것이 하나도 없을 가능성이 존재한다.

⑤ 과학 연구에 투입되는 자원의 배분은 사회의 성패와 관련된 것이므로 한 사람이나 몇몇 사람의 생각으로 결정해서는 안 된다.

07. 다음 글의 ㉠을 약화하지 않는 것은?

19 5급공채

쾌락주의자들은 우리가 쾌락을 욕구하고, 이것이 우리 행동의 원인이 된다고 주장한다. 하지만 반쾌락주의자들은 쾌락을 느끼기 위한 우리 행동의 원인은 음식과 같은 외적 대상에 대한 욕구이지 다른 것이 아니라고 말한다. 이에, 외적 대상에 대한 욕구 이외의 것, 가령, 쾌락에 대한 욕구는 우리 행동의 원인이 될 수 없다. 그럼 반쾌락주의자들이 말하는 욕구에서 행동, 그리고 쾌락으로 이어지는 인과적 연쇄는 다음과 같을 것이다.

음식에 대한 욕구 → 먹는 행동 → 쾌락

이런 인과적 연쇄를 보았을 때 쾌락이 우리 행동의 원인이 아니라는 것은 분명하다. 왜냐하면 쾌락은 행동 이후 생겨났고, 나중에 일어난 것이 이전에 일어난 것의 원인일 수 없기 때문이다.

그러나 이런 반쾌락주의자들의 주장은 두 개의 욕구, 즉 음식에 대한 욕구와 쾌락에 대한 욕구 사이의 관계를 고려하지 않고 있다. 즉 무엇이 음식에 대한 욕구의 원인인지를 고려하지 않은 것이다. 하지만 ㉠쾌락주의자들의 주장에 따르면 위의 인과적 연쇄에 음식에 대한 욕구의 원인인 쾌락에 대한 욕구를 추가해야 한다.

사람들이 음식을 원하는 이유는 그들이 쾌락을 욕구하기 때문이다. 반쾌락주의자들의 주장이 범하고 있는 실수는 두 개의 사뭇 다른 사항들, 즉 욕구가 만족되어 경험하는 쾌락과 쾌락에 대한 욕구를 혼동하는 데에서 기인한다. 쾌락의 발생이 행위자가 쾌락 이외의 어떤 것을 원했기 때문이더라도, 쾌락에 대한 욕구는 다른 어떤 것에 대한 욕구를 발생시키는 원인이다.

① 어떤 욕구도 또 다른 욕구의 원인일 수 없다.

② 사람들은 쾌락에 대한 욕구가 없더라도 음식을 먹는 행동을 하기도 한다.

③ 음식에 대한 욕구로 인해 쾌락에 대한 욕구가 생겨야만 행동으로 이어진다.

④ 외적 대상에 대한 욕구는 다른 것에 의해서 야기되지 않고 그저 주어진 것일 뿐이다.

⑤ 맛없는 음식보다 맛있는 음식을 욕구하는 것은 맛있는 음식을 먹어 얻게 될 쾌락에 대한 욕구가 맛없는 음식을 먹어 얻게 될 쾌락에 대한 욕구보다 강하기 때문이다.

난이도 ★★★   권장 풀이 시간: 1분 40초   나의 풀이 시간: _____분 _____초

08. 다음 글의 ㉠에 대한 평가로 적절한 것만을 <보기>에서 모두 고르면?   20 5급공채

지금까지 알려진 적이 없는 어느 부족의 언어를 최초로 번역해야 하는 번역자 S를 가정하자. S가 사용할 수 있는 자료는 부족민들의 언어 행동에 관한 관찰 증거뿐이다. S는 부족민들의 말을 듣던 중에 여러 번 '가바가이'라는 말소리를 알아들었는데, 그때마다 항상 눈앞에 토끼가 있다는 사실을 관찰했다. 이에 S는 '가바가이'를 하나의 단어로 추정하면서 그에 대한 몇 가지 가능한 번역어를 생각했다. 그것은 '한 마리의 토끼'라거나 '살아있는 토끼' 등 여러 상이한 의미로 번역될 수 있었다. 관찰 가능한 증거들은 이런 번역 모두와 어울렸기 때문에 S는 어느 번역이 옳은지 결정할 수 없었다.

이 문제를 해결하는 방안으로 제시된 ㉠이론 A는 전체의 의미로부터 그 구성요소의 의미를 결정하고자 한다. 즉, 문제의 단어를 포함하는 문장들을 충분히 모아 각 문장의 의미를 확정한 후에 이것을 기반으로 각 문장의 구성요소에 해당하는 단어의 의미를 결정하려는 것이다. 이런 점은 과학에서 단어의 의미를 확정하는 사례를 통해서 분명하게 드러난다. 예를 들어, '분자'의 의미는 "기체의 온도는 기체를 구성하는 분자들의 충돌에 의한 것이다."와 같은 문장들의 의미를 확정함으로써 결정할 수 있다. 그리고 이 문장들의 의미는 수많은 문장들로 구성된 과학 이론 속에서 결정될 것이다. 결국 과학의 단어가 지니는 의미는 과학 이론에 의존하게 되는 것이다.

─────────〈보기〉─────────

ㄱ. "고래는 포유류이다."의 의미를 확정하기 위해서는 먼저 '포유류'의 의미를 결정해야 한다는 점은 ㉠을 강화한다.

ㄴ. 뉴턴역학에서 사용되는 '힘'이라는 단어의 의미가 뉴턴역학에 의거하여 결정될 수 있다는 점은 ㉠을 강화한다.

ㄷ. 토끼와 같은 일상적인 단어는 언어 행위에 대한 직접적인 관찰 증거만으로 그 의미를 결정할 수 있다는 점은 ㉠을 약화한다.

① ㄱ

② ㄴ

③ ㄱ, ㄷ

④ ㄴ, ㄷ

⑤ ㄱ, ㄴ, ㄷ

09. 다음 글의 ⊙에 대한 평가로 가장 적절한 것은?

21 5급공채

우리나라에서 주먹도끼가 처음 발견된 곳은 경기도 연천이다. 첫 발견 이후 대대적인 발굴조사를 통해 연천의 전곡리 유적이 세상에 그 존재를 드러내게 되었고 그렇게 발견된 주먹도끼는 단숨에 세계 학자들의 주목 대상이 되었다. 그동안 동아시아에서는 찍개만 발견되었을 뿐 전기 구석기의 대표적인 석기인 주먹도끼는 발견되지 않았기 때문이었다.

찍개는 초기 인류부터 사용했으며 세계 곳곳에서 발견되었다. 반면 프랑스의 아슐에서 처음 발견된 주먹도끼는 양쪽 면을 갈아 만든 거의 완벽에 가까운 좌우대칭 형태의 타원형 도구이다. 사냥감의 가죽을 벗겨 내고, 구멍을 뚫고, 빻거나 자르는 등 다양한 작업에 사용된 다용도 도구였다. 학계가 주먹도끼에 주목했던 것은 그것이 찍개에 비해 복잡한 가공작업을 거쳐 만든 것이므로 인류의 진화 과정을 풀 열쇠라고 보았기 때문이다. 주먹도끼를 만들기 위해서는 만들 대상을 결정하고 그에 따른 모양을 설계한 뒤, 적합한 재료를 선택해 제작하는 복잡한 과정을 거쳐야 했다. 이는 구석기인들의 지적 수준이 계획과 실행이 가능한 수준으로 도약했다는 것을 확인해 주는 부분이다. 아동 심리발달 단계에 따르면 12세 정도가 되면 형식적 조작기에 도달하게 되는데, 주먹도끼처럼 3차원적이며 대칭적인 물건을 만들 수 있으려면 이런 형식적 조작기 수준의 인지 능력, 즉 추상적 개념에 대하여 논리적·체계적·연역적으로 사고할 수 있을 정도의 인지 능력을 갖추어야 한다. 더 나아가 형식적 조작 능력을 갖추었을 때 비로소 언어적 지능이 발달하게 된다. 즉 주먹도끼를 제작할 수 있다는 것은 추상적 사고를 할 수 있으며 그런 추상적 개념을 언어로 표현하고 대화할 수 있다는 것을 의미한다.

전곡리에서 주먹도끼가 발견되었을 당시 학계는 ⊙모비우스 학설이 지배하고 있었다. 이 학설은 주먹도끼가 발견되지 않은 인도 동부를 기준으로 모비우스 라인이라는 가상선을 긋고, 그 서쪽 지역인 유럽이나 아프리카는 주먹도끼 문화권으로, 그 동쪽인 동아시아는 찍개 문화권으로 구분하였다. 더불어 모비우스 라인 동쪽 지역은 서쪽 지역보다 인류의 지적·문화적 발전 속도가 뒤떨어졌다고 하였다.

① 주먹도끼를 만들어 사용한 인류가 찍개를 만들어 사용한 인류보다 두개골이 더 컸다는 것이 밝혀진다면 ⊙이 강화된다.

② 형식적 조작기 수준의 인지 능력을 가진 인류가 구석기 시대에 동아시아에서 유럽으로 이동했다는 것이 밝혀진다면 ⊙이 강화된다.

③ 계획과 실행을 할 수 있는 지적 수준의 인류가 거주했던 증거가 동아시아 전기 구석기 유적에서 발견되고 추상적 개념을 언어로 표현하며 소통했던 증거가 유럽의 전기 구석기 유적에서 발견된다면 ⊙이 강화된다.

④ 학술 연구를 통해 전곡리 유적이 전기 구석기 시대의 유적으로 확증된다면 ⊙이 약화된다.

⑤ 동아시아에서는 주로 열매를 빻기 위해 석기를 제작하였고 모비우스 라인 서쪽에서는 주로 짐승 가죽을 벗기기 위해 석기를 제작하였다는 것이 밝혀진다면 ⊙이 약화된다.

📋 꼼꼼 풀이 노트

권장 풀이 시간에 맞춰 문제를 풀어본 후, 꼼꼼 풀이 노트로 정리해보세요.

■ 출제 포인트

■ 선택지 분석

1 독해의 원리
2 논증의 방향
3 문맥과 단서
4 논리의 체계
기출 재구성 모의고사

해커스PSAT 7급 PSAT 유형별 기출 200제 언어논리

난이도 ★★☆   권장 풀이 시간: 1분 40초   나의 풀이 시간: _____분 _____초

10. 다음 글의 갑~병에 대한 평가로 적절한 것만을 <보기>에서 모두 고르면?   22 5급공채

> 에스키모는 노쇠한 부모를 벌판에 유기하는 관습을 가지고 있었다. 반면에 로마인은 노쇠한 부모를 정성을 다해 모셨다. 도덕 상대주의는 이와 같은 인류학적 사실에 근거하고 있다. 도덕 상대주의에 따르면, 사회마다 다른 도덕적 관습을 가지며 옳고 그름에 대한 신념 체계는 사회마다 상이하다. 또한 다양한 도덕적 관습과 신념 체계 중 어떤 것이 옳은지 판별할 수 있는 객관적인 기준은 없다.
>
> 다음은 도덕 상대주의에 대한 비판들이다.
>
> 갑: 에스키모와 로마인의 관습상 차이는 서로 다른 도덕원리에서 기인한 것처럼 보일 수 있다. 그러나 하나의 도덕원리가 각기 다른 상황에 적용되면서 서로 다른 관습을 초래한 것일 수 있다. 부모와 자식 간의 애정에 근거한 동일한 도덕원리가 에스키모와 로마인에게서 다른 관습을 초래할 수 있다.
>
> 을: 도덕 상대주의가 맞다면, 다른 사회의 관습과 신념 체계를 평가할 수 있는 객관적 기준은 존재하지 않는다. 그래서 다른 사회의 관습과 신념 체계에 대한 평가는 불가능하며 이에 대해 '침묵'해야 한다. 이런 침묵의 의무는 어떤 사회를 막론하고 모든 사회의 구성원에게 절대적인 구속력을 갖는다. 결국 도덕 상대주의는 도덕 절대주의의 이념을 수용해야 하는 역설에 빠지게 된다.
>
> 병: 도덕 상대주의는 시간적 차원에도 적용된다. 따라서 도덕 상대주의를 받아들이면 사회 관습이나 신념 체계의 진보를 말할 수 없게 된다. 과거의 것과 달라졌을 뿐이지 더 낫거나 못하다고 말할 수 없기 때문이다. 그러나 사회 관습이나 신념 체계가 진보했다고 말할 수 있는 사례가 존재한다. 예를 들어 과거와는 달리 노예제를 받아들이는 도덕적 관습이나 신념 체계를 가진 사회는 없다.

─── <보기> ───

ㄱ. "두 사회의 관습이 같다면 그 사회들의 도덕원리가 같다."라는 것이 사실이면 갑의 주장은 약화된다.

ㄴ. 우월한 도덕 체계와 열등한 도덕 체계를 객관적으로 구분할 수 있다면 을의 주장은 약화되지 않는다.

ㄷ. 현재의 관습과 신념 체계가 과거의 것보다 퇴보한 사회가 있다면 병의 주장은 약화된다.

① ㄱ

② ㄴ

③ ㄱ, ㄷ

④ ㄴ, ㄷ

⑤ ㄱ, ㄴ, ㄷ

11. 다음 글의 ㉠을 약화하는 것만을 <보기>에서 모두 고르면?　　　22 5급공채

> 고대 아테네에서는 공적 기관에서 일할 공직자를 추첨으로 선발하였다. 이는 오늘날의 민주정과 구분되는 아테네 민주정의 핵심 특징이다. 아테네가 추첨으로 공직자를 뽑은 이유는 그들의 자유와 평등 개념에서 찾을 수 있다.
>
> 아테네 민주정의 고유한 정의 개념은 공직을 포함한 사회적 재화들이 모든 자유 시민에게 고루 배분되어야 한다는 것이다. 이러한 점에서 평등은 시민들이 통치 업무에서 동등한 몫을 갖는다는 의미로서 원칙상 공직을 맡을 기회가 균등할 때 실현가능하다. 바로 추첨이 이러한 평등을 보장해 주는 것이다. 자유의 측면에서도 추첨의 의미를 조명할 수 있다. 아테네에서 자유란 한 개인이 정치체제의 근본 원칙을 수립하는 통치 주체가 되는 것이다. 추첨 제도 덕분에 아테네의 모든 시민은 자유를 누리고 있었다고 볼 수 있다. 공적 업무의 교대 원칙과 결합한 추첨 제도를 시행함으로써 아테네 시민은 누구나 일생에 적어도 한 번은 공직을 맡게 될 것이었기 때문이다.
>
> 또한 아리스토텔레스가 말한 것처럼, '통치하고 통치받는 일을 번갈아 하는 것'은 민주정의 기본 원칙 가운데 하나이고, 그렇게 통치와 복종을 번갈아 하는 것이 민주 시민의 덕성이기도 했다. 명령에 복종하던 시민이 명령을 내리는 통치자가 되면 자신의 결정과 명령에 영향을 받게 될 시민의 입장을 더 잘 참작할 수 있을 것이다. 자신의 통치가 피지배자에게 어떤 영향을 미칠지 생생하게 예측할 수 있게 되면서 정의로운 결정을 위해 더욱 신중하게 숙고할 것이기 때문에, 시민들이 통치와 복종을 번갈아 한다는 것은 좋은 정부를 만드는 훌륭한 수단이 되는 것이다.
>
> 결국 ㉠이런 점들을 고려할 때, 추첨식 민주정은 자유와 평등의 이념과 공동체 호혜의 정신을 실천하는 데 적합한 제도였다고 평가할 수 있다.

─────────〈보기〉─────────

ㄱ. 추첨이 아닌 다른 제도를 통해서도 사실상 공직을 맡을 기회가 모든 시민에게 균등하게 배분될 수 있다.

ㄴ. 사람마다 능력과 적성이 다르며, 능력과 적성에 맞지 않는 일을 하는 사람은 그 일의 진정한 주체가 될 수 없다.

ㄷ. 도덕적 소양을 갖춘 사람이 아니라면, "내가 싫어하는 것은 남들에게 하지 말아야겠어!"라고 생각하기보다 "나도 당했으니 너도 당해봐!"라고 생각하는 경우가 더 흔하다.

① ㄱ

② ㄴ

③ ㄱ, ㄷ

④ ㄴ, ㄷ

⑤ ㄱ, ㄴ, ㄷ

꿈꿈 풀이 노트

권장 풀이 시간에 맞춰 문제를 풀어본 후, 꿈꿈 풀이 노트로 정리해보세요.

■ 출제 포인트

■ 선택지 분석

■ 출제 포인트

■ 선택지 분석

난이도 ★★☆　　　권장 풀이 시간: 1분 40초　　　나의 풀이 시간: _____분 _____초

12. 다음 갑과 을의 논쟁에 대한 평가로 적절한 것만을 <보기>에서 모두 고르면?

23 5급공채

> 갑: 유전자는 자신의 복제본을 더 많이 남기기 위하여 유기체를 활용한다. 그러므로 유기체는 유전자를 실어 나르는 운반체에 불과하다. 유기체는 유전자의 이익을 위하여 행동한다. 유기체의 행동 방식은 유전자를 최대한으로 퍼뜨리기 위한 전략적 선택에 의해 정해지는 것이다. 유기체가 바꿀 수 있는 것이 있다고 해도 이는 본질적이지 않다. 유전자에 의해 결정되는 형질은 인간이 환경이나 행동을 바꾼다고 해서 개선될 수 있는 것이 아니다. 고혈압과 심장병 같은 신체적인 질병뿐 아니라 중독과 행동장애, 대부분의 정신 질환도 그것들을 유발하는 유전자가 있다.
>
> 을: 유전자 결정론은 인간에게 희망보다는 절망을 더 많이 안겨주었다. 모든 것을 유전자가 결정해 버린다면 인간이 바꿀 수 있는 영역은 협소해질 수밖에 없다. 사실 우리가 마음먹고 행동하는 것에 따라 유전자가 반응하며 그것이 우리의 미래 목적을 이루는 데 기여할 수 있다. 중요한 것은 어떤 유전자를 타고났느냐가 아니라 한 사람 한 사람의 삶 속에서 유전자의 활동이 어떻게 조절되느냐의 문제이다. 우리가 먹는 음식과 주거 환경, 생활양식이 모두 유전자의 활동을 조절하여 다른 신체 상태를 유발할 수 있다. 가령 동일한 유전자를 지닌 일란성 쌍둥이라도 신체를 어떤 환경에 노출시키느냐에 따라 치명적인 질병에 걸릴 수도 있고 무병장수할 수도 있다. 우리는 저마다의 행동과 실천으로 삶을 바꿀 수 있다.

〈보기〉

> ㄱ. 유전자가 작동되는 방식은 정해져 있어 다른 신체 조건이 변경되어도 바뀔 수 없다는 것이 사실이라면, 갑의 주장이 약화된다.
> ㄴ. 고혈압을 유발하는 유전자를 갖고 있더라도 생활환경에 따라 고혈압이 발병하지 않는 것이 사실이라면, 을의 주장이 강화된다.
> ㄷ. 대부분의 질병은 특정 유전자가 있어서 생기는 것이 아니라 유전자의 활동이 조절되는 양상에 따라 발병한다는 것이 사실이라면, 갑의 주장은 약화되지만 을의 주장은 강화된다.

① ㄱ
② ㄷ
③ ㄱ, ㄴ
④ ㄴ, ㄷ
⑤ ㄱ, ㄴ, ㄷ

13. 다음 대화에 대한 평가로 적절한 것만을 <보기>에서 모두 고르면?

23 5급공채

갑: 어떤 동물들은 대단한 기술을 지닌 것 같아. 비버가 만든 댐은 정말 굉장하지 않아?

을: 그런 것을 '기술'이라고 부를 수 있을까? 기술이라고 부를 수 있는 것은 오직 인간이 만든 인공물로 한정되는 거야. 기술은 부자연스러움을 낳는데, 비버가 본성에 따라 만든 댐은 부자연스러움을 낳지 않거든. 인공물은 언제나 부자연스러움을 가져오지.

갑: 성냥으로 피운 난롯불은 부자연스럽고 번개로 붙은 산불은 자연스럽다고? 도대체 자연스러움과 부자연스러움의 경계선을 어떻게 그을 수 있어? 인간이 만든 것이든 동물이 만든 것이든, 자연을 변화시키고 자연과 맞서기 위해 만들어졌다면, 그것만으로 기술이 되기에 충분해. 그리고 그 만듦이 본성에 따른 것인지는 기술인가의 여부를 결정하는 데 무관해. 비버가 댐을 만드는 것이 비버가 지닌 본성에 따른 것처럼, 인간이 비행기를 만드는 것도 인간의 본성에 따른 것일 수 있거든.

을: 그래, 나도 인간의 기술이 인간 본성에서 비롯했다는 점에 동의할 수 있어. 하지만 어떤 것이 기술이라면, 그 사용에는 그 기술의 기초가 되는 원리에 대한 이해가 반드시 있어. 비버는 그런 이해가 없지. 그리고 어떤 것의 사용에 원리에 대한 이해가 있다면, 그 사용은 반드시 부자연스러움을 낳아.

갑: 너는 부자연스러움이 모호한 개념이라는 비판을 받아들이지 않는구나. 너의 오류는 인공물과 자연물 사이의 경계가 분명하다는 전제로부터 비롯해. 그 경계를 자연스러움과 부자연스러움 사이의 경계로 투사하고 있는 것이지. 하지만 씨 없는 수박을 생각해 봐. 그것은 완전히 인공적인 것도 완전히 자연적인 것도 아니거든.

─── 〈보기〉 ───

ㄱ. 만들어진 모든 것이 본성의 소산이라는 것은, 갑의 입장도 을의 입장도 약화하지 않는다.

ㄴ. 자연을 변화시킨 인공물이지만 부자연스러움을 낳지 않는 물건이 있다는 것은, 을의 입장을 강화하지 않는다.

ㄷ. 부자연스러움을 낳는 것 중에 원리에 대한 이해 없이 생겨난 물건이 있다는 것은, 을의 입장을 약화한다.

① ㄱ

② ㄷ

③ ㄱ, ㄴ

④ ㄴ, ㄷ

⑤ ㄱ, ㄴ, ㄷ

난이도 ★★★　　　권장 풀이 시간: 1분 50초　　　나의 풀이 시간: ＿＿＿분＿＿＿초

14. 다음 글을 토대로 <사례>의 ㉠을 약화하는 것만을 <보기>에서 모두 고르면?

24 5급공채

태양 이외의 항성도 행성을 가질 수 있는데, 이렇게 태양이 아닌 다른 항성 주위를 공전하는 행성을 외계 행성이라 한다. 항성과 달리 행성은 스스로 빛을 방출하지 않을 뿐만 아니라, 지구에서 최소 수 광년 이상 떨어져 있으므로 관측할 수 없었다. 그러나 첨단 천문 관측 기술의 발달로 수많은 외계 행성이 발견되었으며, 지구와 환경이 유사하여 생명체가 존재하는 외계 행성이 있을 것이라는 기대 또한 커지고 있다.

외계 행성에 대한 연구는 식(蝕)을 이용한다. 식이란 항성 주위를 공전하는 행성이 항성의 앞면을 지날 때 항성의 일부 또는 전체가 가려지는 현상이다. 만일 어떤 외계 행성의 궤도가 지구에서 볼 때 식을 발생시키는 궤도라면, 이 외계 행성을 거느린 항성의 밝기는 주기적으로 어두워진다. 따라서 어떤 항성의 밝기를 충분히 긴 시간 동안 관측했을 때 주기적으로 어두워진다면 이 항성에는 외계 행성이 존재한다고 볼 수 있다. 또한 이 항성이 식에 의해 어두워지는 비율이 크다면 외계 행성이 크기 때문에 이 항성의 빛을 가리는 정도가 크다는 것을 의미한다. 항성의 어두워지는 주기가 길다면 외계 행성의 공전 주기가 길다는 것을 의미한다. 따라서 식에 의한 항성의 밝기 변화로 외계 행성의 크기와 공전 주기 또한 알아낼 수 있다.

이러한 정보는 외계 행성이 지구와 유사한 환경인지를 확인하는 중요한 지표가 된다. 행성의 공전 주기는 궤도가 클수록, 즉 행성에서 항성까지의 거리가 길수록 길어진다. 또한 일반적으로 행성의 크기가 클수록 질량이 커져 행성의 중력이 커진다. 따라서 행성의 공전 주기와 크기가 지구와 유사하다면 그 행성에 생명체가 존재할 가능성이 커진다. 다만, 이때 행성의 공전 주기가 지구의 공전 주기와 유사하더라도, 항성의 밝기가 태양과 크게 다르다면 같은 공전 주기라도 행성이 받는 항성의 빛의 양이 달라지기 때문에, 행성의 환경이 너무 춥거나 너무 더워 생명체가 존재하기 어렵다.

─── 〈사례〉 ───

서로 크기가 같고 지구까지 거리가 같은 두 항성 X와 Y가 있다. 항성 X에는 식을 보이는 외계 행성이 존재함이 알려져 있고, 이 행성의 크기는 지구와 유사함이 밝혀진 바 있다. 한 과학자는 항성 Y를 관측하여, 식이 발생하고 그 식을 발생시키는 행성의 공전 주기가 약 1년임을 알아냈다. 그는 ㉠항성 Y에는 생명체가 존재하는 행성이 있다는 가설을 세우고 추가 관측을 수행하였다.

─── 〈보기〉 ───

ㄱ. 항성 Y의 밝기가 태양에 비해 훨씬 어두웠다.
ㄴ. 항성 Y에서 주기가 더 긴 다른 행성에 의한 식 현상이 추가로 발견되었다.
ㄷ. 항성 Y에서 식에 의해 항성의 밝기가 어두워지는 비율이 항성 X에서보다 훨씬 컸다.

① ㄱ

② ㄴ

③ ㄱ, ㄷ

④ ㄴ, ㄷ

⑤ ㄱ, ㄴ, ㄷ

15. 다음 글의 ㉠~㉢에 대한 평가로 적절한 것만을 <보기>에서 모두 고르면? 24 5급공채

> 박쥐는 나방을 포식할 때, 초음파를 통해 나방을 식별한다. 많은 나방들은 박쥐가 내는 초음파를 들을 수 있는 능력을 갖고 있어 박쥐를 피할 수 있다. 하지만 나방 A는 박쥐가 내는 초음파를 들을 수 없다. 나방 A는 대신 뒷날개에 펄럭이는 긴 '날개꼬리'를 가지고 있다. 한 과학자는 이 날개꼬리가 박쥐로부터 도망가는 데 도움을 줄 것으로 보았다. 그는 나방 A의 날개꼬리 펄럭임이 박쥐의 표적 식별을 방해할 뿐만 아니라 나방 A의 비행 능력을 높여, 나방 A에 대한 박쥐의 포획 성공률을 낮출 것이라는 ㉠ 가설을 세웠다.
>
> 그는 이를 확인하기 위하여 연구를 수행하였다. 이 연구 결과를 바탕으로, 그는 나방 A의 날개꼬리 펄럭임이 박쥐의 표적 식별을 방해하여 박쥐의 포획 성공률을 낮추지만 날개꼬리 펄럭임은 나방 A의 비행 능력에 영향을 주지 않는다는 ㉡ 가설로 수정하였다. 다른 과학자는 나방 A의 날개꼬리 펄럭임이 나방 A의 비행 능력을 높여 박쥐의 포획 성공률을 낮추지만 날개꼬리 펄럭임이 박쥐의 표적 식별에는 영향을 주지 못한다는 ㉢ 가설을 제시했다.

―〈보기〉―

ㄱ. 나방 A 중에서 날개꼬리를 제거한 그룹이 날개꼬리가 온전한 그룹보다 박쥐에 의해 더 잘 식별되었지만, 두 그룹의 비행 능력에 차이가 없었다는 연구 결과가 나오면, ㉠은 약화되지만 ㉡은 그렇지 않다.

ㄴ. 나방 A 중에서 날개꼬리를 제거한 그룹에 대한 박쥐의 포획 성공률이 날개꼬리가 온전한 그룹에 대한 박쥐의 포획 성공률보다 더 낮았다는 연구 결과가 나오면, ㉠은 약화되지만 ㉢은 그렇지 않다.

ㄷ. 나방 A 중에서 날개꼬리를 제거한 그룹보다 날개꼬리가 온전한 그룹의 비행 능력이 더 낮았다는 연구 결과가 나오면, ㉡과 ㉢은 모두 약화된다.

① ㄱ
② ㄴ
③ ㄱ, ㄷ
④ ㄴ, ㄷ
⑤ ㄱ, ㄴ, ㄷ

약점 보완 해설집 p.30

🗒 꼼꼼 풀이 노트

권장 풀이 시간에 맞춰 문제를 풀어본 후, 꼼꼼 풀이 노트로 정리해보세요.

■ 출제 포인트

■ 선택지 분석

1 독해의 원리

2 논증의 방향

3 문맥과 단서

4 논리의 체계

기출 재구성 모의고사

해커스PSAT 7급 PSAT 유형별 기출 200제 언어논리

취약 유형 진단 & 약점 극복

1 문항별 정오표

각 문항별로 정오를 확인한 후, 맞았으면 O, 풀지 못했으면 △, 틀렸으면 X로 표시해 보세요.

논지와 중심내용		견해 분석		논증의 비판과 반박		논증 평가	
번호	정오	번호	정오	번호	정오	번호	정오
01		01		01		01	
02		02		02		02	
03		03		03		03	
04		04		04		04	
05		05		05		05	
06		06		06		06	
07		07		07		07	
08		08		08		08	
09		09		09		09	
10		10		10		10	
		11				11	
		12				12	
		13				13	
		14				14	
		15				15	
		16					
		17					

2 취약 유형 분석표

유형별로 맞힌 문제 개수와 정답률을 적고, 취약한 유형이 무엇인지 파악해 보세요.

유형	맞힌 문제 개수	정답률
논지와 중심내용	/10	%
견해 분석	/17	%
논증의 비판과 반박	/10	%
논증 평가	/15	%

3 학습 전략

취약한 유형의 학습 전략을 확인한 후, 풀지 못한 문제와 틀린 문제를 다시 풀면서 취약 유형을 극복해 보세요.

논지와 중심내용	논지와 중심내용 취약형은 지문의 큰 흐름을 파악하는 능력이 부족한 경우입니다. 따라서 지문에서 방향을 잡는 접속사를 중심으로 세부 내용보다는 글의 최종적인 결론에 집중하여 글을 읽는 연습을 합니다.
견해 분석	견해 분석 취약형은 주장 간의 차이점을 파악하는 능력이 부족한 경우입니다. 따라서 각자의 주장을 파악하여 같은 편으로 묶일 수 있는 사람과 반대편으로 갈릴 수 있는 사람을 빠르게 구분하는 연습을 합니다.
논증의 비판과 반박	논증의 비판과 반박 취약형은 전제와 결론으로 구성된 논증의 구조를 파악하는 능력이 부족한 경우입니다. 따라서 접속사를 중심으로 논증의 결론을 빠르게 파악하고 그 결론을 지지하는 문장이나 단어를 선별하는 연습을 합니다.
논증 평가	논증 평가 취약형은 논증의 방향성을 판단하는 능력이 부족한 경우입니다. 따라서 논증의 방향성을 판단하는 기준이 되는 논증의 결론을 빠르게 잡고, 그 결론과 같은 방향의 진술, 반대 방향의 진술이 어떻게 구성될 수 있는지 예측하는 연습을 합니다.

출제 경향

1 문맥과 단서는 내용의 흐름을 파악하여 빈칸에 들어갈 내용을 적절하게 추론할 수 있는지, 밑줄 그어진 구절의 의미를 올바르게 판단할 수 있는지를 평가하기 위한 유형이다.

2 문제에서 평가하고자 하는 영역에 따라 ① 빈칸 추론, ② 밑줄 추론, ③ 글의 수정 총 3가지 세부 유형으로 출제되며, 출제 비중은 다음과 같다.

구분		2020년 모의평가	2021년 기출문제	2022년 기출문제	2023년 기출문제	2024년 기출문제
출제 비중	1. 빈칸 추론	4	4	4	3	3
	2. 밑줄 추론	2	2	0	2	1
	3. 글의 수정	1	1	2	1	1
	총 문항 수	7	7	6	6	5

3 2020년 모의평가, 2021년 기출문제, 2022년 기출문제에서 모두 '중' 난이도로 출제되었으나 2023년 기출문제는 '중하' 난이도로 출제되었다. 2024년 기출문제는 '중' 난이도로 작년에 비해 난도 높게 출제되었다.

3 문맥과 단서

유형 8 빈칸 추론

유형 9 밑줄 추론

유형 10 글의 수정

유형 8 빈칸 추론

유형 소개

'빈칸 추론' 유형은 일반적인 줄글 형태의 지문이나 대화체 지문의 중간에 빈칸이 한 개 이상 제시되고, 문맥에 따라 그 빈칸에 들어갈 가장 적절한 내용을 선택지나 <보기>에서 고르는 유형이다.

유형 특징

1 지문에 한 개 이상의 빈칸이 포함된 2~3단락 정도의 지문이 제시된다.

2 지문에 제시되지 않은 내용을 추론해야 하는 유형이므로 지문을 읽으면서 빈칸에 들어갈 내용의 방향을 추론할 수 있어야 한다.

3 선택지나 <보기>는 구체적인 내용을 담고 있기보다는 전반적인 글의 흐름을 파악할 수 있는 내용으로 구성된다.

풀이 전략

1 선택지나 <보기>를 읽기 전에 빈칸 앞뒤의 문장을 먼저 읽는다.

2 빈칸의 앞이나 뒤의 문장을 먼저 확인하여 내용이 어떻게 연결되고 있는지 흐름을 파악한다.

3 선택지나 <보기> 중 전반적인 지문의 흐름과 방향이 비슷하게 이어지는 것을 추린다.

4 예측한 빈칸의 내용과 비슷한 방향을 가지는 내용이나 빈칸에 넣었을 때 가장 자연스러운 내용을 선택한다.

난이도 ★★★　　　권장 풀이 시간: 1분 40초　　　나의 풀이 시간: ＿＿＿분 ＿＿＿초

01. 다음 글의 빈칸에 들어갈 내용으로 가장 적절한 것은? 　　　21 7급공채

> 갑: 안녕하십니까. 저는 시청 토목정책과에 근무합니다. 부정 청탁을 받은 때는 신고해야 한다고 들었습니다.
>
> 을: 예, 「부정청탁 및 금품등 수수의 금지에 관한 법률」(이하 '청탁금지법')에서는, 공직자가 부정 청탁을 받았을 때는 명확히 거절 의사를 표현해야 하고, 그랬는데도 상대방이 이후에 다시 동일한 부정 청탁을 해 온다면 소속 기관의 장에게 신고해야 한다고 규정합니다.
>
> 갑: '금품등'에는 접대와 같은 향응도 포함되지요?
>
> 을: 물론이지요. 청탁금지법에 따르면, 공직자는 동일인으로부터 명목에 상관없이 1회 100만 원 혹은 매 회계연도에 300만 원을 초과하는 금품이나 접대를 받을 수 없습니다. 직무 관련성이 있는 경우에는 100만 원 이하라도 대가성 여부와 관계없이 처벌을 받습니다.
>
> 갑: '동일인'이라 하셨는데, 여러 사람이 청탁을 하는 경우는 어떻게 되나요?
>
> 을: 받는 사람을 기준으로 하여 따지게 됩니다. 한 공직자에게 여러 사람이 동일한 부정 청탁을 하며 금품을 제공하려 하였을 때에도 이들의 출처가 같다고 볼 수 있다면 '동일인'으로 해석됩니다. 또한 여러 행위가 계속성 또는 시간적·공간적 근접성이 있다고 판단되면, 합쳐서 1회로 간주될 수 있습니다.
>
> 갑: 실은, 연초에 있었던 지역 축제 때 저를 포함한 우리 시청 직원 90명은 행사에 참여한다는 차원으로 장터에 들러 1인당 8천 원씩을 지불하고 식사를 했는데, 이후에 그 식사는 X회사 사장인 A의 축제 후원금이 1인당 1만 2천 원씩 들어간 것이라는 사실을 알게 되었습니다. 이에 대하여는 결국 대가성 있는 접대도 아니고 직무 관련성도 없는 것으로 확정되었으며, 추가된 식사비도 축제 주최 측에 돌려주었습니다. 그리고 이달 초에는 Y회사의 임원인 B가 관급 공사 입찰을 도와달라고 청탁하면서 100만 원을 건네려 하길래 거절한 적이 있습니다. 그런데 어제는 고교 동창인 C가 찾아와 X회사 공장 부지의 용도 변경에 힘써 달라며 200만 원을 주려고 해서 단호히 거절하였습니다.
>
> 을: 그러셨군요. 말씀하신 것을 바탕으로 설명드리겠습니다. ⬜⬜⬜⬜⬜⬜

① X회사로부터 받은 접대는 시간적·공간적 근접성으로 보아 청탁금지법을 위반한 향응을 받은 것이 됩니다.

② Y회사로부터 받은 제안의 내용은 청탁금지법상의 금품이라고는 할 수 없지만 향응에는 포함될 수 있습니다.

③ 청탁금지법상 A와 C는 동일인으로서 부정 청탁을 한 것이 됩니다.

④ 직무 관련성이 없다면 B와 C가 제시한 금액은 청탁금지법상의 허용 한도를 벗어나지 않습니다.

⑤ 현재는 청탁금지법상 C의 청탁을 신고할 의무가 생기지 않지만, C가 같은 청탁을 다시 한다면 신고해야 합니다.

1 독해의 원리 / 2 논증의 방향 / 3 문맥과 단서 / 4 논리의 체계 / 기출 재구성 모의고사 / 해커스PSAT 7급 PSAT 유형별 기출 200제 언어논리

📝 **꼼꼼 풀이 노트**

권장 풀이 시간에 맞춰 문제를 풀어본 후, 꼼꼼 풀이 노트로 정리해보세요.

■ **출제 포인트**

예) 문맥에 따라 빈칸 내용 파악

■ **선택지 분석**

예) ① 청탁금지법 위반 사유가 다름
　　② 금품은 청탁금지법 위반 사유에 해당함
　　③ '동일인'에 대한 해석 방향이 다름
　　④ C의 200만 원이 문제가 됨

■ 출제 포인트

■ 선택지 분석

난이도 ★★☆ 　　　　　 권장 풀이 시간: 1분 50초 　　　　　 나의 풀이 시간: _____ 분 _____ 초

02. 다음 글의 (가)와 (나)에 들어갈 말을 적절하게 짝지은 것은? 　　　 23 7급공채

> 갑은 국민 개인의 삶의 질을 1부터 10까지의 수치로 평가하고 이 수치를 모두 더해 한 국가의 행복 정도를 정량화한다. 예를 들어, 삶의 질이 모두 5인 100명의 국민으로 구성된 국가의 행복 정도는 500이다.
>
> 　갑은 이제 국가의 행복 정도가 클수록 더 행복한 국가라고 하면서 어느 국가가 더 행복한 국가인지까지도 서로 비교하고 평가할 수 있다고 주장한다. 하지만 갑의 주장은 받아들이기 어렵다. 행복한 국가라면 그 국가의 대다수 국민이 높은 삶의 질을 누리고 있다고 보는 것이 일반적인 직관인데, 이 직관과 충돌하는 결론이 나오기 때문이다. 예를 들어, A국과 B국의 행복 정도를 비교하는 다음의 경우를 생각해 보자. (가) , B국에서 가장 높은 삶의 질을 지닌 국민이 A국에서 가장 낮은 삶의 질을 지닌 국민보다 삶의 질 수치가 낮다. 그러면 갑은 (나) . 그러나 이러한 결론에 동의할 사람은 거의 없을 것이다.

① (가): A국의 행복 정도가 B국의 행복 정도보다 더 크지만

　(나): B국이 A국보다 더 행복한 국가라고 말해야 할 것이다

② (가): A국의 행복 정도가 B국의 행복 정도보다 더 크지만

　(나): A국이 B국보다 더 행복한 국가라고 말해야 할 것이다

③ (가): A국의 행복 정도와 B국의 행복 정도가 같지만

　(나): B국이 A국보다 더 행복한 국가라고 말해야 할 것이다

④ (가): B국의 행복 정도가 A국의 행복 정도보다 더 크지만

　(나): B국이 A국보다 더 행복한 국가라고 말해야 할 것이다

⑤ (가): B국의 행복 정도가 A국의 행복 정도보다 더 크지만

　(나): A국이 B국보다 더 행복한 국가라고 말해야 할 것이다

03. 다음 글에 비추어 볼 때 <사례>의 빈칸에 들어갈 진술로 가장 적절한 것은?　15 5급공채

> 인체 구성성분의 60%는 물이다. 이 중에 대략 3분의 2는 세포 안의 공간에 있는 세포내액으로, 나머지는 세포 밖의 공간에 있는 세포외액으로 존재한다. 세포외액은 다시 세포 사이의 공간에 있는 세포간질액과 혈관 안에 있는 혈액으로 구성된다. 세포내액과 세포외액은 세포막이라는 장벽으로 구분되어 있고, 세포막은 물만 통과할 수 있을 뿐 어떤 삼투질도 통과하지 못한다. 반면 세포간질액과 혈액은 혈관이라는 장벽으로 구분되어 있다. 이제 삼투질에는 소금만 있다고 가정하자. 소금은 혈관을 자유롭게 통과할 수 있기 때문에, 혈관 안팎의 소금 농도가 다르다면 농도가 높은 곳에서 낮은 곳으로 소금이 확산되어 이동한다. 장벽을 사이에 두고 삼투질 농도가 낮은 공간의 물이 삼투질 농도가 높은 공간으로 이동하는 삼투현상이 발생하는데, 이 삼투 현상은 세포막과 혈관에서 모두 일어날 수 있다.
> 　체내에서 세포막이나 혈관을 사이에 두고 일어나는 삼투질의 확산과 삼투현상으로 각 공간의 삼투질 농도는 평형을 이루고 있다. 이때 세포내액, 세포간질액, 혈액의 삼투질 농도는 300mosm/L이고, 0.9% 소금 용액의 삼투질 농도와 동일하다고 하자. 만약 세포간질액에 소금이 추가되어 삼투질 농도가 350mosm/L로 증가된다면, 세포간질액에 있는 소금은 세포 안으로는 확산되지 못하지만 혈액으로 확산되고, 세포 안과 혈관 안의 물이 삼투질 농도가 높은 세포간질액으로 이동하는 삼투현상이 일어난다. 이런 과정을 통해 세포내액, 세포간질액, 혈액은 300mosm/L과 350mosm/L 사이의 삼투질 농도에서 다시 평형을 이루게 된다.

> ───── 〈사례〉 ─────
>
> 　철수와 영훈의 체액 삼투질 농도가 300mosm/L인 상태에서 철수는 0.9%의 소금 용액 1L를, 영훈은 순수한 물 1L를 마셨다. 섭취한 음료는 소화기관에서 모두 흡수되어 혈관 안으로 들어가 온몸으로 퍼져 평형을 이루었다. 음료를 섭취하기 전과 비교하여
> ┌─────────────────────────────────┐
> │   │
> └─────────────────────────────────┘

① 철수의 세포내액 증가량과 세포외액 증가량은 같다.

② 영훈의 세포외액 증가량이 세포내액 증가량보다 적다.

③ 철수의 세포외액 증가량은 영훈의 세포외액 증가량보다 적다.

④ 철수의 세포내액 증가량은 영훈의 세포외액 증가량보다 많다.

⑤ 철수의 세포내액의 삼투질 농도는 영훈의 세포내액의 삼투질 농도보다 낮다.

📋 **꼼꼼 풀이 노트**

권장 풀이 시간에 맞춰 문제를 풀어본 후,
꼼꼼 풀이 노트로 정리해보세요.

■ 출제 포인트

■ 선택지 분석

1 독해의 원리 ｜ 2 논증의 방향 ｜ 3 문맥과 단서 ｜ 4 논리의 체계 ｜ 기출 재구성 모의고사

해커스PSAT 7급 PSAT 유형별 기출 200제 언어논리

난이도 ★★☆   권장 풀이 시간: 1분 30초   나의 풀이 시간: ____분 ____초

04. 다음 글의 문맥상 빈칸에 들어갈 진술로 가장 적절한 것은?   15 5급공채

> 죽음의 편재성(遍在性)이란, 우리가 언제 어디서든 죽을 수 있다는 것을 뜻한다. 죽음의 편재성은 부인할 수 없는 사실이고, 그 사실은 우리에게 죽음의 공포를 불러일으킨다. 보통 우리는 죽음의 공포를 불러일으키는 것을 회피대상으로 생각하고 가급적 피하려고 한다. 예를 들어 자정에서 새벽 1시까지는 아무도 죽지 않는 세계가 있다고 상상해 보자. 아마도 그 세계의 사람들은 매일 그 시간이 오기를 바랄 것이고 최소한 그 시간 동안에는 죽음의 공포를 느끼지 않을 것이다. 이번에는 아무도 죽지 않는 장소가 있는 세계가 있다고 상상해 보자. 아마도 그 장소는 발 디딜 틈도 없이 북적일 것이다. 그 장소에서는 죽음의 공포를 피할 수 있기 때문이다. 이런 점들만 생각해 보아도 죽음의 편재성이 우리에게 죽음의 공포를 불러일으키고, 이로 인해 우리는 죽음의 편재성을 회피대상으로 생각한다는 것을 알 수 있다.
>
> 그런데 죽음의 편재성과 관련된 이러한 생각이 항상 맞지는 않다는 것을 보여주는 사례가 있다. 우리는 죽음의 공포를 기꺼이 감수하면서 즐기는 활동들이 있다는 것을 알고 있다. 혹시 그 활동들이 죽음의 공포를 높이기 때문에 매력적으로 보이는 것은 아닐까? 스카이다이버들은 죽음의 공포를 느끼면서도 그것을 무릅쓰고 비행기에서 뛰어 내린다. 그들은 땅으로 떨어지면서 조그마한 낙하산 가방에 자신의 운명을 맡긴다. 이러한 사례가 보여주는 것은 [   ] 그렇다면, 앞서 상상해 본 세계와 관련된 우리의 생각에는 문제가 있다고 할 수 있다. 즉, 죽음의 편재성이 인간에게 죽음의 공포를 불러일으킨다고 해서 죽음의 편재성이 회피대상이라는 결론으로 나아갈 수는 없다는 것이다.

① 스카이다이버들은 죽음에 대한 공포를 느끼지 않는 사람들이라는 것이다.

② 인간에게 죽음의 공포를 불러일으키는 것이 반드시 회피대상은 아니라는 것이다.

③ 죽음의 편재성이 우리에게 죽음의 공포를 불러일으킨다는 것은 거짓이라는 것이다.

④ 죽음의 공포로부터 자유로운 공간이나 시간이 존재한다는 상상은 현실과 동떨어졌다는 것이다.

⑤ 죽음을 피할 수 있는 공간에 사람들이 모이는 이유는 죽음에 대한 공포 때문이라기보다는 죽음에 대한 동경 때문이라고 보아야 한다는 것이다.

05. 다음 글의 빈칸에 들어갈 내용으로 가장 적절한 것은?

16 5급공채

뉴턴은 무거운 물체가 땅으로 떨어지는 것과 달이 지구 주위를 도는 것은 동일한 원인에 의한 현상이라고 생각했다. 그는 행성들이 태양 주위를 도는 것도 태양과 행성 사이에 중력이라는 힘이 존재하기 때문이라고 보았다. 뉴턴은 질량 m_1인 물체와 질량 m_2인 물체의 중심이 r만큼 떨어져 있을 때 물체 사이에 작용하는 중력 F는 다음과 같이 표현된다고 보았다.

$$F=G\frac{m_1m_2}{r^2}\text{ (단, } G\text{는 만유인력 상수임)}$$

뉴턴은 이렇게 표현되는 중력으로 행성들과 달의 운동을 잘 설명할 수 있었다. 이 힘은 질량을 갖는 것이라면 우주의 모든 것에 작용한다는 점에서 '보편' 중력이라고 부를 만하다. 그렇지만 뉴턴은 왜 이런 힘이 존재하는지를 설명하지 못했다.

그에 대한 설명은 20세기에 들어와 아인슈타인에 의해 이루어졌다. 아인슈타인에 따르면 중력은 물질 근처에서 휘어지는 시공간의 기하학적 구조와 관계가 있는데, 이처럼 휘어지는 방식은 마치 팽팽한 고무막에 볼링공을 가만히 올려놓으면 고무막이 휘어지는 것과 비슷하다. 이 상태에서 볼링공 근처에서 구슬을 굴렸을 때 구슬의 경로가 볼링공 쪽으로 휘어지거나 구슬이 볼링공 주위를 도는 것은 태양의 중력을 받아 혜성이나 행성이 운동하는 방식에 비길 수 있다. 아인슈타인은 중력이라는 힘을 물체의 질량에 의해 시공간이 휘어진다는 개념을 통해서 설명할 수 있음을 보였다.

더 나아가서 아인슈타인은 뉴턴의 중력 개념으로는 설명할 수 없는 현상을 자신의 중력 개념으로부터 추론해냈다. 그는 태양의 큰 질량 때문에 태양 주위에 시공간의 왜곡이 발생해서 태양 주위를 지나가는 광자의 경로가 태양 쪽으로 휘어진다고 예측했다. 그러나 _____는 사실을 고려하면, 뉴턴의 중력 이론의 관점에서는 이렇게 될 이유가 없다. 이러한 상반된 예측 중 어느 쪽이 옳은가를 확인하기 위해 나선 에딩턴의 원정대는 1919년에 개기일식의 기회를 이용해서 별빛의 경로가 태양 근처에서 아인슈타인이 예측했던 대로 휘어진다는 사실을 확인했고, 아인슈타인은 뉴턴을 능가하는 물리학자로 세계적인 명성을 얻게 되었다.

① 광자는 질량을 갖지 않는다

② 진공 속에서 광자의 속력은 일정하다

③ 물체의 질량이 클수록 더 큰 중력을 발휘한다

④ 중력은 지구의 표면과 우주 공간에서 동일하다

⑤ 시간과 공간은 물체의 질량이나 운동에 영향을 받지 않는다

📋 **꼼꼼 풀이 노트**

권장 풀이 시간에 맞춰 문제를 풀어본 후, 꼼꼼 풀이 노트로 정리해보세요.

■ 출제 포인트

■ 선택지 분석

1 독해의 원리 | 2 논증의 방향 | 3 문맥과 단서 | 4 논리의 체계 | 기출 재구성 모의고사

해커스PSAT 7급 PSAT 유형별 기출 200제 언어논리

■ 출제 포인트

■ 선택지 분석

난이도 ★☆☆   권장 풀이 시간: 1분 20초   나의 풀이 시간: _____분 _____초

06. 빈칸에 들어갈 진술로 가장 적절한 것은?   17 5급공채

하늘이 내린 생물을 해치고 없애는 것은 성인(聖人)이 하지 않는 바이다. 하물며 하늘의 도가 어찌 사람들에게 살아있는 것을 죽여서 자기의 생명을 기르게 하였겠는가? 『서경』에서는 "천지는 만물의 부모이며, 인간은 만물의 영장이다. 진실로 총명한 자는 천자가 되고, 천자는 백성의 부모가 된다"라고 하였다. 천지가 이미 만물의 부모라면 천지 사이에 태어난 것은 모두 천지의 자식이다. 천지와 사물의 관계는 부모와 자식의 관계와 같으며, 자식 가운데 어리석고 지혜로움의 차이가 있는 것은 사람과 만물 사이에 밝고 어두움의 차이가 있는 것과 같다. 부모는 자식이 어리석고 불초하면 사랑하고 가엽게 여기며 오히려 걱정하거늘, 하물며 해치겠는가? 살아있는 것을 죽여서 자기의 생명을 기르는 것은 같은 식구를 죽여서 자기를 기르는 것이다. 같은 식구를 죽여서 자기를 기르면 부모의 마음이 어떠하겠는가? 자식들끼리 서로 죽이는 것은 부모의 마음이 아니다. 사람과 만물이 서로 죽이는 것이 어찌 천지의 뜻이겠는가? 인간과 만물은 이미 천지의 기운을 함께 얻었으며, 또한 천지의 이치도 함께 얻었고 천지 사이에서 함께 살아가고 있다. 이미 하나의 같은 기운과 이치를 함께 부여받았는데, 어찌 살아있는 것들을 죽여서 자신의 생명을 양육할 수 있겠는가? 그래서 불교에서는 "천지는 나와 뿌리가 같고, 만물은 나와 한 몸이다"라고 하였고, 유교에서는 "천지만물을 자기와 하나로 여긴다"고 하면서 이것을 '인(仁)'이라고 부른다.

그렇지만 실천하여 행하는 것이 그 이상과 같아야 비로소 인의 도를 온전히 다했다고 할 수 있다. 유교 경전인 『논어』는 "공자는 그물질은 하지 않으셔도 낚시질은 하셨으며, 화살로 잠든 새는 쏘지 않으셨지만 나는 새는 맞추셨다"라고 하였고, 『맹자』도 "군자가 푸줏간을 멀리하는 것은 가축이 죽으면서 울부짖는 소리를 들으면 차마 그 고기를 먹지 못하기 때문이다"라고 말하고 있다. 이것으로 보면, _____

---

① 유교는 『서경』 이래 천지만물을 하나의 가족처럼 여기는 인의 도를 철두철미하게 잘 실천하고 있다.

② 유교에서는 공자와 맹자에서부터 살생하지 말라는 불교의 계율을 이미 잘 실천하고 있다.

③ 유교의 공자와 맹자는 동물마저 측은히 여기는 대상에 포함하여 인간처럼 대하였다.

④ 유교는 인의 도가 지향하는 이상을 실천하는 데 철저하지 못한 측면이 있다.

⑤ 유교에서 인의 도는 인간과 동물을 부모와 자식의 관계로 보고 있다.

07. 다음 ㉠~㉣에 들어갈 말을 가장 적절하게 나열한 것은?   18 5급공채

신체의 운동이 뇌에 의해 통제되고 조절된다는 것은 당연하게 여겨지지만, 여전히 뇌의 어느 부위가 어떤 운동 기능을 담당하는지는 정확하게 이해되고 있지 않다. 이는 뇌의 여러 부분이 동시에 신체 운동에 관여하기 때문이다. 신체 운동에 관여하는 중요한 뇌의 부위에는 운동 피질, 소뇌, 기저핵이 있다. 대뇌에 있는 운동 피질은 의지에 따른 운동을 주로 조절한다. 소뇌와 기저핵은 숙달되어 생각하지 않아도 일어나는 운동들을 조절한다. 평균대 위에서 재주를 넘는 체조선수의 섬세한 몸동작은 반복된 훈련을 통하여 생각 없이 자동으로 이루어지는데 이러한 일은 주로 소뇌가 관여하여 일어난다. 기저핵의 두 부위인 선조체와 흑색질은 서로 대립적으로 신체 운동을 조절한다. 선조체는 신체 운동을 ㉠ 하고, 흑색질은 신체 운동을 ㉡ 하는 역할을 한다. 뇌의 이상으로 발생하는 운동 장애로 헌팅턴 무도병과 파킨슨병이 있다. 이 두 질병은 그 증세가 서로 대조적이다. 전자는 신체의 근육들이 제멋대로 움직여서 거칠고 통제할 수 없는 운동을 유발한다. 반면에 파킨슨병은 근육의 경직과 떨림으로 움직이려 하여도 근육이 제대로 움직여 주지 않는다. 이러한 대조적인 증세는 대립적으로 작용하는 기저핵의 두 부위에서 일어난 손상으로 인하여 발생한다. 선조체가 손상을 입으면 헌팅턴 무도병에 걸리고 흑색질에 손상을 입으면 파킨슨병에 걸린다. 따라서 ㉢ 의 기능을 향상시키는 약을 쓰면 파킨슨병의 증세가 완화되고 ㉣ 의 기능을 억제하는 약을 쓰면 헌팅턴 무도병의 증세가 완화된다.

■ 출제 포인트

■ 선택지 분석

	㉠	㉡	㉢	㉣
①	억제	유발	흑색질	흑색질
②	억제	유발	흑색질	선조체
③	억제	유발	선조체	선조체
④	유발	억제	선조체	흑색질
⑤	유발	억제	흑색질	선조체

난이도 ★★☆   권장 풀이 시간: 1분 40초   나의 풀이 시간: ____분 ____초

08. 다음 ⊙과 ⓒ에 들어갈 말을 가장 적절하게 나열한 것은?   18 5급공채

사람들은 모국어의 '음소'가 아닌 소리를 들으면, 그 소리를 변별적으로 인식하지 못한다. 가령, 물리적으로 다르지만 유사하게 들리는 음성 [x]와 [y]가 있다고 가정해 보자. 이때 우리는 [x]와 [y]가 서로 다르다고 인식할 수도 있고 다르다는 것을 인식하지 못할 수도 있다. [x]와 [y]가 다르다고 인식할 때 우리는 두 소리가 서로 변별적이라고 하고, [x]와 [y]가 다르다는 것을 인식하지 못할 때 두 소리가 서로 비변별적이라고 한다. 변별적으로 인식하는 소리를 음소라고 하고, 변별적으로 인식하지 못하는 소리를 이음 또는 변이음이라고 한다. 우리가 [x]와 [y]를 변별적으로 인식한다면, [x]와 [y]는 둘 다 음소로서의 지위를 갖는다. 반면 [x]와 [y] 가운데 하나는 음소이고 다른 하나가 음소가 아니라면, [x]와 [y]를 서로 변별적으로 인식하지 못한다. 다시 말해 ⟨   ⊙   ⟩

여기서 변별적이라는 것은 달리 말하면 대립을 한다는 것을 뜻한다. 어떤 소리가 대립을 한다는 말은 그 소리가 단어의 뜻을 갈라내는 기능을 한다는 것을 의미한다. 비변별적이라는 것은 대립을 하지 못한다는 것을 뜻한다. 그러므로 대립을 하는 소리는 당연히 변별적이고, 대립을 하지 못하는 소리는 비변별적이다.

인간이 발성 기관을 통해 낼 수 있는 소리의 목록은 비록 언어가 다르더라도 동일하다고 가정하지만, 변별적으로 인식하는 소리 즉, 음소의 수와 종류는 언어마다 다르다. 언어가 문화적 산물이라는 사실을 이해하면, 이는 당연한 일이다. 나라마다 문화가 다르듯이 언어 역시 문화적 산물이므로 차이가 나는 것은 당연하고, 언어를 구성하는 가장 작은 단위인 음소의 수와 종류에도 차이가 나는 것은 당연하다. 우리가 다른 문화권의 사람이라는 것을 인지하는 가장 기본적인 요소 중의 하나가 언어라면, 언어가 다르다고 인지하는 가장 핵심적인 요소 중의 하나가 바로 음소 목록의 차이이다. 그렇기 때문에 모국어의 음소 목록에 포함되어 있지 않은 소리를 들었다면, ⟨   ⓒ   ⟩

① ⊙: [x]를 들어도 [y]로 인식한다면 [x]는 음소이다.
　ⓒ: 소리는 들리지만 그 소리가 무슨 소리인지 알 수 없다.

② ⊙: [y]를 들어도 [x]로 인식한다면 [y]는 음소이다.
　ⓒ: 그 소리를 모국어에 존재하는 음소 중의 하나로 인식하게 된다.

③ ⊙: [x]를 들어도 [y]로 인식한다면 [x]는 [y]의 변이음이다.
　ⓒ: 그 소리를 모국어에 존재하는 음소 중의 하나로 인식하게 된다.

④ ⊙: [x]를 들어도 [y]로 인식한다면 [x]는 [y]의 변이음이다.
　ⓒ: 그 소리를 듣고 모국어에 존재하는 유사한 음소들의 중간음으로 인식하게 된다.

⑤ ⊙: [y]를 들어도 [x]로 인식한다면 [x]는 [y]의 변이음이다.
　ⓒ: 그 소리를 듣고 모국어에 존재하는 유사한 음소들의 중간음으로 인식하게 된다.

09. 다음 글의 ㉠에 들어갈 진술로 가장 적절한 것은?

19 5급공채

> 흔히들 과학적 이론이나 가설을 표현하는 엄밀한 물리학적 언어만을 과학의 언어라고 생각한다. 그러나 과학적 이론이나 가설을 검사하는 과정에는 이러한 물리학적 언어 외에 우리의 감각적 경험을 표현하는 일상적 언어도 사용될 수밖에 없다. 그런데 우리의 감각적 경험을 표현하는 일상적 언어에는 과학적 이론이나 가설을 표현하는 물리학적 언어와는 달리 매우 불명료하고 엄밀하게 정의될 수 없는 용어들이 포함되어 있다. 어떤 학자는 이러한 용어들을 '발룽엔'이라고 부른다.
>
> 이제 과학적 이론이나 가설을 검사하는 과정에 발룽엔이 개입된다고 해보자. 이 경우 우리는 증거와 가설 사이의 논리적 관계가 무엇인지 결정할 수 없게 될 것이다. 즉, 증거가 가설을 논리적으로 뒷받침하고 있는지 아니면 논리적으로 반박하고 있는지에 관해 미결정적일 수밖에 없다는 것이다. 그 이유는 증거를 표현할 때 포함될 수밖에 없는 발룽엔을 어떻게 해석할 것인지에 따라 증거와 가설 사이의 논리적 관계에 대한 다양한 해석이 나오게 될 것이기 때문이다. 발룽엔의 의미는 본질적으로 불명료할 수밖에 없다. 즉, 발룽엔을 아무리 상세하게 정의하더라도 그것의 의미를 정확하고 엄밀하게 규정할 수는 없다는 것이다.
>
> 논리실증주의자들이나 포퍼는 증거와 가설 사이의 관계를 논리적으로 정확하게 판단할 수 있고 이를 통해 가설을 정확히 검사할 수 있다고 생각했다. 그러나 증거와 가설이 상충하면 가설이 퇴출된다는 식의 생각은 너무 단순한 것이다. 증거와 가설의 논리적 관계에 대한 판단을 위해서는 증거가 의미하는 것이 무엇인지 파악하는 것이 선행되어야 하기 때문이다. 따라서 우리가 발룽엔의 존재를 염두에 둔다면, '⟨　　㉠　　⟩'라고 결론지을 수 있다.

① 과학적 가설과 증거의 논리적 관계를 정확하게 판단할 수 있다는 생각은 잘못된 것이다.

② 과학적 가설을 정확하게 검사하기 위해서는 우리의 감각적 경험을 배제해야 한다.

③ 과학적 가설을 검사하기 위한 증거를 표현할 때 발룽엔을 사용해서는 안 된다.

④ 과학적 가설을 표현하는 데에도 발룽엔이 포함될 수밖에 없다.

⑤ 증거가 의미하는 것이 무엇인지 정확히 파악해야 한다.

난이도 ★★★　　　권장 풀이 시간: 1분 40초　　　　나의 풀이 시간: ＿＿분 ＿＿초

10. 다음 글의 ㉠과 ㉡에 들어갈 문장을 <보기>에서 골라 바르게 짝지은 것은?　19 5급공채

　　한편에서는 "C시에 건설될 도시철도는 무인운전 방식으로 운행된다."라고 주장하고, 다른 한편에서는 "C시에 건설될 도시철도는 무인운전 방식으로 운행되지 않는다."라고 주장한다고 하자. 이 두 주장은 서로 모순되는 것처럼 보인다. 하지만 양편이 팽팽히 대립한 회의가 "C시에 도시철도는 적합하지 않다고 판단되므로, 없던 일로 합시다."라는 결론으로 끝날 가능성도 있다는 사실을 우리는 고려해야 한다. C시에 도시철도가 건설되지 않을 경우에도 양편의 주장에 참이나 거짓이라는 값을 매겨야 한다면 어떻게 매겨야 옳을까?

　　한 가지 분석 방안에 따르면, "C시에 건설될 도시철도는 무인운전 방식으로 운행된다."라는 문장은 "　㉠　"라는 것을 의미하는 것으로 해석한다. 이렇게 해석할 경우, C시에 도시철도를 건설하지 않기로 했으므로 원래의 문장은 거짓이 된다. 이런 분석은 "C시에 건설될 도시철도는 무인운전 방식으로 운행되지 않는다."에 대해서도 똑같이 적용되어 그것에도 거짓이라는 값을 부여한다.

　　원래 문장, "C시에 건설될 도시철도는 무인운전 방식으로 운행된다."를 분석하는 둘째 방안도 있다. 이 방안에서는 우선 원래 문장은 "　㉡　"라는 것을 의미하는 것으로 해석한다. 그런 다음 이렇게 분석된 이 문장은 C시에 도시철도를 건설해 그것을 무인운전이 아닌 방식으로 운행하는 일은 없다는 주장과 같은 의미를 나타낸다고 이해한다. 이렇게 해석할 경우 원래의 문장은 참이 된다. 왜냐하면 C시에 도시철도를 건설하지 않기로 했으므로 C시에 도시철도를 건설해 그것을 무인운전이 아닌 방식으로 운행하는 일도 당연히 없을 것이기 때문이다. 이런 분석은 "C시에 건설될 도시철도는 무인운전 방식으로 운행되지 않는다."에 대해서도 똑같이 적용되어 그것에도 참이라는 값을 부여한다.

――――――――――― 〈보기〉 ―――――――――――

(가) C시에 도시철도가 건설되고, 그 도시철도는 무인운전 방식으로 운행된다.
(나) C시에 무인운전 방식으로 운행되는 도시철도가 건설되거나, 아니면 아무 도시철도도 건설되지 않는다.
(다) C시에 도시철도가 건설되면, 그 도시철도는 무인운전 방식으로 운행된다.
(라) C시에 도시철도가 건설되는 경우에만, 그 도시철도는 무인운전 방식으로 운행된다.

　　　　㉠　　　　㉡
① 　(가)　　　(다)
② 　(가)　　　(라)
③ 　(나)　　　(다)
④ 　(나)　　　(라)
⑤ 　(라)　　　(다)

11. 다음 글의 ㉠과 ㉡에 들어갈 내용을 적절하게 짝지은 것은?　　21 5급공채

> 우리는 전체 집단에서 특정 표본을 추출할 때 표본이 무작위로 선정되었을 것이라 기대하지만, 실제로 항상 그런 것은 아니다. 이 같은 표본 선정의 쏠림 현상, 즉 표본의 편향성은 종종 올바른 판단을 저해한다. 2차 세계대전 중 전투기의 보호 장비 개선을 위해 미국의 군 장성들과 수학자들 사이에서 이루어졌던 논의는 그 좋은 사례이다. 미군은 전투기가 격추되는 것을 막기 위해 전투기에 철갑을 둘렀다. 기체 전체에 철갑을 두르면 너무 무거워지기에 중요한 부분에만 둘러야 했다. 교전을 마치고 돌아온 전투기에는 많은 총알구멍이 있었지만, 기체 전체에 고르게 분포된 것은 아니었다. 총알구멍은 동체 쪽에 더 많았고 엔진 쪽에는 그다지 많지 않았다. 군 장성들은 철갑의 효율을 높일 수 있는 기회를 발견했다. ┌─ ㉠ ─┐ 생각이었다.
>
> 반면, 수학자들은 이와 같은 장성들의 생각에 반대하면서 다음과 같은 주장을 펼쳤다. 만일 피해가 전투기 전체에 골고루 분포된다면 분명히 엔진 덮개에도 총알구멍이 났을 텐데, 돌아온 전투기의 엔진 부분에는 총알구멍이 거의 없었다. 왜 이러한 현상이 발생한 것일까? 총알구멍이 엔진에 난 전투기는 대부분 격추되어 돌아오지 못한다. 엔진에 총알을 덜 맞은 전투기가 많이 돌아온 것은, 엔진에 총알을 맞으면 귀환하기 어렵기 때문이다. 병원 회복실을 가보면, 가슴에 총상을 입은 환자보다 다리에 총상을 입은 환자가 더 많다. 이것은 가슴에 총상을 입은 사람들이 회복하지 못했기 때문이다.
>
> 이 사례에서 군 장성들은 자신도 모르게 복귀한 전투기에 관한 어떤 가정을 하고 있었다. 그것은 기지로 복귀한 전투기가 ┌─ ㉡ ─┐ 것이었다. 군 장성들은 복귀한 전투기를 보호 장비 개선 연구를 위한 중요한 자료로 사용하고자 했다. 그러나 만약 잘못된 표본에 근거하여 정책을 결정한다면, 오히려 전투기의 생존율을 낮추는 결과를 초래할 수 있다.

① ㉠: 전투기에서 가장 중요한 엔진 쪽에만 철갑을 둘러도 충분한 보호 효과를 볼 수 있다는
　㉡: 출격한 전투기 일부에서 추출된 편향된 표본이라는

② ㉠: 전투기에서 총알을 많이 맞는 동체 쪽에 철갑을 집중해야 충분한 보호 효과를 볼 수 있다는
　㉡: 출격한 전투기 일부에서 추출된 편향된 표본이라는

③ ㉠: 전투기에서 가장 중요한 엔진 쪽에만 철갑을 둘러도 충분한 보호 효과를 볼 수 있다는
　㉡: 출격한 전투기 전체에서 무작위로 추출된 표본이라는

④ ㉠: 전투기에서 총알을 많이 맞는 동체 쪽에 철갑을 집중해야 충분한 보호 효과를 볼 수 있다는
　㉡: 출격한 전투기 전체에서 무작위로 추출된 표본이라는

⑤ ㉠: 전투기의 철갑 무게를 감당할 만큼 충분히 강력한 엔진을 달아야 한다는
　㉡: 출격한 전투기 전체에서 무작위로 추출된 표본이라는

📋 **꼼꼼 풀이 노트**

권장 풀이 시간에 맞춰 문제를 풀어본 후,
꼼꼼 풀이 노트로 정리해보세요.

■ 출제 포인트

■ 선택지 분석

1 독해의 원리
2 논증의 방향
3 문맥과 단서
4 논리의 세계
기출 재구성 모의고사

해커스PSAT 7급 PSAT 유형별 기출 200제 언어논리

난이도 ★★★　　　권장 풀이 시간: 1분 50초　　　나의 풀이 시간: _____분 _____초

12. 다음 글의 ㉠과 ㉡에 들어갈 내용을 적절하게 짝지은 것은?　　　21 5급공채

> 당신은 사람들로 붐비는 해변에서 즐거운 시간을 보내고 집으로 돌아가려 한다. 당신은 쓰레기를 집으로 가져갈지 아니면 해변에 버리고 갈지를 고민하고 있다. 이때 당신은 다음과 같은 네 경우를 생각할 수 있다.
>
> (가) 당신은 X를 하고, 다른 사람들은 모두 X를 한다.
> (나) 당신은 X를 하고, 다른 사람들은 모두 Y를 한다.
> (다) 당신은 Y를 하고, 다른 사람들은 모두 X를 한다.
> (라) 당신은 Y를 하고, 다른 사람들은 모두 Y를 한다.
>
> (가)로 인한 해변의 상태는 (다)로 인한 해변의 상태와 별반 다르지 않을 것이다. 마찬가지로 (나)의 결과는 (라)의 결과와 별반 다르지 않을 것이다. 이제 다음과 같은 물음을 던져 보자.
>
> (1) 다른 사람들이 X를 행할 경우, 당신은 X와 Y 중 어떤 것을 행하는 것을 선호하는가?
> (2) 다른 사람들이 Y를 행할 경우, 당신은 X와 Y 중 어떤 것을 행하는 것을 선호하는가?
>
> 아마도 당신은 물음 (1)에 　㉠　, (2)에 Y라고 답할 것이다. 이러한 답변에는 쓰레기를 집으로 가지고 가는 번거로운 행동이 해변의 상태에 유의미한 변화를 가져오지 않는다면 그 번거로운 행동을 피하는 것을 선호하는 생각이 전제되어 있다. 또한 당신이 다른 조건이 모두 동등할 경우 해변이 버려진 쓰레기로 난장판이 되는 것보다 그렇게 되지 않는 것을 선호한다면, 당신은 (가)~(라) 중에서 　㉡　를 가장 선호하게 될 것이다.

	㉠	㉡
①	X	(나)
②	X	(다)
③	X	(라)
④	Y	(가)
⑤	Y	(다)

꼼꼼 풀이 노트

권장 풀이 시간에 맞춰 문제를 풀어본 후,
꼼꼼 풀이 노트로 정리해보세요.

■ 출제 포인트

■ 선택지 분석

13. 다음 글의 ㉠~㉢에 들어갈 말을 적절하게 나열한 것은?　　　　22 5급공채

"미래에 받기로 되어 있는 100만 원을 앞당겨 현재에 받는다면 얼마 이상이어야 수용할까?" 만일 누군가 미래 100만 원의 가치가 현재 100만 원의 가치보다 작다고 평가하면, 현재에 받아야 되는 금액은 100만 원보다 적어도 된다. 이때 현재가치는 미래가치를 할인하여 계산된다. 반대로 미래 100만 원이 현재 100만 원보다 가치가 크다고 판단하면 현재에 받는 금액은 100만 원보다 많아야 하고, 현재가치는 미래가치를 할증하여 계산된다.

이와 같이 현재가치를 계산하기 위한 미래가치의 할인 혹은 할증의 개념은 시간선호와 밀접하게 관련되어 있다. 시간선호는 선호하는 시점에 따라 현재선호가 될 수도 있고 미래선호가 될 수도 있다. 만일 누군가가 미래보다 현재를 선호한다면 그는 현재선호 성향을 가진 사람이고, 이들은 현재가치를 계산할 때 미래가치를 할인한다. 반대로 현재보다 미래를 선호한다면 미래선호 성향이라고 하고, 이 경우 현재가치를 계산할 때 미래가치를 할증한다.

그러나 시간 자체에 대한 선호 여부와 상관없이 가치를 할인하거나 할증할 수도 있다. 예컨대 현재보다 미래를 선호하는 성향을 가졌음에도 예상치 못한 사고가 발생하여 큰돈이 필요하다면 미래가치의 [㉠]을 선택할 수밖에 없다. 요컨대 현재선호는 할인의 [㉡]이 아닌 것이다.

이제 누군가가 1년 뒤의 100만 원과 현재의 90만 원을 동일하게 평가한다고 가정해 보자. 이와 같은 선택의 결과만 보았을 때는 그 사람은 할인을 하고 있는 것이 분명하지만, 이 선택의 결과가 현재선호 때문이라고 확언할 수는 없다. 그 사람이 1년 뒤의 물가가 변동할 것으로 예상한다면, 물가와 반대 방향으로 움직이는 화폐가치의 변동이 그 사람의 의사결정에 영향을 미칠 수도 있다. 물가가 큰 폭으로 [㉢] 것으로 예상하면서도 1년 뒤보다 낮은 수준의 현재 금액을 1년 뒤와 동일하게 평가한다면, 이는 현재선호 때문일 가능성이 크다. 반면 그 사람이 물가가 크게 [㉣] 것으로 확신하여 1년 뒤보다 낮은 수준의 현재 금액을 1년 뒤와 동일하게 평가한다면, 현재선호 때문일 가능성은 위의 상황보다 상대적으로 작아진다.

	㉠	㉡	㉢	㉣
①	할인	필요조건	내릴	오를
②	할인	필요조건	오를	내릴
③	할인	충분조건	내릴	오를
④	할증	필요조건	내릴	오를
⑤	할증	충분조건	오를	내릴

난이도 ★★☆   권장 풀이 시간: 1분 40초   나의 풀이 시간: _____ 분 _____ 초

14. 다음 글의 (가)~(다)에 들어갈 말을 적절하게 나열한 것은?   23 5급공채

모든 물질은 원자로 구성되어 있다. 원자의 중심에는 양전하를 띠는 핵이, 핵 주변에는 음전하를 띠는 전자가 있다. 전자는 핵과 전자 사이에 작용하는 전자기적 인력 때문에 핵의 주변에 머물러 있게 된다.

원자 궤도상의 전자의 퍼텐셜 에너지 크기는 상황에 따라 다르다. 여기서 에너지란 어떤 일을 함으로써 변화를 유발할 수 있는 능력이며, 한 물체의 '퍼텐셜 에너지'는 그 물체의 상대적 위치 등에 의해 달라지는 힘과 관련된 에너지이다. 예를 들어 댐에 물이 가득 차 있다고 하자. 댐의 수문을 열면 물이 배출되고, 이 물은 중력에 의해 아래로 흐른다. 이렇게 물이 지구 중심 방향으로 이동하는 과정에서 수문을 열기 전 물의 퍼텐셜 에너지 중 일부는 운동 에너지 등 다른 에너지로 바뀐다. 따라서 댐에 저장된 물은 댐 아래의 물보다 더 [(가)] 퍼텐셜 에너지를 갖는다.

원자 궤도상의 전자도 핵으로부터 떨어진 거리에 따라 다양한 크기의 퍼텐셜 에너지를 갖는다. 지구상의 물체들을 중력이 붙잡고 있는 것처럼 음전하를 띠는 전자들은 전자기적 인력에 의해 양전하를 띠는 핵에 붙잡혀 있다. 댐 아래의 물을 댐 위로 퍼올리려면 물에 에너지를 투입해야 하는 것처럼 전자를 핵으로부터 멀리 이동시키기 위해서는 전자가 에너지를 [(나)] 한다. 따라서 전자가 핵으로부터 멀수록 전자의 퍼텐셜 에너지는 더 크다.

물의 퍼텐셜 에너지 변화는 연속적이다. 전자의 경우는 어떨까? 전자의 퍼텐셜 에너지 크기는 공이 놓인 계단에 비유할 수 있다. 각 계단은 저마다 불연속적이고 정해진 퍼텐셜 에너지 수준을 가지고 있고, 공은 각 계단에 놓일 뿐 계단 사이에 놓이지 않는다. 따라서 공이 어느 계단에 있느냐에 따라 공은 다른 크기의 퍼텐셜 에너지를 가진다. 유사하게 핵과 전자 사이의 거리가 변할 때, 전자의 퍼텐셜 에너지 크기 변화는 [(다)]. 각 퍼텐셜 에너지 크기 사이의 중간 에너지를 갖는 경우는 없다는 것이다.

	(가)	(나)	(다)
①	작은	잃어야	연속적이다
②	작은	얻어야	불연속적이다
③	큰	잃어야	연속적이다
④	큰	얻어야	불연속적이다
⑤	큰	잃어야	불연속적이다

15. 다음 글의 (가)~(다)에 들어갈 말을 적절하게 나열한 것은?   24 5급공채

온도가 내려가면 액체 상태의 물은 얼음으로 변하는데, 어떤 경우에는 0℃ 이하에서 물이 얼지 않기도 한다. 이러한 현상을 물의 과냉각이라고 한다.

한 연구 그룹은 물체가 전기를 띠는 현상인 하전과 과냉각된 물이 어는 온도와의 관계를 이해하기 위해 장치 X를 이용해 연구를 진행했다. 장치 X에는 특정 온도 이상에서는 표면이 양(+)으로 하전되고 이 온도보다 낮을 때 표면이 음(-)으로 하전되는 부품 A가 달려 있다. 또한 이 장치에는 온도가 변하더라도 하전이 되지 않는 부품 B도 달려 있다. 부품 B는 온도가 변하더라도 하전이 되지 않는다는 점만 제외하고는 부품 A와 물리적 특성 등이 같다.

이 장치 X를 -11℃인 방에 두고 부품 A와 B의 표면에 과냉각된 물방울이 맺히도록 했다. 이때 부품 A의 표면은 음(-)으로 하전되었고, 두 부품과 물방울 역시 -11℃였다. 방 온도를 -5℃까지 천천히 높여서 부품 A와 B의 온도를 높였다. 어느 순간 부품 A의 표면은 양(+)으로 하전되었다. 그렇게 하전된 이후에도 방 온도를 더 높여서 부품 A와 B의 온도는 -8℃가 되었다. 이때 부품 A와 그 표면에 맺힌 물방울 또한 -8℃였으며, 이 온도에서 그 물방울은 결빙되기 시작했다. 반면 이때 부품 B의 표면에 맺힌 물방울은 결빙되지 않았다. 위 실험 결과는 과냉각된 물은 주변 온도가   (가)   얼 수 있다는 것을 보여준다.

이후 이 연구 그룹은 다음과 같은 실험도 수행했다. 습도가 높은 20℃의 방에 장치 X를 둔 후, 수증기가 응결되어 부품 A와 B의 표면에 물방울이 맺힐 때까지 방의 온도를 낮췄다. 이후에도 이 방의 온도를 낮추면서 물방울이 결빙되는 온도를 살펴보았다. 부품 A의 표면은 -7℃에서   (나)   의 하전을 보였다. 이때 부품 A와 그 표면에 맺힌 물방울 또한 -7℃였으며, 이 온도에서 그 물방울이 결빙되기 시작했다. 반면, 부품 B와 그 표면에 맺힌 물방울이 -12.5℃가 되자 물방울은 결빙되기 시작했다. 위 실험 결과는 과냉각된 물의 온도가 내려갈 때 물 주변   (다)   의 하전이 결빙을 촉진한다는 사실을 보여준다.

	(가)	(나)	(다)
①	올라가는 상황에서도	양(+)	양(+)
②	올라가는 상황에서도	양(+)	음(-)
③	올라가는 상황에서도	음(-)	음(-)
④	내려가는 상황에서만	양(+)	양(+)
⑤	내려가는 상황에서만	음(-)	양(+)

📝 **꼼꼼 풀이 노트**

권장 풀이 시간에 맞춰 문제를 풀어본 후, 꼼꼼 풀이 노트로 정리해보세요.

■ 출제 포인트

■ 선택지 분석

난이도 ★★★　　　권장 풀이 시간: 3분 40초　　　나의 풀이 시간: ＿＿분 ＿＿초

※ 다음 글을 읽고 물음에 답하시오. [16~17]

17 5급공채

양자역학은 이론과 인간 경험 사이의 간극을 잘 보여준다. 입자 하나가 가상의 선을 기준으로 오른쪽에 있거나 왼쪽에 있다고 하자. 오른쪽에 있는 입자를 관측하면 우리는 그 위치를 '오른쪽'이라고 하고, 왼쪽에 있는 입자를 관측하면 그 위치를 '왼쪽'이라고 할 것이다. 반면 양자역학에 따르면 입자는 오른쪽과 왼쪽의 '중첩' 상태에 놓일 수 있다. 하지만 우리는 결코 이 중첩 상태를 경험하지 못하며, 언제나 '오른쪽' 또는 '왼쪽'이라고 관측한다. 입자의 위치를 측정하고 나면, 우리는 '오른쪽'과 '왼쪽' 가운데 오직 하나를 경험하며, 다른 경험은 결코 하지 못한다.

양자역학과 우리의 경험을 조화시키기 위해 양자역학에 대한 여러 해석이 제안되었다. 시간이 지남에 따라 우주가 여러 가지로 쪼개진다고 상상하고 여러 가지로 쪼개진 각각을 '가지'라고 하자. 이제 양자역학의 해석으로 다음 두 해석만 있다고 가정한다. 하나는 가지 치는 것을 허용하지 않는 ST 해석이고, 다른 하나는 이를 허용하는 MW 해석이다. 오직 두 해석만 있기 때문에 한 해석이 참이면 다른 해석은 거짓이다. 우리의 경험은 두 해석 중 무엇을 확증하는가?

알려졌듯이, 입자의 위치를 관측할 때 '오른쪽'이 관측될 확률과 '왼쪽'이 관측될 확률은 1/2로 동일하다. 이는 다음과 같이 표현될 수 있다.

	가지1	가지2
ST	'오른쪽' 또는 '왼쪽'이 관측되지만, 둘 다 동시에 관측될 수는 없다.	
MW	'오른쪽'이 관측된다.	'왼쪽'이 관측된다.

입자를 관측한 결과 '오른쪽'이 관측되었다고 가정하자. 이는 다음과 같은 증거 R이 주어졌음을 뜻한다.

R: 관측된 입자의 위치가 '오른쪽'인 가지가 존재한다.

이제 다음 정의를 받아들이자. '증거 E가 가설 H를 확증한다'는 것은 '가설 H가 참인 조건에서 증거 E가 참일 확률이 가설 H가 거짓인 조건에서 증거 E가 참일 확률보다 더 크다'는 것을 의미한다.

ST 해석과 MW 해석을 가설로 간주할 때 증거 R이 이들 가설을 각각 확증하는지 따져보자. ST가 참인 조건에서 R이 참일 확률은 1/2이다. 왜냐하면 ST가 참인 조건에서는 가지가 하나밖에 없고, 가지가 하나밖에 없는 우주에서 '오른쪽'이 관측될 확률은 1/2이기 때문이다. 반면 ST가 거짓인 조건, 즉 MW가 참인 조건에서 R이 참일 확률은 1이다. 왜냐하면 MW가 참이라는 조건에서는 두 개의 가지가 있고 이 중 하나에서는 반드시 '오른쪽'이 관측되기 때문이다. 비슷한 방식으로 우리는 MW가 거짓인 조건에서 R이 참일 확률이 얼마인지도 알아낼 수 있다. 따라서 ＿＿＿＿＿＿＿＿＿＿＿＿＿＿＿

이제 '왼쪽'이 관측되었다면 어떻게 될까? 이는 다음과 같은 증거 L이 주어졌음을 뜻한다.

L: 관측된 입자의 위치가 '왼쪽'인 가지가 존재한다.

ST가 참인 조건에서 증거 L이 참일 확률은 1/2이다. 왜냐하면 ST가 참인 조건에서는 가지가 하나밖에 없고, 가지가 하나밖에 없는 우주에서 '왼쪽'이 관측될 확률은 1/2이기 때문이다. 반면 ST가 거짓인 조건, 즉 MW가 참인 조건에서 L이 참일 확률은 1이다. 왜냐하면 MW가 참인 조건에서는 가지가 두 개가 있고, 두 가지 가운데 하나에서는 반드시 '왼쪽'이 관측되기 때문이다.

지금까지의 논의를 종합할 때 우리는 ㉠흥미로운 결론에 도달한다.

16. 위 글의 빈칸에 들어갈 진술로 가장 적절한 것은?

① R은 ST와 MW를 모두 확증한다.

② R은 ST와 MW 중 어느 것도 확증하지 못한다.

③ R은 ST를 확증하지 못하지만 MW는 확증한다.

④ R은 ST를 확증하지만 MW는 확증하지 못한다.

⑤ R이 ST와 MW 중 하나를 확증하지만 어느 것인지는 알 수 없다.

꼼꼼 풀이 노트

권장 풀이 시간에 맞춰 문제를 풀어본 후,
꼼꼼 풀이 노트로 정리해보세요.

■ 출제 포인트

■ 선택지 분석

17. 위 글의 ㉠으로 가장 적절한 것은?

① 양자역학의 한 해석이 확증되면 다른 해석도 확증된다.

② 우리의 모든 경험이 확증하는 양자역학의 해석은 없다.

③ 우리의 경험이 다르면 그 경험이 확증하는 양자역학의 해석도 다르다.

④ 특정한 경험은 양자역학의 두 해석을 모두 확증하거나 모두 확증하지 못한다.

⑤ 어떤 경험을 하든지 우리의 경험은 양자역학의 특정한 해석 하나만을 확증한다.

약점 보완 해설집 p.36

유형 9 밑줄 추론

유형 소개

'밑줄 추론' 유형은 지문의 특정 단어나 구절에 밑줄을 긋고, 밑줄 그어진 단어나 구절이 지문에서 나타내는 의미를 문맥에 따라 파악하여 선택지나 <보기>의 옳고 그름을 판단하는 문제 유형이다.

유형 특징

1 특정 단어나 구절에 밑줄이 그어져 있는 1~3단락 정도의 지문이 제시된다.

2 밑줄의 의미를 파악하거나 그에 해당하는 사례를 찾는 형태로 출제되므로 밑줄은 대체로 생소하고 추상적인 내용의 단어나 구절에 적용된다.

3 선택지나 <보기>는 지문에서 파악할 수 있는 밑줄의 의미나 그 의미를 적용한 사례로 구성된다.

풀이 전략

1 선택지나 <보기>를 읽기 전에 지문에서 밑줄 앞뒤의 문장을 먼저 읽는다.

2 밑줄의 내용을 나타내는 핵심어나 문장을 체크하여 밑줄의 의미를 추론할 수 있는 단서를 파악한다.

3 선택지나 <보기>의 내용이 지문에서 체크한 핵심어나 문장과 일치하는지 비교한다.

4 밑줄의 사례를 찾는 문제인 경우, 선택지나 <보기>에 구체적인 사례가 제시되므로 각 선택지나 <보기>의 핵심어를 체크하여 지문의 단서와 비교한다.

유형 공략 문제

01. 다음 글의 ㉠에 해당하는 내용으로 가장 적절한 것은?

A시에 거주하면서 1세, 2세, 4세의 세 자녀를 기르는 갑은 육아를 위해 집에서 15km 떨어진 키즈 카페인 B카페에 자주 방문한다. B카페는 지역 유일의 키즈 카페라서 언제나 50여 구획의 주차장이 꽉 찰 정도로 성업 중이다. 최근 자동차를 교체하게 된 갑은 친환경 추세에 부응하여 전기차로 구매하였는데, B카페는 전기차 충전 시설이 없었다. 세 자녀를 돌보느라 거주지에서의 자동차 충전 시기를 놓치는 때가 많은 갑은 이러한 불편함을 호소하며 B카페에 전기차 충전 시설 설치를 요청하였다. 하지만 B카페는, 충전 시설을 설치하고 싶지만 비용이 문제라서 A시의 「환경 친화적 자동차의 보급 및 이용 활성화를 위한 조례」(이하 '조례')에 따른 지원금이라도 받아야 간신히 설치할 수 있는 상황인데, 아래의 조문에서 보듯이 B카페는 그에 해당하지 않는다고 설명하였다.

> 「환경 친화적 자동차의 보급 및 이용 활성화를 위한 조례」
> 제9조(충전시설 설치대상) ① 주차단위구획 100개 이상을 갖춘 다음 각호의 시설은 전기자동차 충전시설을 설치하여야 한다.
>   1. 판매·운수·숙박·운동·위락·관광·휴게·문화시설
>   2. 500세대 이상의 아파트, 근린생활시설, 기숙사
> ② 시장은 제1항의 설치대상에 대하여는 설치비용의 반액을 지원하여야 한다.
> ③ 시장은 제1항의 설치대상에 해당하지 않는 사업장에 대하여도 전기자동차 충전시설의 설치를 권고할 수 있다.

갑은 영유아와 같이 보호가 필요한 이들이 많이 이용하는 키즈 카페 등과 같은 사업장에도 전기차 충전 시설의 설치를 지원해 줄 수 있는 근거를 조례에 마련해 달라는 민원을 제기하였다. 갑의 민원을 검토한 A시 의회는 관련 규정의 보완이 필요하다고 인정하여, ㉠<u>조례 제9조를 개정</u>하였고, B카페는 이에 근거한 지원금을 받아 전기차 충전 시설을 설치하게 되었다.

① 제1항 제3호로 "다중이용시설(극장, 음식점, 카페, 주점 등 불특정다수인이 이용하는 시설을 말한다)"을 신설

② 제1항 제3호로 "교통약자(장애인·고령자·임산부·영유아를 동반한 사람, 어린이 등 일상생활에서 이동에 불편을 느끼는 사람을 말한다)를 위한 시설"을 신설

③ 제4항으로 "시장은 제2항에 따른 지원을 할 때 교통약자(장애인·고령자·임산부·영유아를 동반한 사람, 어린이 등 일상생활에서 이동에 불편을 느끼는 사람을 말한다)를 위한 시설을 우선적으로 지원하여야 한다."를 신설

④ 제4항으로 "시장은 제3항의 권고를 받아들이는 사업장에 대하여는 설치비용의 60퍼센트를 지원하여야 한다."를 신설

⑤ 제4항으로 "시장은 전기자동차 충전시설의 의무 설치대상으로서 조기 설치를 희망하는 사업장에는 설치 비용의 전액을 지원할 수 있다."를 신설

📝 **꼼꼼 풀이 노트**

권장 풀이 시간에 맞춰 문제를 풀어본 후, 꼼꼼 풀이 노트로 정리해보세요.

■ 출제 포인트

예) ㉠의 세부 내용 추론

■ 선택지 분석

예) ①, ② 주차단위구획 100개 이상 갖춘 시설에 해당하는지 여부

③ B카페 → 제1항의 설치대상 해당 여부

④ 제3항, 1~2문단

⑤ B카페 → 전기자동차 충전시설의 의무 설치대상 해당 여부

권장 풀이 시간에 맞춰 문제를 풀어본 후,
꼼꼼 풀이 노트로 정리해보세요.

■ 출제 포인트

■ 선택지 분석

난이도 ★★☆　　　권장 풀이 시간: 1분 40초　　　나의 풀이 시간: _____분 _____초

02. 다음 글의 밑줄 친 ㉠~㉣ 가운데 '부사적 지능'의 의미로 사용된 것을 모두 고르면?

11 5급공채

열매를 따기 위해서 침팬지는 직접 나무에 올라가기도 하지만 상황에 따라서는 도구를 써서 열매를 떨어뜨리기도 한다. 누구도 침팬지에게 막대기를 휘두르라고 하지 않았다. 긴 막대기가 열매를 얻는 효과적인 방법이라고는 할 수 없다. 여하튼 침팬지는 인간처럼 스스로 이 방법을 고안했고 직접 나무를 오르는 대신 이 방법을 쓴 것이다. 이를 두고 침팬지는 ㉠지능적으로 열매를 딴다고 할 만하다.

동일한 문제를 똑같이 잘 해결하는 두 개의 시스템 중 하나가 다른 것보다 훨씬 복잡하게 구성되어 있다면 둘 중 어떤 것이 더 지능적이라고 말할 수 있을까? 아마도 더 단순하게 구성된 시스템을 더 ㉡지능적이라고 말해야 할 것이다. 똑같은 일을 훨씬 적은 힘을 들여 처리할 수 있으니 말이다. 그렇다고 더 단순한 해결책을 더 지능적인 해결책이라고 한다면, 간단하고 단순한 것을 지능적인 것의 반대로 여기는 일반적인 사고방식에 위배되는 것처럼 보인다. 따라서 '지능'이라는 말의 의미를 구분할 필요가 있다.

와트의 원심력 조절 기계를 생각해보자. 외부의 영향을 받지 않고 항상 일정하게 증기기관의 회전수를 유지시켜주는 이 기구는 단순하지만 섬세한 장치이다. 이 기계의 시스템은 역학 과정을 수행하여 일정한 회전수를 유지한다는 정해진 목표를 제대로 수행한다. 이를 놓고 '이 기계는 주어진 과제를 ㉢지능적으로 해결하고 있다'고 말할 수 있다. 여기서 '지능적으로'라는 부사를 통해서 의미하는 바는 어떤 것이 외부에서 주어진 과제를 효율적으로 수행하고 있다는 것이며, 이런 의미의 '지능'을 '부사적 지능'이라고 부를 수 있다. 반면, 또 다른 의미의 '지능'은 '명사적 지능'이라고 불리는 것이다. 명사적 지능을 가진 주체는 주어진 과제를 수행하는 과정에서 실수를 하기도 하고 이 과정을 수행하는 데 필요한 것보다 더 많은 것을 동원하기도 하지만, 여러 수단 중에서 하나를 선택하고 그 결과를 미리 예상한다. 어떤 것을 '지능적'이라고 여길 때에는 이 두 의미 중 하나만이 적용될 수 있다는 점을 잊지 말아야 한다.

뛰어난 체스 컴퓨터는 대부분의 사람들을 상대로 체스 게임에서 상대방보다 더 ㉣지능적으로 말을 움직인다. 하지만 많은 과학자들은 체스 컴퓨터와는 다른 의미에서 지능적인 로봇을 꿈꾼다. 즉, 인간과 동일한 의미에서 지능적인 로봇을 만드는 것이 그들의 과제인 것이다.

① ㉠, ㉢

② ㉡, ㉢

③ ㉠, ㉡, ㉣

④ ㉠, ㉢, ㉣

⑤ ㉡, ㉢, ㉣

03. 다음 글에서 ㉠의 물음이 생기는 이유로 가장 적절한 것은?   13 5급공채

서울에 거주하는 초등학생 중에서 휴대전화를 가지고 있는 학생들은 얼마나 될까? 서울에 거주하는 초등학생 중에서 일부를 표본으로 삼아 조사해보니 이 중 60%가 휴대전화를 갖고 있다는 자료가 나왔다고 하자. 이 경우에 '서울에 거주하는 초등학생'을 이 표본 조사의 '준거집합'이라고 한다. 철수는 서울에 거주하는 초등학생이다. 이 경우에 철수가 휴대전화를 갖고 있을 확률을 묻는다면, 우리는 60%라고 해야 할 것이다. 그런데 서울에 거주하는 초등학생이면서 차상위계층의 자녀 중에서는 얼마나 많은 학생들이 휴대전화를 갖고 있을까? 이 경우에 준거집합은 '서울에 거주하는 초등학생이면서 차상위계층의 자녀'가 될 것이다. 앞서 삼은 표본 조사에서 차상위계층의 자녀만을 추려서 살펴보니 이 중 50%의 학생들이 휴대전화를 갖고 있다는 결과가 나왔다. 철수는 서울에 거주하는 초등학생일 뿐만 아니라 그의 가족은 차상위계층에 속한다. 이 경우 철수가 휴대전화를 갖고 있을 확률을 묻는다면, 우리는 50%라고 해야 할 것 같다. 마지막으로, 같은 표본 조사에서 이번에는 서울 거주 초등학생이면서 외동아이인 아이들의 집합에 대해서 조사해 보았는데, 70%가 휴대전화를 갖고 있었다는 결과가 나왔다. 철수는 서울 거주 초등학생이면서 외동아이이다. 이 경우에 철수가 휴대전화를 갖고 있을 확률을 우리는 70%라고 해야 할 것이다.

철수는 서울에 거주하는 초등학생이면서 차상위계층의 자녀이고 또한 외동아이인 것으로 확인되었다. 그렇다면 ㉠철수가 휴대전화를 갖고 있을 확률은 얼마라고 해야 하는가?

① 한 사람이 다양한 준거집합에 속할 수 있기 때문이다.

② 준거집합이 클수록 표본 조사의 결과를 더 신뢰할 수 있기 때문이다.

③ 준거집합이 작을수록 표본 조사의 결과를 더 신뢰할 수 있기 때문이다.

④ 표본의 크기가 준거집합의 크기에 따라 달라지기 때문이다.

⑤ 표본을 추출하는 방법이 얼마나 무작위적인가에 따라서 표본 조사의 결과가 변화하기 때문이다.

난이도 ★★★　　　　권장 풀이 시간: 1분 40초　　　　나의 풀이 시간: _____ 분 _____ 초

04. 다음 글의 ㉠에 해당하지 않는 것은?　　　　　　　　　　　13 5급공채

키르케의 섬에 표류한 오디세우스의 부하들은 키르케의 마법에 걸려 변신의 형벌을 받았다. 변신의 형벌이란 몸은 돼지로 바뀌었지만 정신은 인간의 것으로 남아 자신이 돼지가 아니라 인간이라는 기억을 유지해야 하는 형벌이다. 그 기억은, 돼지의 몸과 인간의 정신이라는 기묘한 결합의 내부에 견딜 수 없는 비동일성과 분열이 담겨 있기 때문에 고통스럽다. "나는 돼지이지만 돼지가 아니다, 나는 인간이지만 인간이 아니다."라고 말해야만 하는 것이 비동일성의 고통이다.

바로 이 대목이 현대 사회의 인간을 '물화(物化)'라는 개념으로 파악하고자 했던 루카치를 전율케 했다. 물화된 현대 사회에서 인간 존재의 모습은 두 가지로 갈린다. 먼저 인간은 상품이 되었으면서도 인간이라는 것을 기억하는, 따라서 현실에서 소외당한 자신을 회복하려는 가혹한 노력을 경주해야 하는 존재이다. 자신이 인간이라는 점을 기억하고 있지 않다면 그에게 구원은 구원이 아닐 것이므로, 인간이라는 본질을 계속 기억하는 일은 그에게 구원의 첫째 조건이 된다. 키르케의 마법으로 변신의 계절을 살고 있지만, 자신이 기억을 계속 유지하면 그 계절은 영원하지 않을 것이라는 희망을 가질 수 있다. 그는 소외 없는 저편의 세계, 구원과 해방의 순간을 기다린다.

반면 ㉠망각의 전략을 선택하는 자는 자신이 인간이었다는 기억 자체를 포기하는 인간이다. 그는 구원을 위해 기억에 매달리지 않는다. 그는 그에게 발생한 변화를 받아들이고 그것을 새로운 현실로 인정하며 그 현실에 맞는 새로 언어를 얻기 위해 망각의 정치학을 개발한다. 망각의 정치학에서는 인간이 고유의 본질을 갖고 있다고 믿는 것 자체가 현실적인 변화를 포기하는 것이 된다. 일단 키르케의 돼지가 된 자는 인간 본질을 붙들고 있는 한 새로운 변화를 꾀할 수 없다.

키르케의 돼지는 자신이 인간이었다는 기억을 망각하고 포기할 때 새로운 존재로 탄생할 수 있겠지만, 바로 그 때문에 그는 소외된 현실이 가져다주는 비참함으로부터 눈을 돌리게 된다. 대중소비를 신성화하는 대신 왜곡된 현실에는 관심을 두지 않는다고 비판받았던 1960년대 팝아트 예술은 망각의 전략을 구사하는 키르케의 돼지들이다.

---

① 물화된 세계를 비판 없이 받아들인다.

② 고유의 본질을 버리고 변화를 선택한다.

③ 왜곡된 현실을 자기합리화하여 수용한다.

④ 자신의 정체성이 분열되었음을 직시한다.

⑤ 소외된 상황에 적응할 수 있는 언어를 찾는다.

05. 다음 글의 ㉠~㉢에 해당하는 것을 <보기>에서 골라 알맞게 짝지은 것은?   13 외교관

윤리라는 말의 의미는 매우 다양하다. 조금만 주의를 기울이면, 쓰이는 맥락에 따라 윤리라는 말의 의미가 변한다는 사실을 알 수 있다. '윤리(ethics)'라는 말은 관습 또는 특유의 습관이라는 의미인 그리스어 'ethos'에서 유래했다. '도덕(morals)'의 어원인 라틴어 'mores' 역시 관습을 의미한다. 관습과 윤리의 혼동은 우리가 한 개인이나 집단의 특정한 사고방식을 가리켜 ㉠'윤리'라고 말할 때 뚜렷하게 드러난다. 이때 '윤리'는 의료 윤리, 법조 윤리처럼 특정 직업인들 사이에 적용되는 규약의 의미로 사용되기도 하고, 슈바이처의 윤리, 영국 빅토리아 시대의 윤리처럼 한 개인이나 특정 시대, 특정 사회의 도덕관을 가리키는 표현으로 사용되기도 한다.

윤리라는 말은 윤리 또는 도덕과 관련된 주제, 경험 등을 가리키기도 한다. 이런 종류의 주제, 경험은 법, 종교, 예술, 과학, 경제, 스포츠 등과 같은 인간의 독특한 관심 분야이다. 예를 들어 "인간복제는 윤리적 논쟁거리이다."라고 말할 때의 ㉡윤리는 바로 그러한 의미로 쓰인 것이다. 이때 '윤리적(ethical)'이라는 표현은 '도덕적(moral)'이라는 표현과 의미상 차이가 없다. 그와 반대되는 표현은 '도덕과 관계없는(nonmoral)'이 된다.

윤리라는 말의 또 다른 의미는 칭찬할 만하고 도덕적으로 알맞은 결정이나 행위를 가리킬 때 쓰인다. 예를 들어 "자신의 잘못을 솔직히 인정한 워싱턴의 행동은 윤리적이야."라고 말할 때의 ㉢윤리는 바로 이런 의미를 지니고 있다. 그리고 이는 '비윤리적(unethical)', '비도덕적(immoral)'이라는 표현과 반대된다.

〈보기〉

"어려움에 처한 이웃을 도와주라."라는 명제는 우선 도덕적 사고분야와 관계되어 있다는 점에서 (A)'윤리적'이다. 그리고 우리가 어려움에 처한 이웃을 실제로 돕는다면, 이는 도덕적으로 올바른 것이므로 (B)'윤리적'이다. 한편, 이 명제는 한국 사회의 가치관을 반영하고 있어 대다수의 한국인들이 받아들이기 때문에 (C)'윤리적'이다.

	㉠	㉡	㉢
①	A	B	C
②	A	C	B
③	B	A	C
④	C	A	B
⑤	C	B	A

1 독해의 원리

2 논증의 방향

3 문맥과 단서

4 논리의 세계

기출 재구성 모의고사

해커스PSAT 7급 PSAT 유형별 기출 200제 언어논리

꼼꼼 풀이 노트

권장 풀이 시간에 맞춰 문제를 풀어본 후,
꼼꼼 풀이 노트로 정리해보세요.

■ 출제 포인트

■ 선택지 분석

06. 다음 글의 ㉠으로 가장 적절한 것은?   16 5급공채

> A: 요즘 자연과학이 발전함에 따라 뇌과학을 통해 인간에 대해 탐구하려는 시도가 유행하고 있지만, 나는 인간의 본질은 뇌세포와 같은 물질이 아니라 영혼이라고 생각해. 어떤 물질도 존재하지 않지만 나 자신은 영혼 상태로 존재하는 세계를, 나는 상상할 수 있어. 따라서 나는 존재하지만 어떤 물질도 존재하지 않는 세계는 가능해. 나는 존재하지만 어떤 물질도 존재하지 않는 세계가 가능하다면, 나의 본질은 물질이 아니야. 따라서 나는 본질적으로 물질이 아니라고 할 수 있어. 나의 본질이 물질이 아니라면 무엇일까? 그것은 바로 영혼이지. 결국 물질적인 뇌세포를 탐구하는 뇌과학은 인간의 본질에 대해 알려 줄 수 없어.
>
> B: 너는 ㉠잘못된 생각을 암묵적으로 전제하고 있어. 수학 명제를 한번 생각해 봐. 어떤 수학 명제가 참이라면 그 명제가 거짓이라는 것은 불가능해. 마찬가지로 어떤 수학 명제가 거짓이라면 그 명제가 참이라는 것도 불가능하지. 그럼 아직까지 증명되지 않아서 참인지 거짓인지 모르는 골드바흐의 명제를 생각해 봐. 그 명제는 '2보다 큰 모든 짝수는 두 소수의 합이다.'라는 거야. 분명히 이 명제가 참인 세계를 상상할 수 있어. 물론 거짓인 세계도 상상할 수 있지. 그렇지만 이 수학 명제가 참인 세계와 거짓인 세계 중 하나는 분명히 가능하지 않아. 앞에서 말했듯이, 그 수학 명제가 참이라면 그것이 거짓이라는 것은 불가능하고, 그 수학 명제가 거짓이라면 그것이 참이라는 것은 불가능하기 때문이야.

① 인간의 본질은 영혼이거나 물질이다.

② 우리가 상상할 수 있는 모든 세계는 가능하다.

③ 우리가 상상할 수 없는 어떤 것도 참일 수 없다.

④ 물질이 인간의 본질이 아니라는 것은 상상할 수 없다.

⑤ 뇌과학이 다루는 문제와 수학이 다루는 문제는 동일하다.

07. 다음 ⊙의 내용으로 가장 적절한 것은?   17 5급공채

인지부조화는 한 개인이 가지는 둘 이상의 사고, 태도, 신념, 의견 등이 서로 일치하지 않거나 상반될 때 생겨나는 심리적인 긴장상태를 의미한다. 인지부조화는 불편함을 유발하기 때문에 사람들은 이것을 감소시키려고 한다. 인지부조화를 감소시키는 방법은 서로 모순관계에 있어서 양립할 수 없는 인지들 가운데 하나 이상의 인지가 갖는 내용을 바꾸어 양립할 수 있게 만들거나, 서로 모순되는 인지들 간의 차이를 좁힐 수 있는 새로운 인지를 추가하여 부조화된 인지상태를 조화된 상태로 전환하는 것이다.

그런데 실제로 부조화를 감소시키는 행동은 비합리적인 면이 있다. 그 이유는 그러한 행동들이 사람들로 하여금 중요한 사실을 배우지 못하게 하고 자신들의 문제에 대해서 실제적인 해결책을 찾지 못하도록 할 수 있기 때문이다. 부조화를 감소시키려는 행동은 자기방어적인 행동이고, 부조화를 감소시킴으로써 우리는 자신의 긍정적인 이미지, 즉 자신이 선하고 현명하며 상당히 가치 있는 인물이라는 긍정적인 측면의 이미지를 유지하게 된다. 비록 자기방어적인 행동이 유용한 것으로 생각될 수 있지만, 이러한 행동은 부정적 결과를 초래할 수 있다.

한 실험에서 연구자는 인종차별 문제에 대해서 확고한 입장을 보이는 사람들을 선정하였다. 일부는 차별에 찬성하였고, 다른 일부는 차별에 반대하였다. 선정된 사람들에게 인종차별에 대한 찬성과 반대 의견이 실린 글을 모두 읽게 하였는데, 어떤 글은 지극히 논리적이고 그럴듯하였고, 다른 글은 터무니없고 억지스러운 것이었다. 실험에서는 참여자들이 과연 어느 글을 기억할 것인지에 관심이 있었다. 인지부조화 이론에 따르면, 사람들은 현명한 사람을 자기 편, 우매한 사람을 다른 편이라 생각할 때 마음이 편안해질 것이다. 그렇다면 이 실험에서 인지부조화 이론은 다음과 같은 ⊙결과를 예측할 것이다.

① 참여자들은 자신의 의견에 동의하는 논리적인 글과 반대편의 의견에 동의하는 논리적인 글을 기억한다.

② 참여자들은 자신의 의견에 동의하는 모든 글을 기억하고 반대편의 의견에 동의하는 모든 글을 기억하지 않는다.

③ 참여자들은 자신의 의견에 동의하는 논리적인 글과 반대편의 의견에 동의하는 터무니없고 억지스러운 글을 기억한다.

④ 참여자들은 자신의 의견에 동의하는 터무니없고 억지스러운 글과 반대편의 의견에 동의하는 논리적인 글을 기억한다.

⑤ 참여자들은 자신의 의견에 동의하는 모든 글을 기억하고 반대편의 의견에 동의하는 논리적인 글은 기억하지 않는다.

난이도 ★★☆   권장 풀이 시간: 1분 40초   나의 풀이 시간: _____분 _____초

08. 다음 ㉠의 사례로 가장 적절한 것은?   17 5급공채

보통 '관용'은 도덕적으로 바람직한 것으로 간주된다. 관용은 특정 믿음이나 행동, 관습 등을 잘못된 것이라고 여김에도 불구하고 용인하거나 불간섭하는 태도를 의미한다. 여기서 관용이란 개념의 본질적인 두 요소를 발견할 수 있다. 첫째 요소는 관용을 실천하는 사람이 관용의 대상이 되는 믿음이나 관습을 거짓이거나 잘못된 것으로 여긴다는 점이다. 이런 요소가 없다면, 우리는 '관용'을 말하고 있는 것이 아니라 '무관심'이나 '승인'을 말하는 셈이다. 둘째 요소는 관용을 실천하는 사람이 관용의 대상을 용인하거나 최소한 불간섭해야 한다는 점이다. 하지만 관용을 이렇게 이해하면 역설이 발생할 수 있다.

자국 문화를 제외한 다른 문화는 모두 미개하다고 생각하는 사람을 고려해보자. 그는 모든 문화가 우열 없이 동등하다는 생각이 틀렸다고 확신하고 있다. 하지만 그는 그런 자신의 믿음에도 불구하고 전략적인 이유로, 예를 들어 동료들의 비난을 피하기 위해 자신이 열등하다고 판단하는 문화를 폄하하려는 욕구를 억누르고 있다고 하자. 다른 문화를 폄하하고 싶은 그의 욕구가 크면 클수록, 그리고 그가 자신의 이런 욕구를 성공적으로 자제하면 할수록, 우리는 그가 더 관용적이라고 말해야 할 것 같다. 하지만 이는 받아들이기 어려운 역설적 결론이다.

이번에는 자신이 잘못이라고 믿는 수많은 믿음을 모두 용인하는 사람을 생각해 보자. 이 경우 이 사람이 용인하는 믿음이 많으면 많을수록 우리는 그가 더 관용적이라고 말해야 할 것 같다. 그런데 그럴 경우 우리는 인종차별주의처럼 우리가 일반적으로 잘못인 것으로 판단하는 믿음까지 용인하는 경우에도 그 사람이 더 관용적이라고 말해야 한다. 하지만 도덕적으로 잘못된 것을 용인하는 것은 그 자체가 도덕적으로 잘못이라고 보는 것이 마땅하다. 결국 우리는 관용적일수록 도덕적으로 잘못을 저지르게 될 가능성이 높아지게 되는데 이는 역설적이다.

이상의 논의를 고려하면 종교에 대한 관용처럼 비교적 단순해 보이는 사안에 대해서조차 ㉠역설이 발생한다. 이로부터 우리는 관용의 맥락에서, 용인하는 믿음이나 관습의 내용에 일정한 한계가 있어야 함을 알 수 있다.

① 종교적 문제에 대해 별다른 의견이 없는 사람을 관용적이라고 평가하게 된다.

② 모든 종교적 믿음은 거짓이라고 생각하고 배척하는 사람을 관용적이라고 평가하게 된다.

③ 자신의 종교가 주는 가르침만이 유일한 진리라고 믿는 사람일수록 덜 관용적이라고 평가하게 된다.

④ 보편적 도덕 원칙에 어긋나는 가르침을 주장하는 종교까지 용인하는 사람을 더 관용적이라고 평가하게 된다.

⑤ 자신이 유일하게 참으로 믿는 종교 이외의 다른 종교적 믿음에 대해서도 용인하는 사람일수록 더 관용적이라고 평가하게 된다.

09. 다음 ㉠으로 가장 적절한 것은?

18 5급공채

> 오늘날 유전 과학자들은 유전자의 발현에 관한 ㉠물음에 관심을 갖고 있다. 맥길 대학의 연구팀은 이 물음에 답하려고 연구를 수행하였다. 어미 쥐가 새끼를 핥아주는 성향에는 편차가 있다. 어떤 어미는 다른 어미보다 더 많이 핥아주었다. 많이 핥아주는 어미가 돌본 새끼들은 인색하게 핥아주는 어미가 돌본 새끼들보다 외부 스트레스에 무디게 반응했다. 게다가 많이 안 핥아주는 친어미에게서 새끼를 떼어내어 많이 핥아주는 양어미에게 두어 핥게 하면, 새끼의 스트레스 반응 정도는 양어미의 새끼 수준과 비슷해졌다.
>
> 연구팀은 어미가 누구든 많이 핥인 새끼는 그렇지 않은 새끼보다 뇌의 특정 부분, 특히 해마에서 글루코코르티코이드 수용체들, 곧 GR들이 더 많이 생겨났다는 것을 발견했다. 이렇게 생긴 GR의 수는 성체가 되어도 크게 바뀌지 않았다. GR의 수는 GR 유전자의 발현에 달려있다. 이 쥐들의 GR 유전자는 차이는 없지만 그 발현 정도에는 차이가 있을 수 있다. 이 발현을 촉진하는 인자 중 하나가 NGF 단백질인데, 많이 핥인 새끼는 그렇지 못한 새끼에 비해 NGF 수치가 더 높다.
>
> 스트레스 반응 정도는 코르티솔 민감성에 따라 결정되는데 GR이 많으면 코르티솔 민감성이 낮아지게 하는 되먹임 회로가 강화된다. 이 때문에 똑같은 스트레스를 받아도 많이 핥인 새끼는 그렇지 않은 새끼보다 더 무디게 반응한다.

① 코르티솔 유전자는 어떻게 발현되는가?

② 유전자는 어떻게 발현하여 단백질을 만드는가?

③ 핥아주는 성향의 유전자는 어떻게 발현되는가?

④ 후천 요소가 유전자의 발현에 영향을 미칠 수 있는가?

⑤ 유전자 발현에 영향을 미치는 유전 요인에는 무엇이 있는가?

📔 꼼꼼 풀이 노트

권장 풀이 시간에 맞춰 문제를 풀어본 후,
꼼꼼 풀이 노트로 정리해보세요.

■ 출제 포인트

■ 선택지 분석

1 독해의 원리
2 논증의 방향
3 문맥과 단서
4 논리의 체계
기출 재구성 모의고사

해커스PSAT 7급 PSAT 유형별 기출 200제 언어논리

난이도 ★★☆   권장 풀이 시간: 1분 40초   나의 풀이 시간: _____분 _____초

10. 다음 ㉠에 대한 판단으로 적절한 것만을 <보기>에서 모두 고르면?   18 5급공채

사람의 혈액은 혈구와 혈장으로 구성되어 있는데, 혈구에는 적혈구와 백혈구 그리고 혈소판이 포함되고 혈액의 나머지 액성 물질은 혈장에 포함된다. 혈장의 90%는 물로 구성되어 있으며 상당량의 무기질 및 유기질 성분들이 함유되어 있다. 혈구를 구성하는 물질 중 99% 이상이 적혈구이며 백혈구와 혈소판은 1% 미만을 차지한다. ㉠전체 혈액 중 적혈구가 차지하는 비율은 여성보다 남성이 약간 높다. 적혈구는 말초 조직에 있는 세포로 산소를 전달하고, 말초 조직에 있는 세포가 만든 이산화탄소를 폐로 전달하는 역할을 한다. 이러한 역할을 수행하는 적혈구의 수를 혈액 내에서 일정하게 유지하는 것은 정상 상태의 인체를 유지하는 데 매우 중요하다.

하지만 혈액을 구성하는 물질의 조성(組成)은 질병이나 주변 환경 그리고 인체의 상태에 따라 달라질 수 있다. 예를 들면 빈혈은 말초 조직에 있는 세포에서 필요로 하는 산소를 공급하는 적혈구의 수가 충분하지 않을 때 나타난다. 골수계 종양의 하나인 진성적혈구증가증에 걸리면 다른 혈액 성분에 비해 적혈구가 많이 생산된다. 적혈구 총량에는 변동 없이 혈장이 감소하는 가성적혈구증가증도 혈액의 조성에 영향을 준다. 또한 과도한 운동이나 심각한 설사로 체내 혈장의 물이 체내로 유입되는 물보다 더 많이 외부로 유출되면 심한 탈수 현상이 일어난다.

〈보기〉

ㄱ. 심한 운동으로 땀을 많이 흘리면 ㉠이 정상 상태보다 높아진다.

ㄴ. 폐로 유입되는 산소의 농도가 높아지면 ㉠이 정상 상태보다 높아진다.

ㄷ. 진성적혈구증가증에 걸리면 ㉠이 정상 상태보다 높아지는 반면, 가성적혈구증가증에 걸리면 ㉠이 정상 상태보다 낮아진다.

① ㄱ

② ㄷ

③ ㄱ, ㄴ

④ ㄴ, ㄷ

⑤ ㄱ, ㄴ, ㄷ

11. 다음 글의 ㉠에 해당하는 사례만을 <보기>에서 모두 고르면?   19 5급공채

'부재 인과', 즉 사건의 부재가 다른 사건의 원인이라는 주장은 일상 속에서도 쉽게 찾아볼 수 있다. 인과 관계가 원인과 결과 간에 성립하는 일종의 의존 관계로 분석될 수 있다면 부재 인과는 인과 관계의 한 유형을 표현한다. 예를 들어, 경수가 물을 주었더라면 화초가 말라죽지 않았을 것이므로 '경수가 물을 줌'이라는 사건이 부재하는 것과 '화초가 말라죽음'이라는 사건이 발생하는 것 사이에는 의존 관계가 성립한다. 인과 관계를 이런 의존 관계로 이해할 경우 화초가 말라죽은 것의 원인은 경수가 물을 주지 않은 것이며 이는 상식적 판단과 일치한다. 하지만 화초가 말라죽은 것은 단지 경수가 물을 주지 않은 것에만 의존하지 않는다. 의존 관계로 인과 관계를 이해하려는 견해에 따르면, 경수의 화초와 아무 상관없는 영희가 그 화초에 물을 주었더라도 경수의 화초는 말라죽지 않았을 것이므로 영희가 물을 주지 않은 것 역시 그 화초가 말라죽은 사건의 원인이라고 해야 할 것이다. 그러나 상식적으로 경수가 물을 주지 않은 것은 그가 키우던 화초가 말라죽은 사건의 원인이지만, 영희가 물을 주지 않은 것은 그 화초가 말라죽은 사건의 원인이 아니다. 인과 관계를 의존 관계로 파악해 부재 인과를 인과의 한 유형으로 받아들이면, 원인이 아닌 수많은 부재마저도 원인으로 받아들여야 하는 ㉠문제가 생겨난다.

─────────〈보기〉─────────

ㄱ. 어제 영지는 늘 타고 다니던 기차가 고장이 나는 바람에 지각을 했다. 그 기차가 고장이 나지 않았다면 영지는 지각하지 않았을 것이다. 하지만 영지가 새벽 3시에 일어나 직장에 걸어갔더라면 지각하지 않았을 것이다. 그러므로 어제 영지가 새벽 3시에 일어나 직장에 걸어가지 않은 것이 그가 지각한 원인이라고 보아야 한다.

ㄴ. 영수가 야구공을 던져서 유리창이 깨졌다. 영수가 야구공을 던지지 않았더라면 그 유리창이 깨지지 않았을 것이다. 하지만 그 유리창을 향해 야구공을 던지지 않은 사람들은 많다. 그러므로 그 많은 사람 각각이 야구공을 던지지 않은 것을 유리창이 깨어진 사건의 원인이라고 보아야 한다.

ㄷ. 햇빛을 차단하자 화분의 식물이 시들어 죽었다. 하지만 햇빛을 과다하게 쪼이거나 지속적으로 쪼였다면 화분의 식물은 역시 시들어 죽었을 것이다. 그러므로 햇빛을 쪼이는 것은 식물의 성장 원인이 아니라고 보아야 한다.

① ㄱ

② ㄴ

③ ㄱ, ㄷ

④ ㄴ, ㄷ

⑤ ㄱ, ㄴ, ㄷ

난이도 ★★☆   권장 풀이 시간: 1분 30초   나의 풀이 시간: _____분 _____초

12. 다음 글의 ㉠에 대한 판단으로 가장 적절한 것은?   23 5급공채

기본소득이란 "자산 심사나 노동에 대한 요구 없이 모두에게 지급되는 개별적이고 무조건적이며 정기적으로 지급되는 현금"으로 정의된다. 그리고 이 정의에는 기본소득의 지급과 관련한 ㉠다섯 가지 원칙이 담겨 있다.

기본소득의 지급에는 본래 세 가지 원칙이 있었다. 첫째, 기본소득의 가장 핵심이 되는 '보편성' 원칙이다. 기본소득은 누구에게나 실질적 자유를 주고자 하는 이념에 따라 소득이나 자산 수준에 관계없이 국민 모두에게 지급해야 한다. 둘째, '무조건성' 원칙이다. 기본소득은 수급의 대가로 노동이나 구직활동 등을 요구하지 않아야 한다. 왜냐하면 자유를 보장하기 위해서는 어떠한 강제나 요구사항도 있어서는 안 되기 때문이다. 셋째, '개별성' 원칙이다. 기본소득의 이념에서 자유는 개인의 자유를 의미하기 때문에 가구 단위가 아닌 개인 단위로 지급해야 한다.

그런데 2016년 서울에서 열린 기본소득 총회에서 다음의 두 가지 원칙이 추가되었다. 넷째, '정기성' 원칙이다. 기본소득은 일회성으로 끝나는 것이 아니라 정기적인 시간 간격을 두고 지속적으로 지급해야 한다. 다섯째, '현금 지급' 원칙이다. 기본소득은 무엇을 할지에 대한 선택권을 최대한 보장할 수 있도록, 특정 재화 및 서비스 이용을 명시하는 이용권이나 현물이 아니라 현금으로 지급해야 한다.

---

① 복지 효율성을 높이기 위하여 기본소득을 경제적 취약 계층에만 지급하더라도 보편성 원칙에 어긋나지 않는다.

② 기본소득을 주식에 투자하여 탕진한 실업자에게도 기본소득을 지급한다면 무조건성 원칙에 어긋난다.

③ 미성년자에게는 성인의 80%를 기본소득으로 지급하면 개별성 원칙에 어긋나지 않는다.

④ 매달 지급하는 방식이 아니라 1년에 한 번씩 기본소득을 지급한다면 정기성 원칙에 어긋난다.

⑤ 기본소득을 입출금이 자유로운 예금 계좌에 입금하는 방식으로 지급하면 현금 지급 원칙에 어긋난다.

13. 다음 글을 토대로 할 때 ㉠의 근거로 가장 적절한 것은?   23 5급공채

> 고도의 사회성으로 집단을 이루고 살아가는 쌍살벌은 개체의 얼굴에서 독특하게 나타나는 노란색과 검은색 무늬로 상대방을 구별한다. 시언과 티베츠는 쌍살벌의 개체 인식 능력을 시험하여 이것이 영장류만큼 정교하다는 사실을 발견했다. 말벌이나 꿀벌 등 다른 종류의 벌에 비해 쌍살벌은 같은 종에 속한 개체의 얼굴을 구별하는 뛰어난 능력을 갖고 있다.
>
> 쌍살벌은 영장류처럼 큰 뇌를 갖고 있지 않기 때문에 쌍살벌의 뛰어난 얼굴 인식 메커니즘은 뇌를 활용하는 영장류의 방식과는 판이하게 다르다. 동물들이 다른 메커니즘을 통해 유사한 기능을 발휘하는 경우는 아주 많다. 하지만 인지 기능의 경우 어떤 이들은 하등 동물이 비슷한 일을 하는 사례를 들어 큰 뇌를 가진 동물의 고등한 능력에 의문을 제기하곤 한다. 그들은 "벌도 갖고 있는 능력이라면, 그건 고등한 능력이 아니지 않은가?"라고 말한다. 마치 어떤 결과에 이르는 길은 하나밖에 없다는 것처럼 말이다. 하지만 ㉠동물들이 유사한 기능을 발휘하기 위해 항상 유사한 메커니즘이 요구되는 것은 아니다.
>
> 상동과 상사는 진화 과정에서 흔히 나타난다. 상동은 생물의 기관이 외관상으로는 다르나 본래 기관의 원형은 동일한 것을 가리킨다. 사람의 손과 박쥐의 날개는 상동기관으로 둘 다 조상의 앞다리에서 유래했다. 정확하게 똑같은 수로 이루어진 뼈가 그것을 입증한다. 반면에 상사는 통상적으로 종류가 다른 생물의 기관에서, 구조는 서로 다르나 그 형상이나 기능이 서로 일치하는 것을 가리킨다. 이는 수렴 진화를 통해, 즉 서로 관계가 먼 생물들이 같은 방향으로 진화하면서 나타난다. 곤충의 날개와 새의 날개는 둘 다 날기 위해 공기를 미는 작용을 하지만 기원과 해부학적 구조가 전혀 다르다. 동물의 인지 기능에도 마찬가지 논리를 적용할 수 있다.

① 쌍살벌과 말벌이 개체 인식 능력에서 차이가 나게 된 것은 상사에 해당한다.

② 영장류가 가지는 사회성과 쌍살벌이 가지는 사회성에는 수준 차이가 있다.

③ 쌍살벌이 큰 뇌가 없어도 영장류처럼 정교한 개체 인식 능력을 갖게 된 것은 상사에 해당한다.

④ 영장류가 얼굴을 보고 개체를 구별하는 것은 고등한 능력임이 쌍살벌의 사례에서 확인된다.

⑤ 박쥐가 날개로 물건을 쥘 수 없다는 것에서 사람이 손으로 물건을 쥐는 능력이 고등한 능력임이 드러난다.

약점 보완 해설집 p.41

📝 **꼼꼼 풀이 노트**

권장 풀이 시간에 맞춰 문제를 풀어본 후,
꼼꼼 풀이 노트로 정리해보세요.

■ 출제 포인트

■ 선택지 분석

유형 10 · 글의 수정

유형 소개

'글의 수정' 유형은 지문의 특정 구절이나 문장에 밑줄을 긋고 이중 전체 글의 흐름에 맞지 않는 부분을 찾아 수정하는 유형이다.

유형 특징

1 지문의 특정 구절이나 문장 등에 5개의 밑줄이 그어져 있는 2~4 단락 정도의 지문이 제시된다.

2 선택지는 각 밑줄에 대한 수정 내용으로 구성되어 글의 문맥에 따라 전체적인 흐름을 파악하는 능력을 평가한다.

3 지문에 수정의 기준이 제시되고 그 기준에 따라 지문의 내용이 바르게 수정되어 있는지를 확인하는 방식으로 출제되기도 한다.

풀이 전략

1 밑줄 그어진 문장을 수정하는 문제인 경우, 지문을 처음부터 순서대로 읽으면서 밑줄이 나오면 밑줄 앞뒤 문장의 핵심어를 확인하여 내용의 흐름을 파악한다.

2 밑줄이 나올 때마다 바로바로 해당 밑줄을 수정하는 선택지를 확인하여 선택지의 핵심어가 글의 흐름과 자연스러운지 판단한다.

3 지문에 제시된 기준을 바탕으로 수정해야 하는 문제인 경우, 기준을 우선적으로 확인한 후 지문을 읽는다.

4 기준과 어긋나는 부분을 찾으면 그 부분을 다루고 있는 선택지를 먼저 확인하여 기준에 따라 적절하게 수정되었는지 판단한다.

난이도 ★★☆   권장 풀이 시간: 1분 40초   나의 풀이 시간: _____분 _____초

01. 다음 대화의 ㉠에 따라 <계획안>을 수정한 것으로 적절하지 않은 것은?   20 7급모의

> 갑: 지금부터 회의를 시작하겠습니다. 이 자리는 '보고서 작성법 특강'의 개최계획 검토를 위한 자리입니다. 특강을 성공적으로 개최하기 위해서 어떻게 해야 하는지 각자의 의견을 자유롭게 말씀해주시기 바랍니다.
>
> 을: 특강 참석 대상을 명확하게 정하고 그에 따라 개최 일시가 조정되었으면 좋겠습니다. 주중에 계속 근무하는 현직 공무원인 경우, 아무래도 주말에는 특강 참석률이 저조합니다. 특강을 평일에 개최하되 참석 시간을 근무시간으로 인정해 준다면 참석률이 높아질 것 같습니다.
>
> 병: 공무원이 되기 위해 준비하고 있는 예비공무원들에게는 서울이 더 낫겠지만, 중앙부처 소속 공무원에게는 세종시가 접근성이 더 좋습니다. 특강 참석 대상이 누구인가에 따라 장소를 조정할 필요가 있습니다.
>
> 정: 주제가 너무 막연하게 표현되어 있습니다. 보고서의 형식이나 내용은 누구에게 보고하느냐에 따라 크게 달라집니다. 보고 대상이 명시적으로 드러날 수 있도록 주제를 더 구체적으로 표현하면 좋겠습니다.
>
> 무: 특강과 관련된 정보가 부족합니다. 강의에 관심이 있는 사람이라면 별도 비용이 있는지, 있다면 구체적으로 금액은 어떠한지 등이 궁금할 겁니다.
>
> 갑: 얼마 전에 비슷한 특강이 서울에서 개최되었으니 이번 특강은 현직 중앙부처 소속 공무원을 대상으로 진행하도록 하겠습니다. 참고로 특강 수강 비용은 무료입니다. ㉠오늘 회의에서 논의된 내용을 반영하여 특강 계획을 수정하도록 하겠습니다. 감사합니다.

> ───── 〈계획안〉 ─────
> 보고서 작성법 특강
>
> ○ 주제: 보고서 작성 기법
> ○ 일시: 2021. 11. 6.(토) 10:00~12:00
> ○ 장소: 정부서울청사 본관 5층 대회의실
> ○ 대상: 현직 공무원 및 공무원을 꿈꾸는 누구나

① 주제를 '효율적 정보 제시를 위한 보고서 작성 기법'으로 변경한다.

② 일시를 '2021. 11. 10.(수) 10:00~12:00(특강 참여 시 근무시간으로 인정)'으로 변경한다.

③ 장소를 '정부세종청사 6동 대회의실'로 변경한다.

④ 대상을 '보고서 작성 능력을 키우고 싶은 현직 중앙부처 공무원'으로 변경한다.

⑤ 특강을 듣기 위한 별도 부담 비용이 없다고 안내하는 항목을 추가한다.

■ 출제 포인트

■ 선택지 분석

02. 다음 글의 A가 반드시 참이 되도록 ㉠~㉤ 부분을 수정하려고 할 때 적절한 것은?

12 5급공채

2주 전 조사를 의뢰 받은 부식제 누출 사고의 분석 결과를 간략히 요약해서 말씀드리겠습니다. 귀사가 의뢰한 사안의 핵심에는 이 사고에 대해 책임을 져야 할 관련자의 범위를 규명하는 일과 더불어 위험물질 관리시스템 RE-201과 이 사고의 연관성 여부를 규명하는 일이 있었으며, 우리의 분석은 여기에 초점을 맞추고 있습니다.

먼저, 관련자들의 담당업무를 분석한 결과 ㉠안전관리팀의 강 과장과 시설연구소의 남 박사 중 적어도 한 사람에게 이 사고와 관련된 책임이 있다는 판단에 도달했습니다. 물론 이 사고에 대한 책임의 소재는 추가로 밝혀질 수 있다는 점을 말씀드려둡니다. 그러나 ㉡사고 당일의 당직 책임자였던 도 부장과 박 과장에게는 어떠한 과실이나 책임의 여지도 없었습니다. 또 우리는 사고 당일을 포함하여 지난 수 개월 동안의 공장 전체의 부식제 분배 시스템 작동 상황을 공학적 측면에서 면밀히 검토했습니다. 이 검토의 결론은 이렇습니다. ㉢만일 이 사고와 관련된 책임이 안전관리팀의 강 과장에게 있고 또 이 사고가 위험물질 관리 시스템 RE-201과 관련되었다면, 부식제 누출 사고는 공장의 S 구역에서만 일어났어야 합니다. 그러나 알려진 것처럼 ㉣누출 사고는 S 구역을 포함하는 광범위한 영역에서 일어났을 뿐만 아니라 상대적으로 T와 U 구역의 누출이 훨씬 더 심각했습니다.

마지막으로 알아낸 것은, ㉤만일 강 과장에게 이 사고와 관련된 책임이 있다면 남 박사에게도 책임이 있을 수밖에 없다는 것이었습니다. 책임 소재의 명확한 범위에 대한 분석은 아직 진행 중입니다. 그러나 일단 앞의 분석을 토대로 [A]이번 사고가 RE-201과 관련되었다는 주장은 틀렸다는 결론을 내릴 수 있었습니다.

① ㉠을 '안전관리팀의 강 과장과 시설연구소의 남 박사 모두에게 이 사고와 관련된 책임이 있는 것은 아니다'로 고친다.

② ㉡을 '사고 당일의 당직 책임자였던 도 부장과 박 과장에게도 책임의 여지가 있었습니다.'로 고친다.

③ ㉢에서 '관련되었다면'을 '관련되었다면, 그리고 그런 경우에 한해서'로 고친다.

④ ㉣을 '누출 사고는 S 구역이 아니라 T와 U 구역에서 일어났습니다.'로 고친다.

⑤ ㉤을 '남 박사에게는 이 사고와 관련된 책임이 없다'로 고친다.

03. 다음 글의 흐름에 맞지 않는 곳을 ㉠~㉤에서 찾아 수정할 때 가장 적절한 것은?

21 5급공채

> 　진화 과정에서 빛을 방출하는 일부 원생생물은 그렇지 않은 원생생물보다 어떤 점에서 생존에 더 유리했을까? 요각류라고 불리는 동물이 밤에 발광하는 원생생물인 와편모충을 먹는다는 사실은 이러한 의문을 풀어줄 실마리를 제공한다. 와편모충이 만든 빛은 요각류를 잡아먹는 어류를 유인할 수 있다. 이때 ㉠발광하는 와편모충을 잡아먹는 요각류가 발광하지 않는 와편모충만을 잡아먹는 요각류보다 그들의 포식자인 육식을 하는 어류에게 잡아먹힐 위험성이 더 높아질 것이다.
>
> 　연구자들은 실험실의 커다란 수조 속에 요각류와 요각류의 포식자 중 하나인 가시고기를 같이 두어 이 가설을 검증하였다. 수조의 절반에는 발광하는 와편모충을 넣고 다른 절반에는 발광하지 않는 와편모충을 넣었다. 연구자들은 방을 어둡게 한 상태에서 요각류는 와편모충을, 그리고 가시고기는 요각류를 잡아먹게 하였다. 몇 시간 후 ㉡연구자들은 수조 속 살아남은 요각류의 수를 세었다.
>
> 　그 결과는 예상과 같았다. 가시고기는 수조에서 ㉢빛을 내지 않는 와편모충이 있는 쪽보다 빛을 내는 와편모충이 있는 쪽에서 요각류를 더 적게 먹었다. 이러한 결과는 원생생물이 자신을 잡아먹는 동물에게 포식 위협을 증가시킴으로써 잡아먹히는 것을 회피할 수 있음을 시사한다. ㉣요각류에게는 빛을 내는 와편모충을 계속 잡는 것보다 도망치는 편이 더 이익이다. 이때 발광하는 와편모충은 요각류의 저녁 식사가 될 확률이 낮아지므로, 자연선택은 이들 와편모충에서 생물발광이 유지되도록 하였다.
>
> 　만약 우리가 생물발광하는 원생생물이 자라고 있는 해변을 밤에 방문한다면 원생생물이 내는 불빛을 보게 될 것이다. 원생생물이 내는 빛은 ㉤포식자인 육식동물들에게 원생생물을 잡아먹는 동물이 근처에 있을 수 있다는 신호가 된다.

① ㉠을 "발광하지 않는 와편모충을 잡아먹는 요각류가 발광하는 와편모충만을 잡아먹는 요각류보다"로 고친다.

② ㉡을 "연구자들은 수조 속 살아남은 와편모충의 수를 세었다."로 고친다.

③ ㉢을 "빛을 내지 않는 와편모충이 있는 쪽보다 빛을 내는 와편모충이 있는 쪽에서 요각류를 더 많이 먹었다."로 고친다.

④ ㉣을 "요각류에게는 도망치는 것보다 빛을 내는 와편모충을 계속 잡는 편이 더 이익이다."로 고친다.

⑤ ㉤을 "포식자인 육식동물들에게 자신들의 먹이가 되는 원생생물이 많이 있음을 알려주는 신호가 된다."로 고친다.

난이도 ★★☆   권장 풀이 시간: 1분 40초   나의 풀이 시간: _____분 _____초

04. 다음 글의 ㈀~㈐을 문맥에 맞게 수정한 것으로 가장 적절한 것은?   22 5급공채

　가상의 물질 X에 대한 두 가설을 생각해 보자. 첫 번째는 'X는 1,000℃ 미만에서 붉은빛을 내며, 1,000℃ 이상에서는 푸른빛을 낸다.'라는 가설이다. 두 번째는 'X는 1,000℃ 미만에서 붉은빛을 내며, 1,000℃ 이상에서는 푸른빛을 내지 않는다.'라는 가설이다. ㈀<u>이 두 가설은 동시에 참일 수는 없지만 동시에 거짓일 수는 있다.</u> 이제 'X가 700℃에서 붉은빛을 낸다.'라는 사실이 관찰되었다고 하자. 이는 X에 대한 두 가설의 예측과 일치한다. 따라서 이 관찰 결과는 두 가설 모두에 긍정적인 증거라고 할 수 있다. 이렇듯 하나의 관찰 결과가 서로 양립불가능한 가설 모두에 긍정적인 증거가 될 수 있는데, 증거관계의 이러한 특징을 '증거관계 제1성질'이라고 하자.

　한편, 위의 첫 번째 가설은 'X는 1,000℃ 미만에서 붉은빛을 내거나 푸른빛을 내지 않는다.'라는 가설을 함축한다. 첫 번째 가설이 참일 때 이 가설 역시 참일 수밖에 없기 때문이다. 'X가 700℃에서 붉은빛을 낸다.'라는 관찰 결과는 첫 번째 가설의 긍정적 증거이므로 이 가설에 대해서도 긍정적인 증거가 된다. 이런 점에서 '어떤 관찰 결과가 가설의 긍정적인 증거라면, 그 관찰 결과는 ㈁<u>해당 가설이 함축하고 있는 다른 가설에도 긍정적인 증거이다.</u>'라는 진술은 충분히 받아들일 수 있는 것으로 보인다. 이를 '증거관계 제2성질'이라고 하자.

　마지막으로 우리는 '어떤 관찰 결과가 가설의 긍정적인 증거라면, 그 관찰 결과는 그 가설이 거짓이라는 것에 대한 부정적인 증거이다.'라는 진술도 받아들일 수 있다. 위에서 언급한 관찰 결과는 'X는 1,000℃ 미만에서 붉은빛을 낸다.'라는 것의 긍정적인 증거이다. 그렇다면 그 관찰 결과가 '㈂<u>X는 1,000℃ 미만의 어떤 온도에서는 붉은빛을 내지 않는다.</u>'의 부정적인 증거인 것은 분명하다. 이런 특징을 '증거관계 제3성질'이라고 하자.

　이 증거관계의 세 가지 성질은 설득력이 있어 보인다. 하지만 이 성질들은 서로 충돌한다. 예를 들어, 가설 H1과 H2가 양립불가능하며, 관찰 결과 O가 가설 H1의 긍정적 증거라고 가정하자. 그렇다면 ㈃<u>H2가 거짓이라는 것은 H1을 함축하기 때문에,</u> 증거관계 제2성질에 의해서 O는 H2가 거짓이라는 것에 대한 긍정적 증거가 된다. 그리고 증거관계 제3성질에 의해서 ㈄<u>O는 H2가 거짓이 아니라는 것에 대한 부정적 증거일 수밖에 없게 된다.</u> 이러한 결과는 증거관계 제1성질이 제3성질과 충돌한다는 것을 보여준다. 이렇게 볼 때 위에서 언급한 증거관계의 세 성질이 동시에 성립할 수 없다고 결론 내려야 한다.

① ㈀을 "이 두 가설은 동시에 참일 수 없으며 동시에 거짓일 수도 없다"로 바꾼다.

② ㈁을 "해당 가설을 함축하고 있는 다른 가설에도 긍정적인"으로 바꾼다.

③ ㈂을 "X는 1,000℃ 이상에서도 붉은빛을 낸다"로 바꾼다.

④ ㈃을 "H1은 H2가 거짓이라는 것을 함축"으로 바꾼다.

⑤ ㈄을 "O는 H2가 거짓이 아니라는 것에 대한 긍정적 증거일 수밖에 없게 된다"로 바꾼다.

05. 다음 글의 ㉠~㉤을 문맥에 맞게 수정한 것으로 가장 적절한 것은?   24 5급공채

> 직장인을 대상으로 직업 만족도를 조사한 결과 부정적인 답이 대다수를 차지했다. 다시 기회가 주어진다면 더 신중하게 ㉠자신의 적성을 파악하고 진로를 탐색하겠다고 답한 사람이 많았던 것이다. 특히, 조사에 참여한 직장인은 취업을 준비하는 사람들에게 "나중에 후회하지 말고 자신이 원하는 것이 무엇인지부터 찾아라."라고 당부했다. 이러한 조사 결과가 의미하는 것이 무엇일까?
>
> 우리가 흔히 '직업'이라 부르는 것을 '직(職)'과 '업(業)'으로 나누어 생각할 필요가 있다. '직'은 내가 ㉡점유하고 있는 직장 내의 자리에서 담당하는 일을 뜻한다. 직은 내가 아닌 누군가가 맡아도 크게 문제가 되지 않는 성질의 것이다. 그래서 시간이 갈수록 더 젊고, 매력적이고, 재능 있는 사람들이 그 자리를 노릴 것이다. 긴 휴가를 떠나거나 병가를 낼 때 "내 책상이 그대로 남아 있을까?"라고 걱정한다면 그것은 분명 '직'과 관련된 것이다.
>
> '업'은 ㉢평생을 두고 내가 고민하고 추구해야 하는 가치 있는 일을 뜻한다. 흔히 "내가 평생 가져갈 업이야."라는 표현으로 자주 언급된다. 업은 나의 삶과 떼려야 뗄 수 없는 그 어떤 것을 의미한다. 그래서 업은 다른 누군가가 대신하기 어려운 것이다. 나이가 들면 연륜이 쌓이며 업에 대한 이해도도 더 높아진다. 이런 이유로 업은 직과 다르게 '장인정신'과도 연결된다.
>
> 우리가 먼저 파악해야 하는 것이 바로 이 업이다. 평생 추구해야 할 가치 있는 일이 무엇인지도 모르는 상태에서 직을 맡아 버리면 오히려 업을 파악하는 데 덫이 될 수도 있다. 나는 ㉣어떤 자리에서 일하고 싶은지가 아니라 무슨 일을 하고 싶은지를 먼저 묻고 고민해야 한다. 업이 무엇인지 파악하지 못하고 일했던 사람들은 시간이 지날수록 자기 일이 적성에 맞지 않고 사실 자기가 원하던 일이 아니었다고 불평하기 쉽다.
>
> 업을 찾지 못하면 그저 세상이 말하는 성공의 기준을 따라갈 수밖에 없다. 내가 추구해야 할 것, 내가 직이라는 구체적인 방법을 통해 평생 좇아야 하는 가치 있는 일을 깨닫지 못했을 때는 아무리 좋은 직도 무료하고 불안정하다. 취업에 성공하더라도 ㉤직에 대한 이해도를 충분히 높이지 못한다면 직장 생활에서 큰 보람을 느끼지 못할 것이다.

① ㉠을 "평생 나의 직을 무엇으로 삼을지 진지하게 고민하겠다"로 수정한다.

② ㉡을 "점유하고 있는 직장 내 영향력과 그것이 미치는 범위를 뜻한다"로 수정한다.

③ ㉢을 "평생을 두고 다른 사람과의 경쟁에서 이길 수 있는 역량을 뜻한다"로 수정한다.

④ ㉣을 "무엇을 해야 하는지가 아니라 어떤 자리에서 일을 더 잘할 수 있는지"로 수정한다.

⑤ ㉤을 "자신의 업을 파악하지 못한다면"으로 수정한다.

약점 보완 해설집 p.45

취약 유형 진단 & 약점 극복

1 문항별 정오표

각 문항별로 정오를 확인한 후, 맞았으면 O, 풀지 못했으면 △, 틀렸으면 X로 표시해 보세요.

빈칸 추론		밑줄 추론		글의 수정	
번호	정오	번호	정오	번호	정오
01		01		01	
02		02		02	
03		03		03	
04		04		04	
05		05		05	
06		06			
07		07			
08		08			
09		09			
10		10			
11		11			
12		12			
13		13			
14					
15					
16					
17					

2 취약 유형 분석표

유형별로 맞힌 문제 개수와 정답률을 적고, 취약한 유형이 무엇인지 파악해 보세요.

유형	맞힌 문제 개수	정답률
빈칸 추론	/17	%
밑줄 추론	/13	%
글의 수정	/5	%

3 학습 전략

취약한 유형의 학습 전략을 확인한 후, 풀지 못한 문제와 틀린 문제를 다시 풀면서 취약 유형을 극복해 보세요.

빈칸 추론	빈칸 추론 취약형은 글의 문맥을 파악하는 단서를 찾아내는 능력이 부족한 경우입니다. 따라서 빈칸 주변의 접속사를 위주로 문장의 흐름을 판단하고, 핵심 키워드를 바탕으로 빈칸에 들어갈 내용을 추론할 수 있는 단서를 잡아내는 연습을 합니다.
밑줄 추론	밑줄 추론 취약형은 글의 전체적인 흐름을 바탕으로 구체적인 내용을 추론하는 능력이 부족한 경우입니다. 따라서 밑줄 그어진 단어나 구절 주변에서 그 의미를 추론할 수 있는 키워드에 집중하는 독해 연습을 합니다.
글의 수정	글의 수정 취약형은 전체적인 글의 문맥에 비추어 부분적인 내용이 적절한지 파악하는 능력이 부족한 경우입니다. 따라서 처음부터 지문을 읽으면서 글의 전반적인 흐름을 잡고 부분과 전체를 비교하는 연습을 합니다.

출제 경향

1 논리의 체계는 지문의 내용이 모두 참일 때 선택지나 <보기>에 제시된 명제의 참·거짓 여부를 정확하게 판단할 수 있는지를 평가하기 위한 유형이다.

2 출제 형태에 따라 ① 논증의 타당성, ② 논리 퀴즈, ③ 독해형 논리 총 3가지 세부 유형으로 출제되며, 출제 비중은 다음과 같다.

구분		2020년 모의평가	2021년 기출문제	2022년 기출문제	2023년 기출문제	2024년 기출문제
출제 비중	1. 논증의 타당성	0	2	1	0	1
	2. 논리 퀴즈	3	2	2	1	2
	3. 독해형 논리	1	2	1	2	2
	총 문항 수	4	6	4	3	5

3 2020년 모의평가에서는 '중' 난이도, 2021년 기출문제에서는 '상' 난이도로 출제되었으며, 2022년과 2023년, 2024년 기출문제에서는 모두 '중상' 난이도로 출제되었다.

4 논리의 체계

유형 11 논증의 타당성

유형 12 논리 퀴즈

유형 13 독해형 논리

유형 11 | 논증의 타당성

유형 소개

'논증의 타당성' 유형은 지문에서 논증의 전제가 참일 때 결론이 반드시 참인지 여부를 판단하는 유형이다.

유형 특징

1 전제와 결론으로 구성된 논증이 지문이나 선택지에 제시된다.

2 논증의 타당성 여부는 논증의 내용이 아니라 논증의 형식을 기준으로 판단하므로 논증의 내용은 추상적이고 난해한 내용으로 구성되는 경우가 많다.

풀이 전략

1 논증은 전제와 결론으로 이루어져 있으므로 논증의 전제가 되는 문장과 결론인 문장을 구별하여 간단히 기호화한다.

2 '전건 긍정법, 후건 부정법, 선언지 제거법' 등의 논증 규칙이나 '전건 부정의 오류, 후건 긍정의 오류, 선언지 긍정의 오류' 등의 논리적 오류를 적용하여 기호화한 전제가 참일 때, 결론이 반드시 참이 되는지 확인한다.

3 전제가 참일 때 결론이 반드시 참으로 도출되면 타당한 논증이고, 전제가 참일 때 결론이 반드시 참으로 도출되지 않으면 타당하지 않은 논증이다.

난이도 ★★☆　　　　권장 풀이 시간: 1분 40초　　　　나의 풀이 시간: _____분 _____초

📝 **꼼꼼 풀이 노트**

권장 풀이 시간에 맞춰 문제를 풀어본 후,
꼼꼼 풀이 노트로 정리해보세요.

01. 다음 글에 대한 분석으로 적절한 것만을 <보기>에서 모두 고르면?　　21 7급공채

> 어떤 사람이 당신에게 다음과 같이 제안했다고 하자. 당신은 호화 여행을 즐기게 된다. 다만 먼저 10만 원을 내야 한다. 여기에 하나의 추가 조건이 있다. 그것은 제안자의 말인 아래의 (1)이 참이면 그는 10만 원을 돌려주지 않고 약속대로 호화 여행은 제공하는 반면, (1)이 거짓이면 그는 10만 원을 돌려주고 약속대로 호화 여행도 제공한다는 것이다.
>
> (1) 나는 당신에게 10만 원을 돌려주거나 ⓐ당신은 나에게 10억 원을 지불한다.
>
> 당신은 이 제안을 받아들였고 10만 원을 그에게 주었다.
>
> 이때 어떤 결과가 따를지 검토해 보자. (1)은 참이거나 거짓일 것이다. (1)이 거짓이라고 가정해 보자. 그러면 추가 조건에 따라 그는 당신에게 10만 원을 돌려준다. 또한 가정상 (1)이 거짓이므로, ㉠그는 당신에게 10만 원을 돌려주지 않는다. 결국 (1)이 거짓이라고 가정하면 그는 당신에게 10만 원을 돌려준다는 것과 돌려주지 않는다는 것이 모두 성립한다. 이는 가능하지 않다. 따라서 ㉡(1)은 참일 수밖에 없다. 그런데 (1)이 참이라면 추가 조건에 따라 그는 당신에게 10만 원을 돌려주지 않는다. 따라서 ⓐ가 반드시 참이어야 한다. 즉, ㉢당신은 그에게 10억 원을 지불한다.

────────〈보기〉────────

ㄱ. ㉠을 추론하는 데는 'A이거나 B'의 형식을 가진 문장이 거짓이면 A도 B도 모두 반드시 거짓이라는 원리가 사용되었다.

ㄴ. ㉡을 추론하는 데는 어떤 가정 하에서 같은 문장의 긍정과 부정이 모두 성립하는 경우 그 가정의 부정은 반드시 참이라는 원리가 사용되었다.

ㄷ. ㉢을 추론하는 데는 'A이거나 B'라는 형식의 참인 문장에서 A가 거짓인 경우 B는 반드시 참이라는 원리가 사용되었다.

① ㄱ

② ㄷ

③ ㄱ, ㄴ

④ ㄴ, ㄷ

⑤ ㄱ, ㄴ, ㄷ

■ 출제 포인트
예) 밑줄 친 문장의 논리적 파악

■ 선택지 분석
예) ㄱ. A도 B도 모두 거짓임을 이용하여 결론지음.
　　ㄴ. 같은 문장의 긍정과 부정이 모두 성립할 수 없음을 이용하여 결론지음.
　　ㄷ. A가 거짓이라면 B는 반드시 참임을 이용하여 결론지음.

난이도 ★★☆　　　권장 풀이 시간: 1분 40초　　　나의 풀이 시간: ＿＿＿분 ＿＿＿초

02. 다음 논증 중 타당하지 않은 것은?

08 5급공채

① 과학자인 동시에 수학자인 사람은 모두 천재이다. 어떤 수학자도 천재가 아니다. 그러므로 수학자인 동시에 과학자인 사람은 아무도 없다.

② 모든 과학자는 신을 믿는다. 신을 믿는 모든 사람은 유물론자가 아니다. 어떤 유물론자는 진화론자이다. 그러므로 어떤 진화론자는 과학자가 아니다.

③ 만일 직녀가 부산 영화제에 참석한다면 광주의 동창회에는 불참할 것이다. 만일 직녀가 광주의 동창회에 불참한다면, 견우를 만나지 못할 것이다. 그러므로 직녀는 부산 영화제에 참석하지 않거나 견우를 만나지 못할 것이다.

④ 외국어학원에 다니는 사람들은 모두 외국문화에 관심이 있다. 외국문화에 관심을 가지는 사람들 중 한 번도 외국에 가본 적이 없는 사람들이 있다. 그러므로 외국에 한 번도 가본 적이 없는 사람들 중 일부는 외국어학원에 다니지 않는다.

⑤ 철준이가 선미도 사랑하고 단이도 사랑한다는 것은 사실이 아니다. 그러나 철준이는 선미를 사랑하거나 단이를 사랑한다. 그러므로 철준이가 선미를 사랑하지 않으면 철준이는 단이를 사랑하고, 철준이가 단이를 사랑하면 철준이는 선미를 사랑하지 않는다.

03. 다음 글에 대한 분석으로 적절한 것만을 <보기>에서 모두 고르면?   19 5급공채

"1 더하기 1은 2이다."와 "대한민국의 수도는 서울이다."는 둘 다 참인 명제이다. 이 중 앞의 명제는 수학 영역에 속하는 반면에 뒤의 명제는 사회적 규약 영역에 속한다. 그리고 위 두 명제 모두 진리 표현 '~는 참이다'를 부가하여, "1 더하기 1은 2라는 것은 참이다.", "대한민국의 수도는 서울이라는 것은 참이다."와 같이 바꿔 말할 수 있다. 이 '~는 참이다'라는 진리 표현에 대한 이론들 중에는 진리 다원주의와 진리 최소주의가 있다.

진리 다원주의에 의하면 ㉠수학과 사회적 규약이라는 서로 다른 영역에 속한 위 두 명제들의 진리 표현은 서로 다른 진리를 나타낸다. 한편, ㉡진리 표현은 명제가 속한 영역에 따라서 다른 진리를 나타낸다는 주장은 진리가 진정한 속성일 때에만 성립한다. 만약 진리가 진정한 속성이 아니라면 영역의 차이에 따라 진리를 구별하는 것은 무의미할 것이기 때문이다. 그러므로 진리 다원주의는 ㉢진리가 진정한 속성이라는 것을 받아들여야 한다. 한편, ㉣언어 사용을 통해 어떤 속성에 대한 모든 것을 알 수 있다면, 그것은 진정한 속성이 아니다. 진리가 진정한 속성이라면 언어 사용을 통해 진리에 관한 모든 것을 알 수 있는 것은 아니다. 진리 최소주의자들은 ㉤우리는 언어 사용을 통해 진리에 관한 모든 것을 알 수 있다고 주장한다. 그러므로 만약 진리 최소주의가 옳다면 어떤 결론이 따라 나오는지는 명확하다.

───── 〈보기〉 ─────

ㄱ. ㉠과 ㉡은 함께 ㉢을 지지한다.

ㄴ. ㉣과 ㉤은 함께 ㉢을 반박한다.

ㄷ. ㉠, ㉡, ㉣은 함께 ㉤을 반박한다.

① ㄱ

② ㄷ

③ ㄱ, ㄴ

④ ㄴ, ㄷ

⑤ ㄱ, ㄴ, ㄷ

난이도 ★★★　　　권장 풀이 시간: 2분 10초　　　나의 풀이 시간: _____분 _____초

04. 다음 글의 <논증>에 대한 분석으로 적절한 것만을 <보기>에서 모두 고르면?

22 5급공채

철학자 A에 따르면, "오늘 비가 온다."와 같이 참, 거짓을 판단할 수 있는 문장만 의미가 있다. A는 이러한 문장과 달리 신의 존재에 대한 문장은 진위를 판단할 수 없고 따라서 무의미하다고 말한다. 하지만 그는 자신이 무신론자도 불가지론자도 아니라고 한다. 다음은 이와 관련된 A의 논증이다.

〈논증〉

무신론자에 따르면 ㉠"신이 존재하지 않는다."가 참이다. 불가지론자는 신의 존재 여부를 알 수 없다고 말한다. 무신론자의 견해는 신의 존재를 주장하는 문장이 무의미하다는 것과 양립할 수 없다. ㉡"신이 존재한다."가 무의미하다면, "신이 존재하지 않는다."도 마찬가지로 무의미하다. 그 이유는 ㉢의미가 있는 문장이어야만 그 문장의 부정문도 의미가 있다는 것이 성립하기 때문이다. 따라서 "신이 존재한다."가 무의미하다면, "신이 존재하지 않는다."가 참이라는 무신론자의 주장은 받아들일 수 없다. 한편 불가지론자는 ㉣"신이 존재한다."가 참인지 거짓인지 알 수 없다고 주장한다. 이 주장은 "신이 존재한다."가 의미가 있다는 것을 전제하고 있다. 그러므로 불가지론자의 주장도 "신이 존재한다."가 무의미하다는 것과 양립할 수 없다.

〈보기〉

ㄱ. ㉡과 ㉢으로부터 "신이 존재하지 않는다."가 무의미하다는 것이 도출된다.

ㄴ. ㉡의 부정으로부터 ㉠과 ㉣ 중 적어도 하나가 도출된다.

ㄷ. "의미가 없는 문장은 참인지 거짓인지 알 수 없다."라는 전제가 추가되면 ㉡으로부터 ㉣이 도출된다.

① ㄴ

② ㄷ

③ ㄱ, ㄴ

④ ㄱ, ㄷ

⑤ ㄱ, ㄴ, ㄷ

05. 다음 글에 대한 분석으로 적절한 것만을 <보기>에서 모두 고르면?　　　24 5급공채

> 말이나 글에서 사용되는 언어표현의 의미는 무엇일까? 이 물음에 대하여 지칭적 의미론은 다음과 같이 답한다. ⊙언어표현의 의미는 그 표현이 지칭하는 대상일 뿐이며, 그 어떤 다른 것도 아니다. 예를 들어, 슈퍼맨이 실제로 존재한다고 가정하면, 지칭적 의미론에서 고유명사 '슈퍼맨'의 의미는 슈퍼히어로인 슈퍼맨이다. 다음은 지칭적 의미론에 반대하는 한 가지 논증이다.
>
> 논의를 위해 몇 가지를 가정해 보자. 문장의 의미는 문장을 구성하는 부분들의 의미에 의해 결정된다. 우선, 슈퍼맨을 지칭하는 또 다른 이름은 '클라크 켄트'이다. 슈퍼맨은 '클라크 켄트'라는 이름으로 자신이 슈퍼히어로임을 숨기고, 기자로서 평범하게 살아간다. 동료 기자인 로이스 레인은 슈퍼맨과 클라크 켄트 각각에 대해 알지만, 이 둘이 동일인인지는 알지 못한다. 이제 다음의 두 문장을 비교해 보자.
>
> (1) 슈퍼맨은 슈퍼맨이다.
> (2) 슈퍼맨은 클라크 켄트이다.
>
> 지칭적 의미론을 받아들이는 사람은 (1)과 (2)의 의미는 동일하다는 것을 받아들여야 한다. 지칭적 의미론에 따르면, ⓒ'슈퍼맨'과 '클라크 켄트'는 동일한 대상을 지칭한다는 사실이 주어지면, ⓒ이 두 고유명사는 같은 의미를 가진다는 것이 따라 나온다. 그런데 로이스 레인에게 있어서 (1)이 표현하는 내용은 자명하지만, (2)가 표현하는 내용은 놀라운 발견일 수 있다. 왜냐하면 어떤 대상이 자기 자신과 같다는 내용인 (1)은 대상이 누구인지 알지 못해도 참이라고 판단할 수 있는 단순한 내용이지만, (2)는 슈퍼맨과 클라크 켄트가 동일인이라는 내용을 표현해서 이 둘이 동일하다는 사실을 모르는 사람에게는 새로운 정보를 제공하기 때문이다. 이와 같은 차이를 인지적 차이라고 부른다. 이러한 의미에서 ⓔ(1)과 (2)는 인지적 차이가 있다. 이를 설명해 주는 것은 결국 ⓜ(1)과 (2)가 서로 다른 의미를 가진다는 것이다. 그리고 두 문장의 의미가 다르다는 것은 ⓗ두 고유명사 '슈퍼맨'과 '클라크 켄트'의 의미가 다르다는 것으로부터 따라 나온다. 따라서 지칭적 의미론은 그르다.

――――――〈보기〉――――――

ㄱ. ⊙과 ⓒ이 모두 참이라면, ⓒ도 참이다.

ㄴ. ⓒ과 ⓗ이 모두 참이라면, ⊙은 거짓이다.

ㄷ. "문장들이 인지적 차이가 있다면 그 문장들은 의미에서 차이가 난다."와 ⓔ이 참이라면, ⓜ도 참이다.

① ㄴ

② ㄷ

③ ㄱ, ㄴ

④ ㄱ, ㄷ

⑤ ㄱ, ㄴ, ㄷ

난이도 ★★☆　　　　권장 풀이 시간: 1분 40초　　　　나의 풀이 시간: ＿＿＿분 ＿＿＿초

06. 다음 논증에 대한 평가로 적절한 것만을 <보기>에서 모두 고르면?　　　16 민경채

> 　합리적 판단과 윤리적 판단의 관계는 무엇일까? 나는 합리적 판단만이 윤리적 판단이라고 생각한다. 즉, 어떤 판단이 합리적인 것이 아닐 경우 그 판단은 윤리적인 것도 아니라는 것이다. 그 이유는 다음과 같다. 일단 ㉠보편적으로 수용될 수 있는 판단만이 윤리적 판단이다. 즉 개인이나 사회의 특성에 따라 수용 여부에서 차이가 나는 판단은 윤리적 판단이 아니라는 것이다. 그리고 ㉡모든 이성적 판단은 보편적으로 수용될 수 있는 판단이다. 예를 들어, "모든 사람은 죽는다."와 "소크라테스는 사람이다."라는 전제들로부터 "소크라테스는 죽는다."라는 결론으로 나아가는 이성적인 판단은 보편적으로 수용될 수 있는 것이다. 이러한 판단이 나에게는 타당하면서, 너에게 타당하지 않을 수는 없다. 이것은 이성적 판단이 갖는 일반적 특징이다. 따라서 ㉢보편적으로 수용될 수 있는 판단만이 합리적 판단이다. ㉣모든 합리적 판단은 이성적 판단이다라는 것은 부정할 수 없기 때문이다. 결국 우리는 ㉤합리적 판단만이 윤리적 판단이다라는 결론에 도달할 수 있다.

―――――〈보기〉―――――

ㄱ. ㉠은 받아들일 수 없는 것이다. '1+1=2'와 같은 수학적 판단은 보편적으로 수용될 수 있는 것이지만, 수학적 판단이 윤리적 판단은 아니기 때문이다.

ㄴ. ㉡과 ㉣이 참일 경우 ㉢은 반드시 참이 된다.

ㄷ. ㉠과 ㉢이 참이라고 할지라도 ㉤이 반드시 참이 되는 것은 아니다.

① ㄱ

② ㄴ

③ ㄱ, ㄷ

④ ㄴ, ㄷ

⑤ ㄱ, ㄴ, ㄷ

07. 다음 글에 대한 분석으로 적절하지 않은 것은?　　　19 민경채

공포영화에 자주 등장하는 좀비는 철학에서도 자주 논의된다. 철학적 논의에서 좀비는 '의식을 갖지는 않지만 겉으로 드러나는 행동에서는 인간과 구별되지 않는 존재'로 정의된다. 이를 '철학적 좀비'라고 하자. ㉠인간은 고통을 느끼지만, 철학적 좀비는 고통을 느끼지 못한다. 즉 고통에 대한 의식을 가질 수 없는 존재라는 것이다. 그러나 ㉡철학적 좀비도 압정을 밟으면 인간과 마찬가지로 비명을 지르며 상처 부위를 부여잡을 것이다. 즉 행동 성향에서는 인간과 차이가 없다. 그렇기 때문에 겉으로 드러나는 모습만으로는 철학적 좀비와 인간을 구별할 수 없다. 그러나 ㉢인간과 철학적 좀비는 동일한 존재가 아니다. ㉣인간이 철학적 좀비와 동일한 존재라면, 인간도 고통을 느끼지 못하는 존재여야 한다.

물론 철학적 좀비는 상상의 산물이다. 그러나 우리가 철학적 좀비를 모순 없이 상상할 수 있다는 사실은 마음에 관한 이론인 행동주의에 문제가 있다는 점을 보여준다. 행동주의는 마음을 행동 성향과 동일시하는 입장이다. 이에 따르면, ㉤마음은 특정 자극에 따라 이러저러한 행동을 하려는 성향이다. ㉥행동주의가 옳다면, 인간이 철학적 좀비와 동일한 존재라는 점을 인정할 수밖에 없다. 그러나 인간과 달리 철학적 좀비는 마음이 없어서 어떤 의식도 가질 수 없는 존재다. 따라서 ㉦행동주의는 옳지 않다.

① ㉠과 ㉡은 동시에 참일 수 있다.

② ㉠과 ㉣이 모두 참이면, ㉢도 반드시 참이다.

③ ㉡과 ㉥이 모두 참이면, ㉤도 반드시 참이다.

④ ㉢과 ㉥이 모두 참이면, ㉦도 반드시 참이다.

⑤ ㉤과 ㉦은 동시에 거짓일 수 없다.

약점 보완 해설집 p.48

논리 퀴즈

유형 소개

'논리 퀴즈' 유형은 여러 개의 조건으로 제시된 논리 명제를 통해 선택지와 <보기>에 제시된 정보의 참 또는 거짓 여부를 판단하는 유형이다.

유형 특징

1 '모든 A는 B이다.', '어떤 A는 B이다.', 'A라면 B이다.'와 같은 형식을 갖춘 논리 명제가 3~6개 정도 제시된다.

2 지문에 제시된 논리 명제를 조건에 따라 참 또는 거짓이라고 가정하고, 그 조건 하에서 선택지에 제시된 명제의 진위 여부를 판단한다.

3 발문이나 지문에 참말과 거짓말에 대한 진술이 제시되는 '참·거짓 퀴즈'와 조건으로 제시된 논리 명제를 통해 선택지나 <보기>의 참 또는 거짓 여부를 판단하는 '명제 연결형 퀴즈'로 구분된다.

풀이 전략

1 발문과 지문을 읽고 참말과 거짓말에 대한 진술이 제시되는 '참·거짓 퀴즈'인지, 지문에 명제를 제시하여 연결고리를 파악하는 '명제 연결형 퀴즈'인지 판별한다.

2 '참·거짓 퀴즈'의 경우, 제시된 지문에서 먼저 모순되는 진술이 있는지 찾고, 있다면 이를 기준으로 경우의 수를 파악한다.

3 '명제 연결형 퀴즈'의 경우, 기호화 한 명제의 연결고리를 확인하고 명제를 연결하여 경우의 수를 파악한다.

유형 공략 문제

01. 다음 글의 내용이 참일 때, 반드시 참인 것만을 <보기>에서 모두 고르면? 　21 7급공채

A기술원 해수자원화기술 연구센터는 2014년 세계 최초로 해수전지 원천 기술을 개발한 바 있다. 연구센터는 해수전지 상용화를 위한 학술대회를 열었는데 학술대회로 연구원들이 자리를 비운 사이 누군가 해수전지 상용화를 위한 핵심 기술이 들어 있는 기밀 자료를 훔쳐 갔다. 경찰은 수사 끝에 바다, 다은, 은경, 경아를 용의자로 지목해 학술대회 당일의 상황을 물으며 이들을 심문했는데 이들의 답변은 아래와 같았다.

바다: 학술대회에서 발표된 상용화 아이디어 중 적어도 하나는 학술대회에 참석한 모든 사람들의 관심을 받았어요. 다은은 범인이 아니에요.

다은: 학술대회에 참석한 사람들은 누구나 학술대회에서 발표된 하나 이상의 상용화 아이디어에 관심을 가졌어요. 범인은 은경이거나 경아예요.

은경: 학술대회에 참석한 몇몇 사람은 학술대회에서 발표된 상용화 아이디어 중 적어도 하나에 관심이 있었어요. 경아는 범인이 아니에요.

경아: 학술대회에 참석한 모든 사람들이 어떤 상용화 아이디어에도 관심이 없었어요. 범인은 바다예요.

수사 결과 이들은 각각 참만을 말하거나 거짓만을 말한 것으로 드러났다. 그리고 네 명 중 한 명만 범인이었다는 것이 밝혀졌다.

〈보기〉

ㄱ. 바다와 은경의 말이 모두 참일 수 있다.
ㄴ. 다은과 은경의 말이 모두 참인 것은 가능하지 않다.
ㄷ. 용의자 중 거짓말한 사람이 단 한 명이면, 은경이 범인이다.

① ㄱ
② ㄴ
③ ㄱ, ㄷ
④ ㄴ, ㄷ
⑤ ㄱ, ㄴ, ㄷ

꼼꼼 풀이 노트

권장 풀이 시간에 맞춰 문제를 풀어본 후, 꼼꼼 풀이 노트로 정리해보세요.

■ 출제 포인트

예) 제시된 명제를 통해 반드시 참인 내용 도출

■ 선택지 분석

예) 가능한 경우
　· 다은이 참, 경아가 거짓을 말하는 경우
　· 다은이 거짓, 경아가 참을 말하는 경우
　· 다은과 경아 모두 거짓을 말하는 경우

난이도 ★★☆   권장 풀이 시간: 2분 30초   나의 풀이 시간: _____분 _____초

02. 다음 글의 내용이 참일 때, 반드시 참인 것만을 <보기>에서 모두 고르면?   22 7급공채

△△처에서는 채용 후보자들을 대상으로 A, B, C, D 네 종류의 자격증 소지 여부를 조사하였다. 그 결과 다음과 같은 사실이 밝혀졌다.

○ A와 D를 둘 다 가진 후보자가 있다.
○ B와 D를 둘 다 가진 후보자는 없다.
○ A나 B를 가진 후보자는 모두 C는 가지고 있지 않다.
○ A를 가진 후보자는 모두 B는 가지고 있지 않다는 것은 사실이 아니다.

――――――〈보기〉――――――

ㄱ. 네 종류 중 세 종류의 자격증을 가지고 있는 후보자는 없다.
ㄴ. 어떤 후보자는 B를 가지고 있지 않고, 또 다른 후보자는 D를 가지고 있지 않다.
ㄷ. D를 가지고 있지 않은 후보자는 누구나 C를 가지고 있지 않다면, 네 종류 중 한 종류의 자격증만 가지고 있는 후보자가 있다.

---

① ㄱ
② ㄷ
③ ㄱ, ㄴ
④ ㄴ, ㄷ
⑤ ㄱ, ㄴ, ㄷ

03. 경찰서에서 목격자 세 사람이 범인에 관하여 다음과 같이 진술하였다.

> A: 영희가 범인이거나 순이가 범인입니다.
> B: 순이가 범인이거나 보미가 범인입니다.
> C: 영희가 범인이 아니거나 또는 보미가 범인이 아닙니다.

경찰서는 이미 이 사건이 한 사람의 단독 범행인 것을 알고 있었다. 그리고 한 진술은 거짓이고 나머지 두 진술은 참이라는 것이 나중에 밝혀졌다. 안타깝게도 어느 진술이 거짓인지는 밝혀지지 않았다. 다음 중 반드시 거짓인 것은?   06 5급공채

① 영희가 범인이다.

② 순이가 범인이다.

③ 보미가 범인이다.

④ 보미가 범인이 아니다.

⑤ 영희가 범인이 아니면 순이도 범인이 아니다.

1 독해의 원리

2 논증의 방향

3 문맥과 단서

4 논리의 체계

기출 재구성 모의고사

해커스PSAT 7급 PSAT 유형별 기출 200제 언어논리

유형 12 논리 퀴즈 **189**

■ 출제 포인트

■ 선택지 분석

난이도 ★★☆   권장 풀이 시간: 2분 20초   나의 풀이 시간: _____분 _____초

04. 다음 포유동물에 대한 진술이 모두 참이라고 가정하자. 꼬리가 없는 포유동물 A에 관한 설명 중 반드시 참인 것은?   06 5급공채

○ 모든 포유동물은 물과 육지 중 한 곳에서만 산다.
○ 물에 살면서 육식을 하지 않는 포유동물은 다리가 없다.
○ 육지에 살면서 육식을 하는 포유동물은 모두 다리가 있다.
○ 육지에 살면서 육식을 하지 않는 포유동물은 모두 털이 없다.
○ 육식동물은 모두 꼬리가 있다.

① A는 털이 있다.
② A는 다리가 없다.
③ 만약 A가 물에 산다면, A는 다리가 있다.
④ 만약 A가 털이 있다면, A는 다리가 없다.
⑤ 만약 A가 육지에 산다면, A는 다리가 있다.

📔 **꼼꼼 풀이 노트**

권장 풀이 시간에 맞춰 문제를 풀어본 후,
꼼꼼 풀이 노트로 정리해보세요.

05. 사무관 A~E는 각기 다른 행정구역을 담당하고 있다. 이들이 담당하는 구역의 민원과 관련된 정책안이 제시되었다. 이에 대하여 A~E는 찬성과 반대 둘 중 하나의 의견을 제시했다고 알려졌다. 다음 정보가 모두 참일 때, 옳은 것은?　　　13 5급공채

> ○ A 또는 D 둘 중 적어도 하나가 반대하면, C는 찬성하고 E는 반대한다.
> ○ B가 반대하면, A는 찬성하고 D는 반대한다.
> ○ D가 반대하면 C도 반대한다.
> ○ E가 반대하면 B도 반대한다.
> ○ 적어도 한 사람이 반대한다.

① A는 찬성하고 B는 반대한다.
② A는 찬성하고 E는 반대한다.
③ B와 D는 반대한다.
④ C는 반대하고 D는 찬성한다.
⑤ C와 E는 찬성한다.

■ 출제 포인트

■ 선택지 분석

난이도 ★★☆   권장 풀이 시간: 2분   나의 풀이 시간: _____분 _____초

06. 사무관 A는 국가공무원인재개발원에서 수강할 과목을 선택하려 한다. A가 선택할 과목에 대해 갑~무가 다음과 같이 진술하였는데 이 중 한 사람의 진술은 거짓이고 나머지 사람들의 진술은 모두 참인 것으로 밝혀졌다. A가 반드시 수강할 과목만을 모두 고르면?

16 5급공채

> 갑: 법학을 수강할 경우, 정치학도 수강한다.
> 을: 법학을 수강하지 않을 경우, 윤리학도 수강하지 않는다.
> 병: 법학과 정치학 중 적어도 하나를 수강한다.
> 정: 윤리학을 수강할 경우에만 정치학을 수강한다.
> 무: 윤리학을 수강하지만 법학은 수강하지 않는다.

① 윤리학

② 법학

③ 윤리학, 정치학

④ 윤리학, 법학

⑤ 윤리학, 법학, 정치학

07. 다음 글의 내용이 참일 때, 영희가 들은 수업의 최소 개수와 최대 개수는?   19 5급공채

> 심리학과에 다니는 가영, 나윤, 다선, 라음은 같은 과 친구인 영희가 어떤 수업을 들었는지에 대해 이야기했다. 이들은 영희가 〈인지심리학〉, 〈성격심리학〉, 〈발달심리학〉, 〈임상심리학〉 중에서만 수업을 들었다는 것은 알고 있지만, 구체적으로 어떤 수업을 듣고 어떤 수업을 듣지 않았는지에 대해서는 잘 알지 못했다. 그들은 다음과 같이 진술했다.
>
> ○ 영희가 〈성격심리학〉을 듣지 않았다면, 영희는 대신 〈발달심리학〉과 〈임상심리학〉을 들었다.
> ○ 영희가 〈임상심리학〉을 들었다면, 영희는 〈성격심리학〉 또한 들었다.
> ○ 영희가 〈인지심리학〉을 듣지 않았다면, 영희는 〈성격심리학〉도 듣지 않았고 대신 〈발달심리학〉을 들었다.
> ○ 영희는 〈인지심리학〉도 〈발달심리학〉도 듣지 않았다.
>
> 추후 영희에게 확인해 본 결과 이들 진술 중 세 진술은 옳고 나머지 한 진술은 그른 것으로 드러났다.

	최소	최대
①	1개	2개
②	1개	3개
③	1개	4개
④	2개	3개
⑤	2개	4개

난이도 ★★★   권장 풀이 시간: 2분 30초   나의 풀이 시간: _____분 _____초

08. 다음 글의 내용이 참일 때, 반드시 참이라고는 할 수 없는 것은?   20 5급공채

   직원 갑, 을, 병, 정, 무를 대상으로 A, B, C, D 네 개 영역에 대해 최우수, 우수, 보통
가운데 하나로 분류하는 업무 평가를 실시하였다. 그리고 그 결과는 다음과 같았다.

○ 모든 영역에서 보통 평가를 받은 직원이 있다.
○ 모든 직원이 보통 평가를 받은 영역이 있다.
○ D 영역에서 우수 평가를 받은 직원은 모두 A 영역에서도 우수 평가를 받았다.
○ 갑은 C 영역에서만 보통 평가를 받았다.
○ 을만 D 영역에서 보통 평가를 받았다.
○ 병, 정은 A, B 두 영역에서 최우수 평가를 받았고 다른 직원들은 A, B 어디서도 최우
   수 평가를 받지 않았다.
○ 무는 1개 영역에서만 최우수 평가를 받았다.

---

① 갑은 A 영역에서 우수 평가를 받았다.

② 을은 B 영역에서 보통 평가를 받았다.

③ 병은 C 영역에서 보통 평가를 받았다.

④ 정은 D 영역에서 최우수 평가를 받았다.

⑤ 무는 A 영역에서 우수 평가를 받았다.

09. 다음 글의 내용이 참일 때, 반드시 참인 것만을 <보기>에서 모두 고르면?　　21 5급공채

> 도청에서는 올해 새로 온 수습사무관 7명 중 신청자를 대상으로 요가 교실을 운영할 계획이다. 규정상 신청자가 3명 이상일 때에만 요가 교실을 운영한다. 새로 온 수습사무관 A, B, C, D, E, F, G와 관련해 다음과 같은 사실이 알려져 있다.
>
> ○ F는 신청한다.
> ○ C가 신청하면 G가 신청한다.
> ○ D가 신청하면 F는 신청하지 않는다.
> ○ A나 C가 신청하면 E는 신청하지 않는다.
> ○ G나 B가 신청하면 A나 D 중 적어도 한 명이 신청한다.

〈보기〉

ㄱ. 요가 교실 신청자는 최대 5명이다.

ㄴ. G와 B 중 적어도 한 명이 신청하는 경우에만 요가 교실이 운영된다.

ㄷ. A가 신청하지 않으면 F를 제외한 어떤 수습사무관도 신청하지 않는다.

① ㄱ

② ㄷ

③ ㄱ, ㄴ

④ ㄴ, ㄷ

⑤ ㄱ, ㄴ, ㄷ

■ 출제 포인트

■ 선택지 분석

1 독해의 원리

2 논증의 방향

3 문맥과 단서

4 논리의 체계

기출 재구성 모의고사

해커스PSAT 7급 PSAT 유형별 기출 200제 언어논리

난이도 ★★★   권장 풀이 시간: 2분 40초   나의 풀이 시간: _____분 _____초

10. 다음 글의 내용이 참일 때 반드시 참인 것은?   21 5급공채

> K 부처는 관리자 연수과정에 있는 연수생 중에 서류심사와 부처 면접을 통해 새로운 관리자를 선발하기로 하였다. 먼저 서류심사를 진행하여 서류심사 접수자 중 세 명만을 면접 대상자로 결정하고 나머지 접수자들은 탈락시킨다. 그리고 면접 대상자들을 상대로 면접을 진행하여, 두 명만 새로운 관리자로 선발한다. 서류심사 접수자는 갑, 을, 병, 정, 무 총 5명이다. 다음은 이들이 나눈 대화이다.
>
> 갑: 나는 면접 대상자로 결정되었고 병은 서류심사에서 탈락했어.
> 을: 나는 서류심사에서 탈락했지만 병은 면접 대상자로 결정되었어.
> 병: 무는 새로운 관리자로 선발되었어.
> 정: 나는 새로운 관리자로 선발되었고 면접에서 병과 무와 함께 있었어.
> 무: 나는 갑과 정이랑 함께 면접 대상자로 결정되었어.
>
> 대화 이후 서류심사 결과와 부처 면접 결과가 모두 공개되자, 이들 중 세 명의 진술은 참이고 나머지 두 명의 진술은 거짓인 것으로 밝혀졌다.

① 갑은 면접 대상자로 결정되었다.

② 을은 서류심사에서 탈락하였다.

③ 병은 면접 대상자로 결정되었다.

④ 정은 새로운 관리자로 선발되었다.

⑤ 무는 새로운 관리자로 선발되지 않았다.

11. 다음 글의 내용이 참일 때 반드시 거짓인 것은?

22 5급공채

갑, 을, 병 세 사람이 A, B, C, D, E, F, G, H의 총 8권의 고서를 나누어 소장하고 있다. 이와 관련해 다음과 같은 사실이 알려져 있다.

○ 갑이 가장 많은 고서를 소장하고 있으며, 그 다음은 을이며, 병은 가장 적은 수의 고서를 소장하고 있다.
○ A, B, C, D, E는 서양서이며, F, G, H는 동양서이다.
○ B를 소장한 이는 D도 소장하고 있으나 C는 소장하고 있지 않다.
○ E를 소장한 이는 F도 소장하고 있으나 그 외 다른 동양서를 소장하고 있지는 않다.
○ G를 소장한 이는 서양서를 소장하고 있지 않다.
○ H는 갑이 소장하고 있다.

① 갑은 A와 D를 소장하고 있다.

② 을은 3권의 책을 소장하고 있다.

③ 병은 G를 소장하고 있다.

④ C를 소장한 이는 E도 소장하고 있다.

⑤ D를 소장한 이는 F도 소장하고 있다.

난이도 ★★★   권장 풀이 시간: 2분 30초   **나의 풀이 시간:** _____분 _____초

12. 다음 글의 내용이 참일 때 반드시 참이라고는 할 수 없는 것은?   23 5급공채

사무관 갑, 을, 병, 정, 무는 각 부처에 배치될 예정이다. 하나의 부처에 여러 명의 사무관이 배치될 수는 있지만, 한 명의 사무관이 여러 부처에 배치되는 일은 없다. 이들은 다음과 같이 예측하였다.

갑: 내가 환경부에 배치되면, 을 또한 환경부에 배치된다.
을: 내가 환경부에 배치되면, 병은 통일부에 배치된다.
병: 갑이 환경부에 배치되지 않으면, 무와 내가 통일부에 배치된다.
정: 병이 통일부에 배치되지 않고 갑은 환경부에 배치된다.
무: 갑이 통일부에 배치되고 정은 교육부에 배치된다.

발표 결과 이들 중 네 명의 예측은 옳고 나머지 한 명의 예측은 그른 것으로 드러났다.

---

① 갑은 통일부에 배치된다.

② 을은 환경부에 배치된다.

③ 병은 통일부에 배치된다.

④ 정은 교육부에 배치된다.

⑤ 무는 통일부에 배치된다.

13. 다음 글의 내용이 참일 때 반드시 참인 것만을 <보기>에서 모두 고르면?　　23 5급공채

> 부서에서 검토 중인 과제를 여섯 개의 범주, '중점 추진 과제', '타 부서와 협의가 필요한 과제', '많은 예산이 필요한 과제', '장기 시행 과제', '인력 재배치가 필요한 과제', '즉각적인 효과가 나타나는 과제'로 나누어 검토해 본 결과는 다음과 같다.
>
> ○ 중점 추진 과제 가운데 인력 재배치가 필요한 과제는 없지만 장기 시행 과제는 있다.
> ○ 타 부서와 협의가 필요한 과제 가운데 즉각적인 효과가 나타나는 과제는 없다.
> ○ 많은 예산이 필요한 과제 가운데 즉각적인 효과가 나타나는 과제가 있다.
> ○ 장기 시행 과제 가운데 타 부서와 협의가 필요하지 않은 과제는 모두 인력 재배치가 필요한 과제이다.
> ○ 인력 재배치가 필요한 과제 가운데 많은 예산이 필요한 과제는 없다.

──────────〈보기〉──────────

ㄱ. 장기 시행 과제이면서 즉각적인 효과가 나타나는 과제 가운데는 많은 예산이 필요한 과제가 없다.

ㄴ. 인력 재배치가 필요하지 않은 과제 가운데 즉각적인 효과가 나타나지 않는 과제가 있다.

ㄷ. 장기 시행 과제가 아니면서 많은 예산이 필요한 과제가 있다.

① ㄱ

② ㄷ

③ ㄱ, ㄴ

④ ㄴ, ㄷ

⑤ ㄱ, ㄴ, ㄷ

📓 **꼼꼼 풀이 노트**

권장 풀이 시간에 맞춰 문제를 풀어본 후,
꼼꼼 풀이 노트로 정리해보세요.

■ 출제 포인트

■ 선택지 분석

■ 출제 포인트

■ 선택지 분석

난이도 ★★★　　　　　권장 풀이 시간: 3분　　　　　나의 풀이 시간: _____분 _____초

14. 다음 글의 내용이 참일 때 반드시 참인 것은?　　　　24 5급공채

> A회사에서는 사내 부서 대항 바둑 대회를 열었다. 4강전에 대표를 진출시킨 부서는 인사부, 연구부, 자재부, 영업부이다. 부서 대표로 4강전에 진출한 이는 갑, 을, 병, 정의 네 사람이다. 진행 방식은 다음과 같다. 4강전 두 경기의 승자는 결승에서 맞붙어 우승자를 결정하고, 4강전의 패자는 3~4위전에서 맞붙어 3위를 결정한다. 모든 경기는 단판제로 진행되며 무승부는 없다. 4강전 이후 경기 결과는 다음과 같다.
>
> ○ 갑의 전적은 1승 1패이다.
> ○ 정은 을을 이겼다.
> ○ 병은 갑을 이긴 적이 없고 을을 이긴 적도 없다.
> ○ 연구부가 우승했다.
> ○ 영업부는 2패를 기록했다.
> ○ 인사부와 연구부는 대결하지 않았다.

① 갑은 2위이고 을은 3위이다.

② 을과 정은 결승전에서 대결했다.

③ 병은 영업부이고 정은 자재부이다.

④ 3~4위전에서 자재부와 영업부가 대결했다.

⑤ 4강전 두 경기에서 승리한 이는 갑과 정이다.

15. 다음 글의 내용이 참이라고 할 때, 반드시 참인 것만을 <보기>에서 모두 고르면?

24 5급공채

> 연수를 마친 신입 직원 가영, 나영, 다민, 라민, 마영은 총무과, 인사과, 재무과 중에서 한 과에 배치될 예정이다. 세 과에는 위 직원 중 적어도 한 명이 각각 배치되고, 총무과에는 한 명만 배치될 예정이다. 이와 관련하여 알려진 사실은 다음과 같다.
>
> ○ 총무과와 같은 수의 인원이 배치되는 과가 있다.
> ○ 가영이 총무과에 배치되면 나영은 인사과에 배치된다.
> ○ 나영과 라민이 모두 인사과에 배치되지는 않는다.
> ○ 나영이 인사과에 배치되거나 마영이 재무과에 배치된다.
> ○ 다민이 재무과에 배치되지 않으면, 가영은 총무과에 배치되고 라민은 인사과에 배치된다.
> ○ 마영이 재무과에 배치되지 않고 가영이 총무과에 배치되지 않는 그런 경우는 없다.

─────── 〈보기〉 ───────

> ㄱ. 다민은 재무과에 배치된다.
> ㄴ. 라민은 총무과에 배치된다.
> ㄷ. 나영이 재무과에 배치되면 가영은 인사과에 배치된다.

① ㄱ
② ㄴ
③ ㄱ, ㄷ
④ ㄴ, ㄷ
⑤ ㄱ, ㄴ, ㄷ

약점 보완 해설집 p.51

권장 풀이 시간에 맞춰 문제를 풀어본 후, 꼼꼼 풀이 노트로 정리해보세요.

■ 출제 포인트

■ 선택지 분석

유형 13 독해형 논리

난이도 ★★☆ 　　　권장 풀이 시간: 2분 30초 　　　나의 풀이 시간: _____분 _____초

01. 다음 대화의 ㉠과 ㉡에 들어갈 말을 가장 적절하게 나열한 것은?　　　16 민경채

> 갑: A와 B 모두 회의에 참석한다면, C도 참석해.
> 을: C는 회의 기간 중 해외 출장이라 참석하지 못해.
> 갑: 그럼 A와 B 중 적어도 한 사람은 참석하지 못하겠네.
> 을: 그래도 A와 D 중 적어도 한 사람은 참석해.
> 갑: 그럼 A는 회의에 반드시 참석하겠군.
> 을: 너는 _____㉠_____고 생각하고 있구나?
> 갑: 맞아. 그리고 우리 생각이 모두 참이면, E와 F 모두 참석해.
> 을: 그래. 그 까닭은 _____㉡_____ 때문이지.

① ㉠: B와 D가 모두 불참한다
　 ㉡: E와 F 모두 회의에 참석하면 B는 불참하기

② ㉠: B와 D가 모두 불참한다
　 ㉡: E와 F 모두 회의에 참석하면 B도 참석하기

③ ㉠: B가 회의에 불참한다
　 ㉡: B가 회의에 참석하면 E와 F 모두 참석하기

④ ㉠: D가 회의에 불참한다
　 ㉡: B가 회의에 불참하면 E와 F 모두 참석하기

⑤ ㉠: D가 회의에 불참한다
　 ㉡: E와 F 모두 회의에 참석하면 B도 참석하기

📖 꼼꼼 풀이 노트

권장 풀이 시간에 맞춰 문제를 풀어본 후, 꼼꼼 풀이 노트로 정리해보세요.

■ 출제 포인트

예) 결론을 도출하기 위해 추가로 필요한 전제 파악

■ 선택지 분석

예) ㉠ 'A가 회의에 반드시 참석한다'는 결론을 이끌 어내기 위해 필요한 전제
　 ㉡ 'E와 F 모두 참석한다'는 결론을 이끌어내기 위해 필요한 전제

■ 출제 포인트

■ 선택지 분석

난이도 ★★☆   권장 풀이 시간: 2분 30초   나의 풀이 시간: _____분 _____초

02. 다음 글의 내용이 참일 때, 참인지 거짓인지 알 수 있는 것만을 <보기>에서 모두 고르면?

19 민경채

> 머신러닝은 컴퓨터 공학에서 최근 주목 받고 있는 분야이다. 이 중 샤펠식 과정은 성공적인 적용 사례들로 인해 우리에게 많이 알려진 학습 방법이다. 머신러닝의 사례 가운데 샤펠식 과정에 해당하면서 의사결정트리 방식을 따르지 않는 경우는 없다.
>
> 머신러닝은 지도학습과 비지도학습이라는 두 배타적 유형으로 나눌 수 있고, 모든 머신러닝의 사례는 이 두 유형 중 어디엔가 속한다. 샤펠식 과정은 모두 전자에 속한다. 머신러닝에서 새로 떠오르는 방법은 강화학습인데, 강화학습을 활용하는 모든 경우는 후자에 속한다. 그리고 의사결정트리 방식을 적용한 사례들 가운데 강화학습을 활용하는 머신러닝의 사례도 있다.

─────────────〈보기〉─────────────

ㄱ. 의사결정트리 방식을 적용한 모든 사례는 지도학습의 사례이다.

ㄴ. 샤펠식 과정의 적용 사례가 아니면서 의사결정트리 방식을 적용한 경우가 존재한다.

ㄷ. 강화학습을 활용하는 머신러닝 사례들 가운데 의사결정트리 방식이 적용되지 않은 경우는 없다.

① ㄴ

② ㄷ

③ ㄱ, ㄴ

④ ㄱ, ㄷ

⑤ ㄱ, ㄴ, ㄷ

03. 다음 글의 ㉠으로 적절한 것은?

20 민경채

규범윤리학의 핵심 물음은 "무엇이 도덕적으로 올바른 행위인가?"이다. 이에 답하기 위해서는 '도덕 규범'이라고 불리는 도덕적 판단 기준에 대한 논의가 필요하다. 도덕적 판단 기준이 개개인의 주관적 판단에 의존한다고 여기는 사람들이 다수 있지만 이는 옳지 않은 생각이다. 도덕 규범은 그것이 무엇이든 우리의 주관적 판단에 의존하지 않는다. 이러한 주장이 반드시 참임은 다음 논증을 통해 보일 수 있다.

도덕 규범이면서 우리의 주관적 판단에 의존하는 규범이 있다고 가정하면, 문제가 생긴다. 우리는 다음 명제들을 의심의 여지없이 참이라고 받아들이기 때문이다. 첫째, 주관적 판단에 의존하는 규범은 모두 우연적 요소에 좌우된다. 둘째, 우연적 요소에 좌우되는 규범은 어느 것도 보편적으로 적용되지 않는다. 셋째, 보편적으로 적용되지 않는 규범은 그것이 무엇이든 객관성이 보장되지 않는다. 이 세 명제에 ㉠하나의 명제를 추가하기만 하면 주관적 판단에 의존하는 규범은 어느 것도 도덕 규범이 아니라는 것을 이끌어낼 수 있다. 이는 앞의 가정과 모순된다. 따라서 도덕 규범은 어느 것도 우리의 주관적 판단에 의존하지 않는다.

① 우연적 요소에 좌우되는 도덕 규범이 있다.

② 객관성이 보장되지 않는 규범은 어느 것도 도덕 규범이 아니다.

③ 객관성이 보장되는 규범은 그것이 무엇이든 보편적으로 적용된다.

④ 보편적으로 적용되는 규범은 어느 것도 우연적 요소에 좌우되지 않는다.

⑤ 주관적 판단에 의존하면서 보편적으로 적용되지 않는 도덕 규범이 있다.

■ 출제 포인트

■ 선택지 분석

난이도 ★★☆　　　　권장 풀이 시간: 2분 20초　　　　나의 풀이 시간: _____분 _____초

04. 다음 글의 ㉠을 이끌어내기 위해 추가해야 할 전제로 가장 적절한 것은?　　20 7급모의

> A국에서는 교육 제도 개선을 추진하고 있다. 이와 관련하여 현재 거론되고 있는 방안 중 다음 네 조건을 모두 충족시키는 방안이 있다면, 정부는 그 방안을 추진해야 한다. 첫째, 공정한 기회 균등과 교육의 수월성을 함께 이룩할 수 있는 방안이어야 한다. 둘째, 신뢰할 수 있는 설문 조사에서 가장 많은 국민이 선호하는 방안으로 선택한 것이어야 한다. 셋째, 정부의 기존 교육 재정만으로 실행될 수 있는 방안이어야 한다. 넷째, 가계의 교육 부담을 줄일 수 있는 방안이어야 한다.
>
> 현재 거론되고 있는 방안들 중 선호하는 것에 대하여 국민 2,000명을 대상으로 한 설문 조사 결과, 300명이 대학교 평준화 도입을 꼽았고, 400명이 고등학교 자체 평가 확대를 꼽았으며, 600명이 대입 정시 확대와 수시 축소를 꼽았고, 700명이 고교 평준화 강화를 꼽았다. 이 설문 조사는 표본을 치우치지 않게 잡아 신뢰할 수 있다.
>
> 현재 거론된 방안들 가운데 정부의 기존 교육 재정만으로 실행될 수 없는 것은 대학교 평준화 도입 방안뿐이다. 대입 정시 확대와 수시 축소 방안은 가계의 교육 부담을 감소시키지 못하지만 다른 방안들은 그렇지 않다. 고교 평준화 강화 방안은 공정한 기회 균등을 이룰 수 있는 방안임이 분명하다. 따라서 ㉠정부는 고교 평준화 강화 방안을 추진해야 한다.

① 고교 평준화 강화는 가장 많은 국민이 선호하는 방안이다.

② 고교 평준화 강화는 교육의 수월성을 이룩할 수 있는 방안이다.

③ 고교 평준화 강화는 가계의 교육 부담을 줄일 수 있는 방안이다.

④ 고교 평준화 강화는 정부의 기존 교육 재정만으로도 실행될 수 있는 방안이다.

⑤ 정부가 고교 평준화 강화 방안을 추진하지 않아도 된다면, 그 방안은 공정한 기회 균등과 교육의 수월성을 함께 이룩할 수 없는 방안이다.

05. 다음 글의 내용이 참이라고 할 때 반드시 참인 것을 <보기>에서 모두 고르면?

12 5급공채

인간은 누구나 건전하고 생산적인 사회에서 타인과 함께 평화롭게 살아가길 원한다. 도덕적이고 문명화된 사회를 가능하게 하는 기본적인 사회 원리를 수용할 경우에만 인간은 생산적인 사회에서 평화롭게 살 수 있다. 기본적인 사회 원리를 수용한다면, 개인의 권리는 침해당하지 않는다. 인간의 본성에 의해 요구되는 인간 생존의 기본 조건, 즉 생각의 자유와 자신의 이성적 판단에 따라 행동할 수 있는 자유가 인정되지 않는다면, 개인의 권리는 침해당한다.

물리적 힘의 사용이 허용되는 경우에만 개인의 권리는 침해당한다. 어떤 사람이 다른 사람의 삶을 빼앗거나 그 사람의 의지에 반하는 것을 강요하기 위해서는 물리적 수단을 사용할 수밖에 없기 때문이다. 이성적인 수단인 토론이나 설득을 사용하여 다른 사람의 의견이나 행동에 영향을 미친다면, 개인의 권리는 침해당하지 않는다.

인간이 생산적인 사회에서 평화롭게 사는 것은 매우 중요하다. 왜냐하면 인간이 생산적인 사회에서 평화롭게 살 수 있을 경우에만 인간은 지식 교환의 가치를 사회로부터 얻을 수 있기 때문이다.

─────〈보기〉─────

ㄱ. 생각의 자유와 자신의 이성적 판단에 따라 행동할 수 있는 자유가 인정될 경우에만 인간은 생산적인 사회에서 평화롭게 살 수 있다.

ㄴ. 물리적 힘이 사용되는 것이 허용되지 않는다면, 인간은 생산적 사회에서 평화롭게 살 수 있다.

ㄷ. 물리적 힘이 사용되는 것이 허용된다면, 생각의 자유와 자신의 이성적 판단에 따라 행동할 수 있는 자유가 인정되지 않는다.

ㄹ. 개인의 권리가 침해당한다면, 인간은 지식 교환의 가치를 사회로부터 얻을 수 없다.

① ㄱ, ㄷ

② ㄱ, ㄹ

③ ㄴ, ㄷ

④ ㄴ, ㄹ

⑤ ㄷ, ㄹ

📓 **꼼꼼 풀이 노트**

권장 풀이 시간에 맞춰 문제를 풀어본 후, 꼼꼼 풀이 노트로 정리해보세요.

■ 출제 포인트

■ 선택지 분석

■ 출제 포인트

■ 선택지 분석

난이도 ★★☆   권장 풀이 시간: 2분 30초   나의 풀이 시간: _____분 _____초

06. 다음 글의 내용이 참일 때, 반드시 참인 것만을 <보기>에서 모두 고르면?   14 5급공채

> 이번에 우리 공장에서 발생한 화재사건에 대해 조사해 보았습니다. 화재의 최초 발생 장소는 A지역으로 추정됩니다. 화재의 원인에 대해서는 여러 가지 의견이 존재합니다.
>
> 첫째, 화재의 원인을 새로 도입한 기계 M의 오작동으로 보는 견해가 존재합니다. 만약 기계 M의 오작동이 화재의 원인이라면 기존에 같은 기계를 도입했던 X공장과 Y공장에서 이미 화재가 났을 것입니다. 확인 결과 이미 X공장에서 화재가 났었다는 것을 파악할 수 있었습니다.
>
> 둘째, 방화로 인한 화재의 가능성이 존재합니다. 만약 화재의 원인이 방화일 경우 감시카메라에 수상한 사람이 찍히고 방범용 비상벨이 작동했을 것입니다. 또한 방범용 비상벨이 작동했다면 당시 근무 중이던 경비원 갑이 B지역과 C지역 어느 곳으로도 화재가 확대되지 않도록 막았을 것입니다. B지역으로 화재가 확대되지는 않았고, 감시카메라에서 수상한 사람을 포착하여 조사 중에 있습니다.
>
> 셋째, 화재의 원인이 시설 노후화로 인한 누전일 가능성도 제기되고 있습니다. 화재의 원인이 누전이라면 기기관리자 을 또는 시설관리자 병에게 화재의 책임이 있을 것입니다. 만약 을에게 책임이 있다면 정에게는 책임이 없습니다.

─────────〈보기〉─────────

ㄱ. 이번 화재 전에 Y공장에서 화재가 발생했어도 기계 M의 오작동이 화재의 원인은 아닐 수 있다.

ㄴ. 병에게 책임이 없다면, 정에게도 책임이 없다.

ㄷ. C지역으로 화재가 확대되었다면, 방화는 이번 화재의 원인이 아니다.

ㄹ. 정에게 이번 화재의 책임이 있다면, 시설 노후화로 인한 누전이 이번 화재의 원인이다.

① ㄱ, ㄷ

② ㄱ, ㄹ

③ ㄴ, ㄹ

④ ㄱ, ㄴ, ㄷ

⑤ ㄴ, ㄷ, ㄹ

07. 다음 글의 내용이 참일 때, 반드시 채택되는 업체의 수는?　　　15 5급공채

> 농림축산식품부는 구제역 백신을 조달할 업체를 채택할 것이다. 예비 후보로 A, B, C, D, E 다섯 개 업체가 선정되었으며, 그 외 다른 업체가 채택될 가능성은 없다. 각각의 업체에 대해 농림축산식품부는 채택하거나 채택하지 않거나 어느 하나의 결정만을 내린다.
>
> 정부의 중소기업 육성 원칙에 따라, 일정 규모 이상의 대기업인 A가 채택되면 소기업인 B도 채택된다. A가 채택되지 않으면 D와 E 역시 채택되지 않는다. 그리고 수의학 산업 중점육성 단지에 속한 업체인 B가 채택된다면, 같은 단지의 업체인 C가 채택되거나 혹은 타지역 업체인 A는 채택되지 않는다. 마지막으로 지역 안배를 위해, D가 채택되지 않는다면, A는 채택되지만 C는 채택되지 않는다.

① 1개

② 2개

③ 3개

④ 4개

⑤ 5개

■ 출제 포인트

■ 선택지 분석

권장 풀이 시간에 맞춰 문제를 풀어본 후,
꼼꼼 풀이 노트로 정리해보세요.

난이도 ★★☆　　　　권장 풀이 시간: 2분 10초　　　　나의 풀이 시간: _____분 _____초

08. 다음 글의 내용이 참일 때, 반드시 참인 것은?　　　　16 5급공채

> 만일 A 정책이 효과적이라면, 부동산 수요가 조절되거나 공급이 조절된다. 만일 부동산 가격이 적정 수준에서 조절된다면, A 정책이 효과적이라고 할 수 있다. 그리고 만일 부동산 가격이 적정 수준에서 조절된다면, 물가 상승이 없다는 전제 하에서 서민들의 삶이 개선된다. 부동산 가격은 적정 수준에서 조절된다. 그러나 물가가 상승한다면, 부동산 수요가 조절되지 않고 서민들의 삶도 개선되지 않는다. 물론 물가가 상승한다는 것은 분명하다.

① 서민들의 삶이 개선된다.

② 부동산 공급이 조절된다.

③ A 정책이 효과적이라면, 물가가 상승하지 않는다.

④ A 정책이 효과적이라면, 부동산 수요가 조절된다.

⑤ A 정책이 효과적이라도, 부동산 가격은 적정 수준에서 조절되지 않는다.

09. 다음 글의 내용이 참일 때, 반드시 참인 것은?　　　17 5급공채

> 　전 세계적 금융위기로 인해 그 위기의 근원지였던 미국의 경제가 상당한 피해를 입었다. 미국에서는 경제 회복을 위해 통화량을 확대하는 양적완화 정책을 실시할 것인지를 두고 논란이 있었다. 미국의 양적완화는 미국 경제회복에 효과가 있겠지만, 국제 경제에 적지 않은 영향을 줄 수 있기 때문이다.
>
> 　미국이 양적완화를 실시하면, 달러화의 가치가 하락하고 우리나라의 달러 환율도 하락한다. 우리나라의 달러 환율이 하락하면 우리나라의 수출이 감소한다. 우리나라 경제는 대외 의존도가 높기 때문에 경제의 주요지표들이 개선되기 위해서는 수출이 감소하면 안된다.
>
> 　또 미국이 양적완화를 중단하면 미국 금리가 상승한다. 미국 금리가 상승하면 우리나라 금리가 상승하고, 우리나라 금리가 상승하면 우리나라에 대한 외국인 투자가 증가한다. 또한 우리나라 금리가 상승하면 우리나라의 가계부채 문제가 심화된다. 가계부채 문제가 심화되는 나라의 국내소비는 감소한다. 국내소비가 감소하면, 경제의 전망이 어두워진다.

① 우리나라의 수출이 증가했다면 달러화 가치가 하락했을 것이다.

② 우리나라의 가계부채 문제가 심화되었다면 미국이 양적완화를 중단했을 것이다.

③ 우리나라에 대한 외국인 투자가 감소하면 우리나라 경제의 전망이 어두워질 것이다.

④ 우리나라 경제의 주요지표들이 개선되었다면 우리나라의 달러 환율이 하락하지 않았을 것이다.

⑤ 우리나라의 국내소비가 감소하지 않았다면 우리나라에 대한 외국인 투자가 감소하지 않았을 것이다.

■ 출제 포인트

■ 선택지 분석

난이도 ★★☆　　　　권장 풀이 시간: 2분 30초　　　　나의 풀이 시간: _____분 _____초

10. 다음 글의 내용이 참일 때, 반드시 참인 것만을 <보기>에서 모두 고르면?　　19 5급공채

2016년 1월 출범한 특별업무지원팀 〈미래〉가 업무적격성 재평가 대상에서 제외된 것은 다행한 일이다. 꼬박 일 년의 토론과 준비 끝에 출범한 〈미래〉의 업무가 재평가로 인해 불필요하게 흔들리는 것은 바람직하지 않다는 인식이 부처 내에 널리 퍼진 덕분이다. 물론 가용이나 나윤 둘 중 한 사람이라도 개인 평가에서 부적격 판정을 받을 경우, 〈미래〉도 업무적격성 재평가를 피할 수 없는 상황이었다. 만일 〈미래〉가 첫 과제로 수행한 드론 법규 정비 작업이 성공적이지 않았다면, 나윤과 다석 둘 중 적어도 한 사람은 개인 평가에서 부적격 판정을 받았을 것이다. 아울러 〈미래〉의 또 다른 과제였던 나노 기술 지원 사업이 성공적이지 않았다면, 라율과 가용 두 사람 중 누구도 개인 평가에서 부적격 판정을 피할 수 없었을 것이다.

──── 〈보기〉 ────

ㄱ. 〈미래〉의 또 다른 과제였던 나노 기술 지원 사업이 성공적이었다.

ㄴ. 다석이 개인 평가에서 부적격 판정을 받지 않았다면, 그것은 첫 과제로 수행한 〈미래〉의 드론 법규 정비 작업이 성공적이었음을 의미한다.

ㄷ. 〈미래〉가 첫 과제로 수행한 드론 법규 정비 작업이 성공적이지 않았다면, 라율은 개인 평가에서 부적격 판정을 받았다.

① ㄱ

② ㄷ

③ ㄱ, ㄴ

④ ㄴ, ㄷ

⑤ ㄱ, ㄴ, ㄷ

11. 다음 글의 ㉠을 이끌어내기 위하여 추가해야 할 전제로 가장 적절한 것은?　　22 5급공채

> 　　사진작가 슬레이터는 '나루토'라는 이름의 원숭이에게 카메라를 빼앗긴 일이 있었는데 다시 찾은 그의 카메라에는 나루토의 모습이 찍힌 사진이 저장되어 있었다. 슬레이터는 나루토가 찍은 사진을 자신의 책을 통해 소개하였는데, 이 사진이 인터넷에 무단으로 돌아다니면서 나루토의 사진이 저작권의 대상이 되느냐가 논란이 되었다.
>
> 　　논란의 초점은 나루토의 사진이 과연 '셀카'인가 하는 것이었다. 셀카는 자신의 모습을 담으려는 의도로 스스로 찍은 사진이며, 그렇기에 셀카는 저작권의 대상이 된다는 것이 통념이다. 나루토가 찍은 사진이 셀카가 아니라면 저작권의 대상이 되지 않을 것이다. 나루토가 찍은 사진이 셀카로 인정받으려면, 그가 카메라를 사용하여 그 자신의 사진을 찍었을 뿐 아니라 찍을 때 자기 모습을 찍으려는 의도가 있어야 하고 그 의도를 실현할 능력이 있어야 한다. 슬레이터는 나루토가 이런 의미의 셀카를 찍었다고 주장한다. 하지만 이는 인간의 행위를 원숭이에 투사하는 바람에 빚어진 오해다. 자아가 없는 나루토가 한 일은 단지 카메라를 조작하는 인간의 행위를 흉내 낸 것뿐이기 때문이다. 따라서 ㉠나루토의 사진은 저작권의 대상이 될 수 없다. 나루토는 그저 카메라를 특별히 잘 다루는 원숭이였을 뿐이다.

① 자아를 가지지 않으면서 인간의 행위를 흉내 낼 수는 없다.

② 자기 모습을 찍으려는 의도가 있다는 것은 자아를 가졌다는 것이다.

③ 자기 모습을 찍으려는 의도를 실현할 능력이 있는 경우에만 자아를 가진다.

④ 자기 모습을 찍으려는 의도가 있다는 것은 그 사진에 대한 저작권이 있다는 것이다.

⑤ 자기 모습을 찍으려는 의도를 실현할 능력이 없으면서 인간의 행위를 흉내 낼 수는 없다.

■ 출제 포인트

■ 선택지 분석

난이도 ★★★   권장 풀이 시간: 2분 30초   나의 풀이 시간: _____분 _____초

12. 다음 글의 내용이 참일 때 반드시 참인 것은?   22 5급공채

> 프랜차이즈 회사 갑은 올해 우수매장을 선정했는데 선정 과정에 본사 경영진이 개입했다는 주장이 있지만 이는 아직 불분명하다. 본사 경영진이 우수매장 선정에 개입했다면, A 매장이 선정되었을 것이다. 한편 B 매장이 선정되었다면, 우수매장 선정에 본사 경영진이 개입했다는 주장이 거짓임이 밝혀진 셈이다. 최종 선정된 우수매장 후보는 A와 B 매장 둘뿐이며 이 중 한 군데만이 선정될 상황이었다. 만약 A 매장이 우수매장으로 선정되었다면, 갑의 매장 대부분이 본사 직영점이라는 주장이 거짓임이 밝혀졌을 것이다. 또한, B 매장이 우수매장으로 선정되었다면, 갑의 매장은 모두 방역 클린 매장이라는 주장과 모두 친환경 매장이라는 주장이 둘 다 거짓인 것은 아니다. 10년째 영업 중인 갑의 B 매장은 방역 클린 매장이지만 친환경 매장은 아니다.

① 갑의 올해 우수매장 선정에 본사 경영진의 개입이 없었다면, A 매장이 선정되었을 것이다.

② 갑의 매장 대부분이 본사 직영점이라면, 갑의 매장은 모두 방역 클린 매장이다.

③ 갑의 매장 중에는 본사 직영점도 아니고 친환경 매장도 아닌 곳이 있다.

④ 우수매장으로 선정된 곳은 방역 클린 매장이자 친환경 매장이다.

⑤ 갑의 매장 중 방역 클린 매장이 아닌 곳도 있다.

13. 다음 글의 빈칸에 들어갈 내용으로 적절하지 않은 것은?   23 5급공채

> △△부에서는 국가 간 정책 교류를 위해 사무관 A~E 중 UN에 파견할 사무관을 선정하기로 했다. 파견 여부를 정하기 위해 다음의 기준을 세웠다.
>
> ○ A를 파견하면 B를 파견한다.
> ○ B를 파견하면 D를 파견하지 않는다.
> ○ C를 파견하면 E를 파견하지 않는다.
> ○ D를 파견하지 않으면 C를 파견한다.
> ○ E를 파견하지 않으면 D를 파견한다.
>
> 위의 기준으로는 사무관 세 명의 파견 여부가 확정되지만 두 명의 파견 여부는 확정되지 않는다. 하지만 "_____"를 기준으로 추가하면, 모든 사무관의 파견 여부를 확정할 수 있다.

① A를 파견하지 않으면 C를 파견한다.

② B를 파견하지 않으면 C를 파견한다.

③ C를 파견하지 않으면 D를 파견하지 않는다.

④ C를 파견하지 않으면 E를 파견하지 않는다.

⑤ D나 E를 파견하면 C를 파견한다.

꼼꼼 풀이 노트

권장 풀이 시간에 맞춰 문제를 풀어본 후,
꼼꼼 풀이 노트로 정리해보세요.

■ 출제 포인트

■ 선택지 분석

1 독해의 원리
2 논증의 방향
3 문맥과 단서
4 논리의 체계
기출 재구성 모의고사
해커스PSAT 7급 PSAT 유형별 기출 200제 언어논리

난이도 ★★☆　　　　권장 풀이 시간: 2분　　　　나의 풀이 시간: _____분 _____초

14. 다음 글의 ㉠을 이끌어내기 위하여 추가해야 할 전제로 적절한 것만을 <보기>에서 모두 고르면?

23 5급공채

인공지능 및 로봇공학 기술의 발전에 따라 자율적 인공지능을 탑재한 군사로봇에 대한 관심 및 우려가 커지고 있다. 새로운 형태의 군사로봇은 인간의 개입이 없어도 인간을 죽이기로 결정할 수 있다는 점에서 자율적이다. 이러한 군사로봇을 실제 전장에 투입해도 될까? 자율적 군사로봇을 사용한다고 가정해 보자. 자율적 군사로봇을 사용하면 민간인 살상이 발생하는 것은 피할 수 없다. 그런데 자율적 군사로봇을 사용하면 누구에게도 그 결과에 대한 책임을 물을 수 없다. 왜 그런지 살펴보자.

자율적 군사로봇 사용에 의한 민간인 살상이 발생했을 때, 이에 책임질 수 있는 후보는 다음의 셋과 같다. 자율적 군사로봇의 제작자, 자율적 군사로봇을 전장에 내보내는 임무를 준 지휘관, 그리고 로봇 자체이다. 우선 제작상의 문제가 없다면, 제작자에게 책임을 물을 수 없다. 게다가 자율적 군사로봇이 어떤 상황에서 어떤 행동을 할 것인지는 제작자조차 예측하거나 통제할 수 없다. 제작자가 예측하거나 통제할 수 없는 결과에 대해서는 그에게 책임을 물을 수 없다. 다음으로 지휘관은 어떠한가? 지휘관 역시 자율적 군사로봇이 실제 작전 지역에서 어떠한 행동을 할지 예측하거나 통제할 수 없다. 이러한 이유로 지휘관에게 역시 책임을 물을 수 없다. 마지막으로 로봇은 어떠한가? 어떤 결과에 책임을 진다는 것은 그에 대한 처벌을 받는다는 것이다. 그런데 대상에 대한 처벌이 가능하려면 그 대상은 고통을 느낄 수 있어야 한다. 그러나 로봇은 고통을 느낄 수가 없기에 처벌 자체가 로봇에게는 무의미하다. 이렇게 로봇에게도 책임을 물을 수 없는 것이다. 결국 자율적 군사로봇을 사용하면 누구에게도 그 결과에 대한 책임을 물을 수 없다. 따라서 ㉠자율적 군사로봇의 사용은 비윤리적이다.

─〈보기〉─

ㄱ. 인간의 통제하에 있는 존재는 책임의 주체가 될 수 없다.

ㄴ. 어떤 행위의 결과에 대해 누구에게도 책임을 물을 수 없다면 그 행위는 비윤리적이다.

ㄷ. 행위자가 예측하거나 통제할 수 없는 결과에 대해서 그에게 책임을 묻는 것은 비윤리적이다.

① ㄱ

② ㄴ

③ ㄱ, ㄷ

④ ㄴ, ㄷ

⑤ ㄱ, ㄴ, ㄷ

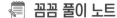

15. 다음 글의 ㉠을 이끌어내기 위하여 추가해야 할 전제로 가장 적절한 것은?　24 5급공채

전전두엽의 상위 인지적 기능에는 작업기억 능력과 언어 능력 등이 포함된다. 상위 인지적 기능의 존재 여부는 뇌 손상 환자가 재활을 통해 정상에 가까운 의식을 회복할 가능성이 얼마인지 가늠해보는 척도가 된다. 눈동자로 움직이는 물체를 추적하는 능력의 예를 살펴보자. 눈동자의 움직임은 작업기억을 통해 제어되므로, 움직이는 대상을 안정적으로 긴 시간 동안 추적할 수 있다는 것은 작업기억 능력이 온전하다는 지표가 된다. 뇌 손상 환자가 눈동자로 물체를 얼마나 잘 추적할 수 있는지에 따라 그 환자가 정상적인 의식을 회복할 가능성과 회복에 걸리는 시간 등을 추정할 수 있다.

그러나 뇌 손상 환자에게 상위 인지적 기능이 남아있다는 것으로부터 그 환자가 자신에게 일어나는 일에 대한 현상적 경험을 할 수 있다는 것이 따라 나오지는 않는다. 여기서 현상적 경험을 한다는 것은, 가령 치통을 경험할 때와 같이 특정한 감각적 느낌을 마음속에서 자각한다는 것을 말한다. 대상을 시각적으로 추적한다는 것과 이를 현상적으로 경험한다는 것을 따로 떨어뜨려 상상하는 것은 쉽지 않지만, 상위 인지적 기능과 현상적 경험의 구분 가능성을 보이는 다양한 병리학적 사례가 있다.

한편 상위 인지적 기능이 남아있다고 해서 반드시 운동 기능이 남아있는 것도 아니다. 눈동자조차 움직일 수 없는 뇌 손상 환자의 상위 인지적 기능의 존재 여부는 그 환자의 뇌 검사를 통해 확인할 수 있다. 예컨대 뇌 손상 환자에게 자신의 오른손 집게손가락을 까딱이는 상상을 하라고 지시한 후, 연관된 운동피질의 활성화 여부를 검사하는 것이다. 만약 그 운동피질이 활성화된다면 환자의 언어 능력이 남아 있는 것이므로 그에 따라 이 환자의 예후를 추정할 수 있다. 하지만 운동피질을 이용한 상위 인지적 기능의 검사는 의식 회복에 관한 예후를 확인할 수 있을 뿐, ㉠그가 자신의 몸 움직임을 현상적으로 경험하고 있는가를 확인하지는 못한다.

① 환자가 신체 일부의 움직임을 현상적으로 경험하는가를 확인할 방법이 있다.

② 운동피질은 자신의 몸 움직임을 현상적으로 경험하지 않아도 활성화될 수 있다.

③ 운동피질은 언어 능력과 같은 상위 인지적 기능이 있어야만 활성화될 수 있다.

④ 자신의 신체 일부의 움직임을 현상적으로 경험하지 못하는 환자에게는 상위 인지적 기능도 없다.

⑤ 운동피질의 활성화 여부는 정상에 가까운 의식을 회복할 가능성을 추정하는 지표이다.

약점 보완 해설집 p.56

취약 유형 진단 & 약점 극복

1 문항별 정오표

각 문항별로 정오를 확인한 후, 맞았으면 O, 풀지 못했으면 △, 틀렸으면 X로 표시해 보세요.

논증의 타당성		논리 퀴즈		독해형 논리	
번호	정오	번호	정오	번호	정오
01		01		01	
02		02		02	
03		03		03	
04		04		04	
05		05		05	
06		06		06	
07		07		07	
		08		08	
		09		09	
		10		10	
		11		11	
		12		12	
		13		13	
		14		14	
		15		15	

2 취약 유형 분석표

유형별로 맞힌 문제 개수와 정답률을 적고, 취약한 유형이 무엇인지 파악해 보세요.

유형	맞힌 문제 개수	정답률
논증의 타당성	/7	%
논리 퀴즈	/15	%
독해형 논리	/15	%

3 학습 전략

취약한 유형의 학습 전략을 확인한 후, 풀지 못한 문제와 틀린 문제를 다시 풀면서 취약 유형을 극복해 보세요.

논증의 타당성	논증의 타당성 취약형은 논증의 전제와 결론간의 형식적인 구조를 판단하는 능력이 부족한 경우입니다. 따라서 전제와 결론의 구조를 쉽게 파악할 수 있도록 기호화하여 내용이 아니라 논리 규칙에 따라 타당성 여부를 판단하는 연습을 합니다.
논리 퀴즈	논리 퀴즈 취약형은 논리 이론이나 규칙을 응용 문제에 적용하는 능력이 부족한 경우입니다. 따라서 논리 명제를 빠르게 기호화하고, 퀴즈 문제에 많이 활용되는 모순이나 반대 개념을 숙지하여 문제에 적용하는 연습을 합니다.
독해형 논리	독해형 논리 취약형은 글의 논리적인 구조를 파악하는 능력이 부족한 경우입니다. 따라서 지문의 내용을 이해하기 보다는 제시된 논리 명제를 빠르게 기호화하여 문장 간의 논리적인 관계를 파악하는 연습을 합니다.

기출 재구성
모의고사

01. 다음 글의 내용과 부합하지 않는 것은?

15 5급공채

지증왕 대 이전까지 신라왕들은 즉위한 후 시조묘에 제사를 지냈다. 여기서 시조란 신라의 첫 번째 왕 박혁거세를 가리킨다. 시조묘는 혁거세의 아들로 신라의 두 번째 왕인 남해차차웅이 건립하였으며, 남해차차웅의 친누이인 아로(阿老)가 제사를 주관하였다. 신라의 왕은 박씨에서 석씨 그리고 김씨로 바뀌었지만, 김씨 성인 미추이사금이 시조묘에서 제사를 지낸 사례를 통해서 박씨 이외의 다른 성씨의 왕들도 즉위 후 시조묘에서 제사를 지냈음을 알 수 있다. 하지만 미추이사금이 박혁거세의 묘에서 제사를 지낸 것은 혁거세 자체만을 제사지낸 것이지 그의 직계 조상까지 제사지낸 것은 아니었다. 시조묘 제사는 신라를 건국한 시조, 즉 국조(國祖)에 대한 제사였기 때문이다.

혁거세는 '불구내(弗矩內)'라고도 불렸다. 불구내는 우리말의 '붉은 해'를 비슷한 발음의 한자로 옮긴 것으로 해석되며, 이는 『삼국유사』에서 불구내를 밝음의 의미인 광명(光明)으로 해석한 것과 동일하다. 또한 불구내에서 마지막 글자 내는 안의 의미를 가진 한자 '내(內)'로 옮긴 것으로도 해석된다. 즉 불구내는 '불구안'으로도 해석된다. 불구안은 몽골어나 투르크어의 '불칸'과 같은 음이며, 이는 하늘신, 즉 광명신(光明神)이라는 의미이다. 어떻게 해석하든 불구내라는 명칭은 신라인들이 혁거세를 하늘신으로 인식했음을 보여주는 것이다. 신라의 건국신화에서 혁거세가 하늘로부터 내려온 알에서 태어났으며, 그가 죽은 후 승천하였다고 한 것은 신라인들이 혁거세를 하늘신으로 인식한 사실을 신화적으로 표현한 것이다. 따라서 시조묘에 대한 제사는 하늘신에 대한 제사, 즉 제천의례였다.

혁거세는 또한 '알지거서간(閼智居西干)'이라고도 불렸는데, '알지'의 '알'은 곡물을 가리키는 말이며, '지'는 존칭어미이다. 즉 알지란 농업생산의 풍요를 가져다주는 농경신을 가리키는 말이다. 이와 관련하여 혁거세가 죽어서 승천하였다가 시신이 오분되어 땅에 떨어졌으며, 오체(五體)를 각기 장사지냈다고 하는 건국신화가 주목된다. 신이나 왕의 절단된 유해를 여기저기 뿌리거나 각기 다른 장소에 매장하였다는 세계 각지의 신화는 모두 대지의 풍요나 다산을 기원하기 위한 것이었다. 노르웨이의 왕 하프단이 죽은 후 토지의 풍요를 위해 왕의 시신을 넷으로 나누어 여러 지방에 묻은 것과 혁거세가 죽은 후 오체를 각기 다른 장소에 장례지냈다는 것은 동일한 의미를 가진다. 따라서 신라의 시조묘에 대한 제사는 제천행사이면서 농경신에 대한 제사, 즉 농경의례이기도 하였다.

① 시조묘의 건립뿐 아니라 건립 당시 제사도 시조왕의 자식이 주관하였다.

② 김씨 왕들은 시조묘의 제사에서 자신들의 왕조 시조인 김알지에 대해 제사를 지냈다.

③ 혁거세가 강림한 알에서 태어나고 죽어서 하늘로 올라갔다는 신화는 그를 광명신으로 인식하였음을 보여준다.

④ 혁거세의 별칭인 '弗矩內'의 '內'를 '내'로 보느냐, '안'으로 보느냐에 상관없이 '弗矩內'는 밝음의 의미를 가진다.

⑤ 혁거세가 '알지'로 불렸던 것과 사체가 토막 나 지상에 떨어진 후 장사지냈다는 것은 혁거세가 농경신임을 의미한다.

젊은이를 가리키는 말로 조선 시대에는 '소년', '약년', '자제', '청년' 등 다양한 표현이 사용되었다. 일반적으로 소년과 자제를 가장 흔히 사용하였으나, 약년이나 청년이라는 표현도 젊은이를 가리키는 말로 간혹 쓰였다. 약년은 스무 살 즈음을 칭하는 표현이다. 실제 사료에서도 20대를 약년이나 약관으로 칭한 사례가 많다. 1508년 우의정 이덕형은 상소문에서 자신이 약년에 벼슬길에 올랐다고 하였다. 그런데 이 약년은 훨씬 더 어린 나이에도 사용되었다. 1649년 세손의 교육 문제를 논한 기록에는 만 8세의 세손을 약년이라고 하였다.

조선 후기에는 젊은이를 일반적으로 소년이라고 하였다. 오늘날 소년은 청소년기 이전의 어린이를 지칭하는 말로 그 의미가 변하였지만, 전통 사회의 소년은 나이가 적은 자, 즉 젊은이를 의미하는 말이었다. 적어도 조선 후기 사회에서는 아이와 구분되는 젊은이를 소년이라고 부르는 것이 일반적이었다. 신분과 계층 그리고 시기에 따라 다르지만, 연령으로는 최대 15세까지 아이로 보았던 듯하다.

소년이 유년이나 장년과 구분되기는 하였지만, 상대적으로 젊은 사람을 뜻하는 경우도 많았다. 40대나 50대 사람이더라도 상대에 따라 젊은 사람으로 표현되기도 하였다. 소년이 장년, 노년과 구분되는 연령 중심의 지칭이었음에 비해, 자제는 부로(父老), 부형(父兄)으로 표현되는 연장자가 이끌고 가르쳐서 그 뒤를 이어가게 하는 '다음 세대'라는 의미로 사용되었다. 일반적으로 자제는 막연한 후손이라는 의미보다는 특정한 신분에 있는 각 가문의 젊은 세대라는 의미로 통하였다. 고려시대 공민왕이 젊은이를 뽑아 만들었다는 자제위도 단순히 잘생긴 젊은이가 아니라 명문가의 자제를 선발한 것이었다. 자제가 소년보다는 가문의 지체나 신분을 반영하는 지칭이었으므로, 교육과 인재 양성면에서 젊은이를 칭할 때는 거의 자제라고 표현하였다.

또한 소년이란 아직 성숙하지 못한 나이, 다소간 치기에서 벗어나지 못한 어린 또는 젊은 사람이라는 의미를 가지는 경우도 많았다. 연륜을 쌓은 노성(老成)함에 비해 나이가 적고 젊다는 것은 부박하고 상황의 판단이 아직 충분히 노련하지 못하다는 의미로 사용되었다. 마찬가지로 자제 역시 어른 세대에게 가르침을 받아야 하는 존재, 즉 아직 미숙한 존재로 인식되었다.

젊은 시절을 의미하는 말로 쓰인 청년은 그 자체가 찬미의 대상이 되기보다는 대체로 노년과 짝을 이루어 늙은이가 과거를 회상하는 표현으로 사용되는 경우가 많았다.

① 소년으로 불리는 대상 중 자제로 불리지 않는 경우가 있었다.
② 젊은이를 지시하는 말 중 청년이 가장 부정적으로 쓰였다.
③ 약년은 충분히 노련하지 못한 어른을 지칭하기도 하였다.
④ 약년은 소년과 자제의 의미를 포괄하여 사용되었다.
⑤ 명문가의 후손을 높여 부를 때 자제라고 하였다.

경제학자들은 환경자원을 보존하고 환경오염을 억제하는 방편으로 환경세 도입을 제안했다. 환경자원을 이용하거나 오염물질을 배출하는 제품에 환경세를 부과하면 제품 가격 상승으로 인해 그 제품의 소비가 감소함에 따라 환경자원을 아낄 수 있고 환경오염을 줄일 수 있다.

일부에서는 환경세가 소비자의 경제적 부담을 늘리고 소비와 생산의 위축을 가져올 수 있다고 우려한다. 그러나 많은 경제학자들은 환경세 세수만큼 근로소득세를 경감하는 경우 환경보존과 경제성장이 조화를 이룰 수 있다고 본다.

환경세는 환경오염을 유발하는 상품의 가격을 인상시킴으로써 가계의 경제적 부담을 늘려 실질소득을 떨어뜨리는 측면이 있다. 하지만 환경세 세수만큼 근로소득세를 경감하게 되면 근로자의 실질소득이 증대되고, 그 증대효과는 환경세 부과로 인한 상품가격 상승효과를 넘어설 정도로 크다. 왜냐하면 상품가격 상승으로 인한 경제적 부담은 연금생활자나 실업자처럼 고용된 근로자가 아닌 사람들 사이에도 분산되는 반면, 근로소득세 경감의 효과는 근로자에게 집중되기 때문이다. 근로자의 실질소득 증대는 사실상 근로자의 실질임금을 높이고, 이것은 대체로 노동공급을 증가시키는 경향이 있다.

또한, 환경세가 부과되더라도 노동수요가 늘어날 수 있다. 근로소득세 경감은 기업의 입장에서 노동이 그만큼 저렴해지는 효과가 있다. 더욱이 환경세는 노동자원보다는 환경자원의 가격을 인상시켜 상대적으로 노동을 저렴하게 하는 효과가 있다. 이렇게 되면 기업의 노동수요가 늘어난다.

결국 환경세 세수를 근로소득세 경감으로 재순환시키는 조세구조 개편은 한편으로는 노동의 공급을 늘리고, 다른 한편으로는 노동에 대한 수요를 늘린다. 이것은 고용의 증대를 낳고, 결국 경제 활성화를 가져온다.

① 환경세의 환경오염 억제 효과는 근로소득세 경감에 의해 상쇄된다.
② 환경세를 부과하더라도 그만큼 근로소득세를 경감할 경우, 근로자의 실질소득은 늘어난다.
③ 환경세를 부과할 경우 근로소득세 경감이 기업의 고용 증대에 미치는 효과가 나타나지 않는다.
④ 환경세를 부과하더라도 노동집약적 상품의 상대가격이 낮아진다면 기업의 고용은 늘어나지 않는다.
⑤ 환경세 부과로 인한 상품가격 상승효과는 근로소득세 경감으로 인한 근로자의 실질소득 상승효과보다 크다.

04. 다음 글에서 추론할 수 있는 것을 <보기>에서 모두 고르면?

13 외교관

큐잉 이론은 시스템에서 서비스를 제공받으려고 기다리는 대기자와 대기 시간과의 관계를 수학적으로 분석한 것이다. 이 이론은 서비스를 행하는 서버와 서비스를 받는 객체를 설정하고, 서버의 작업률을 분석함으로써 시스템의 운용 상태를 파악하는 데 적용된다. 개별 서버의 작업률은 작업이 가능한 주어진 시간 중에서 실제로 서비스를 행하는 시간이 차지하는 비율이다. 큐잉 이론에서 서버의 객체 당 서비스 시간과 서버에 도착하는 객체 간의 시간 간격은 작업률 분석에 필요한 요소들이다.

예를 들어 상점에 계산대가 하나 있고 여기에서 한 명의 손님을 서비스하는 데 정확히 1분이 소요되며, 정확히 2분 간격으로 손님이 계산대에 도착하는 경우를 생각해 보자. 이런 경우라면 계산대의 직원은 시간당 30분을 일하게 되므로 서버의 작업률이 50%임을 알 수 있다. 만일 도착 간격이 줄거나, 서비스 시간이 길어지면 서버의 작업률은 점차 높아지는데, 도착 간격이 서비스 시간보다 짧아지면 손님이 줄을 서서 기다려야 한다. 줄에서 기다리는 손님의 수가 계속 늘어나게 되면 계산대를 하나 늘려서 손님의 대기 시간을 줄여야 한다.

도착 간격이나 서비스 시간 등 시스템의 운용 상태를 결정하는 요소들이 일정한 값을 가지면, 시스템은 일정한 상태로 운용된다. 하지만 실제로 이러한 요소들은 확정적인 값이 아니라 대부분 불규칙하게 변하는 확률적인 값의 형태를 취한다. 이 때 큐잉 이론에서는 통계적 방법을 적용하는데, 서비스 시간과 객체의 도착 간격을 실제상황과 유사하도록 시간에 대한 확률 분포로 나타내며, 우선 그 평균값이 시스템 분석에 사용된다. 이 경우 산출된 서버의 작업률 역시 시간에 대한 평균값이 되므로 특정 시점의 작업률은 어떤 범위에 속한 하나의 값일 뿐이다. 따라서 작업률에 영향을 미치는 요인을 기술하는 확률 분포의 범위 내에서 어떤 값이 적용되느냐에 따라 작업률의 값은 달라질 수 있다. 예를 들어 서비스 시간이 아주 짧아지거나 도착 간격이 아주 커지는 경우, 산출되는 작업률은 현저히 낮아질 것이다.

─〈보기〉─

ㄱ. 처리시간이 더 빠른 계산대로 교체하는 것은 서버의 작업률을 낮추는 효과를 낸다.

ㄴ. 계산대를 하나 늘리는 것은 서비스 시간을 줄여 서버의 작업률을 높이는 효과를 낸다.

ㄷ. 계산대에 손님들이 줄을 서서 기다릴 경우 그 계산대의 작업률은 100%를 초과할 수 있다.

① ㄱ

② ㄴ

③ ㄱ, ㄷ

④ ㄴ, ㄷ

⑤ ㄱ, ㄴ, ㄷ

05. 다음 글에서 추론할 수 없는 것은?

13 외교관

'전통적 마케팅'이라는 용어는 지난 한 세기 동안 축적된 마케팅의 개념과 방법론을 의미한다. 이러한 전통적 마케팅은 대체로 기능상의 특징과 편익에 초점을 맞춘다. 전통적 마케터들은 소비자들이 상품의 기능적 특징을 평가하여 최고의 효용을 가져다 줄 상품을 선택한다고 가정한다. 기능적 효용으로 설명되지 않는 소비자의 구매 행위에 대해서는 '이미지 효과'나 '브랜드 효과'로 설명하며, 이는 전체 소비 행위의 비중에서 미미할 것으로 간주한다. 전통적 마케터들은 이러한 소비자들에게 마케팅을 할 때, 분석적이며 계량적인 도구를 사용한다. 구체적인 인터뷰나 설문조사를 통해 얻어진 소비자들의 평가를 수치화하여 분석 모형에 적용한 결과를 토대로 마케팅 전략을 수립한다.

하지만 소비생활을 오랜 기간 지속해 온 고객들은 이제 제품의 편익과 품질을 반영한 기능적 특징에 더불어 '그 이외의 것'을 요구한다. 이 때 소비자들은 자신의 감각에 호소하고 가슴에 와 닿으며 자신의 정신을 자극하는 상품과 마케팅을 원한다. 다시 말해 소위 '체험 마케팅'을 원하는 시대가 도래한 것이다.

체험 마케팅은 전통적인 마케팅과 달리 고객 체험에 중점을 둔다. 체험은 감각, 마음 그리고 정신을 자극하는 계기가 되어 고객의 라이프스타일을 기업과 브랜드로 연결시킨다. 이를테면 전통적 마케터들이 생각하는 욕실 상품의 마케팅 범주는 샴푸, 면도크림, 드라이기 등의 용품이 갖는 기능적 특징을 중심으로 결정된다. 그러나 체험 마케터들은 이와 더불어 좀 더 폭넓게 '욕실에서의 몸치장'을 생각하여 어떤 제품이 이 소비상황에 맞는지, 어떻게 하면 소비자의 체험을 더 승화할 수 있는지 등을 반영한 상품들의 마케팅 범주까지 고려한다. 이제 소비자들은 이성적일 뿐만 아니라, 감성적이거나 감정적으로 영향을 받으며 창조적으로 도전받길 원한다. 이런 소비자들에 대응하는 체험 마케팅의 수단은 수많은 소비 패턴에 대해 맞춤 형태로 이루어질 수밖에 없다. 모든 소비자들에게 표준화된 동일한 형식을 제공하기보다는 목적이나 상황에 맞게 새로운 형식을 만드는 것이다. 체험 마케팅의 전략 수립 과정도 하나의 방법론적 이데올로기에 얽매이지 않는다. 어떤 방법과 도구들은 아주 분석적이거나 계량적일 수도 있고 그렇지 않을 수도 있다. 소비자들의 평가 정보를 얻기 위한 장소 또한 인위적인 인터뷰 공간이 될 수도 있고 일상적인 생활공간이 될 수도 있다.

① 체험 마케팅의 수단과 전략 수립 과정은 다양한 형태로 나타난다.

② 체험 마케터는 전통적 마케터보다 상품의 마케팅 범주를 더 넓게 설정한다.

③ 체험 마케팅의 발달은 오늘날의 소비자들이 상품의 기능적 효용보다는 감성적 측면을 더 중시함을 반영한다.

④ 전통적 마케터는 계량화된 분석 결과를 토대로 기능적 효용을 중시하는 소비자를 대상으로 하는 전략을 수립한다.

⑤ 전통적 마케터들은 소비자의 브랜드나 이미지에 의한 소비 비중이 기능적 효용에 의한 소비 비중에 비해 작은 것으로 간주한다.

06. 다음 글의 ⓐ와 ⓑ에 들어갈 말을 <보기>에서 골라 적절하게 나열한 것은?

18 민경채

갈릴레오는 망원경으로 목성을 항상 따라다니는 네 개의 위성을 관찰하였다. 이 관찰 결과는 지동설을 지지해 줄 수 있는 것이었다. 당시 지동설에 대한 반대 논증 중 하나는 다음과 같은 타당한 논증이었다.

(가) _____ ⓐ _____.
(나) 달은 지구를 항상 따라다닌다.
따라서 (다) 지구는 공전하지 않는다.

갈릴레오의 관찰 결과는 이 논증의 (가)를 반박할 수 있는 것이었다. 왜냐하면 목성이 공전한다는 것은 당시 천동설 학자들도 받아들이고 있었고 그의 관찰로 인해 위성들이 공전하는 목성을 따라다닌다는 것이 밝혀지는 셈이기 때문이다. 그런데 문제는 당시의 학자들이 망원경을 통한 관찰을 신뢰하지 않는다는 데 있었다. 당시 학자들 대부분은 육안을 통한 관찰로만 실제 존재를 파악할 수 있다고 믿었다. 따라서 갈릴레오는 망원경을 통한 관찰이 육안을 통한 관찰만큼 신뢰할 만하다는 것을 입증해야 했다. 이를 보이기 위해 그는 '빛 번짐 현상'을 활용하였다.

빛 번짐 현상이란, 멀리 떨어져 있는 작고 밝은 광원을 어두운 배경에서 볼 때 실제 크기보다 광원이 크게 보이는 현상이다. 육안으로 금성을 관찰할 경우, 금성이 주변 환경에 비해 더 밝게 보이는 밤에 관찰하는 것보다 낮에 관찰하는 것이 더 정확하다. 그런데 낮에 관찰한 결과는 연중 금성의 외견상 크기가 변한다는 것을 보여준다.

그렇다면 망원경을 통한 관찰이 신뢰할 만하다는 것은 어떻게 보일 수 있었을까? 갈릴레오는 밤에 금성을 관찰할 때 망원경을 사용하면 빛 번짐 현상을 없앨 수 있다는 것을 강조하면서 다음과 같은 논증을 펼쳤다.

(라) _____ ⓑ _____ 면, 망원경에 의한 관찰 자료를 신뢰할 수 있다.
(마) _____ ⓑ _____.
따라서 (바) 망원경에 의한 관찰 자료를 신뢰할 수 있다.

결국 갈릴레오는 (마)를 입증함으로써, (바)를 보일 수 있었다.

―――――〈보기〉―――――

ㄱ. 지구가 공전한다면, 달은 지구를 따라다니지 못한다
ㄴ. 달이 지구를 따라다니지 못한다면, 지구는 공전한다
ㄷ. 낮에 망원경을 통해 본 금성의 크기 변화와 낮에 육안으로 관찰한 금성의 크기 변화가 유사하다
ㄹ. 낮에 망원경을 통해 본 금성의 크기 변화와 밤에 망원경을 통해 본 금성의 크기 변화가 유사하다
ㅁ. 낮에 육안으로 관찰한 금성의 크기 변화와 밤에 망원경을 통해 본 금성의 크기 변화가 유사하다

	ⓐ	ⓑ
①	ㄱ	ㄷ
②	ㄱ	ㅁ
③	ㄴ	ㄷ
④	ㄴ	ㄹ
⑤	ㄴ	ㅁ

07. A, B, C, D 네 사람만 참여한 달리기 시합에서 동순위 없이 순위가 완전히 결정되었다. A, B, C는 각자 아래와 같이 진술하였다. 이들의 진술이 자신보다 낮은 순위의 사람에 대한 진술이라면 참이고, 높은 순위의 사람에 대한 진술이라면 거짓이라고 하자. 반드시 참인 것은? 11 5급공채

A: C는 1위이거나 2위이다.
B: D는 3위이거나 4위이다.
C: D는 2위이다.

---

① A는 1위이다.
② B는 2위이다.
③ D는 4위이다.
④ A가 B보다 순위가 높다.
⑤ C가 D보다 순위가 높다.

08. 다음 글의 내용이 참일 때, 참인지 거짓인지 알 수 없는 것은? 14 5급공채

"누군가를 사랑하거나 누군가에게 사랑받는 존재만이 의사를 표명할 수 있다."는 주장은 쉽게 받아들이기 어렵지만 참이다. 의사를 표명할 수 없는 존재는 사유할 수 없지만, 의사를 표명할 수 있는 존재는 사유할 수 있다. 이와 연관 지어 '사유', '행위', 그리고 '자유의지' 사이의 관계는 다음과 같다.

첫째, 어떤 존재든지 그것이 사유할 수 있을 때, 그리고 오직 그 때만 행위를 할 수 있다.

둘째, 행위를 할 수 없는 존재는 자유의지를 갖지 않는다.

자유의지를 갖지 않는 사람은 없다. 하지만 그 누구에게도 사랑받지 않는 존재들이 있다. 그런 존재들 중 하나를 '레이'라고 해 보자.

---

① 레이는 자유의지를 갖지 않거나 행위를 할 수 있다.
② 만일 레이가 사람이라면, 레이는 누군가를 사랑한다.
③ 레이는 누군가를 사랑하거나 자유의지를 갖지 않는다.
④ 만일 레이가 사유할 수 없다면, 레이는 행위를 할 수 없다.
⑤ 만일 레이가 의사를 표명할 수 있다면, 레이는 자유의지를 갖는다.

09. 다음 글의 내용이 참일 때, 반드시 참인 것은? 21 7급공채

A, B, C, D를 포함해 총 8명이 학회에 참석했다. 이들에 관해서 알려진 정보는 다음과 같다.

○ 아인슈타인 해석, 많은 세계 해석, 코펜하겐 해석, 보른 해석 말고도 다른 해석들이 있고, 학회에 참석한 이들은 각각 하나의 해석만을 받아들인다.

○ 상태 오그라듦 가설을 받아들이는 이들은 모두 5명이고, 나머지는 이 가설을 받아들이지 않는다.

○ 상태 오그라듦 가설을 받아들이는 이들은 코펜하겐 해석이나 보른 해석을 받아들인다.

○ 코펜하겐 해석이나 보른 해석을 받아들이는 이들은 상태 오그라듦 가설을 받아들인다.

○ B는 코펜하겐 해석을 받아들이고, C는 보른 해석을 받아들인다.

○ A와 D는 상태 오그라듦 가설을 받아들인다.

○ 아인슈타인 해석을 받아들이는 이가 있다.

① 적어도 한 명은 많은 세계 해석을 받아들인다.

② 만일 보른 해석을 받아들이는 이가 두 명이면, A와 D가 받아들이는 해석은 다르다.

③ 만일 A와 D가 받아들이는 해석이 다르다면, 적어도 두 명은 코펜하겐 해석을 받아들인다.

④ 만일 오직 한 명만이 많은 세계 해석을 받아들인다면, 아인슈타인 해석을 받아들이는 이는 두 명이다.

⑤ 만일 코펜하겐 해석을 받아들이는 이가 세 명이면, A와 D 가운데 적어도 한 명은 보른 해석을 받아들인다.

10. 다음 글의 중심 내용으로 가장 적절한 것은? 06 5급공채

다원주의 사회 내에서는 불가피하게 다양한 가치관들이 충돌한다. 이러한 충돌과 갈등을 어떻게 해결할 것인가? 자유주의는 상충되는 가치관으로 인해 개인들 사이에서 갈등이 빚어질 경우, 이러한 갈등을 사적 영역의 문제로 간주하고 공적 영역에서 배제함으로써 그 갈등을 해결하고자 했다.

하지만 다원주의 사회에서 발생하는 심각한 갈등들을 해소하기 위해서 모든 사람이 수용할 수 있는 합리성에 호소하는 것은 어리석은 일이다. 왜냐하면 모든 사람들이 수용할 수 있는 합리성의 범위가 너무 협소하기 때문이다. 물론 이러한 상황에서도 민주적 합의는 여전히 유효하고 필요하다. 비록 서로 처한 상황이 다르더라도 정치적으로 평등한 모든 시민들이 자유롭게 합의할 때, 비로소 그 갈등은 합법적이고 민주적으로 해결될 것이기 때문이다. 따라서 다원주의 사회의 문제는 궁극적으로 자유주의의 제도적 토대 위에서 해결되어야 한다.

가령 한 집단이 다른 집단에게 자신의 정체성을 '인정'해 달라고 요구할 때 나타나는 문화적 갈등은 그 해결이 간단하지 않다. 예컨대 각료 중 하나가 동성애자로 밝혀졌을 경우, 동성애를 혐오하는 사람들은 그의 해임을 요구할 것이다. 이 상황에서 발생하는 갈등은 평등한 시민들의 자유로운 합의, 대의원 투표, 여론조사, 최고통치자의 정치적 결단 등의 절차적 방식으로는 잘 해결되지 않는다. 동성애자들이 요구하고 있는 것은 자신들도 사회의 떳떳한 구성원이라는 사실을 다른 구성권들이 인정해 주는 것이기 때문이다.

이처럼 오늘날 자유주의가 직면한 문제는 단순히 개인과 개인의 갈등뿐 아니라 집단과 집단의 갈등을 내포한다. 사회 내 소수 집단들은 주류 집단에게 사회적 재화 중에서 자신들의 정당한 몫을 요구하고, 더 나아가 자신들도 하나의 문화공동체를 형성하고 있는 구성원이라는 사실을 인정하라고 요구한다. 그들이 저항을 통해, 심지어는 폭력을 사용해서라도 자신의 정체성을 인정하라고 요구한다는 사실은 소수 문화가 얼마나 불평등한 관계에 처해 있는지를 여실히 보여준다. 따라서 자유주의가 채택하는 개인주의나 절차주의적 방법으로는 소수자들의 불평등을 실질적으로 해결하지 못한다. 그 해결은 오직 그들의 문화적 정체성을 인정할 때에만 가능할 것이다.

① 다원주의 사회에서 다양한 가치관의 갈등은 개인 간의 합의를 통해서 해결된다.

② 진정한 다원주의는 집단 간의 공평성보다도 개인의 자유와 권리를 우선적으로 보장한다.

③ 국가는 개인과 개인 사이의 갈등을 조정·해결할 수 있는 제도적 장치를 마련하여야 한다.

④ 다원주의 사회에서 집단 간의 가치관 갈등을 해결하기 위해서는 서로 다른 문화적 정체성을 인정해야 한다.

⑤ 국가는 개인들이 추구하는 다양한 가치에 대해 어떤 특정한 입장도 옹호해서는 안 되며 중립적 입장을 취해야 한다.

1 독해의 원리

2 논증의 방향

3 문맥과 단서

4 논리의 체계

기출 재구성 모의고사

해커스PSAT 7급 PSAT 유형별 기출 200제 언어논리

11. 다음 글의 내용과 부합하는 것은?

　기(基)와 단(壇)의 합성어인 기단은 건물이나 탑 등의 토대가 되도록 쌓아올린 받침인 동시에 외부로 노출되는 시설로서 건물 하부를 구성하는 중요한 요소가 된다. 또한 기단은 건물의 외관을 만들어내는 의장적 요소로서의 기능도 지닌다. 기단은 건물의 하부에 곧은 직선을 형성함으로써 건물이 안정적으로 보이도록 한다. 또한 기단은 그 높이와 규모, 마감 방법 등에 차이를 두어 건물의 가치와 위계를 나타내는 수단으로도 사용되었다. 넓은 의미에서 기단은 시설을 포함하는 건물 하부 구조의 총칭이다. 그러나 좁은 의미에서의 기단은 지붕 처마선 안쪽에 위치한 것으로 한정된다. 이 좁은 의미의 기단은 한국 전통 건축의 주요한 구성 요소로 다른 나라의 건축에서는 찾아볼 수 없다. 이러한 특징이 나타난 까닭은 무엇일까?

　고온 다습하고 여름철 집중호우가 있는 우리나라 환경에서, 건물 바닥이 지면보다 낮은 선사시대의 움집은 매우 불리한 형태였다. 그래서 구조와 난방 기술의 발달에 따라 건물의 바닥을 지면 위에 둔 지상 건축으로 변화하기 시작했다. 구조 기술의 발달로 수직 기둥과 벽이 출현하고 지붕을 지면에서 떨어뜨릴 수 있게 되었다. 또한 온돌의 발달로 난방의 효율성이 향상되었다. 이로써 움집은 급격히 지상 건축으로 변화하기 시작했는데, 청동기 시대 전반에 걸쳐 이러한 변화가 일어났다.

　지상 건축으로 발달하면서 위생적인 문제의 해결과 건물의 보호를 위해 기단이 도입되어 일반 주거 시설에까지 널리 사용되었다. 기단의 끝 선을 처마선 안쪽에 위치하도록 함으로써 지붕의 낙수는 기단 밖으로 떨어지게 되며 낙수가 지면으로부터 건물로 튀는 것을 지면보다 높은 기단이 막아준다. 집중호우가 있을 때도 기단은 물이 집안으로 들어오는 것을 막아주고 기단 윗면이 항상 마른 상태를 유지할 수 있게 해주었다. 이러한 기단의 기능은 목조 건물이 물이나 습기와 직접적인 접촉을 피할 수 있게 해 줌으로써 건물의 수명을 늘려주는 효과를 가져왔다.

　기단의 도입으로 인해 건물이 지면에서 일정한 거리를 유지할 수 있게 되었는데, 이 거리는 땅에서 올라오는 습기를 비롯해 해충의 침입도 어느 정도 막아주었다. 이처럼 기단은 건물 환경을 위생적으로 만드는 데 중요한 역할을 한다. 기단이 지니는 이러한 위생적 기능은 바닥 전체에 온돌을 들이는 난방 시설의 발달과 함께 한국 전통 건축에서 기단이 필수적인 요소가 되도록 하는 원인이 되었다.

① 기단의 도입에는 청동기 시대 전반에 걸친 기후 환경의 변화가 주요한 요인으로 작용하였다.

② 기단의 높이나 넓이는 건물의 구조적 안정성보다는 그 건물의 가치와 위계를 고려하여 결정되었다.

③ 한국 전통 건축에서 기단은 수직 기둥과 벽의 출현 등 가옥 구조 기술의 발달을 가져온 요소이다.

④ 좁은 의미의 기단은 우리나라 전통 건축에서 해충 및 습기 방지와 온돌 설치를 위해 도입되었다.

⑤ 우리나라 전통 건축에서 지붕보다 좁고 지면보다 높게 설치된 기단은 목조 건물의 수명을 연장하는 데 도움을 주었다.

12. 다음 ㉠과 ㉡에 대한 판단으로 가장 적절한 것은?

17 5급공채

니체는 자신이 가끔 '가축 떼의 도덕'이라고 부르며 비난했던 것을 '노예의 도덕', 즉 노예나 하인에게 적합한 도덕으로 묘사한다. 그는 다음과 같이 말한다. "지금까지 지상을 지배해 온 수많은 도덕들 사이를 헤집고 다니면서 마침내 두 가지의 기본적인 유형, 주인의 도덕과 노예의 도덕을 발견했다." 그 다음 그는 이 두 유형의 도덕은 보통 섞여 있으며 온갖 다양한 방식으로 함께 작동한다는 점을 덧붙인다. 그의 주장에는 분명 지나치게 단순한 이분법이 스며들어 있다. 그러나 『도덕의 계보』에서 그는 자신이 우리에게 제시하고 있는 것은 하나의 논쟁이며, 지나치게 단순화되긴 했지만 도덕을 보는 사유의 근본적인 쟁점을 부각시키는 데 목적이 있다는 점도 분명하게 밝힌다.

니체에 따르면 성경이나 칸트의 저서에서 제시된 도덕은 ㉠노예의 도덕이다. 노예 도덕의 가장 조잡한 형태는 개인을 구속하고 굴레를 씌우는 일반 원칙으로 구성되는데, 이는 외적 권위 즉 통치자나 신으로부터 부과된 것이다. 좀 더 섬세하고 세련된 형태에서는 외적 권위가 내재화되는데, 이성(理性)의 능력이 그 예라고 할 수 있다. 하지만 조잡한 형태든 세련된 형태든 이 도덕을 가장 잘 특징짓는 것은 그것이 무엇인가를 금지하고 제약하는 일반 원칙의 형태로 나타난다는 점이다. 칸트가 정언명령을 몇 개의 일반적 정칙(定則)으로 제시했을 때도 그 내용은 '너희는 해서는 안 된다'였다.

반면 ㉡주인의 도덕은 덕의 윤리이며, 개인의 탁월성을 강조하는 윤리이다. 이는 개인의 행복과 반대되지 않으며 오히려 도움을 줄 수도 있다. 니체와 아리스토텔레스는 인격적으로 뛰어나게 되는 것이야말로 그 사람을 행복하게 해 준다고 생각했다. 자신의 목표나 만족을 희생해서 마지못해 자신의 의무를 완수하는 것은 그 사람을 불행하게 만든다. 그에 비해 주인의 도덕을 실천하는 사람은 자신이 좋아하고 자신에게 어울리는 가치, 이상, 실천을 자신의 도덕으로 삼는다. 주인의 도덕은 '지금의 나 자신이 되어라!'를 자신의 표어로 삼는다. 그리고 자신이 다른 사람과 같은지 다른지, 혹은 다른 사람의 것을 받아들일 수 있는지 없는지에 대해서는 별 신경을 쓰지 않는다.

① 내가 '좋음'의 의미를 주체적으로 정립하여 사는 삶은 ㉠에 따라 사는 삶이다.

② 내가 나 자신의 탁월성 신장을 통하여 행복을 추구하여 사는 삶은 ㉠에 따라 사는 삶이다.

③ 내가 끊임없이 스스로를 갈고 닦아 자신만의 개성을 만들어 사는 삶은 ㉠에 따라 사는 삶이다.

④ 내가 내재화된 이성의 힘을 토대로 주체적인 삶을 영위하기 위해 노력하는 것은 ㉡에 따라 사는 삶이다.

⑤ 내가 개인을 구속하는 일반 원칙에 얽매이지 않고 덕스러운 방식으로 행복을 추구하는 것은 ㉡에 따라 사는 삶이다.

13. 다음 글의 ㉠~㉤에 대한 판단으로 적절한 것은?

21 5급공채

어떤 음성이나 부호가 무의미하다는 것은 '드룰'이나 '며문'과 같은 무의미한 음절들처럼 단순히 의미를 결여했다는 것으로 여겨진다. 그런데 철학자 A는 ㉠모든 의미 있는 용어는 그 용어가 지칭하는 대상이 존재한다고 여긴다. 그는 '비물질적 실체'와 같은 용어는 의미가 없다고 주장하는데, 그 이유는 오직 물질적 실체만이 존재하며 ㉡'비물질적 실체'라는 용어가 지칭하는 대상이 존재하지 않는다는 것이다.

이에 철학자 B는 A의 입장이 터무니없다고 주장한다. ㉢'비물질적 실체'라는 용어가 의미가 없다면, 우리는 비물질적 실체가 존재하는가에 대해 긍정도 부정도 할 수 없다. 그러나 ㉣우리는 그것이 존재하는가에 대해 긍정이나 부정을 할 수 있다. 실제로 ㉤우리의 어휘 중에는 의미를 지니고 그것이 지칭하는 대상이 존재하지 않는 용어들이 있다. 이 세상에 오직 물질적 실체만이 존재해서 비물질적 실체가 존재하지 않더라도 '비물질적 실체'라는 용어가 의미가 없다는 것은 지나친 주장이다.

① ㉠이 참이면, ㉤이 반드시 참이다.

② ㉠과 ㉢이 참이면, ㉤이 반드시 참이다.

③ ㉢과 ㉤이 참이면, ㉣이 반드시 거짓이다.

④ ㉠, ㉡, ㉢이 참이면, ㉣이 반드시 참이다.

⑤ ㉠, ㉢, ㉣이 참이면, ㉡이 반드시 거짓이다.

1 독해의 원리

2 논증의 방향

3 문맥과 단서

4 논리의 체계

기출 재구성 모의고사

해커스PSAT 7급 PSAT 유형별 기출 200제 언어논리

14. 다음 논쟁에 대한 분석으로 가장 적절한 것은? 20 5급공채

갑: 무게 중심이 어느 쪽으로도 치우치지 않은 동전 c가 있다. 그럼 'c를 던졌을 때 앞면이 나올 확률은 50%이다.'라는 진술 A가 뜻하는 바는 무엇인가? 이는 분명 참이다. 하지만 형태, 색, 무게 등 c의 물리적 특징을 조사한다고 하더라도, '50%의 확률'에 대응하는 특징을 찾을 수 없다. 도대체 진술 A의 의미가 무엇이길래 참이라고 말할 수 있는가?

을: c를 여러 번 던져 진술 A의 의미를 결정할 수 있다. c를 같은 방식으로 여러 번 던지면 일부는 앞면이 나오고 일부는 뒷면이 나올 것이다. 이런 실제 동전 던지기 결과를 통해 진술 A의 의미가 결정된다. 즉 진술 A는 'c를 같은 방식으로 던진 실제 결과들 중 앞면이 나온 빈도가 50%이다.'를 뜻한다.

병: c를 같은 방식으로 여러 번 던지는 것이 실제로 가능한가? 아무리 비슷하게 던지려 하더라도 언제나 미세한 차이가 있을 것이다. 따라서 c를 같은 방식으로 던지는 것은 거의 불가능하고, 가능하더라도 그 수는 매우 작을 것이다. 극단적으로, 그런 경우가 단 한 번밖에 없다면 앞면이 나온 빈도는 0% 또는 100%일 수밖에 없다. 이런 경우, 우리는 진술 A가 거짓이라고 말해야 한다. 하지만 이는 받아들일 수 없다.

정: c가 같은 방식으로 던져진 실제 세계 사례의 수는 무척 작을 것이다. 하지만 진술 A는 실제 세계에서 일어난 일에 대한 것이 아니다. 오히려 그와 유사한 가상 상황에서 일어난 일에 관련된다. 진술 A는 '실제 세계와 유사한 가상 상황에서 c를 같은 방식으로 수없이 던졌을 때, 앞면이 나온 빈도는 50%에 근접한다.'를 뜻한다.

① 갑은 A가 참이라고 생각하지만, 병은 거짓이라고 생각한다.

② 을은 c를 같은 방식으로 여러 차례 던질 수 없다고 주장하지만, 병은 그렇지 않다.

③ 병은 c를 다양한 방식으로 던진 동전 던지기의 결과가 A의 진위에 영향을 끼친다고 주장하지만, 정은 그렇지 않다.

④ 병과 정은 실제 세계에서 c를 같은 방식으로 던지는 사례의 수가 매우 작을 수 있다는 것에 동의한다.

⑤ 갑, 을, 정 모두 c의 물리적 특징을 안다면 A의 뜻을 결정할 수 있다는 것에 동의한다.

15. 다음 글에 대한 분석으로 옳은 것만을 <보기>에서 모두 고르면? 23 5급공채

조건문 '오늘이 3월 4일이면, 내일은 3월 5일이다'는 단순 명제인 '오늘이 3월 4일이다'와 '내일은 3월 5일이다'로 구성된다. 이러한 단순 명제는 그것이 사실에 대응하면 참이고, 그렇지 않으면 거짓이다. 그렇다면 이것들로 구성된 조건문의 참·거짓은 어떻게 결정될까? 보다 일반적으로 임의의 단순 명제인 A와 C로 구성된 조건문 'A이면 C'의 진릿값은 어떻게 결정될까?

견해 (가)에 따르면 조건문 'A이면 C'는 A가 참인데도 C가 거짓인 경우에 거짓이고, 그 나머지 경우에는 모두 참이다. 여기서 A가 거짓인 경우에는 C가 참이든 거짓이든 조건문은 참이 된다. 그러나 A가 거짓인 경우의 진릿값 결정 방식은 우리의 직관에 부합하지 않는 면이 있다.

견해 (나)에 따르면 조건문의 진릿값이 정해지는 방식은 '가능 세계'라는 개념을 이용해야 만족스럽게 제시될 수 있다. 먼저 A가 현실 세계에서 참인 경우를 생각해보자. 이 경우에는 (가)와 다를 바 없이 현실 세계에서 C가 참인지 거짓인지에 따라 조건문의 진릿값이 결정된다. 즉, C가 참이면 조건문은 참이고 C가 거짓이면 조건문은 거짓이다. 다음으로 A가 현실 세계에서 거짓인 경우를 생각해보자. 이 경우에는 A가 참인 것 외에 다른 것은 모두 현실 세계와 같은 가능 세계에서 C가 참인지 거짓인지를 판단해 보는 것이다. 만약 그 가능 세계에서 C가 참이면 조건문은 참이 되고, C가 거짓이면 조건문은 거짓이 된다. 가령 실제 3월에 누군가 "이번 달이 4월이면, 다음 달은 5월이다."라고 말했다면, 이는 참이다. 왜냐하면 '이번 달은 4월이다'가 참이라는 것이 현실 세계와 다르고 그 밖의 것은 모두 현실 세계와 같은 가능 세계에서는 현실 세계처럼 4월의 다음 달은 5월일 것이기 때문이다.

─────── 〈보기〉 ───────

ㄱ. (가)에 따르면 실제 3월에 누군가 "이번 달이 4월이면, 다음 달은 5월이다."라고 말했을 때, 이 조건문은 참이다.

ㄴ. (나)에 따르면 실제 3월에 누군가 "이번 달이 3월이면, 다음 달은 4월이다."라고 말했을 때, 이 조건문은 참이다.

ㄷ. (가)에서 거짓인 조건문은 (나)에서도 거짓으로 판정한다.

① ㄱ

② ㄷ

③ ㄱ, ㄴ

④ ㄴ, ㄷ

⑤ ㄱ, ㄴ, ㄷ

16. 다음 논증에 대한 평가로 적절한 것만을 <보기>에서 모두 고르면?

17 5급공채

> 평범한 사람들은 어떤 행위가 의도적이었는지의 여부를 어떻게 판단할까? 다음 사례를 생각해보자.
>
> 사례 1: "새로운 사업을 시작하면 수익을 창출할 것이지만, 환경에 해를 끼치게 될 것입니다"라는 보고를 받은 어느 회사의 사장은 다음과 같이 대답했다. "환경에 해로운지 따위는 전혀 신경 쓰지 않습니다. 가능한 한 많은 수익을 내기를 원할 뿐입니다. 그 사업을 시작합시다." 회사는 새로운 사업을 시작했고, 환경에 해를 입혔다.
>
> 사례 2: "새로운 사업을 시작하면 수익을 창출할 것이고, 환경에 도움이 될 것입니다"라는 보고를 받은 어느 회사의 사장은 다음과 같이 대답했다. "환경에 도움이 되는지 따위는 전혀 신경 쓰지 않습니다. 가능한 한 많은 수익을 내기를 원할 뿐입니다. 그 사업을 시작합시다." 회사는 새로운 사업을 시작했고, 환경에 도움이 되었다.
>
> 위 사례들에서 사장이 가능한 한 많은 수익을 내는 것을 의도했다는 것은 분명하다. 그렇다면 사례 1의 사장은 의도적으로 환경에 해를 입혔는가? 사례 2의 사장은 의도적으로 환경에 도움을 주었는가? 일반인을 대상으로 한 설문조사 결과, 사례 1의 경우 '의도적으로 환경에 해를 입혔다'고 답한 사람은 82%에 이르렀지만, 사례 2의 경우 '의도적으로 환경에 도움을 주었다'고 답한 사람은 23%에 불과했다. 따라서 특정 행위 결과를 행위자가 의도했는가에 대한 사람들의 판단은 그 행위 결과의 도덕성 여부에 대한 판단에 의존한다고 결론 내릴 수 있다.

───────────〈보기〉───────────

ㄱ. 위 설문조사에 응한 사람들의 대부분이 환경에 대한 영향과 도덕성은 무관하다고 생각한다는 사실은 위 논증을 약화한다.

ㄴ. 위 설문조사 결과는, 부도덕한 의도를 가지고 부도덕한 결과를 낳는 행위를 한 행위자가 그런 의도 없이 같은 결과를 낳는 행위를 한 행위자보다 그 행위 결과에 대해 더 큰 도덕적 책임을 갖는다는 것을 지지한다.

ㄷ. 두 행위자가 동일한 부도덕한 결과를 의도했음이 분명한 경우, 그러한 결과를 달성하지 못한 행위자는 도덕적 책임을 갖지 않지만 그러한 결과를 달성한 행위자는 도덕적 책임을 갖는다고 판단하는 사람이 많다는 사실은 위 논증을 강화한다.

① ㄱ
② ㄴ
③ ㄱ, ㄷ
④ ㄴ, ㄷ
⑤ ㄱ, ㄴ, ㄷ

───────────────────────

17. 다음 글을 비판하기 위한 통계자료로 사용하기에 적절한 것을 <보기>에서 모두 고르면?

13 외교관

> 미국에서 시민들이 지역공동체 참여 활동에서 이탈하는 경향에 대한 설명으로 가장 그럴듯한 것은 사회 전체가 바빠졌다는 점이다. 공동체 활동에 불참하면서 사람들이 가장 많이 내세우는 핑계가 바로 이것이다. 참여하지 못하는 이유로 미국인이 가장 많이 꼽는 것은 '시간이 별로 없어서'이다. 자원봉사 활동에 나서지 못하는 가장 흔한 이유 역시 '너무 바빠서'이다. 분명히 현 세대는 한 세대 이전의 미국인에 비해 더 바쁘다고 느낀다. '항상 쫓기는 기분'이라고 대답하는 사람들의 비율은 1960년대 중반에 비해서 1990년대 중반에 절반 이상이나 상승했다.
>
> 아울러 "우리는 거의 언제나 열심히 일한다.", "자주 밤늦게까지 남아서 일한다."라고 대답한 미국인의 수는 지속적으로 증가하였다. 구체적으로 가장 바쁘다고 느끼는 집단은 직업적 측면에서는 주로 대학 교육을 받은 정규직 직장인, 연령적 측면에서는 25세에서 54세 사이의 남녀, 가정적 측면에서는 어린 자녀를 둔 부모 등의 집단이다. 이런 결과가 그리 놀라운 것은 아니지만, 역사적으로 볼 때 바로 이 집단들이 과거 공동체 생활에 특히 적극적이었음을 고려한다면 심각한 일이다. 복잡하게 생각할 것 없이, 우리를 공동체 참여에서 이탈하게 만드는 범인은 늘어난 노동시간이다.

───────────〈보기〉───────────

ㄱ. 1960년대 이후 시간외근무를 하는 사람들의 비율이 지속적으로 증가했다.

ㄴ. 1960년대 이후 노동시간이 늘어난 집단과 노동시간이 줄어든 집단 모두에서 시민 활동 시간이 감소했다.

ㄷ. 1960년대 이후 맞벌이가정의 비율이 지속적으로 증가했다.

───────────────────────

① ㄱ
② ㄴ
③ ㄷ
④ ㄱ, ㄴ
⑤ ㄴ, ㄷ

18. 다음 글의 ㉠~㉢에 대한 평가로 적절한 것만을 <보기>에서 모두 고르면?

20 5급공채

종소리를 울린다고 개가 침을 흘리지는 않지만, 먹이를 줄 때마다 종소리를 내면 종소리만으로도 개가 침을 흘리게 된다. 이처럼 원래 반응을 일으키지 않는 '중립적 자극'과 무조건 반응을 일으키는 '무조건 자극'을 결합하여 중립적 자극만으로도 반응이 일어나게 되는 과정을 '조건화'라고 한다. 조건화의 특성에 관하여 다음과 같은 주장이 있다. 첫째, ㉠조건화가 이루어지려면 중립적 자극과 무조건 자극이 여러 차례 연결되어야 한다. 둘째, ㉡조건화가 이루어지려면 중립적 자극과 무조건 자극 간의 간격이 0~1초 정도로 충분히 짧아야 한다. 셋째, ㉢무조건 자극과 중립적 자극이 각각 어떤 종류의 자극인지는 조건화의 정도에 영향을 미치지 않는다.

조건화의 특성을 확인하기 위해 쥐를 가지고 두 가지 실험을 했다. 실험에는 사카린을 탄 '단물'과 빛을 쐬어 밝게 빛나는 '밝은 물'을 이용하였다. 방사능을 쐰 쥐는 무조건 반응으로 구토증을 일으키고, 전기 충격을 받은 쥐는 무조건 반응으로 쇼크를 경험한다.

〈실험 A〉

쥐들을 두 집단으로 나누어 실험군에 속한 쥐들에게는 단물을 주고 30분 후 한 차례 방사능에 노출했다. 한편, 대조군에 속한 쥐들에게는 맹물을 주고 30분 후 한 차례 방사능에 노출했다. 사흘 뒤 두 집단의 쥐들에게 단물을 주었더니 물맛을 본 실험군의 쥐들은 구토 증상을 나타냈지만 대조군의 쥐들은 그러지 않았다.

〈실험 B〉

쥐들을 네 집단으로 나누었다. 집단 1의 쥐들에게 단물을 주면서 방사능에 노출했고, 집단 2의 쥐들에게는 단물을 주면서 전기 충격을 가했다. 집단 3의 쥐들에게 밝은 물을 주면서 방사능에 노출했고, 집단 4의 쥐들에게는 밝은 물을 주면서 전기 충격을 가했다. 이런 과정을 여러 차례 반복하고 사흘 뒤 자극에 대한 반응을 조사했다. 단물을 주자 일부 쥐들에서 미미한 쇼크 반응이 나타난 집단 2와 달리 집단 1의 쥐들은 확연한 구토 반응을 보였다. 또 밝은 물을 주었을 때, 미미한 구토 반응을 보인 집단 3과 달리 집단 4의 쥐들은 몸을 떨며 쇼크에 해당하는 반응을 보였다.

─── 〈보기〉 ───

ㄱ. 〈실험 A〉는 ㉠을 약화하지만 ㉢을 약화하지 않는다.

ㄴ. 〈실험 B〉는 ㉠을 약화하지 않지만 ㉢을 약화한다.

ㄷ. 〈실험 A〉는 ㉡을 약화하지만 〈실험 B〉는 ㉡을 약화하지 않는다.

① ㄱ

② ㄴ

③ ㄱ, ㄷ

④ ㄴ, ㄷ

⑤ ㄱ, ㄴ, ㄷ

---

19. 다음 글의 논증을 약화하는 것만을 <보기>에서 모두 고르면?

18 5급공채

나는 계통수 가설을 지지한다. 그것은 모든 유기체들이 같은 기원을 갖는다고 말한다. 지구상의 식물과 동물이 공통의 조상을 갖는다고 생각하는 이유는 무엇인가?

이 물음에 답하는 데 사용되는 표준 증거는 유전 암호가 보편적이라는 점이다. DNA 암호를 전사받은 메신저 RNA는 뉴클레오타이드 3개가 코돈을 이루고 하나의 코돈이 하나의 아미노산의 유전 정보를 지정한다. 예를 들어 코돈 UUU는 페닐알라닌의 정보를, 코돈 AUA는 아이소류신의 정보를, 코돈 GCU는 알라닌의 정보를 지정한다. 각각의 아미노산의 정보를 지정하기 위해 사용되는 암호는 모든 생명체에서 동일하다. 이것은 모든 지상의 생명체가 연결되어 있다는 증거다.

생물학자들은 유전 암호가 임의적이어서 어떤 코돈이 특정한 아미노산의 정보를 지정해야 할 기능적인 이유가 없다고 한다. 우리가 관찰하는 유전 암호가 가장 기능적으로 우수한 물리적 가능성을 갖는다면 모든 생물 종들이 각각 별도의 기원들은 갖고 있다고 하더라도 그 암호를 사용했으리라고 기대할 것이다. 그러나 유전 암호가 임의적인데도 그것이 보편적이라는 사실은 모든 생명이 공통의 기원을 갖는다는 가설을 옹호한다.

왜 언어학자들은 상이한 인간 언어들이 서로 이어져 있다고 믿는지 생각해 보자. 모든 언어가 수에 해당하는 단어를 포함한다는 사실은 그 언어들이 공통의 기원을 갖는다는 증거가 될 수 없다. 숫자는 명백한 기능적 효용성을 갖기 때문이다. 반면에 몇 종류의 언어들이 수에 비슷한 이름을 부여하고 있다는 사실은 놀라운 증거가 된다. 가령, 2를 의미하는 프랑스어 단어는 'deux', 이탈리아어 단어는 'due', 스페인어 단어는 'dos'로 유사하다. 수에 대한 이름들은 임의적으로 선택되기 때문에 이런 단어들의 유사성은 이 언어들이 공통의 기원을 갖는다는 강력한 증거가 된다. 이렇게 적응으로 생겨난 유사성과 달리 임의적 유사성은 생명체가 공통의 조상을 가지고 있다는 강력한 증거가 된다.

─── 〈보기〉 ───

ㄱ. UUU가 페닐알라닌이 아닌 다른 아미노산의 정보를 지정하는 것이 기능적으로 불가능한 이유가 있다.

ㄴ. 사람은 유아기에 엄마가 꼭 필요하기 때문에 엄마를 의미하는 유아어가 모든 언어에서 발견된다.

ㄷ. 코돈을 이루는 뉴클레오타이드가 4개인 것이 3개인 것보다 기능이 우수하다.

① ㄱ

② ㄴ

③ ㄱ, ㄷ

④ ㄴ, ㄷ

⑤ ㄱ, ㄴ, ㄷ

20. 다음 글의 문맥에 맞지 않는 곳을 ㉠~㉤에서 찾아 수정하려고 할 때, 가장 적절한 것은?

19 5급공채

'단일환자방식'은 숫자가 아닌 문자를 암호화하는 가장 기본적인 방법이다. 이는 문장에 사용된 문자를 일정한 규칙에 따라 일대일 대응으로 재배열하여 문장을 암호화하는 방법이다. 예를 들어, 철수가 이 방법에 따라 영어 문장 'I LOVE YOU'를 암호화하여 암호문으로 만든다고 해보자. 철수는 먼저 알파벳을 일대일 대응으로 재배열하는 규칙을 정하고, 그 규칙에 따라 'I LOVE YOU'를 'Q RPDA LPX'와 같이 암호화하게 될 것이다. 이때 철수가 사용한 규칙에는 ㉠'I를 Q로 변경한다', 'L을 R로 변경한다' 등이 포함되어 있는 셈이다.

우리가 단일환자방식에 따라 암호화한 영어 문장을 접한다고 해보자. 그 암호문을 어떻게 해독할 수 있을까? ㉡우리가 그 암호문에 단일환자방식의 암호화 규칙이 적용되어 있다는 것을 알고 있다면 문제가 쉽게 해결될 수도 있다. 알파벳의 사용 빈도를 파악하여 일대일 대응의 암호화 규칙을 추론해낼 수 있기 때문이다. 이제 통계 자료를 통해 영어에서 사용되는 알파벳의 사용 빈도를 조사해 보니 E가 12.51%로 가장 많이 사용되었고 그 다음 빈도는 T, A, O, I, N, S, R, H의 순서라는 것이 밝혀졌다고 하자. ㉢물론 이러한 통계 자료를 확보했다고 해도 암호문이 한두 개 밖에 없다면 암호화 규칙을 추론하기는 힘들 것이다. 그러나 암호문을 많이 확보하면 할수록 암호문을 해독할 수 있는 가능성이 높아질 것이다.

이제 누군가가 어떤 영자 신문에 포함되어 있는 모든 문장을 단일환자방식의 암호화 규칙 α에 따라 암호문들로 만들었다고 해보자. 그 신문 전체에 사용된 알파벳 수는 충분히 많기 때문에 우리는 암호문들에 나타난 알파벳 빈도의 순서에 근거하여 규칙 α가 무엇인지 추론할 수 있다. ㉣만일 규칙 α가 앞서 예로 든 철수가 사용한 규칙과 동일하다면, 암호문들에 가장 많이 사용된 알파벳은 E일 가능성이 높을 것이다. 그런데 조사 결과 암호문들에는 영어 알파벳 26자가 모두 사용되었는데 그중 W가 25,021자로 가장 많이 사용되었고, 이후의 빈도는 P, F, C, H, Q, T, N의 순서라는 것이 밝혀졌다. 따라서 우리는 철수가 정한 규칙은 규칙 α가 아니라고 추론할 수 있다. 또한 규칙 α에 대해 추론하면서 암호문들을 해독할 수 있다. 예를 들어, ㉤암호문 'H FPW HP'는 'I ATE IT'를 암호화한 것이라는 사실을 알 수 있게 될 것이다.

① ㉠을 "Q를 I로 변경한다', 'R을 L로 변경한다"로 수정한다.

② ㉡을 '우리가 그 암호문에 단일환자방식의 암호화 규칙이 적용되어 있지 않다고 생각한다 해도 문제는 쉽게 해결될 수 있다'로 수정한다.

③ ㉢을 '이러한 통계 자료를 확보하게 되면 자동적으로 암호화 규칙을 추론할 수 있게 될 것이다'로 수정한다.

④ ㉣을 '만일 규칙 α가 앞서 철수가 사용한 규칙과 동일하다면, 암호문들에 가장 많이 사용된 알파벳은 A일 가능성이 높을 것이다'로 수정한다.

⑤ ㉤을 '암호문 'I ATE IT'는 'H FPW HP'를 암호화한 것이라는 사실을 알 수 있게 될 것이다'로 수정한다.

　　⊙ 역관계 원리(IRP)란 임의의 진술 P가 참일 확률과 P가 전달하는 정보량 사이의 역관계에 관한 것이다. IRP에 따르면 정보란 예측 불가능성과 관계가 있다. 동전 던지기에서 동전의 앞면이 나올 가능성이 더 커지게 조작할수록 '그 동전의 앞면이 나올 것이다.'라는 진술 H의 정보량은 적어진다. 그렇게 가능성이 점점 커진 끝에 만약 그 동전을 어떻게 던져도 무조건 앞면만 나오게 될 정도까지 조작을 가한다면 결국 동전 던지기와 관련하여 예측 불가능성이 완전히 사라지게 되는 것이고, 그럴 때 진술 H의 정보량은 0이 된다. 하지만 이런 원리는 두 가지 문제에 직면한다.

　　IRP에 따르면 P가 참일 확률이 더 커질수록 정보의 양은 더 줄어든다. 만약 누군가가 '언젠가는 코로나 바이러스가 퇴치될 것'이라고 말한다면, '코로나 바이러스가 한 달 내에 퇴치될 것'이라고 말하는 것보다 정보량이 적다. 왜냐하면, 후자의 메시지가 더 많은 상황을 배제하기 때문이다. 이제 P가 항상 참인 진술이라고 해 보자. 이 경우 P가 참일 확률은 가장 높은 100%가 된다. 그리고 IRP에 따르면 P가 항상 참인 진술이라면 그것의 정보량은 0이다. 만약 누군가에게 '코로나 바이러스가 미래에 퇴치된다면, 코로나 바이러스는 미래에 퇴치될 것이다.'라고 들었다면, 어떤 상황도 배제하지 않는 진술을 들은 것이다.

　　여기서 논리학에서 중요시되는 '논리적 타당성' 개념을 고려해 보자. 전제 X_1, X_2, …, X_n으로부터 결론 Y로의 추론이 논리적으로 타당하다는 것은 전제들이 모두 참이면 결론도 반드시 참이라는 것이다. 이것을 달리 말하면 'X_1이고 X_2이고 … X_n이면, Y이다.'라는 조건문이 그 어떤 경우에도 항상 참이 되는 진술이라는 것이다. 항상 참인 진술의 정보량은 0이므로, 논리적으로 타당한 모든 추론이 제공하는 정보량은 0이라는 결론이 나오게 된다. 이는 우리의 직관에 들어맞지 않는다. 이것이 소위 '연역의 스캔들'이라고 불리는 문제이다.

　　또 다른 문제를 살펴보자. IRP에 따르면 P가 참일 확률이 낮을수록 P는 더 많은 정보량을 지닌다. 누군가에게 '코로나 바이러스가 호흡기 질환을 일으킨다.'라는 말을 듣는 것이 '코로나 바이러스가 소화기 질환을 일으키거나 호흡기 질환을 일으킨다.'라는 말을 듣는 것보다 정보량이 더 많다. 그 이유는 전자를 만족시키는 상황들이 후자보다 더 적기 때문이다. 그렇다면 우리가 P의 확률을 계속해서 떨어뜨린다고 해 보자. 그러면 우리는 P의 확률이 0%가 되는 단계에 도달할 것이다. 이것은 P가 항상 거짓인 진술이 되었다는 의미이다. 하지만 IRP에 따르면, 이때가 P가 최대의 정보량을 지니는 상황이다. 이처럼 또 다른 반직관적 결론에 도달하게 되는 문제를 소위 '바-힐렐-카르납 역설'이라고 부른다.

21. 위 글의 ⊙에 따른 판단으로 적절한 것은?

① P가 참일 확률이 Q가 참일 확률보다 크다면, Q가 제공하는 정보량은 P보다 더 많지만 예측 불가능성은 P가 Q보다 더 크다.

② 어떤 추론의 전제들이 모두 참이면서 결론이 거짓인 것이 불가능하다면, 그 추론은 최대의 정보량을 제공한다.

③ P가 배제하는 상황은 Q도 모두 배제한다면, Q의 정보량은 P의 정보량보다 적지 않다.

④ P의 정보량이 0보다 크기 위해서는 P의 예측 불가능성이 완전히 사라져야 한다.

⑤ 논리적으로 타당하지 않은 추론의 정보량은 0보다 클 수 없다.

22. 다음 〈조건〉을 받아들일 때, 〈사례〉에 대해 적절하게 평가한 것만을 〈보기〉에서 모두 고르면?

――――――― 〈조건〉 ―――――――
　　IRP를 받아들이되, 임의의 진술이 0보다 큰 정보량을 갖기 위해서는 그것이 참일 수 있어야 한다.

――――――― 〈사례〉 ―――――――
　　저녁 식사에 손님들이 오기로 했으나 정확히 몇 명이 올지는 아직 모르는 상태에서 다음과 같은 진술들을 듣는다.

A: 적어도 손님 한 명이 오거나 아무도 오지 않을 것이다.
B: 적어도 손님 세 명이 올 것이다.
C: 손님이 두 명 이상 올 것이다.
D: 손님이 다섯 명 이하로 올 것이다.
E: 적어도 손님 한 명이 오고 또한 아무도 오지 않을 것이다.

――――――― 〈보기〉 ―――――――
ㄱ. 0보다 큰 정보량을 지닌 진술의 개수는 3이다.
ㄴ. 전제가 B이고 결론이 C인 추론과 "D이면 A이다."라는 조건문의 정보량은 다르다.
ㄷ. "C이고 D이다."라는 진술의 정보량은 E의 정보량과 같다.

① ㄱ　　　　　　　　　　　② ㄴ

③ ㄱ, ㄷ　　　　　　　　　④ ㄴ, ㄷ

⑤ ㄱ, ㄴ, ㄷ

23. 다음 옛 문서의 훼손된 부분 ㉠~㉣을 문맥에 따라 복원한 것으로 적절한 것은? 13 5급공채

혈관에서 발견된 매우 얇은 돌출부와 이것의 기능을 면밀히 살펴볼 때, 피가 정맥을 통해서 심장으로 되돌아간다는 것은 분명해 보인다. 정맥 내부에 있는 이 돌출부를 최초로 발견한 사람들은 해부학자인 파브리치우스와 실비우스이다. 사람마다 위치가 조금씩 다르긴 하지만, 이 돌출부들은 정맥에만 있다. 대부분 두 개의 돌출부가 한 쌍을 이루어 서로 마주보고 맞물려 있으며, 피는 돌출부가 향한 방향으로만 움직일 수 있고 그 반대 방향으로 움직일 수 없다.

이 돌출부를 발견한 사람들은 안타깝게도 그 기능에 대해서 제대로 알지 못했다. 몇몇 사람들은 이 돌출부가 피가 신체 아래쪽으로 몰리는 것을 막는 기능을 한다고 생각했다. 하지만 이는 잘못된 생각이다. 왜냐하면 목 뒤의 핏줄에 있는 돌출부는 [㉠] 향해 있어 피가 [㉡] 가는 것을 막고 있기 때문이다. 또 다른 몇몇 사람들은 이 돌출부가 뇌출혈을 막는 기능을 한다고 말하기도 한다. 그러나 이런 생각 역시 잘못이다. 왜냐하면 뇌출혈은 주로 동맥을 통과하는 피와 관련이 있지, 정맥을 통과하는 피와는 별 관련이 없기 때문이다. 이 돌출부들은 신체의 중심부에서 말단으로 흐르는 피의 속도를 늦추기 위해 있는 것도 아니다. 피가 그런 방향으로 흐른다는 것은 그 피가 굵은 줄기에서 가는 가지 쪽으로 흐른다는 것이고, 이 경우는 이런 돌출부가 없어도 피는 충분히 천천히 흐를 것이다.

이 돌출부들은, 피가 굵은 줄기에서 가는 가지로 흘러들어가 정맥을 파열시키는 것을 막고 피가 말단에서 중심으로만 흐르도록 하기 위해서 존재할 뿐이다. 이 돌출부 덕분에 피는 [㉢]에서 [㉣]만 움직일 수 있고 그 반대 방향으로는 움직일 수 없다.

① ㉠에 '아래쪽으로'가 들어가고 ㉡에 '위쪽으로'가 들어간다.
② ㉠에 '아래쪽으로'가 들어가고 ㉡에 '심장 쪽으로'가 들어간다.
③ ㉠에 '두뇌 쪽으로'가 들어가고 ㉡에 '아래쪽으로'가 들어간다.
④ ㉢에 '중심부'가 들어가고 ㉣에 '말단으로'가 들어간다.
⑤ ㉢에 '굵은 줄기'가 들어가고 ㉣에 '가는 가지로'가 들어간다.

---

24. 다음 글의 ㉠으로 가장 적절한 것은? 19 5급공채

갑: 우리는 타인의 언어나 행동을 관찰함으로써 타인의 마음을 추론한다. 예를 들어, 우리는 철수의 고통을 직접적으로 관찰할 수 없다. 그러면 철수가 고통스러워한다는 것을 어떻게 아는가? 우리는 철수에게 신체적인 위해라는 특정 자극이 주어졌다는 것과 그가 신음 소리라는 특정 행동을 했다는 것을 관찰함으로써 철수가 고통이라는 심리 상태에 있다고 추론하는 것이다.

을: 그러한 추론이 정당화되기 위해서는 내가 보기에 ㉠A 원리가 성립한다고 가정해야 한다. 그렇지 않다면, 특정 자극에 따른 철수의 행동으로부터 철수의 고통을 추론하는 것은 잘못이다. 그런데 A 원리가 성립하는지는 아주 의심스럽다. 예를 들어, 로봇이 우리 인간과 유사하게 행동할 수 있다고 하더라도 로봇이 고통을 느낀다고 생각하는 것은 잘못일 것이다.

병: 나도 A 원리는 성립하지 않는다고 생각한다. 아무런 고통을 느끼지 못하는 사람이 있다고 해 보자. 그런데 그는 고통을 느끼는 척하는 방법을 배운다. 많은 연습 끝에 그는 신체적인 위해가 가해졌을 때 비명을 지르고 찡그리는 등 고통과 관련된 행동을 완벽하게 해낸다. 그렇지만 그가 고통을 느낀다고 생각하는 것은 잘못일 것이다.

정: 나도 A 원리는 성립하지 않는다고 생각한다. 위해가 가해져 고통을 느끼지만 비명을 지르는 등 고통과 관련된 행동은 전혀 하지 않는 사람도 있기 때문이다. 가령 고통을 느끼지만 그것을 표현하지 않고 잘 참는 사람도 많지 않은가? 그런 사람들을 예외적인 사람으로 치부할 수는 없다. 고통을 참는 것이 비정상적인 것은 아니다.

을: 고통을 참는 사람들이 있고 그런 사람들이 비정상적인 것은 아니라는 데는 나도 동의한다. 하지만 그러한 사람의 존재가 내가 얘기한 A 원리에 대한 반박 사례인 것은 아니다.

① 어떤 존재의 특정 심리 상태 X가 관찰 가능할 경우, X는 항상 특정 자극에 따른 행동 Y와 동시에 발생한다.
② 어떤 존재의 특정 심리 상태 X가 항상 특정 자극에 따른 행동 Y와 동시에 발생할 경우, X는 관찰 가능한 것이다.
③ 어떤 존재에게 특정 자극에 따른 행동 Y가 발생할 경우, 그 존재에게는 항상 특정 심리 상태 X가 발생한다.
④ 어떤 존재에게 특정 심리 상태 X가 발생할 경우, 그 존재에게는 항상 특정 자극에 따른 행동 Y가 발생한다.
⑤ 어떤 존재에게 특정 심리 상태 X가 발생할 경우, 그 존재에게는 항상 특정 자극에 따른 행동 Y가 발생하고, 그 역도 성립한다.

25. 다음 글의 갑~병의 견해에 대한 분석으로 가장 적절한 것은?

16 5급공채

갑: 현대 사회에 접어들어 구성원들의 이해관계는 더욱 복잡해졌으며, 그 이해관계 사이의 충돌은 심각해졌다. 그리고 현대 사회에서 발생하는 다양한 범죄는 바로 이런 문제에서 비롯되었다고 말할 수 있다. 이에 범죄자에 대한 처벌 여부와 처벌 방식의 정당성은 그의 범죄 행위뿐만 아니라 현대 사회의 문제점도 함께 고려하여 확립되어야 한다. 처벌은 사회 전체의 이득을 생각해서, 다른 사회 구성원들을 교육하고 범죄자를 교화하는 기능을 수행해야 한다.

을: 처벌 제도는 종종 다른 사람들의 공리를 위해 범죄자들을 이용하곤 한다. 이는 범죄자를 다른 사람들의 이익을 위한 수단으로 대우하는 것이다. 하지만 사람의 타고난 존엄성은 그런 대우에 맞서 스스로를 보호할 권리를 부여한다. 따라서 처벌 여부와 처벌 방식을 결정하는 데 있어 처벌을 통해 얻을 수 있는 사회의 이익을 고려해서는 안 된다. 악행을 한 사람에 대한 처벌 여부와 그 방식은 그 악행으로도 충분히, 그리고 그 악행에 의해서만 정당화되어야 한다.

병: 범죄자에 대한 처벌의 교화 효과에 대해서는 의문의 여지가 있다. 처벌의 종류에 따라 교화 효과는 다른 양상을 보인다. 가령 벌금형이나 단기 징역형의 경우 충분한 교화 효과가 있는 것처럼 보이기도 하지만, 장기 징역형의 경우 그 효과는 불분명하고 복잡하다. 특히, 범죄사회학의 연구 결과는 장기 징역형을 받은 죄수들은 처벌을 받은 이후에 보다 더 고도화된 범죄를 저지르며 사회에 대한 강한 적개심을 가지게 되는 경향이 있다는 것을 보여준다.

① 처벌의 정당성을 확립하기 위한 고려사항에 대해 갑과 을의 의견은 양립 가능하다.

② 갑과 달리 을은 현대 사회에 접어들어 구성원들 간 이해관계의 충돌이 더욱 심해졌다는 것을 부정한다.

③ 을과 달리 갑은 사람에게는 타고난 존엄성이 있다는 것을 부정한다.

④ 병은 처벌이 갑이 말하는 기능을 수행하지 못할 수도 있다는 것을 보여준다.

⑤ 병은 처벌이 을이 말하는 방식으로 정당화될 수 없다는 것을 보여준다.

약점 보완 해설집 p.60

해커스PSAT **7급 PSAT 유형별 기출 200제 언어논리**

PSAT 교육 1위, 해커스PSAT **psat.Hackers.com**

부록

기출 출처 인덱스

기출 출처 인덱스

교재에 수록된 문제의 출처를 쉽게 확인할 수 있도록 출제 연도, 시험 유형, 책형, 문제 번호, 교재 수록 페이지 순으로 정리하였습니다.
기출문제 풀이 후 해당 유형을 찾아 학습할 때 활용할 수 있습니다.

7급공채

24 | 7급공채 | 사 04 ············· 34
24 | 7급공채 | 사 18············· 55
23 | 7급공채 | 인 02 ············· 18
23 | 7급공채 | 인 09 ············· 138
23 | 7급공채 | 인 17 ············· 19
23 | 7급공채 | 인 19 ············· 53
23 | 7급공채 | 인 23 ············· 54
22 | 7급공채 | 가 02 ············· 17
22 | 7급공채 | 가 13············· 103
22 | 7급공채 | 가 14············· 103
22 | 7급공채 | 가 18············· 188
22 | 7급공채 | 가 21············· 117
22 | 7급공채 | 가 25············· 88
21 | 7급공채 | 나 05············· 33
21 | 7급공채 | 나 07············· 187
21 | 7급공채 | 나 09············· 227
21 | 7급공채 | 나 13············· 179
21 | 7급공채 | 나 15············· 52
21 | 7급공채 | 나 23············· 137
21 | 7급공채 | 나 24············· 155

7급공채 모의평가

20 | 7급모의 | 07············· 169
20 | 7급모의 | 12············· 206
20 | 7급모의 | 19············· 87
20 | 7급모의 | 20············· 51

민경채

20 | 민경채 | 가 21 ············· 205
19 | 민경채 | 나 08 ············· 185
19 | 민경채 | 나 09 ············· 204
18 | 민경채 | 가 07 ············· 225
16 | 민경채 | 5 10 ············· 184
16 | 민경채 | 5 13 ············· 223
16 | 민경채 | 5 16 ············· 203
14 | 민경채 | A 24 ············· 105

5급공채

24 | 5급공채 | 나 01 ············· 30
24 | 5급공채 | 나 07 ············· 84
24 | 5급공채 | 나 08 ············· 173
24 | 5급공채 | 나 11 ············· 31
24 | 5급공채 | 나 13 ············· 200
24 | 5급공채 | 나 16 ············· 183
24 | 5급공채 | 나 17 ············· 101
24 | 5급공채 | 나 18 ············· 130
24 | 5급공채 | 나 21 ············· 49
24 | 5급공채 | 나 26 ············· 151
24 | 5급공채 | 나 28 ············· 217
24 | 5급공채 | 나 31 ············· 65
24 | 5급공채 | 나 32 ············· 131
24 | 5급공채 | 나 33 ············· 201
24 | 5급공채 | 나 39 ············· 69
24 | 5급공채 | 나 40 ············· 69
23 | 5급공채 | 가 01 ············· 29
23 | 5급공채 | 가 08 ············· 150
23 | 5급공채 | 가 11 ············· 166
23 | 5급공채 | 가 12 ············· 63
23 | 5급공채 | 가 15 ············· 215
23 | 5급공채 | 가 17 ············· 100
23 | 5급공채 | 가 18 ············· 128
23 | 5급공채 | 가 24 ············· 47
23 | 5급공채 | 가 29 ············· 48
23 | 5급공채 | 가 31 ············· 216
23 | 5급공채 | 가 33 ············· 198
23 | 5급공채 | 가 32 ············· 167
23 | 5급공채 | 가 34 ············· 199
23 | 5급공채 | 가 36 ············· 64
23 | 5급공채 | 가 37 ············· 230
23 | 5급공채 | 가 38 ············· 129
22 | 5급공채 | 나 01 ············· 45
22 | 5급공채 | 나 03 ············· 46
22 | 5급공채 | 나 05 ············· 83
22 | 5급공채 | 나 09 ············· 213
22 | 5급공채 | 나 13 ············· 182

22 | 5급공채 | 나 17 ············· 126
22 | 5급공채 | 나 19 ············· 234
22 | 5급공채 | 나 20 ············· 234
22 | 5급공채 | 나 23 ············· 28
22 | 5급공채 | 나 25 ············· 172
22 | 5급공채 | 나 27 ············· 149
22 | 5급공채 | 나 28 ············· 62
22 | 5급공채 | 나 30 ············· 197
22 | 5급공채 | 나 31 ············· 214
22 | 5급공채 | 나 34 ············· 99
22 | 5급공채 | 나 36 ············· 127
21 | 5급공채 | 가 01 ············· 26
21 | 5급공채 | 가 03 ············· 27
21 | 5급공채 | 가 05 ············· 42
21 | 5급공채 | 가 07 ············· 171
21 | 5급공채 | 가 08 ············· 147
21 | 5급공채 | 가 11 ············· 43
21 | 5급공채 | 가 12 ············· 229
21 | 5급공채 | 가 13 ············· 195
21 | 5급공채 | 가 16 ············· 97
21 | 5급공채 | 가 17 ············· 125
21 | 5급공채 | 가 22 ············· 223
21 | 5급공채 | 가 29 ············· 98
21 | 5급공채 | 가 31 ············· 43
21 | 5급공채 | 가 33 ············· 148
21 | 5급공채 | 가 36 ············· 196
21 | 5급공채 | 가 39 ············· 67
21 | 5급공채 | 가 40 ············· 67
20 | 5급공채 | 나 03 ············· 23
20 | 5급공채 | 나 04 ············· 24
20 | 5급공채 | 나 08 ············· 39
20 | 5급공채 | 나 09 ············· 61
20 | 5급공채 | 나 13 ············· 95
20 | 5급공채 | 나 18 ············· 124
20 | 5급공채 | 나 23 ············· 25
20 | 5급공채 | 나 27 ············· 41
20 | 5급공채 | 나 31 ············· 194
20 | 5급공채 | 나 33 ············· 96
20 | 5급공채 | 나 34 ············· 230

20 | 5급공채 | 나 36 ┈┈┈ 232	16 | 5급공채 | 4 17 ┈┈┈ 160	**외교관**
19 | 5급공채 | 가 03 ┈┈┈ 38	16 | 5급공채 | 4 25 ┈┈┈ 35	13 | 외교관 | 인 02 ┈┈┈ 159
19 | 5급공채 | 가 05 ┈┈┈ 21	16 | 5급공채 | 4 26 ┈┈┈ 58	13 | 외교관 | 인 05 ┈┈┈ 228
19 | 5급공채 | 가 06 ┈┈┈ 145	16 | 5급공채 | 4 29 ┈┈┈ 192	13 | 외교관 | 인 07 ┈┈┈ 224
19 | 5급공채 | 가 09 ┈┈┈ 165	16 | 5급공채 | 4 33 ┈┈┈ 119	13 | 외교관 | 인 09 ┈┈┈ 224
19 | 5급공채 | 가 10 ┈┈┈ 22	16 | 5급공채 | 4 37 ┈┈┈ 141	13 | 외교관 | 인 17 ┈┈┈ 231
19 | 5급공채 | 가 11 ┈┈┈ 146	15 | 5급공채 | 인 01 ┈┈┈ 222	13 | 외교관 | 인 24 ┈┈┈ 56
19 | 5급공채 | 가 14 ┈┈┈ 193	15 | 5급공채 | 인 08 ┈┈┈ 89	
19 | 5급공채 | 가 16 ┈┈┈ 92	15 | 5급공채 | 인 10 ┈┈┈ 57	
19 | 5급공채 | 가 18 ┈┈┈ 123	15 | 5급공채 | 인 16 ┈┈┈ 139	
19 | 5급공채 | 가 23 ┈┈┈ 39	15 | 5급공채 | 인 18 ┈┈┈ 114	
19 | 5급공채 | 가 28 ┈┈┈ 60	15 | 5급공채 | 인 26 ┈┈┈ 140	
19 | 5급공채 | 가 29 ┈┈┈ 235	15 | 5급공채 | 인 28 ┈┈┈ 35	
19 | 5급공채 | 가 31 ┈┈┈ 233	15 | 5급공채 | 인 32 ┈┈┈ 209	
19 | 5급공채 | 가 32 ┈┈┈ 181	14 | 5급공채 | A 11 ┈┈┈ 226	
19 | 5급공채 | 가 34 ┈┈┈ 212	14 | 5급공채 | A 16 ┈┈┈ 80	
19 | 5급공채 | 가 35 ┈┈┈ 93	14 | 5급공채 | A 17 ┈┈┈ 113	
19 | 5급공채 | 가 36 ┈┈┈ 94	14 | 5급공채 | A 35 ┈┈┈ 208	
18 | 5급공채 | 나 01 ┈┈┈ 20	13 | 5급공채 | 인 08 ┈┈┈ 157	
18 | 5급공채 | 나 08 ┈┈┈ 143	13 | 5급공채 | 인 17 ┈┈┈ 111	
18 | 5급공채 | 나 09 ┈┈┈ 163	13 | 5급공채 | 인 22 ┈┈┈ 158	
18 | 5급공채 | 나 12 ┈┈┈ 164	13 | 5급공채 | 인 25 ┈┈┈ 235	
18 | 5급공채 | 나 16 ┈┈┈ 122	13 | 5급공채 | 인 31 ┈┈┈ 191	
18 | 5급공채 | 나 25 ┈┈┈ 37	13 | 5급공채 | 인 34 ┈┈┈ 112	
18 | 5급공채 | 나 26 ┈┈┈ 81	12 | 5급공채 | 인 12 ┈┈┈ 170	
18 | 5급공채 | 나 27 ┈┈┈ 82	12 | 5급공채 | 인 34 ┈┈┈ 207	
18 | 5급공채 | 나 30 ┈┈┈ 144	12 | 5급공채 | 인 38 ┈┈┈ 110	
18 | 5급공채 | 나 38 ┈┈┈ 232	11 | 5급공채 | 우 12 ┈┈┈ 226	
17 | 5급공채 | 가 04 ┈┈┈ 142	11 | 5급공채 | 우 29 ┈┈┈ 156	
17 | 5급공채 | 가 07 ┈┈┈ 90	10 | 5급공채 | 우 04 ┈┈┈ 79	
17 | 5급공채 | 가 09 ┈┈┈ 161	10 | 5급공채 | 우 38 ┈┈┈ 109	
17 | 5급공채 | 가 10 ┈┈┈ 162	09 | 5급공채 | 경 21 ┈┈┈ 78	
17 | 5급공채 | 가 11 ┈┈┈ 211	09 | 5급공채 | 경 39 ┈┈┈ 108	
17 | 5급공채 | 가 13 ┈┈┈ 91	08 | 5급공채 | 꿈 15 ┈┈┈ 180	
17 | 5급공채 | 가 16 ┈┈┈ 120	07 | 5급공채 | 행 35 ┈┈┈ 107	
17 | 5급공채 | 가 26 ┈┈┈ 59	06 | 5급공채 | 07 ┈┈┈ 75	
17 | 5급공채 | 가 28 ┈┈┈ 229	06 | 5급공채 | 13 ┈┈┈ 189	
17 | 5급공채 | 가 35 ┈┈┈ 231	06 | 5급공채 | 14 ┈┈┈ 190	
17 | 5급공채 | 가 38 ┈┈┈ 121	06 | 5급공채 | 19 ┈┈┈ 106	
17 | 5급공채 | 가 39 ┈┈┈ 153	06 | 5급공채 | 26 ┈┈┈ 76	
17 | 5급공채 | 가 40 ┈┈┈ 153	06 | 5급공채 | 27 ┈┈┈ 77	
16 | 5급공채 | 4 08 ┈┈┈ 210	06 | 5급공채 | 29 ┈┈┈ 227	
16 | 5급공채 | 4 12 ┈┈┈ 236		
16 | 5급공채 | 4 15 ┈┈┈ 118		

 **Notes**

 **Notes**

2025 최신개정판

해커스PSAT

7급 PSAT 유형별 기출 200제 언어논리

개정 4판 1쇄 발행 2025년 1월 3일

지은이	조은정
펴낸곳	해커스패스
펴낸이	해커스PSAT 출판팀
주소	서울특별시 강남구 강남대로 428 해커스PSAT
고객센터	1588-4055
교재 관련 문의	gosi@hackerspass.com
	해커스PSAT 사이트(psat.Hackers.com) 1:1 문의 게시판
학원 강의 및 동영상강의	psat.Hackers.com
ISBN	979-11-7244-656-7 (13320)
Serial Number	04-01-01

PSAT 교육 1위,
해커스PSAT psat.Hackers.com

해커스PSAT

· 해커스PSAT 학원 및 인강(교재 내 인강 할인쿠폰 수록)

2025 최신개정판

해커스PSAT

7급PSAT
유형별 기출
200제 언어논리

해커스 PSAT

약점 보완 해설집

해커스PSAT

7급 PSAT
유형별 기출
200제 언어논리

약점 보완 해설집

해커스

1 독해의 원리

01	02	03	04	05	06	07	08	09	10
①	①	④	⑤	⑤	④	③	④	⑤	④

11	12	13	14	15
③	①	①	⑤	④

01
정답 ①

정답 체크

첫 번째 단락에 따르면 황해도 해주 앞바다에 나타나 조선군과 교전을 벌인 왜구는 요동반도 방향으로 북상했고, 그 후 이종무는 왜구가 본거지로 되돌아가기 전에 대마도를 정벌하라는 태종의 명령에 따라 군사를 모아 대마도 정벌에 나섰다. 따라서 해주 앞바다에 나타나 조선군과 싸운 대마도의 왜구가 요동반도를 향해 북상한 뒤 이종무의 군대가 대마도로 건너갔다는 것을 알 수 있다.

오답 체크

② 첫 번째 단락에 따르면 황해도 해주 앞바다에서 조선군과 교전을 벌인 왜구가 명의 땅인 요동반도 방향으로 북상했다는 것은 알 수 있으나, 조선이 왜구의 본거지인 대마도를 공격하기로 하자 명의 군대도 대마도까지 가서 정벌에 참여하였다는 것은 알 수 없다.

③ 이종무가 세종이 대마도에 보내는 사절단에 포함되어 대마도를 여러 차례 방문하였는지는 알 수 없다.

④ 태종이 이종무에게 대마도 정벌을 명한 것은 알 수 있으나, 태종이 대마도 정벌을 준비하였지만 세종의 반대로 뜻을 이루지 못하였는지는 알 수 없다.

⑤ 두 번째 단락에 따르면 조선군이 대마도주를 사로잡기 위해 상륙하였다가 패배한 곳은 견내량이 아니라 니로이다.

⏱ 빠른 문제 풀이 Tip
역사 소재 지문은 사건의 전체적인 흐름을 잡아내는 것이 중요한 정보로 제시되는 경우가 있으므로 지문 전체의 시간적 흐름을 놓치지 않도록 지문을 읽어줄 필요가 있다.

02
정답 ①

정답 체크

세 번째 단락에 따르면 고려는 동북 9성에 대한 방비를 강화하였지만 전투가 거듭될수록 병사들이 계속 희생되었고 물자 소비도 점점 많아졌다. 그래서 예종 4년에 여진이 강화를 요청했을 때 고려는 이를 받아들이고 여진에 동북 9성 지역을 돌려주기로 하였다. 따라서 고려는 동북 9성을 방어하는 과정에서 병사들이 계속 희생되고 물자 소비도 늘어났기 때문에 여진의 강화 요청을 받아들였다는 것은 글의 내용과 부합한다.

오답 체크

② 두 번째 단락에 따르면 윤관은 가한촌에서 큰 위기를 맞이하였지만 척준경이 10여 명의 결사대를 이끌고 분전한 덕분에 영주로 탈출할 수 있었다. 그러나 오연총이 웅주에 있던 윤관이 여진군에 의해 고립된 사실을 알고 길주로부터 출정하여 그를 구출하였다는 것은 글의 내용과 부합하지 않는다.

③ 두 번째 단락에 따르면 윤관은 여진의 끈질긴 공격을 물리치면서 함주, 공험진, 의주, 통태진, 평융진에도 성을 쌓아 총 9개의 성을 완성하였다. 그러나 윤관이 여진군과의 끈질긴 전투 끝에 가한촌을 점령하고 그곳에 성을 쌓아 동북 9성을 완성하였다는 것은 글의 내용과 부합하지 않는다.

④ 두 번째 단락에 따르면 척준경은 가한촌 전투에서큰 위기를 맞이한 윤관을 도와 영주로 탈출할 수 있게 했다. 그러나 척준경이 패배한 고려군을 이끌고 길주로 후퇴하였다는 것은 글의 내용과 부합하지 않는다.

⑤ 첫 번째 단락에 따르면 신기군과 신보군, 경궁군이 포함된 별무반은 숙종의 허락을 받아 윤관이 창설하였다. 따라서 예종이 즉위하고 다음 해에 신기군과 신보군, 경궁군이 창설되었다는 것은 글의 내용과 부합하지 않는다.

⏱ 빠른 문제 풀이 Tip
선택지에 오연총, 윤관, 척준경 등 사람 이름이 제시되어 있으므로 그들의 행동과 특징에 주목하여 지문을 읽는 것이 효율적이다.

03
정답 ④

정답 체크

ㄴ. 두 번째 단락에 따르면 효소 B는 자궁 근육 안에서 물질 C가 만들어지게 하는데, 물질 C는 효소 B가 없으면 만들어지지 않는다. 이렇게 만들어진 물질 C가 일정 수준의 농도가 되면 자궁 근육을 수축하게 하여 쥐의 출산이 일어나게 한다. 따라서 임신 초기부터 효소 B가 모두 제거된 상태로 유지된 암쥐는 출산 시기가 되어도 자궁 근육의 수축이 일어나지 않는다는 것은 글에서 추론할 수 있다.

ㄷ. 두 번째 단락에 따르면 물질 C가 일정 수준의 농도가 되면 자궁 근육을 수축하게 하여 쥐의 출산이 일어나게 하는데, 물질 C가 일정 수준의 농도에 이르지 않으면 자궁 근육의 수축이 일어나지 않는다. 따라서 출산을 며칠 앞둔 암쥐의 자궁 근육에 물질 C를 주입하여 물질 C가 일정 수준의 농도에 이르게 되면 출산이 유도된다는 것은 글에서 추론할 수 있다.

1 독해의 원리

2 논증의 방향

3 문맥과 단서

4 논리의 체계

기출 재구성 모의고사

해커스PSAT 7급 PSAT 유형별 기출 200제 언어논리

오답 체크

ㄱ. 첫 번째 단락에 따르면 폐포가 정상적으로 기능을 발휘하려면 충분한 양의 계면 활성제가 필요하다. 폐포 세포가 분비하는 계면 활성제는 임신 기간이 거의 끝날 때쯤 충분히 폐포에 분비되어 비로소 호흡할 수 있는 폐가 형성된다. 두 번째 단락에 따르면 태아의 폐가 정상 기능을 하게 되면 곧이어 출산이 일어나는데, 물질 A는 그 과정에 작용한다. 따라서 태아 시기 쥐의 폐포에서 물질 A가 충분히 발견되지 않는다면, 그 쥐의 폐는 정상적으로 기능을 발휘할 수 없다는 것은 적절한 추론이 아니다.

04
정답 ⑤

정답 체크

첫 번째 단락에 따르면 헌법재판은 의회로부터 어느 정도 독립되고 전문성을 갖춘 재판관들이 담당해야 하며, 두 번째 단락에 따르면 헌법재판은 사법적으로 이루어질 때 보다 공정하고 독립적으로 이루어질 수 있다. 따라서 헌법재판은 사법기관이 담당하는 것이 바람직하며, 그 기관은 현재 세대를 대표하는 대의기관, 즉 의회로부터 어느 정도 독립되고 전문성을 갖출 필요가 있다는 것은 글의 내용과 부합한다.

오답 체크

① 첫 번째 단락에 따르면 헌법재판관들의 임무는 현재 국민들이 헌법을 개정하지 않는 한 헌법에 선언된 과거 국민들의 미래에 대한 약정을 최대한 실현하는 것이다. 따라서 헌법재판관들이 현행 헌법 개정에 구속되지 않고 미래 세대에 대한 약정을 최대한 실현해야 한다는 것은 글의 내용에 부합하지 않는다.

② 첫 번째 단락에 따르면 헌법재판소는 항구적인 인권 가치를 수호하기 위하여 의회입법이나 대통령의 행위를 위헌이라고 선언할 수 있다. 따라서 헌법재판소가 다수의 이익을 대표하는 대의기관의 행위를 위헌이라고 판단하는 것이 민주적 정당성의 원리에 배치된다는 것은 글의 내용에 부합하지 않는다.

③ 두 번째 단락에 따르면 헌법재판관 선출은 국민의 직접 위임에 의한 것이 이상적이나, 현실적으로 국민의 직접선거로 재판관을 선출하는 것은 용이하지 않기 때문에 대의기관이 관여하여 헌법재판관을 임명함으로써 최소한의 민주적 정당성을 갖추어야 한다. 따라서 현재 헌법재판관 선출방법이 모든 국가권력이 국민에게 귀착되어야 한다는 민주적 정당성의 원리를 이상적으로 실현하고 있다는 것은 글의 내용에 부합하지 않는다.

④ 첫 번째 단락에 따르면 헌법재판은 현재와 미래 세대에게 아울러 적용되는 헌법과 항구적인 인권의 가치를 수호하는 기능을 수행하지만, 이는 현재 세대의 의사와 배치될 수도 있는 작업이다. 따라서 현재 세대의 의사와 배치되어서는 안 된다는 것은 글의 내용에 부합하지 않는다.

05
정답 ⑤

정답 체크

세 번째 단락에 따르면 2016년 이전 공화당의 경우 코커스를 포함한 하위 전당대회에서 특정 대선후보를 지지하여 당선된 대의원이 상위 전당대회에서 반드시 같은 후보를 지지해야 하는 것은 아니었다. 따라서 1976년 아이오와주 공화당 코커스에서 특정 후보를 지지한 대의원은 카운티 전당대회에서 다른 후보를 지지할 수 있었다는 것은 글에서 추론할 수 있다.

오답 체크

① 첫 번째 단락에 따르면 주에 따라 의회선거구 전당대회는 건너뛰기도 한다. 따라서 주 전당대회에 참석할 대의원이 모두 의회선거구 전당대회에서 선출되었다는 것은 글에서 추론할 수 없다.

② 두 번째 단락에 따르면 1971년까지는 선거법에 따라 민주당과 공화당 모두 5월 둘째 월요일까지 코커스를 개최해야 했을 뿐, 1971년까지 아이오와주보다 이른 시기에 코커스를 실시하는 주가 없었는지는 글에서 추론할 수 없다.

③ 두 번째 단락에 따르면 아이오와주 민주당 규칙에 코커스, 카운티 전당대회, 의회선거구 전당대회, 주 전당대회, 전국 전당대회 순서로 진행되는 각급 선거 간에 최소 30일의 시간적 간격을 두어야 한다는 규정이 있었고, 1972년 아이오와주 민주당의 코커스는 그해 1월에 열렸다. 따라서 1972년 아이오와주 민주당의 주 전당대회 선거는 같은 해 2월 중에 실시될 수 없음을 추론할 수 있다.

④ 두 번째 단락에 따르면 아이오와주에서 공화당이 1976년부터 코커스 개최시기를 1월로 옮겼으므로 1972년 아이오와주에서 민주당 코커스와 공화당 코커스는 같은 달에 실시되었다고 추론할 수 없다.

⏱ 빠른 문제 풀이 Tip

선택지를 보면 1971년, 1972년, 1976년 등의 연도와 아이오와주, 코커스, 민주당, 공화당 등의 단어가 반복되고 있으므로 이 부분에 해당하는 정보에 집중하여 지문을 읽어줄 필요가 있다.

06
정답 ④

정답 체크

두 번째 단락에 따르면 활성화된 산화질소 합성효소는 그 세포 내에 있는 아르기닌과 산소로부터 산화질소를 생성하는 화학반응을 일으키고, 만들어진 산화질소는 인접한 표적세포에 있는 수용체와 결합하여 표적세포 안에 있는 'A 효소'를 활성화시킨다. 따라서 A 효소가 표적세포에서 아르기닌과 산소로부터 산화질소를 생성시킨다는 것은 옳지 않다.

오답 체크

① 세 번째 단락에 따르면 cGMP의 작용으로 수축되어 있던 혈관 평활근세포가 이완되고 결국에 혈관 평활근육 조직이 이완되면서 혈관이 팽창하게 된다. 따라서 cGMP는 혈관 평활근육 조직의 상태를 변화시킨다는 것을 알 수 있다.

② 두 번째 단락에 따르면 표적조직의 상태를 변화시켜 생리적 현상을 유도하는 자극이 '산화질소 합성효소'를 가지고 있는 세포에 작용한다. 세 번째 단락에 따르면 혈관의 팽창은 산화질소에 의해 일어나는 대표적인 생리적 현상이고, 혈관의 내피세포는 혈관의 팽창을 유도하는 자극을 받는다. 따라서 혈관의 내피세포는 산화질소 합성효소를 가지고 있다는 것을 알 수 있다.

③ 두 번째 단락에 따르면 산화질소는 표적세포 안에 있는 'A 효소'를 활성화시키고, 활성화된 A 효소는 표적세포 안에서 cGMP를 생성하고, cGMP는 표적세포의 상태를 변하게 한다. 세 번째 단락에 따르면 산화질소는 혈관 평활근세포에 작용하여 세포 내에서 cGMP를 생성한다. 따라서 혈관 평활근세포에서 A 효소가 활성화되면 혈관 팽창이 일어난다는 것을 알 수 있다.

⑤ 첫 번째 단락에 따르면 표적세포는 신호물질을 만든 세포에 인접한 세포 중 신호물질에 대한 수용체를 가지고 있는 것이다. 세 번째 단락에 따르면 혈관 평활근 세포가 표적세포이고 산화질소는 내피세포 – 이완인자라고도 한다. 따라서 혈관 평활근세포는 내피세포 – 이완인자에 대한 수용체를 가지고 있다는 것을 알 수 있다.

07   정답 ③

정답 체크

두 번째 단락에 따르면 영빈 이씨는 영조의 아들인 사도세자의 생모이므로 영조의 후궁이었던 사람이며, 수빈 박씨는 정조의 아들인 순조의 생모이므로 정조의 후궁이었음을 알 수 있다.

오답 체크

① 두 번째 단락에 따르면 선희궁은 사도 세자의 생모인 영빈 이씨의 사당이고, 연호궁은 효장 세자의 생모인 정빈 이씨의 사당이다. 따라서 그 이전 왕인 경종이 선희궁과 연호궁에서 거행되는 제사에 매년 참석했다는 것은 옳지 않음을 알 수 있다.

② 첫 번째 단락에 따르면 『국조속오례의』는 영조 때 편찬되었고, 영조의 생모 수빈 최씨의 사당인 육상궁에 대한 제사를 국가의례로 삼아 그 책 안에 수록해 두었다. 따라서 『국조속오례의』가 편찬될 때 대빈궁, 연호궁, 선희궁, 경우궁에 대한 제사가 국가의례에 처음 포함되었는지는 알 수 없다.

④ 세 번째 단락에 따르면 순종은 1908년에 대빈궁, 연호궁, 선희궁, 저경궁, 경우궁을 육상궁 경내로 모두 옮겨 놓았다. 따라서 고종이 대빈궁, 연호궁, 선희궁, 저경궁, 경우궁을 육상궁 경내로 이전해 놓음에 따라 육상궁이 칠궁으로 불리게 되었다는 것은 옳지 않음을 알 수 있다.

⑤ 조선 국왕으로 즉위해 실제로 나라를 다스린 인물의 생모에 해당하는 후궁으로서 일제 강점기 때 칠궁에 모셔져 있던 사람은 영조의 생모인 숙빈 최씨, 경종의 생모인 희빈 장씨, 순조의 생모인 수빈 박씨 총 3명이었음을 알 수 있다.

08   정답 ④

정답 체크

세 번째 단락에 따르면 고구려어가 원시 부여어에 소급되는 것과 달리 백제어와 신라어는 모두 원시 한어(韓語)로부터 왔다는 것은 이들 언어의 차이가 방언적 차이 이상이었음을 보여준다. 따라서 최근 한국어 계통 연구에서 백제어와 고구려어는 방언적 차이로 인해 서로 다른 계통으로 분류된다는 것은 글의 내용에 부합하지 않는다.

오답 체크

① 첫 번째 단락에 따르면 알타이 어군과 한국어 간 알타이어족설의 비교언어학적 근거는 한계를 가지고 있기 때문에 한국어의 알타이어족설은 알타이 어군과 한국어 사이의 친족 관계 및 공통 조상어로부터의 분화 과정을 설명하기 어렵다. 따라서 비교언어학적 근거의 한계로 인해 한국어의 알타이어족설은 알타이 어군과 한국어 간의 친족 관계를 설명하기 어렵다는 것은 글의 내용에 부합한다.

② 두 번째 단락에 따르면 북방계의 천손 신화와 남방계의 난생 신화가 한반도에서 모두 발견된다는 점은 한국어가 북방적 요소와 남방적 요소를 함께 지니고 있음을 시사해준다. 따라서 한반도의 천손 신화에 대한 인류학적 연구는 한국어에 북방적 요소가 있음을 시사한다는 것은 글의 내용에 부합한다.

③ 두 번째 단락에 따르면 최근 한국어 계통 연구는 비교언어학 분석과 더불어, 한민족 형성 과정에 대한 유전학적 연구, 한반도에 공존했던 여러 유형의 건국 신화와 관련된 인류학적 연구를 이용하고 있고, 이런 연구들은 한국어 자료가 근본적으로 부족한 상황에서 비롯된 문제점을 극복하여 한국어의 조상어를 밝히는 데 일정한 실마리를 던져준다. 따라서 최근 한국어 계통 연구가 부족한 한국어 자료를 보완하기 위해 한민족의 유전 형질에 대한 정보와 한반도에 공존한 건국 신화들을 이용한다는 것은 글의 내용에 부합한다.

⑤ 세 번째 단락에 따르면 중세 국어가 조선 시대를 거쳐 근대 한국어로 변모하여 오늘날 우리가 사용하는 현대 한국어가 되는 과정에 대해서는 남북한 학계의 견해가 일치한다. 따라서 중세 국어에서 현대 한국어에 이르는 한국어 형성 과정에 대한 남북한 학계의 견해가 일치한다는 것은 글의 내용에 부합한다.

09   정답 ⑤

정답 체크

두 번째 단락에 따르면 만포의 동북쪽, 여연군의 서남쪽에 자성군이 위치한다. 세 번째 단락에 따르면 여연군과 자성군 사이의 중간 지점에 우예군을 설치했고, 이천의 부대는 만포에서 압록강을 건너 건주위 여진족을 토벌했다. 따라서 4군 중 하나인 여연군으로부터 압록강 물줄기를 따라 하류로 이동하면 이천의 부대가 왕명에 따라 여진을 정벌하고자 압록강을 건넜던 지역, 즉 만포에 이를 수 있었음을 알 수 있다.

오답 체크

① 두 번째 단락에 따르면 건주위 여진족은 1432년 12월에 아목하로부터 곧바로 동쪽으로 진격해 압록강을 건너 여연군을 침략했다. 따라서 여연군이 설치되어 있던 곳에서 동쪽이 아닌 서쪽 방면으로 나아가야 아목하에 도착할 수 있었음을 알 수 있다.

② 두 번째 단락에 따르면 최윤덕의 부대는 여연군에서 서남쪽으로 수백 리 떨어진 지점에 있는 만포에서 압록강을 건넌 후 아목까지 북진해 건주위 여진족을 토벌했다. 따라서 최윤덕은 여연군과 무창군을 잇는 직선 거리의 중간 지점에서 강을 건너 여진족을 정벌했다고 볼 수 없다.

③ 세 번째 단락에 따르면 이천의 두 번째 여진 정벌이 끝난 이후 세종은 국경 방비를 더 강화하고자 여연군과 자성군 사이의 중간 지점에 우예군을 설치했으며, 여연군에서 동남쪽으로 멀리 떨어진 곳에 무창군을 설치했다. 또한 두 번째 단락에 따르면 자성군은 그 이전에 최윤덕의 연진족 토벌 이후 설치되었다.

④ 세종이 여진의 침입에 대비하기 위해 경원부를 여연군으로 바꾸고, 최윤덕을 파견해 그곳 인근에 3개 군을 더 설치하게 했는지는 제시된 글에서 알 수 없다.

10

정답 체크

세 번째 단락에 따르면 화원들은 벌어들이는 돈의 대부분을 사적 주문에 의한 그림 제작을 통해 획득하였다. 따라서 도화서 소속 화가가 수입의 가장 많은 부분을 사적으로 주문된 그림을 제작하는 데서 얻었다는 것은 글의 내용에 부합한다.

오답 체크

① 첫 번째 단락과 두 번째 단락에 따르면 사실상 거의 막노동에 가까운 일을 했으나 신분은 중인이었던 사람들은 일반 직업 화가들이 아니라 화원이므로 글의 내용에 부합하지 않는다.

② 두 번째 단락에 따르면 화원은 종9품에서 종6품 사이의 벼슬을 받는 하급 국가 관료라는 지위를 가졌으며, 세 번째 단락에 따르면 국가 관료라는 지위와 최상급 화가라는 명예는 그림 시장에서 그들의 작품에 보다 높은 가치를 부여하였고, 녹봉에만 의지하는 다른 하급 관료보다 경제적으로 풍요롭게 만들었다. 따라서 그들의 경제적 여건이 일반 하급 관료에 비해 좋지 않은 편이었다는 것은 글의 내용에 부합하지 않는다.

③ 첫 번째 단락에 따르면 화원은 임금의 초상화를 그리는 일을 담당했다. 그러나 임금의 초상화를 그리는 도화서 소속 화가가 다른 화원에 비해 국가가 인정한 최상급 화가라는 자격을 부여받았다는 것은 글의 내용에 부합하지 않는다.

⑤ 세 번째 단락에 따르면 조선후기에는 몇몇 가문이 도화서 화원직을 거의 독점하게 되었다. 따라서 적은 녹봉에도 불구하고 화원이 되려는 경쟁이 치열했으므로 화원직의 세습은 힘들었다는 것은 글의 내용에 부합하지 않는다.

11

정답 체크

세 번째 단락에 따르면 15~16세기 냇둑에 의한 농지 개간은 범람원을 논으로 바꾸어 건조한 환경에 적합한 미생물 생태계가 습한 환경에 적합한 새로운 미생물 생태계로 바뀌었다. 그러나 네 번째 단락에 따르면 17세기 이후 농지 개간의 중심축이 범람원 개간에서 산간 지역 개발로 이동하였고, 논에 물을 가둬두는 기간이 줄어서 이질 등 수인성 질병 발생의 감소를 가져왔다. 따라서 17세기 이후 조선에서는 논의 미생물 생태계가 변화되어 이질 감소에 기여하였다는 것을 알 수 있다.

오답 체크

① 첫 번째 단락에 따르면 『농사직설』을 통한 벼농사 보급 이후 이질 등 수인성 병균에 의한 질병이 발견되었음을 알 수 있지만, 그 이전의 조선에는 수인성 병균에 의한 질병이 발견되지 않았는지는 알 수 없다.

② 세 번째 단락에 따르면 15~16세기 번성하던 시겔라균이 17세기 이후 감소하였다. 그러나 시겔라균은 조선의 하천이 아니라 범람원에서 번성하던 것임을 알 수 있다.

④ 네 번째 단락에 따르면 17세기 이후 농지 개간의 중심축이 범람원 개간에서 산간 지역 개발로 이동하였으므로 17세기 이후 조선에서 개간 대상 지역이 바뀐 것은 알 수 있으나, 그로 인해 인구 밀집지역이 점차 하천 주변에서 산간 지역으로 바뀌었는지는 알 수 없다.

⑤ 네 번째 단락에 따르면 17세기 이후 농지 개간의 중심축이 범람원 개간에서 산간 지역 개발로 이동하였고, 조선 농법의 변화는 남부지역의 벼농사에서 이모작과 이앙법을 확대시켰다. 그러나 농법의 변화가 건조한 지역에도 농지를 개간할 수 있도록 하여 이질과 장티푸스 발병률을 낮추었는지는 알 수 없다.

🕐 빠른 문제 풀이 **Tip**

선택지를 보면 '15~16세기', '17세기 이후' 등 시기에 대한 언급이 반복되고 있으므로 이를 기준으로 지문의 정보를 정리하는 것이 필요하다.

12

정답 체크

첫 번째 단락에 따르면 21세기 들어 중간계급이 도심 지역으로 이주하는 현상이 활발하게 나타난 것은 아시아의 도시들이다. 두 번째 단락에 따르면 서양 도시에서 기존 도시 공간이 중간계급의 주택가와 편의 시설로 전환되는 과정은 구역별로 점진적으로 진행된다. 따라서 21세기 들어 서양의 도시에서 중간계급이 도심 지역으로 이주하는 현상이 활발하게 나타났는지는 알 수 없다.

오답 체크

② 세 번째 단락에 따르면 상업적 전치는 과정이 자발적이지 않으며 이곳에서 밀려날까봐 불안한 사람들은 불만, 좌절, 분노 등이 집약된 감정에 사로잡힌다. 따라서 상업적 전치 과정에서 원주민의 비자발적인 이주가 초래될 뿐 아니라 원주민의 감정적 동요가 발생한다는 것을 알 수 있다.

③ 두 번째 단락에 따르면 서양 도시의 젠트리피케이션에서 기존 도시 공간이 중간계급의 주택가와 편의 시설로 전환되는 과정은 구역별로 점진적으로 진행되는 반면 아시아 도시의 젠트리피케이션은 기존 도시 공간이 대량의 방문객을 동반하는, 소비와 여가를 위한 인기 장소를 갖춘 상권으로 급격하게 전환되는 형태이다. 따라서 서양 도시의 젠트리피케이션에 비해 아시아의 도시에서 발생한 젠트리피케이션은 상권 개발에 집중되는 경향을 띤다는 것을 알 수 있다.

④ 두 번째 단락에 따르면 서양 도시의 젠트리피케이션은 구역별로 점진적으로 진행되는 반면, 아시아 도시의 젠트리피케이션은 상권으로 급격하게 전환되는 형태이다. 따라서 한국의 젠트리피케이션으로 인한 도시 변화의 속도는 서양의 젠트리피케이션으로 일어난 도시 변화의 속도보다 빠르다는 것을 알 수 있다.

⑤ 첫 번째 단락에 따르면 21세기 들어 인문·예술 분야의 종사자들이 한 장소에 터를 잡거나 장소를 오가면서 기존의 장소를 재생시키거나 새로운 장소로 만들어 냈다. 따라서 21세기의 한국에서 일어난 기존 장소의 재생이나 재창조와 같은 도시 변화는 인문·예술 분야 종사자가 촉발하고 이끌었다는 것을 알 수 있다.

13

정답 체크

세 번째 단락에 따르면 송이 고려에 함께 금을 정벌하자고 제안했을 때 고려의 대신 김부식은 "휘종이 잡혀가던 해에 나는 사신으로 송에 가서 금 군대의 위력을 봤다."라고 하면서 송의 요청을 받아들여서는 안 된다고 했다. 따라서 김부식은 금을 함께 공격하자는 송의 요청을 받아들여서는 안 된다고 하였다는 것은 글의 내용과 부합한다.

오답 체크

② 세 번째 단락에 따르면 송은 "묘청의 난을 진압하는 데 필요한 군대를 보내주겠으니 그 대가로 고려를 거쳐 금을 공격하게 해 달라."라고 요청했지만, 인종은 거절했다. 따라서 인종이 묘청의 난을 진압하기 위하여 금에 군대를 파견해 달라고 요청하였다는 것은 글의 내용과 부합하지 않는다.

③ 첫 번째 단락에 따르면 고려는 귀주대첩에서 요를 물리친 바 있지만, 날로 강해지는 요를 중시해야 한다는 판단에서 송과 관계를 끊고 요와 우호 관계를 맺었다. 따라서 요가 귀주대첩을 계기로 고려와 외교 관계를 끊고 송에 사신을 파견하기 시작하였다는 것은 글의 내용과 부합하지 않는다.

④ 첫 번째 단락과 두 번째 단락에 따르면 송은 요를 공격하기 위해 고려에 물자 지원을 요청했지만, 고려는 송에서 서적 등을 들여오는 데에만 관심을 보일 뿐 물자를 보내 달라는 부탁을 받아들이지는 않았다. 따라서 송은 요를 공격하기 위해 고려에 군대를 보내 함선을 건조하기 위한 준비 작업에 들어갔다는 것은 글의 내용과 부합하지 않는다.

⑤ 세 번째 단락에 따르면 송 휘종은 금을 함께 정벌하자고 고려에 제안했으나 고려가 이를 거절하자 1160년대부터 사신의 규모와 횟수를 줄이더니 1170년대 이후 사신을 보내지 않았다. 따라서 송 신종은 요를 함께 쳐들어가자는 자신의 제안을 고려가 거부한 데 분노해 고려와의 외교 관계를 끊었다는 것은 글의 내용과 부합하지 않는다.

14 정답 ⑤

정답 체크

세 번째 단락에서 사은숙배와 사조를 모두 거친 자는 하직숙배 때에 수령칠사를 꼭 암송해야 했는데, 만일 이를 제대로 외우지 못하면 부임하기도 전에 그 자리에서 파면당하는 불명예를 안을 수 있었다. 따라서 정해진 규정대로 사은숙배와 사조를 끝낸 사람이라도 하직숙배 때 수령칠사를 제대로 말하지 못하면 그 직에서 파면될 수 있었다는 것은 글의 내용과 부합한다.

오답 체크

① 두 번째 단락에서 사조는 오직 지방 수령에 임명된 자만 거쳐야 하는 절차였다. 따라서 처음으로 문관직에 임명된 사람에게는 사은숙배와 하직숙배를 모두 거행해야 할 의무가 있었다는 것은 글의 내용과 부합하지 않는다.

② 세 번째 단락에서 임지로 떠나기 전 하직숙배에서 수령칠사를 암송한 후에 임지로 가서 해당 지방의 향교를 방문했다. 따라서 임지에 부임한 신임 수령은 해당 지방의 향교를 방문하여 사은숙배를 올리고 수령칠사를 암송해야 했다는 것은 글의 내용과 부합하지 않는다.

③ 두 번째 단락에서 신임 수령은 사은숙배 이후 인사 담당 관청인 이조를 찾아가 인사하는 의례인 사조를 거쳐야 했다. 따라서 지방 수령으로 임명된 사람은 사은숙배를 하기 전에 반드시 의정부를 찾아가 사조라는 절차를 거행해야 했다는 것은 글의 내용과 부합하지 않는다.

④ 첫 번째 단락에서 당사자에게 왕이 그를 수령으로 임명했다는 사실을 알리는 내용의 고신교지를 보내는 것은 경주인이었다. 따라서 신임 수령이 결정되면 통례원이 이조를 대신하여 당사자에게 고신교지를 보내 임명 사실을 알리는 일을 했다는 것은 글의 내용과 부합하지 않는다.

> ⏱ **빠른 문제 풀이 Tip**
> '부합' 문제는 선택지를 먼저 확인하는 것이 도움이 된다. 선택지를 보면 '사은숙배', '하직숙배', '수령칠사' 등 생소한 용어들이 반복적으로 언급되어 있다. 따라서 지문을 읽을 때 이 용어들에 해당하는 정보에 집중하여야 한다.

15 정답 ④

정답 체크

무엇인가 창조하기 위해서는 그러한 것을 만들고자 하는 제작자의 의도가 있어야 하지만, 창조 의도만 있다고 해서 무엇인가가 창조되는 것은 아니다. 즉, 누군가가 창조 의도를 가지고 변기를 예술 작품이라고 전시한다면, 그 변기가 예술 작품일 수는 있어도 창조된 것은 아니다. 따라서 창조된 것은 그것을 만들기 위해 사용된 재료가 변형된 것임을 추론할 수 있다.

오답 체크

① 무엇인가 창조하기 위해서는 그러한 것을 만들고자 하는 제작자의 의도가 있어야 한다. 따라서 예술 작품은 창조 의도를 동반하지 않는다는 것은 추론할 수 없다.

② 창조 의도만 있다고 해서 무엇인가가 창조되는 것은 아니다. 제작자의 창조 의도가 반영된 것은 창조된 것이라고 추론할 수 없다.

③ 누군가가 창조 의도를 가지고 변기를 예술 작품이라고 전시한다면, 그 변기가 예술 작품일 수는 있어도 창조된 것은 아니다. 따라서 예술 작품은 작품에 사용된 재료를 변형시킨 것이라고 추론할 수 없다.

⑤ 무엇인가 창조하기 위해서는 그러한 것을 만들고자 하는 제작자의 의도가 있어야 한다. 따라서 새로운 물질로부터 기이한 모양이 만들어지면 새로운 것이 창조된 것이라고 추론할 수 없다.

01	02	03	04	05	06	07	08	09	10
⑤	③	④	⑤	⑤	③	④	③	③	②
11	12	13	14	15	16	17			
③	③	②	①	①	①	④			

1 독해의 원리

2 논증의 방향

3 문맥과 단서

4 논리의 체계

기출 재구성 모의고사

해커스PSAT 7급 PSAT 유형별 기출 200제 언어논리

01

정답 ⑤

정답 체크

세 번째 단락에 따르면 학습된 공포 반응을 일으키는 경우 청각시상으로 전달된 소리 자극 신호는 학습을 수행하기 전 상태에서 전달되는 것보다 훨씬 센 강도의 신호로 증폭되어 측핵으로 전달된다. 또한 네 번째 단락에 따르면 학습된 안정 반응을 일으키는 경우 청각시상에서 만들어진 신호가 측핵으로 전달되는 것이 억제되기 때문에 측핵에 전달된 신호는 매우 미약해진다. 따라서 학습된 안정 반응을 일으키는 경우와 학습된 공포 반응을 일으키는 경우 모두, 청각시상에서 측핵으로 전달되는 신호의 세기가 학습하기 전과 달라진다는 것을 추론할 수 있다.

오답 체크

① 네 번째 단락에 따르면 선조체에서 반응이 세게 나타나면 안정감을 느끼게 되어 학습된 안정 반응을 일으킨다. 따라서 중핵에서 만들어진 신호의 세기가 강한 경우에 학습된 안정 반응이 나타난다는 것은 옳지 않다.

② 네 번째 단락에 따르면 선조체에서 반응이 세게 나타나면 안정감을 느끼게 되어 학습된 안정 반응을 일으킨다. 그러나 학습된 공포 반응을 일으키지 않는 소리 자극이 선조체에서 약한 반응이 일어나게 하는지는 추론할 수 없다.

③ 네 번째 단락에 따르면 선조체에서 반응이 세게 나타나면 안정감을 느끼게 되어 학습된 안정 반응을 일으킨다. 그러나 학습된 공포 반응을 일으키는 소리 자극이 청각시상에서 선조체로 전달되는 자극 신호를 억제하는지는 추론할 수 없다.

④ 세 번째 단락과 네 번째 단락에 따르면 학습된 공포 반응을 일으키는 경우 청각시상으로 전달된 소리 자극 신호는 학습을 수행하기 전 상태에서 전달되는 것보다 훨씬 센 강도의 신호로 증폭되어 측핵으로 전달되고, 학습된 안정 반응을 일으키는 경우 청각시상에서 만들어진 신호가 측핵으로 전달되는 것이 억제되기 때문에 측핵에 전달된 신호는 매우 미약해진다. 그러나 학습된 안정 반응을 일으키는 청각시상에서 받는 소리 자극 신호가 학습된 공포 반응을 일으키는 청각시상에서 받는 소리 자극 신호보다 약해지는지는 추론할 수 없다.

⏱ 빠른 문제 풀이 **Tip**

선택지를 먼저 훑어보면, '학습된 공포 반응을 일으키는 경우'와 '학습된 안정 반응을 일으키는 경우'가 대비되고 있으므로 이에 집중해 지문의 정보를 확인한다.

02

정답 ③

정답 체크

첫 번째 단락에서 오늘날의 독서 방식으로 개인이 책을 소유하고 혼자 눈으로 읽는 묵독이 제시되어 있고, 네 번째 단락에서 현대 사회에서도 필요에 따라 공동체적 독서와 음독이 많이 행해진다고 한다. 따라서 공동체적 독서와 개인적 독서 모두 현대사회에서 행해지는 독서 형태임을 알 수 있다.

오답 체크

① 첫 번째 단락에서 필사문화에서 독서는 대개 한 사람이 자신이 속한 집단 내에서 다른 사람들에게 책을 읽어주어 들려주는 사회적 활동을 의미했고, 이는 개인이 책을 소유하고 혼자 눈으로 읽는 묵독과 같은 오늘날의 독서 방식과 구별되고 있다. 따라서 필사문화를 통해 묵독이 유행하기 시작했다는 것은 알 수 없다.

② 세 번째 단락에서 낭송은 음독에 포함되는 개념이고, 음독은 공동체적 독서와 긴밀한 연관을 가질 수밖에 없지만, 음독이 꼭 공동체적 독서라고는 할 수 없다. 따라서 전근대 사회에서 낭송은 공동체적 독서를 의미한다는 것은 알 수 없다.

④ 첫 번째 단락에서 근대 초기만 해도 문맹률이 높았기 때문에 공동체적 독서와 음독이 지속되었다는 것을 알 수 있다. 그러나 근대 초기 식자층의 독서 방식이었던 음독은 높은 문맹률로 인해 생겨났다는 것은 알 수 없다.

⑤ 두 번째 단락에서 윤독은 같은 책을 여러 사람이 돌려 읽는 것이고, 도시와 촌락의 장시에서 주로 이루어진 것은 구연임을 알 수 있다. 따라서 근대 사회에서 윤독은 주로 도시와 촌락의 장시에서 이루어진 독서 형태였다는 것은 알 수 없다.

03

정답 ④

정답 체크

세 번째 단락에 따르면 낭만주의적 관점에서 올바른 작품 감상을 위해서는 예술가의 창작의도나 창작관에 대한 이해가 필요하다. 따라서 낭만주의적 관점에서 볼 때, 예술작품의 창작의도에 대한 충분한 소통은 작품 이해를 위해 중요하다는 것을 알 수 있다.

오답 체크

① 첫 번째 단락에 따르면 고전주의적 관점에서는 보편적 규칙에 따라 고전적 이상에 일치시켜 대상을 재현한 작품에 높은 가치를 부여하는 반면 낭만주의적 관점에서는 예술가 자신의 감정이나 가치관, 문제의식 등을 자유로운 방식으로 표현한 것에 가치를 부여한다. 따라서 고전주의적 관점과 낭만주의적 관점의 공통점이 예술작품의 재현 방식이라는 것은 옳지 않다.

② 두 번째 단락에 따르면 독백과 같이 특정한 청자를 설정하지 않는 발화 행위는 낭만주의적 관점에서 예술작품을 이해하고 감상하는 것과 유사하다. 따라서 고전주의적 관점에서 볼 때, 예술작품을 감상하는 것이 독백을 듣는 것과 유사하다는 것은 옳지 않다.

③ 두 번째 단락에 따르면 낭만주의적 관점에서는, 예술작품을 예술가가 감상자를 고려하지 않은 채 자신의 생각이나 느낌을 자유롭게 표현한 것으로 보아야만 작품의 본질을 오히려 잘 포착할 수 있다고 본다. 따라서 낭만주의적 관점에서 볼 때, 예술작품 창작의 목적은 감상자 위주의 의사소통에 있다는 것은 옳지 않다.

⑤ 첫 번째 단락에 따르면 낭만주의적 관점에서는 예술가 자신의 감정이나 가치관, 문제의식 등을 자유로운 방식으로 표현한 것에 가치를 부여한다. 따라서 고전주의적 관점에 따르면 예술작품의 본질은 예술가가 자신의 생각이나 느낌을 창의적으로 표현하는 데 있다는 것은 옳지 않다.

⏱ 빠른 문제 풀이 Tip

선택지를 먼저 훑어보면, '고전주의 관점'과 '낭만주의 관점'이 대비되고 있으므로 이에 집중해 지문의 정보를 확인한다.

04
정답 ⑤

정답 체크

세 번째 단락에 따르면 귀족들의 금입택은 월성 건너편의 기슭에 주로 조성되었는데, 이 일대는 풍광이 매우 아름다워 주택지로서 최적이었다. 또한 남산의 산록 및 북천의 북쪽 기슭에도 많이 만들어졌는데, 이 지역은 하천을 내려다볼 수 있는 높은 지대라서 주택지로 적합하였다. 따라서 하천을 내려다볼 수 있는 높은 지대였다는 것은 월성 건너편의 기슭의 특성이 아니므로 그러한 이유로 주택지로서 적합하였다는 것은 글에서 추론할 수 없다.

오답 체크

① 첫 번째 단락에 따르면 중대의 최전성기에 이미 금입택이 존재하고 있었다. 따라서 금입택은 신라 하대 이전에 이미 존재하였다는 것을 추론할 수 있다.

② 두 번째 단락에 따르면 진골 중에서도 왕권에 비견되는 막대한 권력과 재력을 누리던 소수의 유력한 집안만이 이러한 가옥을 가질 수 있었다. 따라서 진골 귀족이라도 금입택을 소유하지 못한 경우도 있었다는 것을 추론할 수 있다.

③ 네 번째 단락에 따르면 물과 관계있는 문자가 보이는 금입택은 물을 이용한 연못이나 우물 등의 시설을 갖추고 있었다. 따라서 이름에 물과 관계있는 문자가 들어간 금입택은 물을 이용한 시설을 갖추고 있었다는 것을 추론할 수 있다.

④ 네 번째 단락에 따르면 명남택의 '명'자는 대나무 혹은 돌을 길게 이어 물을 끌어 쓰거나 버리는 데 이용하는 대홈통의 뜻을 갖고 있는데, 이러한 수리시설은 통일신라시대 사찰이나 궁궐의 조경에도 이용되었다. 따라서 명남택에서 사용한 수리시설은 귀족 거주용 주택이 아닌 건물에서도 사용되었다는 것을 추론할 수 있다.

05
정답 ⑤

정답 체크

두 번째 단락에 따르면 브랜다이스는 독점 규제를 통해 소비자의 이익이 아니라 독립적 소생산자의 경제를 보호함으로써 자치를 지켜내고자 했다. 따라서 브랜다이스가 독립적 소생산자와 소비자의 이익을 보호하여 시민 자치를 지키고자 했다는 것은 글의 내용과 부합하지 않는다.

오답 체크

① 첫 번째 단락에 따르면 셔먼의 사상적 배경이 된 것은 시민 자치를 중시하는 공화주의 전통이었고, 두 번째 단락에 따르면 브랜다이스의 생각에도 공화주의 전통이 반영되어 있었다. 따라서 셔먼과 브랜다이스의 견해가 공화주의 전통에 기반을 두고 있었다는 것은 글의 내용에 부합한다.

② 두 번째 단락에 따르면 브랜다이스는 반독점법이 소생산자의 이익 자체를 도모하는 것보다는 경제와 권력의 집중을 막는 데 초점을 맞추어야 한다고 주장했다. 반면 세 번째 단락에 따르면 아놀드는 독점 규제의 목적이 권력 집중에 대한 싸움이 아니라 경제적 효율성의 향상에 맞춰져야 한다고 주장했다. 따라서 아놀드가 독점 규제의 목적에 대한 브랜다이스의 견해에 비판적이었다는 것은 글의 내용에 부합한다.

③ 첫 번째 단락에 따르면 셔먼은 반독점법 제정이 소비자의 이익 보호와 함께 소생산자들의 탈집중화된 경제 보호라는 목적이 있다는 점을 강조했다. 세 번째 단락에 따르면 아놀드는 반독점법의 목적이 소비자 가격을 낮춰 소비자 복지를 증진시키는 데 있다고 보았다. 따라서 셔먼과 아놀드가 소비자 이익을 보호한다는 점에서 반독점법을 지지했다는 것은 글의 내용에 부합한다.

④ 세 번째 단락에 따르면 1938년 법무부 반독점국의 책임자로 임명된 아놀드는 시민 자치권을 근거로 하는 반독점 주장을 거부했고, 독점 규제를 통해 혜택을 소비자에게 돌려주는 것이 핵심 문제라고 보았다. 따라서 반독점 주장의 주된 근거는 1930년대 후반 시민 자치권에서 소비자 복지로 옮겨 갔다는 것은 글의 내용에 부합한다.

⏱ 빠른 문제 풀이 Tip

선택지를 먼저 훑어보면, '셔먼', '브랜다이스', '아놀드'라는 이름이 반복되고 있으므로 이들 간의 견해 차이에 집중해 지문의 정보를 확인한다.

06
정답 ③

정답 체크

첫 번째 단락에 따르면 오늘날에는 대청봉, 울산바위가 있는 봉우리, 한계령이 있는 봉우리를 하나로 묶어 설악산이라고 부른다. 세 번째 단락에 따르면 『조선팔도지도』에는 오늘날과 동일하게 설악산의 범위가 표시되어 있고, 그 범위 안에 '설악산'이라는 명칭만 적혀 있다. 따라서 『조선팔도지도』에 표시된 대로 설악산의 범위를 설정하면 그 안에 한계령이 있는 봉우리가 포함된다는 것을 알 수 있다.

오답 체크

① 두 번째 단락과 세 번째 단락에 따르면 『여지도』에는 오늘날 설악산이라는 하나의 지명으로 포괄되어 있는 범위가 한계산과 설악산이라는 두 개의 권역으로 구분되어 있고, 『대동지지』는 한계산은 설악산에 속한 봉우리에 불과하다고 보았다. 따라서 『여지도』에 표시된 설악산의 범위와 『대동지지』에 그려져 있는 설악산의 범위는 동일하다고 볼 수 없다.

② 세 번째 단락에 따르면 『조선팔도지도』에는 설악산의 범위 안에 '설악산'이라는 명칭만 적혀 있고, 『동국여지』에서는 한계산을 설악산 안에 있는 봉우리라고 본다. 따라서 『동국여지』에 그려져 있는 설악산의 범위와 『조선팔도지도』에 표시된 설악산의 범위가 동일한지는 알 수 없다.

④ 두 번째 단락에 따르면 『비변사인 방안지도 양양부 도엽』이라는 지도에는 설악산, 천후산, 한계산의 범위가 모두 따로 표시되어 있고, 세 번째 단락에 따르면 『대동지지』는 한계산은 설악산에 속한 봉우리에 불과하다고 보았다. 따라서 『대동지지』와 『비변사인 방안지도 양양부 도엽』에는 천후산과 한계산이 서로 다른 산이라고 적혀 있는지는 알 수 없다.

⑤ 두 번째 단락에 따르면 『여지도』에는 오늘날 설악산이라는 하나의 지명으로 포괄되어 있는 범위가 한계산과 설악산이라는 두 개의 권역으로 구분되어 있고, 『비변사인 방안지도 양양부 도엽』이라는 지도에는 설악산, 천후산, 한계산의 범위가 모두 따로 표시되어 있다. 따라서 『여지도』에 표시된 천후산의 범위와 『비변사인 방안지도 양양부 도엽』에 표시된 천후산의 범위가 동일한지는 알 수 없다.

로 빠른 문제 풀이 Tip
선택지를 먼저 훑어보면, 여러 지도에 표시된 설악산의 범위를 묻는 내용이 반복되고 있으므로 이에 해당하는 정보에 집중해 지문의 정보를 확인한다.

07
정답 ④

정답 체크
두 번째 단락에 따르면 근대 중국 지식인들의 유교 비판은 신분 질서를 옹호하는 의미가 내포된 예교 규칙인 명교와 삼강에 집중되었는데, 이름이나 신분, 성별에 따른 우열은 평등과 민주의 이념에 어긋나는 것이었기 때문이다. 첫 번째 단락에 따르면 유교의 행위 규범이 예교이므로 중국의 일부 지식인들이 유교의 행위 규범에는 민주주의 이념에 위배되는 요소가 있다고 생각했음을 알 수 있다.

오답 체크
① 세 번째 단락에 따르면 유교와 예교를 분리시켰던 변법유신론자들은 공자의 원래 생각을 중심으로 유교를 재편하기 위해 예교가 공자의 원래 정신에 어긋난다고 비판했다. 따라서 유교와 예교를 분리하여 이해했던 사람들이 공자 정신을 비판했다는 것은 옳지 않다.
② 두 번째 단락에 따르면 법이 강제적이며 외재적 규율이라면, 예교는 자발적이고 내면적인 규율이다. 이때 삼강은 강상에 포함되는 개념으로 예교에 해당되므로 이것이 신분과 성별에 따른 우열을 옹호하는 강제적이고 외재적인 규율이었다고 하는 것은 옳지 않다.
③ 두 번째 단락에 따르면 전통적으로 중국에서는 유교의 행위 규범인 예교와 법이 구분되었다. 따라서 전통적인 유교 신봉자들이 법을 준수하는 생활 속에서 유교적 가치를 체험했다는 것은 옳지 않다.
⑤ 두 번째 단락에 따르면 명교는 예교와 비슷한 의미이고, 첫 번째 단락에 따르면 유교의 근본 정신을 유교라고 일컫고, 유교의 행위 규범을 예교라고 일컫는다. 따라서 명교가 유교적 근본 정신인 유교를 담은 규율이었다고 보는 것은 옳지 않다. 또한 이 때문에 근대의 예교 해체 과정에서 핵심적 가치로 재발견되었는지도 알 수 없다.

로 빠른 문제 풀이 Tip
선택지를 먼저 훑어보면, '유교', '예교', '삼강', '명교' 등 여러 용어들이 제시되고 있으므로 그 단어들 간의 관련성에 초점을 맞추어 지문을 읽어준다.

08
정답 ③

정답 체크
두 번째 단락에 따르면 폴리페놀은 커피와 와인에 들어 있는데, 폴리페놀의 구성물질 중 약 절반은 플라보노이드이며, 플라보노이드는 플라보놀과 플라바놀이라는 두 물질로 구성되어 있다. 따라서 와인과 커피는 플라바놀이 들어있는 폴리페놀을 가지고 있다는 것을 알 수 있다.

오답 체크
① 네 번째 단락에 따르면 테아플라빈은 차의 색깔을 오렌지색 계통의 금색으로 변화시키고, 테아루비딘은 어두운 적색 계통의 갈색을 갖게 한다. 따라서 테아루비딘의 양에 대한 테아플라빈 양의 비율은 오렌지색 계통의 금색 홍차보다 어두운 적색 계통의 갈색 홍차에서 더 높은 것이 아님을 알 수 있다.
② 첫 번째 단락에 따르면 항산화 물질은 활성산소를 제거하는 역할을 한다. 찻잎에 있는 플라보노이드는 항산화 물질이지만, 활성산소가 생성되지 못하게 하는지는 알 수 없다.
④ 세 번째 단락에 따르면 에피갈로카데킨 갈레이트는 카데킨을 구성하는 항산화 물질 중 하나이고, 네 번째 단락에 따르면 녹차는 카데킨을 많이 함유하고 있지만 홍차는 카데킨의 일부가 테아플라빈과 테아루비딘이라는 또 다른 항산화 물질로 전환된다. 따라서 에피갈로카데킨 갈레이트가 녹차보다 홍차에 더 많이 들어있는지는 알 수 없다.
⑤ 다섯 번째 단락에 따르면 중국 홍차는 산화 과정을 더 오래 하기 때문에 인도나 스리랑카 홍차보다 대체로 부드럽다. 그러나 인도 홍차보다 중국 홍차에 카데킨이 더 많이 들어있는지는 알 수 없다.

09
정답 ③

정답 체크
ㄱ. 세 번째 단락에 따르면 인간의 성품을 고양하는 법률은 정의롭고, 두 번째 단락에 따르면 정의로운 법률은 신의 법, 곧 도덕법에 해당한다. 따라서 인간의 성품을 고양하는 법률은 도덕법에 해당한다고 추론할 수 있다.
ㄴ. 두 번째 단락에 따르면 불의한 법률은 도덕법에 배치되는 규약이고, 도덕법은 자연법이라 표현할 수 있으며, 불의한 법률은 사람끼리의 규약에 불과하다. 따라서 사람끼리의 규약에 해당하는 법률은 자연법이 아니라는 것을 추론할 수 있다.

오답 체크
ㄷ. 두 번째 단락에 따르면 정의로운 법률은 신의 법에 해당하고, 세 번째 단락에 따르면 인종차별을 허용하는 법률은 모두 불의한 것이다. 따라서 인종차별을 허용하는 법률은 신의 법에 해당하지 않는다. 그러나 인종차별적 내용을 포함하지 않는 모든 법률이 신의 법에 해당한다고 추론할 수는 없다.

10
정답 ②

정답 체크
두 번째 단락에 따르면 공공장소를 미화하는 미술은 공공장소 속의 미술과 공공 공간으로서의 미술을 묶는 틀이고, 첫 번째 단락에 따르면 공공 공간으로서의 미술은 공공 미술 작품의 개별적인 미적 가치보다는 사용가치에 주목한다. 따라서 공공장소를 미화하는 미술이 공공 미술 작품의 미적 가치보다 사용가치에 주목하는 시도를 포함한다는 것은 글의 내용에 부합한다.

오답 체크
① 첫 번째 단락에 따르면 공공의 이익을 위한 미술은 사회적인 쟁점과 직접적 접점을 만들어냄으로써 사회 정의와 공동체의 통합을 추구하는 활동이다. 따라서 다양한 매체를 활용하여 사회 정의와 공동체 통합을 추구하는 활동은 공공 공간으로서의 미술이 아니라 공공의 이익을 위한 미술이므로 글의 내용에 부합하지 않는다.

1 독해의 원리

2 논증의 방향

3 문맥과 단서

4 논리의 체계

기출 재구성 모의고사

해커스PSAT 7급 PSAT 유형별 기출 200제 언어논리

③ 두 번째 단락에 따르면 공공의 이익을 위한 미술은 사회 변화를 위한 공적 관심의 증대를 목표로 하므로 공적인 관심을 증진하는 미술은 공공의 이익을 위한 미술이라고 볼 수 있다. 또한 첫 번째 단락에 따르면 공공 공간으로서의 미술은 미술과 실용성 사이의 구분을 완화하려 한다. 따라서 공중이 공유하는 문화 공간을 심미적으로 디자인하는 것은 '공공장소를 미화하는 미술'에 대한 설명이고, 미술과 실용성을 통합하려는 활동은 '공공 공간으로서의 미술'에 대한 설명이므로 '공적인 관심을 증진하는 미술'에는 해당되지 않는다.

④ 두 번째 단락에 따르면 공공의 이익을 위한 미술은 사회 변화를 위한 공적 관심의 증대를 목표로 하고 있어서 공공 공간을 위한 미술이라기보다는 공공적 쟁점에 주목하는 미술이다. 따라서 사회 변화를 위한 공적 관심의 증대를 목표로 하는 것은 공공장소 속의 미술이 아니라 공공의 이익을 위한 미술이고, 이는 공중 모두에게 공공장소에 대한 보편적 미적 만족을 제공하려는 활동과는 달리 공적인 관심을 증진하는 미술에 해당하므로 글의 내용에 부합하지 않는다.

⑤ 첫 번째 단락에 따르면 공공장소 속의 미술은 미술관이나 갤러리에서 볼 수 있었던 미술 작품을 공공장소에 설치하여 공중이 미술 작품을 접하기 쉽게 했다. 따라서 공간적 제약을 넘어서 공중이 미술을 접할 수 있도록 작품이 존재하는 장소를 미술관에서 공공장소로 확대하는 활동은 공공의 이익을 위한 미술이 아니라 공공장소 속의 미술이므로 글의 내용에 부합하지 않는다.

11
정답 ③

정답 체크

ㄱ. 두 번째 단락에 따르면 인접입방격자 방식은 수평면(제1층) 상에서 하나의 공이 여섯 개의 공과 접하도록 깔아 놓은 배열 방식으로서 효율성은 74%이다. 세 번째 단락에 따르면 단순입방격자 방식은 공을 바둑판의 격자 모양대로 쌓아 수평면 상에서 하나의 공이 네 개의 공과 접하도록 배치되고 효율성은 53%이다. 따라서 배열 방식 중에서 제1층만을 따지면 인접입방격자 방식의 효율성이 단순입방격자 방식보다 크다고 추론할 수 있다.

ㄴ. 세 번째 단락에 따르면 단순입방격자 방식은 공을 바둑판의 격자 모양대로 쌓아 수평면 상에서 하나의 공이 네 개의 공과 접하도록 배치하고, 제2층의 배열 상태를 제1층과 동일한 상태로 공의 중심이 같은 수직선 상에 놓이도록 배치한다. 따라서 단순입방격자 방식에서 하나의 공에 접하는 공은 한 층에서 4개, 위아래 층에서 1개씩 최대 6개임을 추론할 수 있다.

오답 체크

ㄷ. 세 번째 단락에 따르면 6각형격자 방식은 각각의 층을 인접입방격자 방식에 따라 배열한 뒤에 층을 쌓을 때는 단순입방격자 방식으로 쌓는 것이다. 따라서 6각형격자 방식의 각 층의 배열은 인접입방격자 방식과 동일할 것이므로 어느 층을 비교하더라도 단순입방격자 방식보다 6각형격자 방식의 효율성이 크다는 것을 추론할 수 있다.

> ### 🕐 빠른 문제 풀이 Tip
> 선택지를 먼저 훑어보면, '인접입방격자 방식', '단순입방격자 방식', '6각형격자 방식' 간에 비교가 들어가 있으므로 그 방식들 사이의 차이점에 집중하여 지문을 읽어준다.

12
정답 ③

정답 체크

ㄱ. 세 번째 단락에 따르면 밝은 곳에서 어두운 곳으로 이동하면 교감신경이 활성화되고, 두 번째 단락에 따르면 교감신경이 활성화되면 교감신경의 절전뉴런 끝에서 신호물질인 아세틸콜린이 분비된다. 따라서 밝은 곳에서 어두운 곳으로 이동하면 교감신경의 절전뉴런 끝에서 아세틸콜린이 분비된다는 것을 추론할 수 있다.

ㄴ. 세 번째 단락에 따르면 어두운 곳에서 밝은 곳으로 이동하면 부교감신경이 활성화되고, 돌림근이 수축하여 두꺼워진다. 또한 두 번째 단락에 따르면 부교감신경이 활성화되면 부교감신경의 절후뉴런 끝에서 아세틸콜린이 분비된다. 따라서 어두운 곳에서 밝은 곳으로 이동하면 부교감신경의 절후뉴런 끝에서 아세틸콜린이 분비되고 돌림근이 두꺼워진다는 것을 추론할 수 있다.

오답 체크

ㄷ. 두 번째 단락과 세 번째 단락에 따르면 교감신경이 활성화되면 교감신경의 절후뉴런 끝에서는 노르아드레날린이 분비되고, 부챗살근이 수축한다. 반면 부교감신경이 활성화되면 부교감신경의 절후뉴런 끝에서는 아세틸콜린이 분비되고, 돌림근이 수축한다.

> ### 🕐 빠른 문제 풀이 Tip
> 선택지를 보면 밝은 곳과 어두운 곳, 교감신경과 부교감신경, 절전뉴런과 절후뉴런, 돌림근과 부챗살근 등 대비되는 단어들이 나열되어 있다. 따라서 지문을 읽을 때 이 부분에 해당하는 정보에 주의를 기울여야 한다.

13
정답 ②

정답 체크

두 번째 단락에 따르면 호포론이나 구포론은 균등한 군역 부과를 실현하려는 대변통에 해당하고, 감필결포론은 군역 부담을 줄이려는 소변통에 해당한다. 세 번째 단락에 따르면 대변통의 실시는 양반의 특권을 폐지하는 것이었으므로 양반층이 강력히 저항하였지만, 감필결포론에 대해 일정 정도 긍정적이었으므로 1751년 감필결포론을 제도화하여 균역법을 시행하였다. 따라서 양반들은 호포론이나 구포론에 비해 감필결포론에 우호적인 입장을 보였다는 것을 알 수 있다.

오답 체크

① 두 번째 단락에 따르면 구포론은 귀천을 막론하고 16세 이상의 모든 남녀에게 군포를 거두자는 주장이고, 결포론은 토지를 소유한 자에게만 토지 소유 면적에 따라 차등 있게 군포를 거두자는 것이다. 그러나 구포론과 결포론 중 어느 것을 시행하는 것이 양인의 군포 부담이 더 컸는지는 알 수 없다.

③ 세 번째 단락에 따르면 균역법은 양반층을 군역 대상자로 온전하게 포괄한 것이 아니었다. 따라서 균역법이 균등 과세의 원칙 아래 군포에 대한 양반의 면세 특권을 폐지하였다고는 볼 수 없다.

④ 두 번째 단락에 따르면 결포론은 공평한 조세 부담의 이상에 가장 가까운 방안이었으나, 호포론은 가호의 등급을 적용한다 하더라도 가호마다 부담이 균등할 수 없다는 문제가 있었다. 따라서 호포론이 균등한 군역 부과의 이상에 가장 충실한 개혁안이었다고 볼 수 없다.

⑤ 두 번째 단락에 따르면 구포론은 16세 이상의 모든 남녀에게 군포를 거두자는 주장이고, 호포론은 식구 수에 따라 가호를 몇 등급으로 나누고 그 등급에 따라 군포를 부과하자는 주장이었다. 따라서 구포론이 16세 이상의 양인 남녀를 군포 부과 대상으로 규정한 것은 옳은 내용이지만, 호포론이 모든 연령의 사람에게서 군포를 거두자고 주장하였다는 것은 옳지 않다.

1 독해의 원리

2 논증의 방향

3 문맥과 단서

4 논리의 체계

기출 재구성 모의고사

해커스PSAT 7급 PSAT 유형별 기출 200제 언어논리

14

정답 ①

정답 체크

세 번째 단락에 따르면 수치심을 느끼는 사람과 죄책감을 느끼는 사람 중 잘못을 감추는 사람은 수치심을 느끼는 사람이고, 잘못을 드러내는 사람은 죄책감을 느끼는 사람이다. 또한 두 번째 단락에 따르면 수치심은 자아에 대한 전반적인 공격이 되고, 죄책감은 자아에 대한 전반적인 문제가 아닌 행위와 관련된 자아의 부분적인 문제가 된다. 따라서 잘못을 감추려는 사람(수치심을 느끼는 사람)이 드러내는 사람(죄책감을 느끼는 사람)보다 자기 평가에서 부정하는 범위가 넓음을 알 수 있다.

오답 체크

② 지문은 자아가 직면한 부정적 상황에서 자의식적이고 자기 평가적인 감정들인 수치심과 죄책감이 작동시키는 심리적 방어기제에 차이가 있음을 설명하고 있다. 따라서 자아가 직면한 부정적 상황에서 자의식적이고 자기 평가적인 감정들이 작동시키는 심리적 방어기제가 동일하다는 것은 옳지 않다.

③ 두 번째 단락에 따르면 부정적 상황을 평가하는 자아 중 심리적 불안 상태에 있는 것은 수치심이고, 행위자와 행위를 분리하는 것은 죄책감이다. 따라서 부정적 상황을 평가하는 자아가 심리적 불안 상태에서 벗어나기 위해 행위자와 행위를 분리하는지는 알 수 없다.

④ 두 번째 단락에 따르면 수치심은 자아에 대한 전반적이 공격이 되어 충격이 큰 것이지, 부정적 상황에서 심리적 충격을 크게 받는 성향의 사람이 느끼기 쉬운 감정이 수치심인지는 알 수 없다.

⑤ 첫 번째 단락에 따르면 수치심과 죄책감 모두 내면화된 규범에 비추어 부정적으로 평가받는 일을 했을 때 발생하는 것이다. 따라서 죄책감이 수치심과 달리 외부의 규범에 반하는 부정적인 일을 했을 때도 발생하는지는 알 수 없다.

15

정답 ①

정답 체크

세 번째 단락에 따르면 저작권과 퍼블리시티권은 모두 개인의 인격이 깃든 가치를 보호한다. 또한 퍼블리시티권은 개인의 자기동일성에서 유래하는 재산적 가치를 그 개인이 상업적으로 이용할 수 있도록 하는 권리이고, 저작권은 저작자가 자신이 창작한 저작물을 경제적으로 이용할 수 있도록 보장하는 것이다. 따라서 퍼블리시티권과 저작권은 인격이 밴 재산적 가치로써 수익을 얻을 수 있게 하는 권리임을 알 수 있다.

오답 체크

② 두 번째 단락에 따르면 프라이버시권이 보호하려는 것은 사생활의 비밀과 자유이며, 보호법익은 인간의 존엄성이다. 따라서 프라이버시권은 개인의 사생활과 경제적 이익에 대한 침해를 막기 위하여 등장한 개념이라는 것은 알 수 없다.

③ 세 번째 단락에 따르면 저작권은 저작자가 자신이 창작한 저작물을 경제적으로 이용할 수 있도록 보장하여 사회적으로 유익한 창작을 유도하고 창작물을 불법 사용으로부터 보호하는 것이지만, 창작의 자유를 보장하여 창작물의 이용과 유통에 대한 규제를 해소하는 데 목적이 있는지는 알 수 없다.

④ 세 번째 단락에 따르면 저작권과 퍼블리시티권은 모두 개인의 인격이 깃든 가치를 보호한다고 볼 수 있는데, 보호 대상이 구별된다. 따라서 퍼블리시티권과 프라이버시권은 보호법익이 서로 같지만 침해되었을 때의 손해 산정 기준은 동일할 수 없다는 것은 알 수 없다.

⑤ 세 번째 단락에 따르면 저작권은 유형의 매체에 고정된 창작물 자체를 보호 대상으로 하지만, 퍼블리시티권은 자기동일성의 요소를 그 대상으로 하며 이는 표현 매체에 고정될 필요가 없다. 따라서 저작권은 그 보호 대상이 유형의 표현 매체에 고정되어야 한다는 점에서 퍼블리시티권과 차이가 있다. 그러나 프라이버시권의 보호 대상이 유형의 표현 매체에 고정되어야 하는지는 알 수 없다.

16

정답 ①

정답 체크

세 번째 단락에 따르면 구성원 모두를 의결정족수로 하면, 즉 의결정족수를 100%로 하면, 나를 제외한 나머지 사람들이 독단적으로 나에게 불리한 결정을 내릴 가능성이 제도적으로 차단되므로 정치적 외부비용만 생각하면 이러한 방식이 가장 좋은 의사결정 규칙으로 보일 수 있다. 따라서 의결정족수를 구성원의 100%로 하면 정치적 외부비용이 최소화된다는 것을 추론할 수 있다.

오답 체크

② 두 번째 단락과 세 번째 단락에 따르면 의결정족수가 낮으면 합의도출 비용이 적게 들고, 의결정족수가 높으면 합의도출 비용도 커진다. 따라서 집단에서 의결에 필요한 구성원 비율이 커질수록 합의도출 비용이 작아진다는 것은 추론할 수 없다.

③ 두 번째 단락과 세 번째 단락에 따르면 의결정족수가 낮으면 합의도출 비용이 적게 들고, 의결정족수가 높으면 합의도출 비용도 커진다. 따라서 과반수 다수결이 합의도출 비용을 최소화하는 합리적인 의사결정 규칙이라는 것은 추론할 수 없다.

④ 두 번째 단락과 세 번째 단락에 따르면 의결정족수가 낮으면 합의도출 비용이 적게 들지만 정치적 외부비용은 커지고, 의결정족수가 높으면 합의도출 비용이 커지지만 정치적 외부비용은 작아진다. 따라서 의결정족수가 작아질수록 정치적 외부비용과 합의도출 비용의 합계가 작아진다는 것은 추론할 수 없다.

⑤ 소수만이 적극 찬성하는 안건일수록 의결정족수를 작게 하면 정치적 외부비용이 커질 것이므로 집단 전체에 유익하다고 추론할 수 없다.

17

정답 ④

정답 체크

김춘수는 진평왕의 딸인 천명부인의 아들이므로 진평왕의 외손자로 태어났다. 또한 성골 신분은 진평왕 자신과 부인, 자기 딸, 그리고 자기 친형제와 그가 낳은 딸뿐이었으므로 김춘수는 성골 신분에 들지 못한 인물이었다.

오답 체크

① 동륜은 일찍 사망하였기 때문에 왕위에 오르지 못했다. 따라서 동륜은 왕족이었지만 진골 신분이 아니었기 때문에 왕위에 오르지 못했다는 것은 알 수 없다.

② 천명부인은 진평왕의 딸이고, 진덕여왕은 진평왕의 조카이다. 또한 선덕여왕 사후 왕위를 이을 사람은 진덕여왕밖에 남지 않게 되어 왕위를 잇게 되었다. 따라서 진덕여왕은 천명부인이 낳은 딸이기 때문에 선덕여왕의 뒤를 이어 왕위에 오를 수 있었다는 것은 알 수 없다.

③ 진지왕을 몰아내고 왕위에 오른 것은 진평왕이고, 진평왕은 동륜의 아들이다. 따라서 동륜은 반란을 일으켜 진지왕을 죽이고 왕위에 올랐으나 조카인 진평왕에 의해 폐위되었다는 것은 알 수 없다.

⑤ 진지왕의 아들인 용수는 두품 출신이라고 볼 수 없고, 따라서 두품 출신이었으므로 천명부인과 결혼할 수 있었다는 것을 알 수 없다.

⏱ **빠른 문제 풀이 Tip**

선택지를 먼저 훑어보면, '동륜'과 '진덕여왕', '김춘추', '진지왕' 등 여러 등장인물이 제시되어 있으므로 그들의 관계에 집중해 지문의 정보를 확인한다.

01	02	03	04	05	06	07	08	09	10
②	④	④	①	⑤	③	①	④	②	③
11	12	13	14	15	16	17	18	19	
⑤	④	①	③	④	⑤	③	⑤	①	

01
정답 ②

정답 체크

'우리나라 전체 공무원 중 100명을 조사한 것'이 보편적 일반화의 n에 해당하고, '이들이 업무의 70% 이상을 효과적으로 수행하고 있다는 것'이 속성 P에 해당한다. 따라서 '우리나라 전체 공무원들은 업무의 70% 이상을 효과적으로 수행하고 있을 것이다.'는 '유형 I에 속하는 모든 개체들은 속성 P를 가질 것이다.'라고 결론을 내리는 보편적 일반화에 해당하므로 적절한 설명이다.

오답 체크

① '우리나라 공무원 중 여행과 음악을 모두 좋아하는 이들의 비율은 전체의 80%를 넘지 않는다. 따라서 우리나라 공무원 중 여행을 좋아하는 이들의 비율은 전체의 80%를 넘지 않을 것이다.'는 전제의 참이 결론의 참을 100% 보장하지 않으므로 타당한 논증으로 분류된다는 것은 적절하지 않다.

③ '우리나라 공무원 중 30%'는 m/n에 해당하고, '그들이 운동을 좋아한다는 것'은 속성 P에 해당한다. 그러나 '따라서 우리나라 20대 공무원 중 30%는 운동을 좋아할 것이다.'는 통계적 일반화의 '유형 I에 속하는 모든 개체 중 m/n이 속성 P를 가질 것이다.'에 해당하지 않는다. '우리나라 20대 공무원'은 '유형 I에 속하는 개체 α'를 가리킨다고 보는 것이 적절하므로 통계적 삼단논법으로 분류되는 것이 적절하다.

④ '해외연수를 다녀온 공무원의 95%가 정부 정책을 지지한다. 공무원 갑은 정부 정책을 지지하고 있다. 따라서 갑은 해외연수를 다녀왔을 것이다.'가 통계적 삼단논법으로 분류되려면, '공무원 갑은 정부 정책을 지지하고 있다.'가 아니라 '공무원 갑이 해외연수를 다녀온 공무원이다.'라는 전제가 필요하므로 적절하지 않다.

⑤ '임신과 출산으로 태어난 을과 그를 복제하여 만든 병은 유전자와 신경 구조가 똑같다. 따라서 을과 병은 둘 다 80세 이상 살 것이다.'가 유비추론으로 분류되려면 '을은 80세 이상 살 것이다. 따라서 병도 80세 이상 살 것이다.'로 논의가 전개되어야 하므로 적절하지 않다.

02
정답 ④

정답 체크

ㄴ. 을은 사람들이 (2)를 타당한 논증으로 판단하는 이유로 '모든 A는 B이다'를 약한 의미로 이해해야 하는데도 'A와 B가 동일하다'라는 강한 의미로 이해하기 때문이라는 것을 든다. 따라서 대다수의 사람이 "모든 적색 블록은 구멍이 난 블록이다. 모든 적색 블록은 삼각 블록이다."라는 전제로부터 "모든 구멍이 난 블록은 삼각 블록이다."를 타당하게 도출할 수 있는 결론이라고 응답했다는 심리 실험 결과는, 적색 블록과 구멍이 난 블록을 동일하게 보고 적색 블록과 삼각 블록을 동일하게 보았기 때문에 나온 결론이므로 을에 의해 설명된다.

ㄷ. 병은 사람들이 (2)를 타당한 논증으로 판단하는 이유로 전제 가운데 하나가 '어떤 A는 B이다'라는 형태의 명제로 이루어진 것일 경우에는 결론도 그런 형태이기만 하면 타당하다고 생각하기 때문이라는 것을 든다. 따라서 대다수의 사람이 "모든 물리학자는 과학자이다. 어떤 컴퓨터 프로그래머는 과학자이다."라는 전제로부터 "어떤 컴퓨터 프로그래머는 물리학자이다."를 타당하게 도출할 수 있는 결론이라고 응답했다는 심리 실험 결과는, 전제 가운데 하나가 '어떤 컴퓨터 프로그래머는 과학자이다.'이고 이로부터 결론도 '어떤 컴퓨터 프로그래머는 물리학자이다.'라는 형태로 나온 것이므로 병에 의해 설명된다.

오답 체크

ㄱ. 갑은 사람들이 (2)를 타당한 논증으로 판단하는 이유로 '모든 A는 B이다'를 '모든 B는 A이다'로 잘못 바꾸기 때문이라는 것을 든다. 따라서 대다수의 사람이 "어떤 과학자는 운동선수이다. 어떤 철학자도 과학자가 아니다."라는 전제로부터 "어떤 철학자도 운동선수가 아니다."를 타당하게 도출할 수 있는 결론이라고 응답했다는 심리 실험 결과는 '모든 A는 B이다'를 '모든 B는 A이다'로 잘못 바꾼 것이 아니기 때문에 갑에 의해 설명된다고 판단할 수 없다.

⏱ 빠른 문제 풀이 Tip

<보기>를 먼저 훑어보면, 각 <보기>에서 실험 결과를 제시하고 그것이 갑, 을, 병에 의해 설명될 수 있는지 묻고 있으므로 지문에서 갑, 을, 병의 진술을 하나씩 읽고, 해당 <보기>를 해결하는 순서로 접근한다.

03
정답 ④

정답 체크

외부 양자효율은 X의 굴절률에 의해서만 결정되며, 굴절률이 클수록 외부 양자효율은 낮아진다. 실험에서 A와 B의 굴절률은 서로 같았지만, 모두 C의 굴절률보다는 작았다. 실험 결과, 방출되는 광자의 개수는 A가 가장 많았고 B와 C는 같았다. 한편 X에서 방출되는 광자의 개수는 외부 양자효율과 내부 양자효율을 곱한 값이 클수록 많아진다. 따라서 내부 양자효율은 'A > B < C', 즉 A가 B보다 높고, C가 B보다 높아야 한다.

오답 체크

①, ② 불순물 함유율이 낮을수록 내부 양자효율은 높아지므로 불순물 함유율은 'A < B > C'가 되어야 한다. 따라서 A보다 B가 가장 높지만, A와 C 중 어느 것이 가장 낮은지는 알 수 없다.

⏱ 빠른 문제 풀이 Tip

<실험> 소재는 생소하고 어려운 용어가 제시될 확률이 높으므로 지문의 내용을 이해하려고 애쓰기보다는 선택지를 활용해 지문에서 주목해야 할 정보를 확인하여 그 부분에만 집중하는 것이 효율적이다.

1 독해의 원리

2 논증의 방향

3 문맥과 단서

4 논리의 체계

기출 재구성 모의고사

해커스PSAT 7급 PSAT 유형별 기출 200제 언어논리

04

정답 체크

ㄱ. A에 '신청인이 같은 내용의 민원이나 국민제안을 제출한 적이 있는지 여부'가 들어가면 (가)와 (나)는 모두 제출한 적이 있으므로 ㉠과 ㉡이 같다.

오답 체크

ㄴ. ㉠과 ㉢이 서로 다르다면, A에 '신청인이 이전에 제출한 민원의 거부 또는 국민제안의 불채택 사유가 근거 법령의 미비나 불명확에 해당하는지 여부'가 들어가야 한다. 따라서 B에는 '신청인이 같은 내용의 민원이나 국민제안을 제출한 적이 있는지 여부'가 들어간다.

ㄷ. ㉣과 ㉥이 같다면 B에 '신청인이 같은 내용의 민원이나 국민제안을 제출한 적이 있는지 여부'가 들어간 것이므로 ㉦과 ㉧은 같지 않다.

05
정답 ⑤

정답 체크

빛의 세기가 'C<D'인데, D는 I에서는 측정할 수 없지만 II에서는 측정할 수 있다. 암전류보다 작은 광전류가 발생한다면 이 빛의 세기는 광검출기에서 측정할 수 없다. 따라서 검출 가능한 빛의 최소 세기는 I이 II보다 크다. 또한 빛의 세기가 'A>B>C'인데, A는 I에서는 측정할 수 있지만 II에서는 측정할 수 없다. 광포화가 일어나기 위한 빛의 최소 세기를 광포화점이라 하고, 광검출기는 광포화점 이상의 세기를 갖는 서로 다른 빛에 대해서는 각각의 세기를 측정할 수 없다. 따라서 광포화점은 I이 II보다 크다.

06
정답 ③

정답 체크

ㄱ. 첫 번째 단락에 따르면 화간은 장80대로 처벌되었는데, 남편이 있는 여자가 화간한 경우 여자는 한 등급을 높여 장90대의 형에 처하였다. 또한 간통을 해서 낳은 아이가 있을 경우에는 간통을 한 남자가 아이의 양육을 책임졌다. 따라서 신분이 같은 유부남 갑돌이와 유부녀 갑순이가 화간하여 아들을 낳았다면, 갑돌이의 형량은 장80대, 갑순이의 형량은 장90대이며, 아들의 양육은 갑돌이가 책임졌을 것이라고 추론할 수 있다.

ㄷ. 첫 번째 단락에 따르면 강간 미수범은 장100대를 때리고 3천리 밖으로 유배를 보내게 하였고, 두 번째 단락에 따르면 신분이 다른 남녀 사이의 간통은 신분에 따라 형량에 차이가 있었다. 그런데 조선전기의 평민 병돌이가 양반의 아내를 강간하려다 미수에 그친 경우 신분이 다른 남녀 사이이지만 두 번째 단락에는 강간 미수에 대한 규정은 없으므로 첫 번째 단락에 제시된 강간 미수범에 대한 형량에 따를 것이다. 따라서 병돌이의 형량은 장100대에 3천리 밖으로의 유배일 것이다. 그러나 두 번째 단락에 따르면 조선후기가 되면 평민 또는 천민의 남자와 양반 부녀자와의 성 관련 범죄 행위에 대해서는 처벌 법규를 추가로 제정하여 규제를 강화했다. 따라서 조선후기의 평민 정돌이가 양반의 딸을 강간하려다 미수에 그쳤다면, '평민이나 천민이 양반의 아내나 딸을 겁탈하려던 경우에는 미수에 그쳤을지라도 즉시 참형에 처하도록 하였다'는 규정에 따라 그의 형량은 참형일 것이라고 추론할 수 있다.

오답 체크

ㄴ. 첫 번째 단락에 따르면 공공연하게 간통 행위를 하는 조간은 장100대에 처하였다. 따라서 처자식이 있는 평민 을돌이가 처녀인 평민 을순이와 다른 사람의 눈에 띄는 것에 구애 받지 않고 성관계, 즉 조간을 했다면, 을돌이의 형량과 을순이의 형량은 모두 장100대일 것이라고 추론할 수 있다.

07
정답 ①

정답 체크

ㄱ. 지지도 방식은 적극적 지지자만 지지자로 계산한다. 따라서 A후보가 B후보보다 적극적 지지자의 수가 많고 소극적 지지자의 수는 적을 경우, 지지도 방식을 사용할 때 A후보가 B후보보다 더 많은 지지를 받을 것이라고 추론할 수 있다.

오답 체크

ㄴ. 선호도 방식은 적극적 지지자와 소극적 지지자를 모두 지지자로 계산한다. 따라서 A후보가 B후보보다 적극적 지지자의 수는 적고 소극적 지지자의 수가 많을 경우, 선호도 방식을 사용할 때 A후보가 B후보보다 더 많은 지지를 받을 것인지는 A와 B후보 간의 적극적 지지자와 소극적 지지자의 명수가 명확하게 제시되지 않는 한 추론할 수 없다.

ㄷ. 선호도 방식은 적극적 지지자와 소극적 지지자를 모두 지지자로 계산하는 반면, 지지도 방식은 적극적 지지자만 지지자로 계산한다. 따라서 A후보가 B후보보다 적극적 지지자와 소극적 지지자의 수가 각각 더 많다면, 적극적 지지자와 소극적 지지자를 모두 고려하는 선호도 방식이 적극적 지지자만 고려하는 지지도 방식에 비해 A후보와 B후보 사이의 지지자 수의 격차가 더 클 것이라고 추론할 수 있다.

> ⏱ **빠른 문제 풀이 Tip**
> <보기>를 먼저 훑어보면, A후보와 B후보에 대한 지지와 관련하여 '지지도 방식'과 '선호도 방식'이 비교되고 있음을 알 수 있다. 따라서 지문을 읽을 때 방식 간의 차이에 초점을 두어야 한다.

08
정답 ④

정답 체크

ㄴ. 도박사의 오류 B는 현재에 일어난 특정 사건을 통해 그것과 관련이 없는 과거를 추측할 때 일어난다. 복권에 당첨되었다는 것과 복권을 많이 산 것은 관련이 없는 사건이고, 따라서 을이 오늘 구입한 복권에 당첨되었다는 사실로부터 그가 그동안 꽤 많은 복권을 샀을 것이라고 추론하는 것은 도박사의 오류 B라고 추론할 수 있다.

ㄷ. 도박사의 오류는 특정 사건과 관련 없는 사건을 관련 있는 것으로 간주했을 때 발생하는 오류이다. 그런데 복권에 당첨된 것과 복권의 당첨 확률이 높다는 것은 관련 있는 사건이므로 병이 어제 구입한 복권에 당첨되었다는 사실로부터 그가 구입했던 그 복권의 당첨 확률이 매우 높았을 것이라고 추론하는 것은 도박사의 오류에 해당하지 않는다. 따라서 도박사의 오류 A도 아니며 도박사의 오류 B도 아니라고 추론할 수 있다.

오답 체크

ㄱ. 도박사의 오류 A는 도박사의 오류 중 하나이다. 도박사의 오류는 특정 사건과 관련 없는 사건을 관련 있는 것으로 간주했을 때 발생하는 오류이다. 그러나 갑이 당첨 확률이 매우 낮은 복권을 구입했다는 사실로부터 그가 구입한 그 복권은 당첨되지 않을 것이라고 추론하는 것은 관련이 있는 사건 사이의 추론이므로 이를 도박사의 오류라 볼 수 없다. 따라서 도박사의 오류 A에도 해당되지 않는다.

> ⏱ **빠른 문제 풀이 Tip**
> <보기>를 먼저 훑어보면, 갑, 을, 병의 사례가 '도박사의 오류 A', '도박사의 오류 B'에 해당하는지 여부를 묻고 있으므로 두 오류의 차이점에 집중하여 지문을 읽어줄 필요가 있다.

09

정답 체크

ㄷ. 방법 A는 병에 대한 믿음을 기존 두 믿음에 동일하게 나누어 주는 것이고, 방법 B는 기존 믿음의 정도에 비례해서 분배하는 것이다. 따라서 만약 '갑이 범인'에 대한 기존 믿음의 정도와 '을이 범인'에 대한 기존 믿음의 정도가 같았다면, 동일하게 나누든, 비례해서 나누든 갑과 을의 믿음에 배분되는 양은 동일하다. 결국 이 경우 '병이 범인'에 대한 기존 믿음의 정도에 상관없이 병이 용의자에서 제외된 뒤 방법 A를 이용한 결과와 방법 B를 이용한 결과는 서로 같다고 추론할 수 있다.

오답 체크

ㄱ. 방법 A와 방법 B는 믿음의 정도를 수정하는 방법이다. 첫 번째 단락의 예시에 따르면 병이 용의자에서 제외되어도 병의 믿음의 정도를 갑과 을에 배분하는 방식에 차이가 있을 뿐, '갑이 범인'과 '을이 범인'에 대한 믿음의 정도의 합은 방법 A와 방법 B 중 무엇을 이용하는지에 상관없이 모두 1이다. 따라서 만약 기존 믿음의 정도들이 위 사례와 달랐다면, 병이 용의자에서 제외된 뒤 '갑이 범인'과 '을이 범인'에 대한 믿음의 정도의 합은, 방법 A와 방법 B 중 무엇을 이용하는지에 따라 다를 수 있다는 것은 바른 추론이 아니다.

ㄴ. 방법 A는 병에 대한 믿음을 기존 두 믿음에 동일하게 나누어 주는 것이고, 방법 B는 기존 믿음의 정도에 비례해서 분배하는 것이다. 이에 따를 때 방법 A는 기존 믿음의 정도의 차이가 유지되지만, 방법 B는 기존 믿음의 정도의 차이가 더 커질 수 있다. 따라서 만약 기존 믿음의 정도들이 위 사례와 달랐다면, 병이 용의자에서 제외된 뒤 '갑이 범인'과 '을이 범인'에 대한 믿음의 정도의 차이는 방법 B를 이용한 결과가 방법 A를 이용한 결과보다 클 수 있다. 따라서 두 방법을 이용한 결과가 서로 같다는 것은 바른 추론이 아니다.

⏱ 빠른 문제 풀이 Tip

<보기>를 먼저 훑어보면, 각 사례에 대해 '방법 A', '방법 B'를 적용한 결과 간의 비교가 제시되고 있으므로 지문에서 두 방법의 차이점을 찾아주는 것이 중요하다.

10

정답 체크

ㄱ. 원리 K에 따르면 <게임 A>에서 선택2를 선호해야 하고, <게임 B>에서 선택4를 선호해야 한다. 한편 원리 P에 따르면 <게임 A>에서 선택1을 선호하는 사람은 <게임 B>에서 선택3을 선호해야 한다. 따라서 <게임 A>에서 선택1을, <게임 B>에서 선택3을 선호하는 사람은 원리 K에 따르지만 원리 P에는 따르지 않는 것이므로 두 원리 가운데 적어도 하나는 거부해야 한다고 추론할 수 있다.

ㄴ. 원리 K에 따르면 <게임 A>에서 선택2를 선호해야 하고, <게임 B>에서 선택4를 선호해야 한다. 한편 원리 P에 따르면 <게임 A>에서 선택1을 선호하는 사람은 <게임 B>에서 선택3을 선호해야 하고, 동일한 원리로 <게임 A>에서 선택2를 선호하는 사람은 <게임 B>에서 선택4를 선호해야 한다. 따라서 <게임 A>에서 선택2를, <게임 B>에서 선택3을 선호하는 사람은 원리 P와 원리 K 모두 따르지 않으므로 두 원리 가운데 적어도 하나는 거부해야 한다고 추론할 수 있다.

오답 체크

ㄷ. 원리 K에 따르면 <게임 A>에서 선택2를 선호해야 하고, <게임 B>에서 선택4를 선호해야 한다. 한편 원리 P에 따르면 <게임 A>에서 선택1을 선호하는 사람은 <게임 B>에서 선택3을 선호해야 하고, 동일한 원리로 <게임 A>에서 선택2를 선호하는 사람은 <게임 B>에서 선택4를 선호해야 한다. 따라서 <게임 A>에서 선택2를, <게임 B>에서 선택4를 선호하는 사람은 원리 P와 원리 K 모두 따르므로 두 원리 가운데 적어도 하나는 거부해야 한다는 것은 옳지 않은 추론이다.

⏱ 빠른 문제 풀이 Tip

<보기>를 먼저 훑어보면, <게임 A>, <게임 B>에서 어떤 선택을 하는 경우, 그것이 두 원리를 거부하는지 여부를 일관되게 묻고 있음을 알 수 있다. 따라서 지문을 읽을 때도 이 부분의 정보에 집중하는 것이 필요하다.

11

정답 체크

ㄱ. 다른 조건이 모두 같다면 발사된 전체 화살 중에서 적 병력의 손실을 발생시키는 화살의 비율도 동일하게 1/10일 것이다. 따라서 A국 궁수의 수가 4,000명으로 증가하면 ㉠은 $\dfrac{400/1,000}{100/4,000}$ 이 되므로 16이 될 것이라고 추론할 수 있다.

ㄴ. 첫 번째 단락에 따르면 한 국가의 상대방 국가에 대한 군사력 우월의 정도는 자국의 손실비의 역수이다. 두 번째 단락에 따르면 B국의 손실비는 4이므로 A국의 손실비는 1/4이 되고, B국에 대한 A국의 군사력은 4가 된다. 따라서 ㉡의 내용은 A국의 군사력이 B국보다 4배 이상으로 우월하다는 것임을 추론할 수 있다.

ㄷ. 자국의 손실비에 대한 정의에 따르면 자국의 손실비는 자국의 최초 병력 수와 반비례 관계에 있다. 따라서 전쟁 종료 시점까지 자국과 적국의 병력 손실이 발생했고 그 수가 동일한 경우, 최초 병력의 수가 적은 쪽의 손실비가 더 크다고 추론할 수 있다.

12

정답 체크

ㄴ. 을은 E와 F 중 어떤 대안을 선택해도 상관하지 않으므로 일식을 좋아하는 정도는 0.3이다. 따라서 을이 0.3의 선호도를 갖는 E보다 양식과 중식을 먹을 확률이 0.5인 대안을 선택할 것이라고 추론할 수 있다.

ㄷ. 을의 음식 선호도가 중식이 제일 높고 양식이 제일 낮은 것으로 바뀌면 C와 D 중 D를 선택하는 을이 한식을 좋아하는 정도는 0.2보다 작고, E와 F에서 일식을 좋아하는 정도는 0.7이 된다. 따라서 을이 한식보다 일식을 더 좋아할 것이라고 추론할 수 있다.

오답 체크

ㄱ. C와 D에 따를 때 을이 한식을 좋아하는 정도는 0.8보다 작고, E와 F에 따를 때 을이 일식을 좋아하는 정도는 0.3이다. 따라서 을이 일식보다 한식을 더 좋아하는지 여부는 추론할 수 없다.

⏱ 빠른 문제 풀이 Tip

<보기>를 먼저 훑어보면, <사례>의 을이 일식과 한식에 대해 어떤 것을 더 좋아하는지를 비교하여 묻고 있음을 알 수 있다. 따라서 지문을 읽을 때 선호도를 판단하는 기준을 찾는 데 집중해야 한다.

13

정답 체크

빨간불이 켜졌다는 것은 X가 어디에 설치되었는지와 상관없이 X에 한국의 500원짜리 동전과 크기나 무게가 다른 동전을 집어넣었다는 것이다. 따라서 미국에 설치된 X에 빨간불이 켜졌다면 투입된 동전은 500원 동전이 아닐 것이라는 것을 추론할 수 있다.

오답 체크

② X에 500원 동전을 집어넣으면 파란불이 켜지고 크기나 무게가 다른 동전을 집어넣으면 빨간불이 켜진다. X의 내부상태는 C상태와 E상태 두 가지인데, X가 C상태일 때는 파란불이, E상태일 때는 빨간불이 각각 켜진다. 따라서 미국에 설치된 X에 500원 동전을 투입하여 파란불이 켜졌다면 X의 내부상태는 C일 것이다.

③ 두 동전을 X에 차례로 투입하여 두 번 모두 E상태가 되었다면, 두 동전 모두 500원짜리 동전과 크기나 무게가 다른 동전임을 추론할 수 있다. 그러나 그 두 동전의 크기와 무게는 같을 것인지는 추론할 수 없다.

④ 두 번째 단락의 사례에 따르면 X가 표상하는 의미는 X의 사용 목적에 따라 달라진다. 따라서 X의 파란불이 "투입된 동전이 500원이다."를 의미하는지의 여부는 X에 투입된 동전이 무엇인지에 의해 결정되는 것이 아니라 사용 목적에 의해 결정된다고 추론할 수 있다.

⑤ 두 번째 단락의 사례에 따르면 X가 표상하는 의미는 X의 사용 목적에 따라 달라진다. 따라서 미국에 설치된 X가 25센트 동전을 감별하는 것이 아닌 다른 목적을 가지더라도 X에 켜진 파란불은 여전히 "투입된 동전이 25센트이다."를 의미할 것이라고 추론할 수 없다.

> ⏱ **빠른 문제 풀이 Tip**
> X와 관련하여 파란불, 빨간불, 500원, 25센트 등의 단어가 선택지에 나열되어 있으므로 각 단어 간의 관련성을 파악하는 것이 중요하다.

14
정답 ③

정답 체크

열적 현상에 의한 잡음을 '열적 잡음', 양자 현상에 의한 잡음을 '양자 잡음'이라 하며, 두 잡음의 합을 광센서의 전체 잡음이라고 한다. 열적 현상은 광센서의 절대 온도에 정비례하여 증가하고, 양자 현상은 광센서의 온도에 관계없이 일정하다. 따라서 온도가 상승하면 A와 B의 열적 잡음은 모두 증가한다. 그런데 전체 잡음 크기가 'A > B'라는 것은 애초에 실온에서 A의 열적 잡음 크기가 B보다 컸음을 의미한다. 또한 실온에서 전체 잡음의 크기는 'A = B'이므로 양자 잡음은 A가 B보다 작았음을 추론할 수 있다.

오답 체크

① 온도 증가분에 대한 열적 잡음 증가분은 A가 B보다 크다.

② 양자 잡음의 증가분은 온도 증가분과 상관이 없으므로 온도 증가분에 대한 양자 잡음 증가분은 B가 A보다 크다고 볼 수 없다.

④, ⑤ 실온에서 열적 잡음은 B보다 A가 크고, 양자 잡음은 A보다 B가 크다.

15
정답 ④

정답 체크

시스템 A에서는 Y와 Z는 구분할 수 있었던 반면 X와 Z를 구분할 수 없었다. Y와 Z는 파장 III의 세기가 다르므로 시스템 A에서는 파장 III의 검출기는 문제가 없다. 그러나 X와 Z는 파장 II의 세기가 다른데도 시스템 A에서 이를 구분하지 못했으므로, 시스템 A에서는 파장 II의 검출기가 손상되었다.

시스템 B에서는 X와 Z를 구분할 수 있었던 반면 Y와 Z를 구분할 수 없었다. X와 Z는 파장 II의 세기가 다르므로 시스템 B에서는 파장 II의 검출기는 문제가 없다. 그러나 Y와 Z는 파장 III의 세기가 다른데도 구분하지 못했으므로, 시스템 B에서는 파장 III의 검출기가 손상되었다.

16
정답 ⑤

정답 체크

ㄱ. 항아리 문제는 검은색 구슬과 노란색 구슬이 몇 개인지에 대한 정확한 정보가 주어지지 않았기 때문에 나타나는 문제이다. 따라서 항아리 문제에서 붉은색 구슬이 15개로 바뀐다고 하더라도 검은색 구슬과 노란색 구슬의 개수는 여전히 주어지지 않았으므로 ㉠이라는 결론은 따라 나온다.

ㄴ. 지문에서는 최악의 상황을 피하는 결정은 합리적이라고 가정하고 있기 때문에 항아리 문제에서 최악의 상황을 피하고자 내기1에서 선택1을, 내기2에서 선택4를 택한 것은 합리적인 결정임을 전제한다. 그런데 두 선택 중 기댓값 최대화 원리를 위반하는 경우가 있으므로 ㉠이라는 결론이 나오는 것이다. 따라서 항아리 문제에서 최악의 상황을 피하고자 내기1에서 선택1을, 내기2에서 선택4를 택한 것이 합리적인 결정이 아니라는 것을 받아들인다면, ㉠이라는 결론은 따라 나오지 않는다.

ㄷ. 꺼낸 구슬이 검은색일 확률이 얼마인가에 대한 정확한 정보가 주어지지 않은 경우에는 기댓값 사이의 크기를 비교할 수 없다는 것을 받아들인다면, 항아리 문제에서의 선택들이 기댓값 최대화의 원리를 위반하는지 여부를 판단할 수 없다. 따라서 ㉠이라는 결론은 따라 나오지 않는다.

17
정답 ③

정답 체크

ㄱ. 갑과 을은 내기1에서의 선택은 동일하고 내기2에서의 선택이 다르다. 따라서 갑과 을이 같은 액수의 상금을 받았다면, 선택3과 선택4의 결과가 동일함을 의미한다. 선택3과 선택4의 결과가 동일한 경우는 노란색 구슬을 선택하는 경우이므로 갑이 꺼낸 구슬은 노란색이었을 것이라고 추론할 수 있다.

ㄴ. 항아리에 검은색 구슬의 개수가 20개 미만이라면, 노란색 구슬의 개수는 40개 이상이다. 이 경우 내기1에서는 선택1이 기댓값이 큰 선택지이고, 내기2에서는 선택3의 확률이 7/9 이상이므로 선택4의 확률보다 크다. 따라서 갑의 선택은 기댓값이 가장 큰 선택지라고 추론할 수 있다.

오답 체크

ㄷ. 갑과 을이 아닌 사회자가 구슬을 한 번만 뽑아 그 구슬의 색깔에 따라서 갑과 을에게 상금을 주는 것으로 규칙을 바꾼다면, 두 사람의 선택이 나뉘는 내기2에서 가능한 경우의 수는 다음과 같다.

사회자가 뽑은 공	갑의 상금	을의 상금
붉은색	1만 원	X
노란색	1만 원	1만 원
검은색	X	1만 원

16 PSAT 교육 1위, 해커스PSAT **psat.Hackers.com**

갑이 을보다 더 많은 상금을 받을 확률은 1/3이고, 그렇지 않을 확률은 2/3이므로 갑이 을보다 더 많은 상금을 받을 확률과 그렇지 않을 확률이 같다고 추론할 수 없다.

18

정답 체크

예를 들어 p - 값이 0.02인 경우, 0.05를 유의수준으로 사용했을 때에는 대립가설이 참이라는 것의 유의미한 증거가 되지만, 0.01을 유의수준으로 삼았을 때에는 그런 증거가 되지 않는다. 따라서 큰 값을 유의수준으로 사용했을 때에는 대립가설이 참이라는 것의 유의미한 증거가 되지만, 작은 값을 유의수준으로 삼았을 때에는 그런 증거가 되지 않는 표본 자료가 있을 수 있다.

오답 체크

① 유의미한 p - 값을 가지는 실험 결과가 나올 때까지 실험을 반복하고, 그 결과 중 일부만 발표하는 연구 부정 행위를 'p - 해킹'이라고 부른다. 귀무가설이 거짓이라는 것은 대립가설이 참이라는 의미이다. 그러나 p - 해킹이 일어났다는 것과 귀무가설이 거짓이라는 것은 관련이 없다.

② 유의미한 p - 값을 가지는 실험 결과가 나올 때까지 실험을 반복하고, 그 결과 중 일부만 발표하는 연구 부정 행위를 'p - 해킹'이라고 하므로, 실험군과 대조군의 분류가 완전히 무작위로 이루어졌다면 p - 해킹은 일어나지 않는지는 알 수 없다.

③ 귀무가설이 참일 때 표본과 비슷한 자료를 얻게 될 확률이 높다는 것은 대립가설을 믿을 만한 근거가 낮다는 의미이다. 그러나 이 경우 대립가설이 참이라는 것에 대한 유의미한 증거의 존재 여부를 판단하는 기준이 되는 문턱값인 유의수준이 커질지는 알 수 없다.

④ 표본 자료의 p - 값이 0.05보다 크다면, 일반적으로 유의수준으로 사용되는 0.05나 0.01보다 크게 되므로 관련 대립가설이 참이라는 것에 대한 유의미한 증거가 없게 된다. 따라서 이 경우 관련 대립가설이 참일 확률이 0.95보다 높다는 것에 대한 좋은 증거가 있다고 결론 내릴 수 있다고 볼 수 없다.

19

정답 체크

ㄱ. 을을 포함한 연구자 각각은 같은 실험 조건으로 연구를 진행하고 있다는 사실을 서로 모른 채 신약 B가 효과가 있다는 결과를 산출하려는 어떠한 의도도 없이 실험을 진행하였음에도 유의미한 결과가 도출되었다. 따라서 신약 B에 대한 연구 사례는 심각한 연구 부정을 의도하지 않았어도, 대립가설이 틀렸음에도 불구하고 유의미하다고 판단되는 결과를 우연히 얻을 수 있다는 것을 보여준다.

오답 체크

ㄴ. 오히려 신약 B에 대한 을의 연구 속 0.05보다 작은 p - 값을 가진 실험 결과는 실제로 약효가 없음에도 불구하고 우연히 나온 결과이지만, 신약 A에 대한 갑의 연구 속 0.05보다 작은 p - 값을 가진 실험 결과는 p - 해킹을 한 것이므로 그렇지 않다.

ㄷ. 갑은 30번 정도 반복된 실험에서 모두 0.05보다 큰 p - 값을 얻었으므로 신약 A에 대한 연구 속 30여 개의 실험 결과의 p - 값들은 유의수준을 넘는 범위에 다양하게 분포되어 있다고 볼 수 있다. 한편, 신약 B에 대한 연구에서 30여 명의 연구자들 중에서 을만 0.05보다 작은 p - 값을 가지는 유의미한 실험 결과를 얻었지만, 이 30여 개의 실험 결과의 p - 값들은 유의수준을 넘는 특정한 값 주변에 밀집되어 있는 양상을 띨 것인지는 알 수 없다.

2 논증의 방향

유형 4 | 논지와 중심내용

p.75

01	02	03	04	05	06	07	08	09	10
①	②	⑤	⑤	①	⑤	⑤	⑤	⑤	③

01
정답 ①

정답 체크

몇몇 철학자들의 생각에 따르면 우리는 자아의 존재와 그 존재의 지속성을 느끼며, 증명할 필요를 느끼지도 않을 만큼 자아의 완전한 동일성을 확신한다. 그러나 글쓴이는 지속적이고 불변하는 인상은 없기 때문에 자아의 관념은 이러한 인상들 가운데 어떤 것으로부터도 유래할 수 없다고 주장하면서 몇몇 철학자들의 생각에 반대한다. 따라서 자아의 존재는 증명할 필요도 없이 확실하게 의식된다는 것은 몇몇 철학자들의 주장이지, 글쓴이가 주장하는 바가 아니다.

오답 체크

② 세 번째 단락에 따르면 자아의 관념은 특정한 하나의 인상에서 유래하지 않는다는 것은 글쓴이의 주장과 일치한다.

③ 두 번째 단락에 따르면 자아의 동일성을 주장하는 사람들이 말하는 자아의 관념은 실제 경험과 맞지 않는다는 것은 글쓴이의 주장과 일치한다.

④ 세 번째 단락에 따르면 지속적이고 불변하는 인상은 없으므로 지속하는 자아에 대응하는 인상은 없다는 것은 글쓴이의 주장과 일치한다.

⑤ 두 번째 단락에 따르면 모든 실제적 관념은 분명히 그 관념을 불러일으키는 하나의 인상과 결부되어 있으므로 인상에 근거하지 않는 실제적 관념은 없다는 것은 글쓴이의 주장과 일치한다.

⏱ 빠른 문제 풀이 Tip

결국 글쓴이의 주장을 찾아야 하는 문제이므로 세부적인 정보보다는 글쓴이가 글에서 최종적으로 하고자 하는 말에 주목하여 지문을 큰 단위로 읽어줄 필요가 있다.

02
정답 ②

정답 체크

글의 논지는 유전자도 자연으로부터 분리·정제되어 이용 가능한 상태가 된다면 화학물질이나 미생물과 마찬가지로 특허의 대상으로 인정된다는 것이다. 따라서 유전자는 특정한 기법에 의해 분리되고 그 기능이 확인된 경우 특허의 대상이 될 수 있다는 것이 글의 논지로 가장 적절하다.

오답 체크

① 글의 논점은 유전자 특허가 인정될 수 있느냐에 대한 문제이고, 이에 대해 상반된 견해가 제시되어 있다. 그러나 유전자 특허의 사회적·경제적 의미에 대해 상반된 견해들이 대립하고 있다는 것은 글의 논지로 적절하지 않다.

③ 유전자도 자연으로부터 분리·정제되어 이용 가능한 상태가 된다면 화학물질이나 미생물과 마찬가지로 특허의 대상으로 인정된다. 그러나 유전자 특허가 유전자 재조합 기술이나 특정 단백질의 생산과 관련된 경우에 한해 허용하는 것이 옳다는 것은 글의 논지로 적절하지 않다.

④ 특허권의 효력은 무한히 지속되지 않고 출원일로부터 20년을 넘지 못하도록 되어 있어 영구적인 독점이 아니다. 그러나 유전자가 생명체의 일부분임을 고려할 때 특허를 허용하더라도 영구적 독점의 방식이어서는 안 된다는 것은 글의 논지로 적절하지 않다.

⑤ 유전자 특허를 향한 경쟁은 막대한 경제적 이득과 맞물려 있기 때문에, 특허권의 정당성에 관한 논란은 무의미하다는 것은 글의 논지와 관련이 없다.

⏱ 빠른 문제 풀이 Tip

글의 논지를 찾는 문제에서는 글의 전체적인 방향을 판단하는 것이 중요하다. 따라서 글의 방향을 제시해주는 '따라서', '하지만' 등의 접속사에 주목하여 글을 읽는다.

03
정답 ⑤

정답 체크

글의 중심 내용은 이야기식 서술은 역사적 사건의 경과 과정에 특정한 문학적 형식을 부여할 뿐만 아니라 의미도 함께 부여하기 때문에 우리는 이야기식 서술을 통해서야 비로소 이러한 역사적 사건의 경과 과정을 인식할 수 있게 된다는 것이다. 따라서 이야기식 역사 서술은 문학적 서술 방식을 원용하여 역사적 사건의 경과 과정에 의미를 부여한다는 것이 글의 중심 내용으로 가장 적절하다.

오답 체크

① 역사의 의미는 절대적인 것이 아니라 현재 시점에서 새롭게 규정되는 것이라는 것은 글의 내용과 관련이 없으므로 글의 중심 내용으로 적절하지 않다.

② 역사적 사건들은 역사가의 문화적인 환경에 의해 미리 규정되어 있는 일종의 전형에 따라 정돈되지만, 역사가가 속한 문화적인 환경이 역사와 문학의 기술 내용과 방식을 규정한다는 것은 글의 내용에 일치하는 내용일 뿐, 글의 중심 내용으로는 적절하지 않다.

③ 역사적 사건들 사이에서 만들어지는 관계는 사건에 대해 사고하는 역사가의 머릿속에만 존재하는 것이므로 역사적 사건에서 객관적으로 드러나는 발단에서 결말까지의 일정한 과정을 서술하는 일이 역사가의 임무라는 것은 글의 중심 내용으로 적절하지 않다.

④ 이야기식 역사 서술은 역사적 사건의 경과 과정에 특정한 문학적 형식과 의미를 부여하는 것이다. 따라서 이야기식 역사 서술이 사건들 사이에 내재하는 인과적 연관을 찾아내는 작업이라는 것은 글의 중심 내용으로 적절하지 않다.

⏱ 빠른 문제 풀이 Tip

글의 중심 내용을 찾는 것은 글의 논지를 찾는 작업과 마찬가지로 글에서 언급하고 있는 가장 중요한 문장을 찾는 작업이므로 글에서 가장 중요한 하나의 문장을 찾는 데 집중한다.

04 정답 ⑤

정답 체크

글의 중심 내용은 일상적으로 몸에 익히게 된 행위의 대부분이 뇌의 구조나 생리학적인 상태에 의해 이미 정해진 방향으로 연결되어 있다는 것이다. 두 번째 단락의 언어 사용 행위와 세 번째 단락의 사유 행위는 그에 대한 사례로 제시되어 있다. 따라서 일상적인 인간 행위는 대부분 의식하지 않고도 자동적으로 이루어진다는 것이 글의 중심 내용으로 가장 적절하다.

오답 체크

① 인간의 사고 능력은 일종의 언어 능력이라는 것은 글의 내용과 관련이 없으므로 글의 중심 내용으로 적절하지 않다.
② 두 번째 단락에 따르면 인간은 좌뇌가 손상되어도 우뇌에 저장되어 있는 내용은 조리 있게 말할 수 있지만, 글의 중심 내용으로는 적절하지 않다.
③ 두 번째 단락에 제시된 사례에 따르면 인간의 우뇌에 저장된 정보와 좌뇌에 저장된 정보는 독립적이지만, 글의 중심 내용으로는 적절하지 않다.
④ 인간의 언어 사용에서 의식이 차지하는 비중이 크지만 영감에서는 그렇지 않다는 것은 글의 내용에 부합하지 않으므로 중심 내용으로 적절하지 않다.

05 정답 ①

정답 체크

첫 번째 단락에 따르면 죽은 뒤에도 지각이 있을 경우에만 불교의 윤회설이 맞고 지각이 없다고 한다면, 제사를 드리는 것에 실질적 근거가 없다. 그런데 '무슨 물체에 지각이 있겠습니까?'라는 표현은 지각이 없다는 것을 의미하므로 결국 지각이 없고 윤회설도 맞지 않으며, 제사를 드리는 것에 실질적 근거도 없다. 그러나 두 번째 단락에 따르면 지각이 없어도 제사를 지내는 것에는 이치가 있다. 따라서 윤회설이 부정된다고 해서 제사가 부정되지는 않는다는 것이 글의 내용을 포괄하는 진술로 가장 적절하다.

오답 체크

② 두 번째 단락에 따르면 제사는 조상의 기를 느껴서 감응하는 것이지만, 이는 글의 내용을 모두 포괄하는 진술로는 적절하지 않다.
③ 두 번째 단락에 따르면 죽은 사람과는 기운과 정성을 통해 감응할 수 있지만, 이는 글의 내용을 모두 포괄하는 진술로는 적절하지 않다.
④ 첫 번째 단락에 따르면 사람이 죽으면 지각이 없어지므로 인과응보설은 옳지 않으나, 이는 글의 내용을 모두 포괄하는 진술로는 적절하지 않다.
⑤ 첫 번째 단락에 따르면 사람이 죽으면 정기는 흩어지므로 지각은 존재하지 않으나, 이는 글의 내용을 모두 포괄하는 진술로는 적절하지 않다.

⏱ 빠른 문제 풀이 Tip

글을 포괄하는 문제는 글을 요약하는 문제와 동일하게 글의 전체적인 내용을 모두 아우를 수 있는 선택지가 정답이 된다. 따라서 글의 특정 문장이 아니라 전체적인 내용을 확인해 주어야 한다.

06 정답 ⑤

정답 체크

'물리학의 근본 법칙들은 실재 세계의 사실들을 정확하게 기술하는가?'라는 문제제기에 대하여 참된 사실들을 진술하기 위해 삽입된 구절은 설명력을 현저히 감소시키기 때문에 물리학의 근본 법칙들은 실재 세계의 사실들을 정확하게 기술하기 어렵다는 것이 글의 논지이다. 따라서 참된 사실을 정확하게 기술하려고 물리 법칙에 조건을 추가하면 설명 범위가 줄어 다양한 물리 현상을 설명하기 어려워진다는 것이 글의 논지로 가장 적절하다.

오답 체크

① 물리학의 근본 법칙은 그 영역을 점점 확대하는 방식으로 발전해 왔다는 것은 글의 내용과 관련이 없으므로 글의 논지로 적절하지 않다.
② 물리적 자연 현상이 점점 복잡하고 다양해짐에 따라 물리학의 근본 법칙도 점점 복잡해진다는 것은 글의 내용과 관련이 없으므로 글의 논지로 적절하지 않다.
③ 네 번째 단락에 따르면 더 많은 실재 세계의 사실들을 기술하는 물리학의 법칙이 그렇지 않은 법칙보다 뛰어난 설명력을 가진다고 볼 수 있지만, 글의 논지로는 적절하지 않다.
④ 물리학의 근본 법칙들은 이상적인 상황을 다루고 있어 실재 세계의 사실들을 정확하게 기술하는 데 어려움이 없다는 것은 글의 논지와 반대되는 내용이므로 글의 논지로 적절하지 않다.

07 정답 ⑤

정답 체크

현대의 상류층은 고급, 화려함, 낭비를 과시하기보다 서민들처럼 소박한 생활을 한다는 것을 과시하지만 현대사회에서 소비하지 않기는 고도의 교묘한 소비이며, 그것은 상류층의 표시라는 것이 글의 논지이다. 따라서 현대의 상류층은 사치품을 소비하는 것뿐만 아니라 소비하지 않기를 통해서도 자신의 사회적 지위를 과시한다는 것이 글의 논지로 가장 적절하다.

오답 체크

① 세 번째 단락에 따르면 현대의 상류층은 낭비를 지양하고 소박한 생활을 지향함으로써 서민들에게 친근감을 주지만, 논지는 이것을 극단적인 위세라고 보는 것이므로 글의 논지로 적절하지 않다.
② 글의 논지는 현대의 상류층에 대한 내용이므로 현대의 서민들이 상류층을 따라 겸손한 태도로 자신을 한층 더 드러내는 소비행태를 보인다는 것은 글의 논지로 적절하지 않다.
③ 네 번째 단락에 따르면 현대의 상류층은 차별화해야 할 아래 계층이 없거나 경쟁 상대인 다른 상류층 사이에 있을 때는 마음 놓고 경쟁적으로 고가품을 소비하며 자신을 마음껏 과시한다. 따라서 현대의 상류층이 그들이 접하는 계층과는 무관하게 절제를 통해 자신의 사회적 지위를 과시한다는 것은 글의 논지로 적절하지 않다.
④ 위계질서를 드러내는 명품을 소비하면서 과시적으로 소비하는 것은 과거의 소비행태이므로 현대에 들어와 위계질서를 드러내는 명품을 소비하면서 과시적으로 소비하는 새로운 행태가 나타났다는 것은 글의 논지로 적절하지 않다.

1 독해의 원리

2 논증의 방향

3 문맥과 단서

4 논리의 체계

기출 재구성 모의고사

해커스PSAT 7급 PSAT 유형별 기출 200제 언어논리

08

정답 ⑤

정답 체크

글에서 논증하고자 하는 바는 좌우 두 진영이 협력하여 공동의 목표를 이루려면 두 진영이 불일치하는 지점을 찾아 이 지점을 올바르고 정확하게 분석해야 한다는 것이다. 그리고 좌파와 우파의 대립은 불평등이 왜 생겨났으며 그것을 어떻게 해소할 것인가를 다루는 사회경제 이론이 다른 데서 비롯되었다. 따라서 좌파와 우파는 불평등을 일으키고 이를 완화하는 사회경제 메커니즘을 보다 정확히 분석해야 한다는 것이 글의 결론으로 가장 적절하다.

오답 체크

① 좌파와 우파는 자신들의 문제점을 개선하려고 애써야 한다는 것은 글의 내용과 관련이 없으므로 글의 결론으로 적절하지 않다.
② 좌파와 우파는 정치 갈등을 해결하려는 의지가 있어야 한다는 것은 글의 내용과 관련이 없으므로 글의 결론으로 적절하지 않다.
③ 네 번째 단락에 따르면 좌우 진영은 사회정의의 몇 가지 기본 원칙에 합의했으므로 좌파와 우파가 사회정의를 위한 기본 원칙에 먼저 합의해야 한다는 것은 글의 내용과 관련이 없으므로 글의 결론으로 적절하지 않다.
④ 좌파와 우파는 분배 문제 해결에 국가가 앞장서야 한다는 데 동의해야 한다는 것은 글의 내용과 관련이 없으므로 글의 결론으로 적절하지 않다.

> **⏱ 빠른 문제 풀이 Tip**
> 글의 결론을 찾는 것은 글의 주장이나 논지를 찾는 것과 동일하다. 따라서 세부적인 내용보다는 글에서 최종적으로 말하고자 하는 가장 중요한 문장에 집중해야 한다.

09

정답 ⑤

정답 체크

'지식에 대한 상대주의자들'의 주장에 대해 세 번째 단락에서 '그러나' 이후 반박하는 내용이 글의 주장이다. 이에 따르면 "한 사람이 특정 문화나 세계관의 기준을 채택한다고 해서 그 사람이 반드시 그 문화나 세계관의 특정 사상이나 이론을 고집하는 것은 아니다."가 글의 논지임을 파악할 수 있다. 따라서 핵심 논지로 가장 적절한 것은 "문화마다 다른 평가 기준을 따르더라도 자기 문화에서 형성된 과학 이론만을 수용하는 것은 아니다."이다.

오답 체크

① 과학 이론 중에 다양한 문화의 평가 기준을 만족하는 것이 있는지 여부는 글에 언급되어 있지 않으므로 글의 핵심 논지가 될 수 없다.
② 과학의 발전 과정에서 이론 선택은 문화의 상대적인 기준에 따라 이루어진다는 것은 상대주의자들의 주장일 수는 있지만, 상대주의자들의 주장에 반박하는 글의 핵심 논지라고 볼 수는 없다.
③ 과학자들은 당대의 다른 이론보다 탁월한 이론에 대해서는 자기 문화의 기준으로 평가하지 않을 가능성이 있음을 뉴턴 물리학과 데카르트 물리학의 사례를 들어 제시하고 있기는 하지만, 이것이 글의 핵심 논지라고 볼 수는 없다.
④ 과학의 발전 과정에서 엄밀한 예측 가능성과 실용성을 판단하는 기준이 항상 고정된 것은 아니라는 것은 상대주의자들의 주장일 수는 있지만, 상대주의자들의 주장에 반박하는 글의 핵심 논지라고 볼 수는 없다.

> **⏱ 빠른 문제 풀이 Tip**
> 지문의 길이가 길게 제시된 광독형 문제의 지문을 읽을 때, 빠른 속도로 지문을 읽어내기 위해서는 '접속사'에 주목하는 것이 필요하다. '그러나'와 같은 접속사는 논지가 될 만한 중요 문장을 이끌어내는 단서가 된다.

10

정답 ③

정답 체크

글의 연구 결과는 유전을 통해 물려받은 개인적인 능력이 아니라, 사회경제적 수준에 따라 학습 능력을 담당하는 뇌 기관의 발달 정도에 차이가 있음을 보여준다. 그리고 이로 인해 영유아 시절에 시작된 학습 능력의 차이는 그들이 성장하고 난 이후 소득 불평등으로 이어질 가능성이 크다. 따라서 글의 핵심 논지로 가장 적절한 것은 '학습 능력의 차이는 사회경제적 환경과 밀접하게 관련되어 있으며, 이는 소득 불평등으로 이어질 수 있다.'는 것이다.

오답 체크

① 글의 연구 결과에 따르면 유전을 통해 물려받은 개인적인 능력은 사회적 성취의 질적 수준을 결정하지 못한다. 따라서 부모로부터 획득한 유전적 요인에 따라 사회적 성취의 질적 수준이 결정된다는 것은 논지가 될 수 없다.
② 학습 능력을 담당하는 뇌 기관 발달을 촉진함으로써 저소득층 아이들이 사회적 성취의 질적 수준을 높일 수 있을지 몰라도 이로 인해 유전적 자질의 차이를 극복할 수 있는 것은 아니다. 따라서 뇌 기관 발달을 촉진함으로써 저소득층 아이들이 유전적 자질의 차이를 극복할 수 있도록 해야 한다는 것은 논지가 될 수 없다.
④ 소득 불평등의 문제는 학습 과정을 담당하는 뇌 기관 발달의 정도와 가구의 소득수준이 비례하기 때문에 생겨난다고 볼 수 있다. 따라서 소득 불평등의 문제는 학습 과정을 담당하는 뇌 기관 발달의 정도와 가구의 소득수준이 반비례하기 때문에 생겨난다는 것은 논지가 될 수 없다.
⑤ 글은 소득 불평등의 문제가 사회경제적 환경과 연관되어 있음을 주장하고 있다. 따라서 소득 불평등의 문제는 개인의 능력 차이로 생겨난 결과여서 이를 해결하기 위한 제도적 장치의 효용은 제한적이라는 것은 논지가 될 수 없다.

01	02	03	04	05	06	07	08	09	10
⑤	④	③	③	⑤	③	③	①	②	②

11	12	13	14	15	16	17			
①	⑤	②	①	③	③	②			

1 독해의 원리

2 논증의 방향

3 문맥과 단서

4 논리의 체계

기출 재구성 모의고사

해커스PSAT 7급 PSAT 유형별 기출 200제 언어논리

01
정답 ⑤

정답 체크

ㄱ. 첫 번째 단락에 따르면 A라는 성질을 가진 대상이 존재할 때, U가 언제 참이고 언제 거짓인지에 대한 어떤 의견 차이도 없다. A라는 성질을 가진 대상이 존재할 때, 그 대상들 중 B라는 성질을 가지지 않는 대상이 있다면 U는 거짓이다. 따라서 갑과 을이 'A인 대상이 존재하지만 B인 대상이 존재하지 않는다면, U는 거짓이다.'라는 것에 동의한다는 것은 적절한 분석이다.

ㄴ. 을은 'A인 대상이 존재하지 않는다면, U 역시 거짓이다.'라고 주장하고, 병은 'A인 대상이 존재하지 않는다면, U는 참도 거짓도 아니다.'라고 주장한다. 따라서 을과 병이 'U가 참이라면, A인 대상이 존재한다.'는 것에 동의한다는 것은 적절한 분석이다.

ㄷ. 갑은 'A인 대상이 존재하지 않는 경우, U는 참이다.'라고 주장하고, 병은 'A인 대상이 존재하지 않는다면, U는 참도 거짓도 아니다.'라고 주장한다. 따라서 갑과 병이 'U가 거짓이라면, A인 대상이 존재한다.'는 것에 동의한다는 것은 적절한 분석이다.

⏱ 빠른 문제 풀이 **Tip**

갑, 을, 병의 주장에 해당하는 문장이 논리명제임에 주목한다. '~라면 ~이다' 형태의 가언명제는 논리적으로 기호화할 수 있으므로 문장을 기호화하여 기계적으로 접근하는 것이 가능하다.

02
정답 ④

정답 체크

ㄴ. 쟁점 2와 관련하여, 갑이 B를 △△국 국민이라고 생각한다면, 주거법 제○○조 제1항 제1호에 따라 B를 △△국 비거주자로 구분할 것이다. 한편 을이 B를 외국인이라고 생각한다면, 주거법 제○○조 제2항에 따라 B는 외국에서 3개월 이상 체재 중인 사람이 아니므로 B를 △△국 비거주자로 구분하지 않을 것이다. 따라서 갑은 B를 △△국 국민이라고 생각하지만 을은 외국인이라고 생각한다는 것은 갑과 을 사이의 주장 불일치를 설명할 수 있다.

ㄷ. 쟁점 3과 관련하여, D의 길거리 음악 연주가 영업활동이 아닌 것으로 확정된다면, 주거법 제○○조 제1항 제1호에 해당하지 않으므로 제1항 제3호를 적용해야 한다. 이 경우 D는 배우자의 국적국에 6개월 이상 체재한 사람이 아니므로 △△국 비거주자로 구분되지 않을 것이다. 따라서 갑의 주장은 그르고 을의 주장은 옳다.

오답 체크

ㄱ. 쟁점 1과 관련하여, 일시 귀국하여 체재한 '3개월 이내의 기간'이 귀국할 때마다 체재한 기간의 합으로 확정된다면, 주거법 제○○조 제1항 제2호에 따라 A가 귀국하여 체재한 기간이 일본 체재 기간에 포함되지 않게 되므로 A의 일본 체재 기간이 2년 미만이 될 수 있다. 이 경우 A는 △△국 비거주자로 구분되지 않을 것이므로 갑의 주장은 그르고 을의 주장은 옳다.

⏱ 빠른 문제 풀이 **Tip**

<보기>에서 각각 쟁점 1, 2, 3에 대해 차례대로 묻고 있으므로 지문의 <논쟁>을 먼저 읽기보다는 <보기>를 판단하는 단계에서 지문의 <논쟁>을 읽고 내용을 파악하는 순서로 접근하는 것이 효율적이다.

03
정답 ③

정답 체크

세 번째 단락에 따르면 인터넷상의 명예훼손행위는 그 특성상 해당 악플의 내용이 인터넷 곳곳에 퍼져 있을 수 있어 명예감정의 훼손 정도가 피해자의 정보수집량에 좌우될 수 있다. 따라서 악플 피해자의 명예감정의 훼손 정도가 피해자의 정보수집 행동에 영향을 받는다는 것은 A의 견해에 해당한다.

오답 체크

① 세 번째 단락에서 A는 악플 대상자의 외적 명예가 침해되었다고 하더라도 이는 악플에 의한 것이 아니라 악플을 유발한 기사에 의한 것으로 보아야 한다고 주장한다. 따라서 기사가 아니라 악플로 인해서 악플 피해자의 외적 명예가 침해된다는 것은 A의 견해라고 볼 수 없다.

② 세 번째 단락에서 A는 인터넷 기사 등에 악플이 달린다고 해서 즉시 악플 대상자의 인격적 가치에 대한 평가가 하락하는 것은 아니므로, 내적 명예가 그만큼 더 많이 침해되는 것으로 보기 어렵다고 주장한다. 따라서 악플이 달리는 즉시 악플 대상자의 내적 명예가 더 많이 침해된다는 것은 A의 견해라고 볼 수 없다.

④ 세 번째 단락에서 A는 인터넷상의 명예훼손이 통상적 명예훼손보다 더 심하다고 보기 어렵다고 주장한다. 따라서 인터넷상의 명예훼손행위를 통상적 명예훼손행위에 비해 가중해서 처벌하여야 한다는 것은 A의 견해라고 볼 수 없다.

⑤ 세 번째 단락에서 A는 명예감정을 보호해야 할 법익으로 삼기 어렵다고 주장한다. 따라서 인터넷상의 명예훼손행위의 가중처벌 여부의 판단에서 내적 명예, 외적 명예, 명예감정 세 종류의 명예를 모두 보호하여야 할 법익이라고 보는 것은 A의 견해라고 볼 수 없다.

정답 체크

네 번째 단락에서 A는 일부인 걸과 주를 죽였다는 말은 들었지만 자기 군주를 시해하였다는 말은 듣지 못했다고 하면서 걸과 주를 방벌한 탕과 무에 대해 긍정적인 평가를 내리고 있다. 따라서 탕과 무가 자기 군주를 방벌했다는 점에서 인의 가운데 특히 의를 잘 실천하지 못한 사람이라는 것은 탕과 무에 대해 부정적 평가를 내리는 것이므로 A의 견해라고 볼 수 없다.

오답 체크

① 네 번째 단락에서 A는 탕과 무는 왕이 되었을 때 비록 백성들을 수고롭게 했지만, 그 지위에 요구되는 역할을 온전히 다하는 정치를 행했기 때문에 오히려 최대의 이익을 누릴 수 있었다고 주장한다. 따라서 인의에 의한 정치를 펼치는 왕은 백성들을 수고롭게 할 수도 있다는 것은 A의 견해라고 볼 수 있다.

② 네 번째 단락에서 A는 탕과 무는 왕이 되었을 때 비록 백성들을 수고롭게 했지만, 그 지위에 요구되는 역할을 온전히 다하는 정치를 행했기 때문에 오히려 최대의 이익을 누릴 수 있었다고 주장한다. 따라서 인의를 잘 실천하면 이익의 문제는 부차적으로 해결될 가능성이 있다는 것은 A의 견해라고 볼 수 있다.

④ 네 번째 단락에서 A는 군주란 백성의 부모로서 그 도리와 역할을 다하는 인의의 정치를 해야 하는 공적 자리라고 보아 자신의 이익만을 추구한 걸과 주를 비판한다. 따라서 군주는 그 자신과 국가의 이익 이전에 군주로서의 도리와 역할을 온전히 수행하는 데 최선을 다해야 한다는 것은 A의 견해라고 볼 수 있다.

⑤ 네 번째 단락에서 A는 군주란 백성의 부모로서 그 도리와 역할을 다하는 인의의 정치를 해야 하는 공적 자리인데, 걸과 주는 자신의 이익만을 추구하였기에 백성들은 오히려 그들과 함께 죽고자 하였다고 본다. 따라서 공적 지위에 있는 자가 직책에 요구되는 도리와 역할을 수행하지 않고 사익(私益)을 추구하면 그 권한과 이익을 제한하는 것이 정당하다는 것은 A의 견해라고 볼 수 있다.

> ⏱ **빠른 문제 풀이 Tip**
> 결국 A의 견해를 찾아야 하는 문제이므로 세부적인 정보보다는 왕의 질문에 대한 A의 답변에 주목하여 지문을 큰 단위로 읽어줄 필요가 있다.

정답 체크

갑은 필연적인 행동이 자유롭지 않은 이유는 다른 행동을 할 가능성이 차단되었기 때문이라고 본다. 반면 을은 다른 행동을 할 가능성이 없더라도 신이 강요하지 않는 한, 즉 자신의 의지가 반영되어 있다면 그 행동은 자유로울 수 있다고 본다. 따라서 갑은 다른 행동을 할 가능성이 없으면 행동의 자유가 없다고 생각하지만, 을은 그런 가능성이 없다는 것으로부터 행동의 자유가 없다는 것이 도출된다고 생각하지 않는다는 것은 적절한 분석이다.

오답 체크

① 갑은 전지전능한 신이 존재할 경우 철수의 행동이 자유로울 수 없다고 보지만, 을은 신이 강요하지 않는 한, 철수의 행동에는 철수 자신의 의지가 반영되어 있다고 본다. 따라서 갑과 을이 전지전능한 신이 존재할 경우 철수의 행동에 철수의 의지가 반영될 수 없다는 데 동의한다는 것은 적절한 분석이 아니다.

② 갑은 강요에 의한 행동에 대해 직접적으로 언급하고 있지 않고, 을은 철수의 행동 A가 강요된 것이라면 행동 A에는 철수 자신의 의지가 반영되어 있지 않은 것으로 보고 있으므로 이를 자유로운 것으로 생각하지 않을 것이다. 따라서 갑은 강요에 의한 행동을 자유로운 것으로 생각하지 않지만, 을은 그것을 자유로운 것으로 생각한다는 것은 적절한 분석이 아니다.

③ 갑은 필연적인 행동에는 다른 행동의 가능성이 차단된다고 생각하고, 을 역시 이에 '맞아'라고 동의하고 있으므로 을이 필연적인 행동에도 다른 행동의 가능성이 있다고 생각한다는 것은 적절한 분석이 아니다.

④ 갑과 을 모두 전지전능한 신이 존재한다는 가정에서 논의를 시작하고 있으므로 만약 전지전능한 신이 존재하지 않는다면 갑과 을이 철수의 행동에 대해 어떻게 생각할지는 알 수 없다.

> ⏱ **빠른 문제 풀이 Tip**
> 대화체로 구성되어 있는 지문이므로 갑과 을의 견해 차이에 주목하되, 상대방의 견해에 동의하는 표현은 공통점이 될 수 있으므로 놓치지 않도록 주의한다.

정답 체크

ⓒ은 문화재란 인간의 창작물만을 지칭하고 오로지 보호대상만이 문화재가 될 수 있다고 설명한다. 따라서 ⓒ에 따르면 보호대상이면서 문화재인 것은 모두 인간의 창작물이어야 한다는 것은 적절한 분석이다.

오답 체크

① ⊙은 A국에서 보호대상으로 지정된 자연물을 문화재로 분류해야 마땅하다는 견해이다. 이때 A국에서 보호대상으로 분류된 자연물은 학술상의 가치뿐 아니라 인류가 보존하고 공유해야 할 무형의 가치도 지녔기 때문에 보호대상으로 지정된 것이다. 따라서 ⊙에 따르면 학술상의 가치를 지니지 않은 A국의 인공물은 모두 문화재에서 제외되어야 마땅하다는 것은 적절한 분석이 아니다.

② ⓛ은 화석과 같은 자연물을 문화재가 아닌 보호대상으로 지정한 ⊙에 대해서 자연물을 문화재로 보아야 하는 근거를 설득력 있게 제시하지 못했다고 평가한다. 이때 '화석은 인류가 보존하고 공유해야 할 무형의 가치를 지니지 않는다'는 내용은 ⓛ과 관련이 없는 내용이므로 적절한 분석이 아니다.

④ ⓔ은 B국의 문화재보호법에 대해 예술과 풍속의 기반으로서의 자연물은 모두 보호대상이 되며, 모든 보호대상은 문화재에 포함된다고 설명한다. 그러나 ⓔ에 따르더라도 B국에서 문화재로 분류된 사물이 모두 자연 환경의 영향을 받았는지는 알 수 없다.

⑤ ⊙~ⓔ 중에 자연물을 문화재에서 명시적으로 제외하는 것은 인간의 창작물만을 문화재로 지칭하는 ⓒ뿐이므로 ⊙~ⓔ 중에 자연물을 문화재에서 명시적으로 제외하는 것이 둘이라는 것은 적절한 분석이 아니다.

정답 체크

ㄱ. 세 번째 단락에 따르면 이론 A가 선호의 형성을 설명하려 한다고 해서 개인의 심리를 분석하려는 것은 아니다. 또한 첫 번째 단락에 따르면 이론 B는 선호를 제도나 개인의 심리에 의해 설명해야 할 대상이 아니라고 본다. 따라서 선호 형성과 관련해 이론 A와 이론 B는 모두 개인의 심리에 대한 분석에 주목하지 않는다는 것은 적절한 분석이다.

ㄴ. 첫 번째 단락과 두 번째 단락에 따르면 이론 A는 행위자들의 선호가 제도적 맥락 속에서 형성된다고 보아 제도와 같은 맥락적 요소를 배제하면 선호 형성을 설명할 수 없다고 본다. 한편 첫 번째 단락에 따르면 이론 B는 선호의 형성 과정에 주목하지 않는다. 따라서 이론 A는 맥락적 요소를 이용해 선호 형성 과정을 설명하려고 하지만 이론 B는 선호 형성 과정을 설명하려 하지 않는다는 것은 적절한 분석이다.

오답 체크

ㄷ. 첫 번째 단락에 따르면 이론 B에서 상정된 개인은 자기 자신의 이익을 최대화하는 전략을 선택하는 존재, 즉 합리적 존재라 가정된다. 따라서 이론 B는 행위자가 자기 자신의 이익을 최대화하는 전략에 따른다는 것을 부정한다는 것은 적절한 분석이 아니다.

> ⏱ **빠른 문제 풀이 Tip**
> <보기>에서 이론 A와 이론 B가 반복적으로 제시되며 비교되고 있으므로 두 이론이 대비되고 있는 구조임을 알 수 있다. 따라서 두 이론 간의 차이점과 공통점에 주목하여 글을 읽는다.

08 정답 ①

정답 체크

ㄱ. A는 옛 음악을 작곡 당시에 공연된 것과 똑같이 재연하면 음악이 작곡되었던 때와 똑같은 느낌을 구현할 수 있을 것이라고 본다. 한편 C는 똑같이 재연하지 못한다고 해서 정격연주가 불가능한 것은 아니며, 작곡자가 자신의 작품이 어떻게 들리기를 의도했는지 파악해 연주하면 작곡된 시대에 연주된 느낌을 정확하게 구현할 수 있다고 본다. 따라서 A와 C가 옛 음악을 과거와 똑같이 재연한다면 과거의 연주 느낌이 구현될 수 있다는 것을 부정하지 않는다는 것은 적절한 분석이다.

오답 체크

ㄴ. B는 옛 음악을 작곡 당시에 연주된 것과 똑같이 재연하는 것은 이상일 뿐이지 현실화할 수 없다고 보고, D는 작곡자의 의도대로 한 연주가 작곡된 시대에 연주된 느낌을 정확하게 구현하지 못할 수 있다고 본다. 따라서 B와 D 모두 어떤 과거 연주 관습이 현대에 똑같이 재연될 수 없다는 것을 인정한다는 것은 적절한 분석이다.

ㄷ. C는 작곡자가 자신의 작품이 어떻게 들리기를 의도했는지 파악해 연주하면 작곡된 시대에 연주된 느낌을 정확하게 구현할 수 있다고 본다. 한편 D는 작곡자의 의도와 연주 관습을 모두 고려하지 않는다면 정격연주를 실현할 수 없다고 본다. 따라서 C는 작곡자의 의도를 파악한다면 정격연주가 가능하다는 것에 동의하지만, D 역시 동의한다고 보는 것은 적절한 분석이 아니다.

09 정답 ②

정답 체크

ㄴ. 을은 기술은 반드시 물질로 구현되는 것이어야 하고 '기술'이라는 용어의 적용은 근대 과학혁명 이후에 등장한 과학이 개입한 것들로 한정하는 것이 합당하다고 본다. 반면, 병은 근대 과학혁명 이후의 과학이 개입한 것들이 기술이라는 점을 부인하지 않지만, 과학이 개입한 것들만 기술로 간주하는 정의는 너무 협소하다고 본다. 따라서 을은 '모든 기술에는 과학이 개입해 있다.'라는 주장에 동의하지만, 병은 그렇지 않다는 것은 적절한 분석이다.

오답 체크

ㄱ. 갑은 기술이라고 부를 수 있는 것은 모두 물질로 구현된다고 보고, 을은 물질로 구현된 것들을 모두 기술이라고 부를 수 없다고 본다. 한편 병은 과학이 개입한 것들만 기술로 간주하는 정의는 너무 협소하므로 근대 과학혁명 이전에 인간이 고안한 여러 가지 방법들도 기술이라고 본다. 이에 따라 '기술'을 적용하는 범위는 갑이 을보다 넓고, 병이 을보다 넓음을 알 수 있다. 그러나 갑과 병의 '기술'로 적용하는 기준에 대해서는 갑은 물질로 구현된 것, 병은 지성의 개입과 인간이 고안한 여러 가지 방법들로 정의하고 있어 둘의 기준이 상이하므로 갑과 병의 '기술'을 정의하는 범위를 직접 비교하기 어렵다. 따라서 '기술'을 적용하는 범위가 셋 중 갑이 가장 넓고 을이 가장 좁은지는 알 수 없으므로 적절한 분석이 아니다.

ㄷ. 병은 기술은 과학과 별개로 수많은 시행착오를 통해 발전해 나가기도 한다고 보기 때문에 시행착오를 거쳐 발전해온 옷감 제작법을 기술로 인정한다. 갑은 물질을 소재 삼아 무언가 물질적인 결과물을 산출하는 것이 기술이라고 보는데, 옷감 제작법은 이에 해당할 수 있으므로 갑 역시 옷감 제작법을 기술로 인정할 수 있다. 따라서 갑이 그렇지 않다는 것은 적절한 분석이 아니다.

10 정답 ②

정답 체크

ㄷ. 을은 의식이 있어야만 자의식이 있고, 자의식이 없으면 과거의 경험을 기억하는 일은 불가능하다고 보므로 을에게 기억은 의식의 충분조건이다. 한편 병은 동물이 아무것도 기억할 수 없다는 주장을 인정하고 나면, 동물이 무언가를 학습할 수 있다는 주장은 아예 성립할 수 없다고 보므로 병에게 기억은 학습의 필요조건이다. 따라서 을에게 기억은 의식의 충분조건이지만, 병에게 기억은 학습의 필요조건이라는 것은 적절한 분석이다.

오답 체크

ㄱ. 갑은 동물에게는 어떤 형태의 의식도 없다고 보므로 동물에게 자의식이 없다고 여긴다. 한편 병은 동물이 무언가를 기억하기 위해 자의식이 꼭 필요한 것은 아니라고 보지만 이것만으로 병이 동물에게 자의식이 없다고 여기는지는 알 수 없으므로 적절한 분석이 아니다.

ㄴ. 갑은 동물에게는 어떤 형태의 의식도 없지만 통증 행동을 보이기는 한다고 보므로 동물이 의식 없이 행동할 수 있다고 여긴다. 한편 을은 동물이 통증 행동을 보일 때는 실제로 통증을 의식한다고 보아야 한다고 여기지만, 이것만으로 동물이 의식 없이 행동할 수 있다고 여기는지는 알 수 없으므로 적절한 분석이 아니다.

> ⏱ **빠른 문제 풀이 Tip**
> <보기>에 제시된 '충분조건'과 '필요조건'이라는 논리적인 용어의 개념을 명확히 알아야 한다. 충분조건은 있으면 항상 어떤 일이 발생하게 되는 조건이고, 필요조건은 어떤 일이 발생하기 위해 있어야 하는 조건이다.

11 정답 ①

정답 체크

갑은 인과관계가 상관관계를 의미하는 확률 증가 원리로 규정된다고 보고, 병은 공통 원인이 존재하지 않는다는 전제 아래에서는 인과관계를 확률 증가 원리로 규정할 수 있다고 본다. 따라서 갑과 병에 따르면, 인과관계가 성립하면 상관관계가 성립한다는 것은 적절한 분석이다.

오답 체크

② 병은 공통 원인이 존재하지 않는다는 전제 아래에서는 인과관계를 확률 증가 원리로 규정할 수 있다고 본다. 따라서 병에 따르면 인과관계가 성립하면 상관관계가 성립한다고 볼 수는 있어도, 상관관계가 성립하면 인과관계가 성립한다고 볼 수는 없으므로 적절한 분석이 아니다.

③ 병은 공통 원인이 존재하지 않는다는 전제 아래에서는 인과관계를 확률 증가 원리로 규정할 수 있다고 본다. 따라서 병에 따르면, 확률 증가 원리가 성립하면 언제나 인과관계가 성립한다는 것은 적절한 분석이 아니다.

④ 갑은 인과관계를 상관관계로 보지만, 을은 인과관계가 아닌 상관관계만 있을 뿐인 경우도 있다고 본다. 따라서 인과관계가 성립한다고 인정하는 사례가 갑보다 을이 더 많다고 보는 것은 적절한 분석이 아니다.

⑤ 갑은 인과관계를 상관관계로 보지만, 병은 공통 원인이 존재하지 않는다는 전제 아래에서 인과관계를 상관관계로 본다. 따라서 인과관계가 성립한다고 인정하는 사례가 갑보다 병이 더 많다고 보는 것은 적절한 분석이 아니다.

---

12 정답 ⑤

정답 체크

첫 번째 단락에 따르면 A는 자신과 가족의 생활을 유지할 만큼 급여를 받는 피고용자를 정규직이라고 정의하고, 두 번째 단락에 따르면 B는 핵심부에 속하는 노동자들이 혼자 벌어 가정을 유지할 만큼의 급여를 확보하는 정규직 노동자들이라고 정의하고 있다. 따라서 A는 정규직 노동자가, B는 핵심부 노동자가 한 사람의 노동자 급여로 가족을 부양할 수 있다고 보았다는 것은 적절한 분석이다.

오답 체크

① 첫 번째 단락에 따르면 A는 산업화가 지속적으로 진전되면 세상의 모든 사람은 정규직 임금노동자가 된다고 예측했다. 그러나 A가 정규직 노동자의 실질 급여 수준이 산업화가 진전됨에 따라 지속적으로 하락할 것으로 보았는지는 알 수 없으므로 적절한 분석이 아니다.

② 두 번째 단락에 따르면 B는 주변부에 실업자를 포함해서 반주변부보다 열악한 상황에 놓인 노동자들이 계속해서 남아돌게 될 것이라고 예측했다. 그러나 B가 산업화가 진전됨에 따라 기존의 주변부 노동자들과는 다른 새로운 형태의 주변부 노동자들이 계속해서 생성될 것이라고 보았는지는 알 수 없으므로 적절한 분석이 아니다.

③ 세 번째 단락에 따르면 선임자 특권으로 인해 청년 실업률이 높아지는 결과가 초래되었다. 그러나 이는 산업화가 진전함에 따른 B의 예측이 적중했음을 보여주는 것이므로 A와 B 모두 선임자 특권이 청년 실업률을 높이는 데 기여한다고 보았다는 것은 적절한 분석이 아니다.

④ 첫 번째 단락에 따르면 A는 정규직의 급여 수준이 역사적으로 각 사회의 '건강하고 문화적인' 생활수준과 노사협의를 통해서 결정된다고 본다. 그러나 A와 B 모두 산업화가 진전되면 궁극적으로 한 사회의 노동자들의 급여가 다양한 수준에서 결정된다고 보았는지는 알 수 없으므로 적절한 분석이 아니다.

> ⏱ **빠른 문제 풀이 Tip**
> 선택지에서 A와 B가 반복적으로 제시되고 있으므로 A와 B의 견해가 대비되고 있는 구조임을 알 수 있다. 따라서 지문을 읽을 때 두 사람 간의 견해 차이에 초점을 맞추는 것이 필요하다.

---

13 정답 ②

정답 체크

ㄷ. A는 기체 상태 변화를 예측하는 데 쓰이는 거시적 지표를 얻기 위해 각 분자의 운동을 분석할 필요가 없으며, 개별 분자의 운동을 정확히 알지 못하더라도 분자의 집단적인 운동은 통계적 방법만으로 분석할 수 있다고 본다. 반면 B는 개별 분자가 아닌 분자 집단에 대한 분석을 통해 평균속도를 포함한 기체 상태 변화에 대한 정보를 알아낼 수 있다는 사실에는 동의하지만 통계적 방법을 적용하기 어려운 상황에서는 분자와 분자의 충돌이나 각 분자의 운동에 대한 개별 방정식을 푸는 것이 필요하다고 본다. 따라서 기체 분자 집단의 운동을 통계적 방법으로 분석하는 것으로는 기체 상태 변화 예측이 불가능한 경우가 있다는 것에 A는 동의하지 않지만, B는 동의한다는 것은 적절한 분석이다.

오답 체크

ㄱ. A는 개별 분자의 운동을 예측하기 위해서는 방대한 양의 고전역학의 운동방정식을 풀어야 한다고 말하지만, 개별 기체 분자의 운동을 완전히 예측하는 것이 불가능하다고는 말하지 않았다. 따라서 A가 개별 기체 분자의 운동을 완전히 예측하는 것이 불가능하다는 것에 동의한다는 것은 적절한 분석이라고 볼 수 없다.

ㄴ. B는 개별 분자가 아닌 분자 집단에 대한 분석을 통해 평균속도를 포함한 기체 상태 변화에 대한 정보를 알아낼 수 있다는 사실에는 동의하지만 통계적 방법을 적용하기 어려운 상황에서는 분자와 분자의 충돌이나 각 분자의 운동에 대한 개별 방정식을 푸는 것이 필요하다고 주장한다. 그러나 개별 기체 분자의 운동과 관련된 값을 계산하는 것과 이들의 집단적 운동을 탐구하는 것을 비교하여 어떤 것이 더 다양한 기체 상태 변화를 예측할 수 있다고 주장하고 있지는 않다. 따라서 B가 개별 기체 분자의 운동과 관련된 값을 계산하는 것보다는 이들의 집단적 운동을 탐구하는 것이 더 다양한 기체 상태 변화를 예측할 수 있다는 것에 동의한다는 것은 적절한 분석이라고 볼 수 없다.

---

14 정답 ①

정답 체크

ㄱ. A는 유행을 개인의 취향과 기호를 이용하는 산업 자본에 의해 기획되고 만들어진 것으로 보고, B 역시 소비자가 자기의 취향과 기호에 의해 상품을 주체적으로 선택한다고 믿지만 실제로는 그렇지 않다고 본다. 따라서 A도 B도 유행의 형성 원인이 소비자 개인의 취향과 기호에 의한 주체적 상품 선택이라고 보지 않는다는 것은 적절한 분석이다.

오답 체크

ㄴ. B는 소비자들로 하여금 주변에서 벌어지고 있는 것에 주목하게 하고 그렇게 주목한 것들을 추종하고 모방하여 소비하도록 부추기는 과정에서 유행이 형성된다고 보지만, A는 모방과 유행의 관계에 대한 언급을 하고 있지 않다. 따라서 B와 달리 A는 소비자들의 모방 심리가 유행에 영향을 미치지 않는다고 주장한다는 것은 적절한 분석이 아니다.

ㄷ. A는 기업이 미디어를 적극 활용하여 유행의 변화 속도를 과거보다 더 빠르게 만들었다고 주장하지만, B는 유행의 발생과 변화 속도에 대해 언급하고 있지 않다. 따라서 A보다 B가 사회에서 유행의 발생과 변화 속도를 더 잘 설명할 수 있다는 것은 적절한 분석이 아니다.

> ⏱ **빠른 문제 풀이 Tip**
> A와 B의 대조 지문으로 구성되어 있으므로 각 견해의 차이점과 공통점에 초점이 있다. 따라서 단락별로 각자의 주장을 찾고, 공통점이 있는지 확인한다.

15

정답 ③

정답 체크

ㄱ. 갑은 우리가 일상적으로 '믿음'이나 '욕구' 등의 개념으로 지칭하는 심적 상태는 존재하지 않는다고 보아야 한다는 입장이므로 심적 상태가 존재한다는 것에 동의하지 않는다. 그러나 을은 E의 존재 여부를 판단하는 갑의 기준과 이론의 성공은 예측과 설명의 성공에 달려있다는 것에 동의하면서 통속 심리학은 믿음이나 욕구와 같은 개념을 통해 우리의 행동을 성공적으로 예측하고 설명하고 있다고 본다. 따라서 을은 심적 상태가 존재한다는 것에 동의한다는 것은 적절한 분석이다.

ㄴ. 을은 통속 심리학은 믿음이나 욕구와 같은 개념을 통해 우리의 행동을 성공적으로 예측하고 설명하고 있다고 본다. 한편, 병은 통속 심리학의 개념을 통해 우리의 행동을 성공적으로 예측하고 설명할 수 있다는 을의 입장을 긍정한다. 따라서 을과 병은 통속 심리학에서 사용하는 개념에 의해 인간의 행동을 성공적으로 예측하고 설명할 수 있다는 것에 동의한다는 것은 적절한 분석이다.

오답 체크

ㄷ. 병은 예측과 설명이 성공적이라는 것이 심적 상태가 존재한다는 것을 보여주는 것은 아니라고 보므로 믿음이나 욕구와 같은 개념이 지칭하는 것이 존재하지 않을 수 있다는 것에 동의한다. 또한 갑은 우리가 일상적으로 '믿음'이나 '욕구' 등의 개념으로 지칭하는 심적 상태는 존재하지 않는다고 보아야 한다는 입장이므로 역시 이에 동의한다.

> ⏱ **빠른 문제 풀이 Tip**
>
> 갑, 을, 병의 주장이 대비되어 제시되어 있으므로 각 주장의 차이점에 주목하되, <보기>에 '동의한다'는 표현이 제시되어 있으므로 공통점이 있는지도 확인해야 한다.

16
정답 ③

정답 체크

(가) 빈칸 (가)는 A가 제시하는 결론의 두 번째 전제이다. A가 제시하는 첫 번째 전제는 생물 다양성 보존이 우리가 원하는 이익을 얻는 최선의 수단이라는 것이다. 그리고 이 전제들로부터 우리에게는 생물 다양성을 보존할 의무와 필요성이 있다는 결론이 나온다. 즉, (가)에는 '최선의 수단'으로부터 '의무와 필요성'으로 이어질 수 있는 연결고리가 들어가야 한다. 따라서 (가)에 들어갈 내용으로 가장 적절한 것은 '어떤 것이 우리가 원하는 이익을 얻는 최선의 수단이라면 우리에게는 그것을 실행할 의무와 필요성이 있다'는 것이다.

(나) 빈칸 (나) 앞에 있는 '왜냐하면'이라는 접속사로 미루어 판단하면 (나)에는 앞 문장인 결론을 지지하는 전제가 들어가야 한다. C는 "내재적 가치를 지니는 것은 모두 보존되어야 한다."는 것으로부터 "모든 종은 보존되어야 한다."는 결론을 도출한다. 이때 '내재적 가치'란 본래부터 갖고 있다고 인정되는 고유한 가치를 의미한다. 따라서 (나)에는 '모든 종은 그 자체가 본래부터 고유의 가치를 지니기' 때문이라는 내용이 들어가는 것이 가장 적절하다.

오답 체크

(가) A는 생물 다양성 보존이 우리가 원하는 이익을 얻는 최선의 수단이라고 전제하고 있으므로 어떤 것이 우리가 원하는 이익을 얻는 최선의 수단이 아닌 경우를 전제하는 것은 (가)에 들어갈 적절한 내용이 될 수 없다.

(나) "생명체의 내재적 가치가 종의 다양성으로부터 비롯된다"는 전제를 추가해도 내재적 가치를 지니는 것은 모두 보존되어야 한다는 것으로부터 모든 종은 보존되어야 한다는 C의 결론은 도출되지 않는다. 따라서 이는 (나)에 들어갈 내용으로 적절하지 않다.

17
정답 ②

정답 체크

ㄷ. A는 자연적으로 존재하는 생명체를 보존해야 하는 근거로 도구적 정당화를 제시하고 있고, C는 생명체는 도구적 가치와 내재적 가치를 모두 갖는다고 주장한다. 따라서 자연적으로 존재하는 생명체가 도구적 가치를 가지느냐에 대한 A와 C의 평가는 양립할 수 있다는 것은 적절한 분석이다.

오답 체크

ㄱ. A는 생물 다양성을 보존할 의무와 필요성이 있다는 결론을 도출하고 있으므로 생물 다양성을 보존해야 한다고 주장한다. 이에 대해 B는 A가 제시하는 도구적 정당화에 근거하여 생물 다양성을 보존하자고 주장하는 것은 옹호될 수 없다고 주장하여 A의 전제를 비판하고 있을 뿐, 생물 다양성을 보존하지 않아도 된다고 주장하고 있지는 않다.

ㄴ. B는 A가 제시하는 도구적 정당화에 근거하여 생물 다양성을 보존하자고 주장하는 것은 옹호될 수 없다고 주장하여 A의 전제가 참이 아니라고 비판하고 있다. 따라서 A의 두 전제가 참이더라도 A의 결론이 반드시 참이 되지는 않는다고 비판하는 것은 아니다.

01	02	03	04	05	06	07	08	09	10
④	①	③	⑤	④	①	①	②	①	①

01 정답 ④

정답 체크

ㄴ. '도덕적 딜레마 논증'은 어린이를 실험 대상에서 배제시키면, 어린이 환자 집단에 대해 충분한 실험을 하지 않은 약품들로 어린이를 치료하게 되어 어린이를 더욱 커다란 위험에 몰아넣게 된다는 점을 들어 어린이를 실험 대상에서 배제시키는 것은 도덕적으로 올바르지 않다고 주장한다. 그러나 동물실험이나 성인에 대한 임상 실험을 통해서도 어린이 환자를 위한 안전한 약물을 만들어낼 수 있다는 것은 이에 대한 반대 방향의 진술이 될 수 있다. 따라서 어린이를 실험 대상에 포함시키지 않더라도 어린이 환자가 안전하게 치료받지 못하는 위험에 빠지지 않을 수 있다는 것은 도덕적 딜레마 논증에 대한 비판으로 적절하다.

ㄷ. '도덕적 딜레마 논증'은 어린이를 실험 대상에서 배제시키지 않으면, 제한적인 동의능력만을 가진 존재를 실험 대상에 포함시키게 된다는 점을 들어 제한된 동의능력만을 가진 이를 실험 대상에 포함시키는 것은 도덕적으로 올바르지 않다고 주장한다. 그러나 부모나 법정 대리인을 통해 어린이의 동의능력을 적합하게 보완할 수 있다는 것은 이에 대한 반대 방향의 진술이 될 수 있다. 따라서 어린이의 동의능력이 부모나 법정 대리인에 의해 적합하게 보완된다면 어린이를 실험 대상에 포함시켜도 도덕적 잘못이 아닐 수 있고, 이런 경우의 어린이를 실험 대상에 포함시켜도 도덕적 잘못이 아닐 수 있다는 것은 도덕적 딜레마 논증에 대한 비판으로 적절하다.

오답 체크

ㄱ. '도덕적 딜레마 논증'은 어린이를 실험 대상에 포함시키면 도덕적으로 잘못이라고 주장한다. 따라서 적합한 사전 동의 없이 행해지는 어떠한 실험도 도덕적 잘못이기 때문에 어린이를 실험 대상으로 하는 연구가 그 위험성의 여부와는 상관없이 모두 거부되어야 한다는 것은 도덕적 딜레마 논증에 대한 비판이 아니라 오히려 도덕적 딜레마 논증과 같은 방향의 진술일 수 있으므로 적절하지 않다.

> ⏱ **빠른 문제 풀이 Tip**
> 발문에서 비판의 대상을 '도덕적 딜레마 논증'이라 구체적으로 언급하고 있으므로, 지문에서 이 논증의 전제와 결론 부분에만 집중한다. 특히 'p이면 r이다. q이면 r이다. p 또는 q이다. 그러므로 r이다.'로 이어지는 딜레마 논증의 특수한 구조를 알아둘 필요가 있다.

02 정답 ①

정답 체크

제시된 논증은 인간 공동체 역시 관계의 네트워크에 의해 결정되고, 사이버공간과 마찬가지로 인간의 네트워크도 물리적인 요소와 소프트웨어적인 요소를 모두 가지고 있으며, 사이버공간과 마찬가지로 인간의 사회 공간도 공동체를 구성하는 네트워크의 힘과 신뢰도에 결정적으로 의존한다는 점을 들어 사이버공간과 인간 공동체와의 유사성을 강조하고 있다. 따라서 사이버공간의 익명성이 인간 공동체에 위협이 될 수도 있음을 지적하는 것은 사이버공간과 인간 공동체의 유사성을 주장하는 글의 논증과 직접적인 관련이 없으므로 논증을 비판하는 방안으로 적절하지 않다.

오답 체크

② 유의미한 비교를 하기에는 양자 간의 차이가 너무 크다는 것은 사이버공간과 인간 공동체의 유사성을 주장하는 논증과 반대 방향의 진술이 될 수 있으므로 논증을 비판하는 방안으로 적절하다.

③ '네트워크'의 개념이 양자의 비교 근거가 될 만큼 명확하지 않다는 것은 사이버공간과 인간 공동체의 유사성을 주장하는 논증과 반대 방향의 진술이 될 수 있으므로 논증을 비판하는 방안으로 적절하다.

④ 사이버공간과 인간 공동체 간에 있다고 주장된 유사성이 실제로는 없다는 것은 사이버공간과 인간 공동체의 유사성을 주장하는 논증과 반대 방향의 진술이 될 수 있으므로 논증을 비판하는 방안으로 적절하다.

⑤ 사이버공간과 인간 공동체의 공통점으로 거론된 네트워크라는 속성이 유비추리를 뒷받침할 만한 적합성을 갖추지 못했다는 것은 사이버공간과 인간 공동체의 유사성을 주장하는 논증과 반대 방향의 진술이 될 수 있으므로 논증을 비판하는 방안으로 적절하다.

03 정답 ③

정답 체크

제시된 논증에서는 사람들의 윤리적 기준이 시간과 장소 그리고 그들이 살고 있는 상황에 따라 달라지기 때문에 올바른 윤리적 기준은 그것을 적용하는 사람에 따라 상대적이라고 결론 내리고 있다. 그러나 윤리적 상대주의가 옳다고 해서 사람들의 윤리적 판단이 항상 서로 다른 것은 아니라는 것은 반박의 대상인 결론을 받아들인 상태에서 전제가 옳지 않을 수 있다고 말하는 것이므로 논증에 대한 반박이 될 수 없다.

오답 체크

① 제시된 논증에서는 사람들의 윤리적 기준이 시간과 장소 그리고 그들이 살고 있는 상황에 따라 달라진다는 것을 전제로 들고 있다. 따라서 사람들의 윤리적 판단은 그들이 사는 지역에 따라 크게 다르지 않다는 것은 이러한 전제에 대한 반대 방향의 진술이므로 논증에 대한 반박이 된다.

② 제시된 논증에서는 문화에 따라, 시대에 따라, 혹은 동일한 문화와 시대 안에서도 윤리적 판단이 다르다는 전제를 바탕으로 윤리적 기준이 상대적이라는 결론을 내리고 있다. 따라서 전제에 제시된 '윤리적 판단'이 다르다고 해서 결론에 제시된 '윤리적 기준'도 반드시 달라지는 것은 아니라는 것은 논증에 대한 반박이 된다.

④ 제시된 논증에서는 올바른 윤리적 기준은 그것을 적용하는 사람에 따라 상대적이라고 결론 내리고 있다. 따라서 인류학자들에 따르면 문화에 따른 판단의 차이에도 불구하고 일부 윤리적 기준은 보편적으로 신봉되고 있다는 것은 이와 반대 방향의 진술이므로 논증에 대한 반박이 된다.

⑤ 제시된 논증에서는 올바른 윤리적 기준은 그것을 적용하는 사람에 따라 상대적이라고 결론 내리고 있다. 따라서 서로 다른 윤리적 판단이 존재하는 경우에도 그중에 올바른 판단은 하나뿐이며, 그런 올바른 판단을 옳게 만들어 주는 객관적 기준이 존재한다는 것은 이와 반대 방향의 진술이므로 논증에 대한 반박이 된다.

04　정답 ⑤

정답 체크

1910년은 일제의 강제적인 '한일합방'이 일어난 해이므로 사료를 통해 1910년 이후에 민족자본이 형성되었음을 밝힌다면, 이는 한일합방 이후에나 일본에 의해 경제적 측면에서 발전하기 시작했다는 의미가 된다. 따라서 이는 식민사관의 핵심인 타율성 이론이나 정체성 이론을 지지하는 근거가 될 수 있으므로 식민사관을 비판하는 방법으로 적절하지 않다.

오답 체크

① 일본과 조선은 같은 조상에서 시작되었다는 '일선동조론'은 일제가 자신들의 침략을 정당화하고 식민통치의 이론으로 사용한 것으로서 식민사관과 동일한 역할을 한다. 따라서 동일한 혈통이라고 해서 침략이 정당화되지 않음을 밝힌다면 이는 일선동조론에 대한 비판이 되므로 식민사관을 비판하는 방법으로 적절하다.

② 타율성 이론이 제시한 역사적 사례들이 다양하게 해석됨을 밝힌다면, 타율성 이론이 타당하지 않다는 근거가 될 수 있다. 타율성 이론은 식민사관의 핵심이므로 타율성 이론에 대한 이러한 비판은 식민사관을 비판하는 방법으로 적절하다.

③ 조선후기 실학자들이 논한 신분제 철폐, 토지개혁, 상공업 진흥론 등을 들어 근대화를 향한 사회·문화적 변화가 있었음을 밝힌다면, 한국사가 왕조의 변천 등 정치 변화에도 불구하고 사회경제적 측면에서 거의 발전하지 않았다는 정체성 이론에 대한 비판이 된다. 정체성 이론은 식민사관의 핵심이므로 이에 대한 비판은 식민사관을 비판하는 방법으로 적절하다.

④ 한국이 독자적 언어, 문자, 문화를 형성했음을 사료를 통해 제시한다면, 한국사가 한국인의 자율적 결단에 의해 전개되지 못하고 외세의 침략과 지배에 의해 타율적으로 전개되었다는 타율성 이론에 대한 비판이 된다. 타율성 이론은 식민사관의 핵심이므로 이에 대한 비판은 식민사관을 비판하는 방법으로 적절하다.

05　정답 ④

정답 체크

A는 진화가 비약적으로 일어날 수 있다고 주장하며 생명체의 역사에서 우발적 요인들이 얼마나 중요한지를 역설한다. 따라서 지구 환경의 급격한 변화가 종의 출현에 영향을 미친다는 것은 A의 주장과 같은 방향의 진술이므로 A가 비판하는 내용이 될 수 없다.

오답 체크

① A는 생명체의 역사에서 우발적 요인들이 얼마나 중요한지를 역설하며, 확률에 의한 선택 과정의 개입과 같은 이유를 중요시한다. 따라서 진화 과정이 유일하며 필연적이라는 것은 A가 주장하는 내용과 반대 방향의 진술이므로 A가 비판하는 내용이 된다.

② A는 진화의 점진적 변화를 강조하는 전통적 다윈주의에 반기를 들고 진화가 비약적으로 일어날 수 있다는 주장을 펼쳤다. 따라서 진화가 점진적인 변화를 통해 드러난다는 것은 A가 주장하는 내용과 반대 방향의 진술이므로 A가 비판하는 내용이 된다.

③ A는 진화가 진보라는 생각을 비판한다. 즉, 복잡성이 증가하는 방향으로만 진화가 일어나는 것은 아니라고 보는 것이다. 따라서 진화에 있어서 복잡성의 증가가 진보를 의미한다는 것은 A가 주장하는 내용과 반대 방향의 진술이므로 A가 비판하는 내용이 된다.

⑤ A는 몇 가지 기념비적인 사건들에 대한 지나친 집착이 진화에 대한 연구를 편협하게 만든다고 비판한다. 따라서 진화에 대한 연구는 기념비적인 사건에 초점을 맞추어야 한다는 것은 A가 주장하는 내용과 반대 방향의 진술이므로 A가 비판하는 내용이 된다.

06　정답 ①

정답 체크

글의 주장은 의견을 통한 협의나 설득으로 제시된 인간 사회의 판단 기준은 절대적이고 영원한 기준이 될 수 없으며, 이러한 기준을 제시할 수 있는 사람이 철학자라는 것이다. 따라서 인간 사회의 판단 기준이 가변적이라 해도 개별 상황에 적합한 합의 도출을 통해 사회 갈등을 완전히 해소할 수 있다는 것은 이 글의 전제 부분, 즉 의견을 통한 협의나 설득으로 제시된 인간 사회의 판단 기준은 절대적이고 영원한 기준이 될 수 없다는 것에 대한 적절한 비판이 될 수 있다.

오답 체크

② 다양한 의견들의 합의를 이루기 위해서는 개별 상황 판단보다 높은 차원의 판단 능력과 기준이 필요하다는 것은 그런 능력과 기준을 제시할 수 있는 사람이 철학자라는 글의 결론을 지지하는 내용이 될 수 있다. 따라서 글에 대한 비판으로 적절하지 않다.

③ 인간 사회의 판단 기준이 현실의 가변적 상황과 무관하다고 해서 비현실적인 것은 아니라는 것은 철학은 비현실적이고 공허한 것으로 보이기 쉽다는 철학에 대한 비판을 공격하면서 철학자가 통치자로 적합하다는 글의 결론을 지지하는 내용이 될 수 있다. 따라서 글에 대한 비판으로 적절하지 않다.

④ 정치적 의견은 이익을 위해 왜곡될 수 있지만 철학적 의견은 진리에 순종한다는 것은 철학자가 통치해야 한다는 글의 결론을 지지하는 내용이 될 수 있다. 따라서 글에 대한 비판으로 적절하지 않다.

⑤ 철학적 진리는 일상 언어로 표현된 의견과 뚜렷이 구분된다는 것은 절대적이고 영원한 기준은 현실의 가변적 상황과는 무관한, 진리 그 자체여야 하기 때문에 인간 사회의 판단 기준을 제시할 수 있는 사람은 바로 철학자라는 글의 결론을 지지하는 내용이 될 수 있다. 따라서 글에 대한 비판으로 적절하지 않다.

07　정답 ①

정답 체크

A는 외계 지적 생명체가 지구 바깥에 아주 많이 있다면, 적어도 그들 중 일부는 기술적으로 우리보다 앞서 있을 것이고, 그렇다면 우리가 오래 전에 외계 지적 생명체의 증거를 보았어야 하지만, 아직까지 그러한 증거는 발견된 적이 없다는 전제 하에 외계 지적 생명체가 존재하지 않는다고 주장한다. 반면 B는 우리의 태양, 행성, 또는 우리의 물리 화학적 구조에 특별한 것이 없으므로, 그와 비슷한 태양과 행성들도 많이 있을 것이라는 전제 하에 은하계에 지성을 갖춘 인간과 같은 생명체가 많이 있을 것이라고 주장한다. 그러나 생물

학의 법칙이 전 우주에서 동일하게 적용된다는 것은 B가 제시하는 전제나 A가 제시하는 전제와 직접적인 관련이 없으므로 B가 A의 논증을 비판하기 위해 사용할 수 있는 주장으로 적절하지 않다.

오답 체크

② 행성 간의 거리 때문에 외계 생명체와의 상호작용이 일어나기 어렵다는 것은 우리가 오래 전에 외계 지적 생명체의 증거를 보았어야 하지만 아직까지 그러한 증거는 발견된 적이 없다는 A의 전제에 대한 반박 근거가 될 수 있다. 따라서 B가 A의 논증을 비판하기 위해 사용할 수 있는 주장으로 적절하다.

③ 외계 생명체의 증거를 포착할 만큼 우리의 측정기술이 발전하지 못했을 수 있다는 것은 오래 전에 외계 지적 생명체의 증거를 보았어야 하지만 아직까지 그러한 증거는 발견된 적이 없다는 A의 전제에 대한 반박 근거가 될 수 있다. 따라서 B가 A의 논증을 비판하기 위해 사용할 수 있는 주장으로 적절하다.

④ 외계 지적 생명체는 우주 탐사 장치를 만들 정도로 기술을 발달시키지 못했을 수 있다는 것은 그들 중 일부는 기술적으로 우리보다 앞서 있어 우주를 탐사하는 장치를 만들었을 것이라는 A의 전제에 대한 반박 근거가 될 수 있다. 따라서 B가 A의 논증을 비판하기 위해 사용할 수 있는 주장으로 적절하다.

⑤ 외계 지적 생명체의 증거가 없다고 해서 외계 지적 생명체가 존재하지 않는다고 단정할 수 없다는 것은 A의 전제에 대한 반박 근거가 될 수 있다. 따라서 B가 A의 논증을 비판하기 위해 사용할 수 있는 주장으로 적절하다.

⏱ 빠른 문제 풀이 Tip

발문을 보면, B가 A의 논증을 비판하기 위해 사용할 수 있는 주장을 찾아야 하므로 A와 B의 결론이 어떻게 대비되는지 확인해야 하고, A와 B가 어떤 전제를 바탕으로 대비되는 결론을 이끌어내는지도 확인해야 한다.

08 정답 ②

정답 체크

글에서는 어떤 해결책으로 인해 평균적으로 사회가 더 잘살게 될 수도 있지만, 이 평균이 훨씬 더 잘살게 된 수많은 사람들과 훨씬 더 못살게 된 수많은 사람들을 감춘다고 주장한다. 또한 경제적 해결책은 제로섬적인 요소가 있기 때문에 전체적인 생산량이 늘어나도 부분적으로 모두 생산량이 늘어나는 것이 아님을 강조하고 있다. 따라서 사회의 총생산량이 많아지게 하는 정책이 좋은 정책이라는 것은 글이 주장하는 바와 반대 방향의 진술이므로 글이 비판의 대상으로 삼는 주장으로 가장 적절하다.

오답 체크

① 빈부격차를 해소하는 것만큼 중요한 정책은 없다는 것은 글에서 주장하고 있는 바와 직접적인 연관성이 없으므로 글이 비판의 대상으로 삼는 주장으로 적절하지 않다.

③ 경제문제에서 모두가 만족하는 해결책은 존재하지 않는다는 것은 대개의 경제적 해결책은 대규모의 제로섬적인 요소를 갖기 때문에 큰 손실을 수반한다는 글의 내용과 방향이 같은 진술이다. 따라서 글이 비판의 대상으로 삼는 주장으로 적절하지 않다.

④ 경제적 변화에 대응하는 정치제도의 기능에는 한계가 존재한다는 것은 글에서 정치적, 경제적 구조로는 실질적으로 제로섬적인 요소를 지니는 경제문제에 전혀 대처할 수 없다는 글의 내용과 방향이 같은 진술이다. 따라서 글이 비판의 대상으로 삼는 주장으로 적절하지 않다.

⑤ 경제정책의 효율성을 높이는 방법은 일관성을 유지하는 것이라는 내용은 글에서 주장하고 있는 바와 직접적인 연관성이 없으므로 글이 비판의 대상으로 삼는 주장으로 적절하지 않다.

⏱ 빠른 문제 풀이 Tip

글이 비판의 대상으로 삼는 주장을 찾는 문제는 글에 대한 비판 문제와 동일하게 접근하면 된다. 즉 글의 주장을 찾고 그 주장과 반대 방향의 진술을 선택지에서 고르는 방법으로 접근한다.

09 정답 ①

정답 체크

ㄴ. 글의 주장은 유클리드 기하학의 지식은 철저하게 선험적이라는 것이다. 그러나 '대다수의 사람들이 유클리드 기하학의 공리는 직관적으로 자명하므로 증명 없이 받아들이는데, 그러한 직관이 인간의 경험에 영향을 받는다는 사실은 유클리드 기하학이 경험에 의지하고 있다는 것을 드러낸다'는 것은 유클리드 기하학의 지식이 선험적이 아닐 수도 있음을 보여준다. 따라서 이는 글의 주장과 반대 방향의 진술이므로 글의 주장에 대한 비판으로 적절하다.

오답 체크

ㄱ. '유클리드 기하학과 비(非)유클리드 기하학은 전혀 다른 공리 체계에 기초하고 있지만 각각 자체적으로 정합적인 지식을 구성하고, 이러한 사실은 기하학이 실재 세계를 반영할 이유가 없음을 보여준다'는 것은 유클리드 기하학의 지식은 철저하게 선험적이라는 글의 주장과 직접적인 관련성이 없다. 따라서 이는 글의 주장에 대한 비판으로 적절하지 않다.

ㄷ. "$1+1=2$'는 감각 경험과 무관하게 얻어지는 지식이지만 일상생활에서 활용이 가능하며, 실재 세계에 적용된다고 해서 경험적인 지식은 아니다'라는 것은 유클리드 기하학의 지식은 철저하게 선험적이라는 글의 주장과 직접적인 관련성이 없다. 따라서 이는 글의 주장에 대한 비판으로 적절하지 않다.

10 정답 ①

정답 체크

ㄱ. 신경세포에서 비정상 단백질 P의 단백질 응집이 일어나도 신경세포에 독성을 유발하지 않았다는 연구 결과는 비정상 단백질 P의 단백질 응집이 일어나면, 신경세포에 독성을 유발한다는 <이론>의 내용과 반대 방향의 진술이다. 따라서 <이론>에 대한 반례로 적절하다.

오답 체크

ㄴ. 단백질 응집이 일어나면, 신경세포에 독성을 유발하게 되어 신경세포가 죽게 되므로 질병 D를 초래한다는 것이 <이론>의 내용이므로 질병 D가 나타난 환자의 신경세포에서 비정상 단백질 P의 단백질 응집이 나타나지 않았다는 연구 결과는 <이론>과 직접적인 관련이 없다. 따라서 이는 <이론>에 대한 반례로 적절하지 않다.

ㄷ. 유전자 X의 돌연변이가 생기면 정상 단백질 P는 돌연변이 단백질 P로 바뀐다는 것이 <이론>의 내용이므로 돌연변이 단백질 P가 나타나는 요인으로 유전자 X의 돌연변이와 무관한 다른 요인을 발견하였다는 연구 결과는 <이론>과 직접적인 관련이 없다. 따라서 이는 <이론>에 대한 반례로 적절하지 않다.

⏱ 빠른 문제 풀이 Tip

'반례'를 찾는 문제는 비판이나 반박과 동일하게 반례의 대상과 반대 방향
의 진술을 찾는 방식으로 접근한다. 따라서 지문에서 <이론>의 내용을 찾
아 이와 반대 방향의 내용을 <보기>에서 찾는다. 이때 <이론>의 진술이
논리명제인 가언명제 형태로 제시되어 있는 것에 주목한다.

1 독해의 원리

2 논증의 방향

3 문맥과 단서

4 논리의 체계

기출 재구성 모의고사

해커스PSAT 7급 PSAT 유형별 기출 200제 언어논리

01	02	03	04	05	06	07	08	09	10
④	①	⑤	⑤	②	③	⑤	④	④	②

11	12	13	14	15					
④	④	③	③	③					

01   정답 ④

정답 체크

ㄴ. 상황 1에서 암컷에게 들려준 소리가 B, C인 경우 암컷이 B로 이동했다면, B는 C보다 울음소리의 빈도가 더 높으므로 배우자 선택의 기준은 울음소리의 빈도일 것이다. 그런데 상황 2에서 A로 이동했다면, 배우자 선택의 기준이 여전히 울음소리의 빈도인 것이므로 ㉠은 강화되지만 ㉡은 강화되지 않는다.

ㄷ. 상황 1에서 암컷에게 들려준 소리가 A, C인 경우 암컷이 C로 이동했다면, C는 A보다 울음소리의 톤이 더 일정하므로 배우자 선택의 기준은 울음소리의 톤일 것이다. 그런데 상황 2에서 A로 이동했다면, 배우자 선택의 기준이 울음소리의 빈도로 변화한 것이므로 ㉠은 강화되지 않지만 ㉡은 강화된다.

오답 체크

ㄱ. 상황 1에서 암컷에게 들려준 소리가 A, B인 경우 암컷이 A로 이동했다면, A는 B보다 울음소리의 톤이 더 일정하고 빈도도 더 높으므로 배우자 선택의 기준은 울음소리의 톤일 수도 있고 빈도일 수도 있다. 따라서 상황 2에서 C로 이동했다면, 배우자 선택의 기준이 울음소리의 톤일 경우 ㉠은 강화될 가능성이 있다. 따라서 ㉠은 강화되지 않지만 ㉡은 강화된다는 것은 적절한 평가가 아니다.

⏱ 빠른 문제 풀이 Tip

선택지에서 ㉠과 ㉡이 강화되는지 강화되지 않는지 여부를 물어보고 있으므로 지문을 읽을 때 ㉠과 ㉡의 차이점을 명확하게 파악하는 것이 필요하다. 선택지의 방향성을 판단할 때 '강화되지 않는다'는 약화되거나 무관한 경우를 모두 포함한다.

02   정답 ①

정답 체크

글의 논지는 기후 변화가 일어나는 이유는 인간이 발생시키는 온실가스 때문이 아니라 태양의 활동 때문이라는 것이다. 그런데 인간이 출현하기 이전인 고생대 석탄기에 북유럽의 빙하지대에 고사리와 같은 난대성 식물이 폭넓게 서식하였다는 것은 인간 때문에 기온이 높아진 것이 아니라는 의미가 되므로 글의 논지와 같은 방향의 진술이 된다. 따라서 논지를 약화하는 진술로 적절하지 않다.

오답 체크

② 글의 논지는 기후 변화가 일어나는 이유는 태양의 활동 때문이라는 것인데, 태양 활동의 변화와 기후 변화의 양상 간의 상관관계를 조사해 보니 양자의 주기가 일치하지 않았다면, 이는 글의 논지와 반대 방향의 진술이다. 따라서 글의 논지를 약화한다.

③ 글의 논지는 기후 변화가 일어나는 이유는 태양의 활동 때문이어서 태양의 활동이 활발해지면 지구의 기온이 올라간다는 것이다. 따라서 태양 표면의 폭발이 많아지는 시기에 지구의 평균 기온은 오히려 내려간 사례가 많았다는 것은 글의 논지와 반대 방향의 진술이므로 논지를 약화한다.

④ 최근 20년간 세계 여러 나라가 연대하여 대기오염을 줄이는 적극적인 노력을 기울인 결과 지구의 평균 기온 상승률이 완화되었다는 것은 결국 인간이 발생시키는 온실가스가 기후 변화의 원인이라는 의미가 된다. 따라서 글의 논지와 반대 방향의 진술이므로 논지를 약화한다.

⑤ 최근 300년간 태양의 활동에 따른 기후 변화의 몫보다는 인간의 활동에 의해 좌우되는 기후 변화의 몫이 더 크다는 증거가 있다는 것은 기후 변화가 일어나는 이유는 인간이 발생시키는 온실가스 때문이 아니라 태양의 활동 때문이라는 글의 논지와 반대 방향의 진술이다. 따라서 논지를 약화한다.

⏱ 빠른 문제 풀이 Tip

'논지를 약화하는 것으로 적절하지 않은 것'은 논지를 강화하거나 논지와 무관한 것을 의미한다. 따라서 우선 글의 논지를 명확히 잡고 선택지 중 논지와 같은 방향이거나 관련 없는 내용을 다루고 있는 것을 선택한다.

03   정답 ⑤

정답 체크

㉠은 K/T경계층 형성 시기 이후 공룡이 멸종한 이유를 지름 10킬로미터 크기의 소행성이 지구와 충돌하여 지구 생태계를 교란했기 때문이라고 본다. 따라서 K/T경계층 형성 시기 이외에 공룡이 존재했던 다른 시기에도 지름 10킬로미터 규모의 소행성이 드물지 않게 지구에 충돌했음이 입증된다면 공룡 멸종은 소행성 충돌로 인한 것이 아니라는 의미가 된다. 이는 ㉠과 반대 방향의 진술로 ㉠이 약화되므로 적절하지 않은 평가이다.

오답 체크

① K/T경계층 형성 시기 이후 공룡 화석이 발견되지 않는 문제 제기에 대한 답을 제시하고 있는 것이 ㉠이므로 만일 신생대 제3기(T) 이후에 형성된 지층에서 공룡 화석이 대량으로 발견된다면 문제가 제기될 여지가 없어진다. 따라서 이 경우 ㉠은 약화되므로 적절한 평가이다.

② ㉠의 내용은 소행성을 K/T경계층 형성 시기 이후 공룡이 멸종한 이유로 들고 있는 것이므로 고생대 페름기에 일어난 대멸종이 소행성 충돌과 무관하게 진행되었다는 사실이 입증되더라도 이는 ㉠과 관련이 없다. 따라서 이 경우 ㉠은 강화되지 않으므로 적절한 평가이다.

③ ㉠의 결론은 지표면의 평균 이리듐 농도는 0.3ppb이었고 대체로 일정했다는 전제에 따라 내려진 것이다. 따라서 동일한 시간 동안 우주먼지로 지구에 유입되는 이리듐의 양이 일정하지 않고 큰 변화폭을 지닌다는 사실이 입증되면 ㉠은 약화되므로 적절한 평가이다.

④ ⊙은 K/T경계층 이후 공룡 화석이 발견되지 않는 이유에 대해 앨버레즈가 이탈리아 북부의 지층을 조사한 후 내린 결론이다. 따라서 앨버레즈가 조사한 이탈리아 북부의 지층이 K/T경계층이 아니라 다른 시기에 형성된 지층이었음이 밝혀질 경우 ⊙은 약화되므로 적절한 평가이다.

⏱ **빠른 문제 풀이 Tip**

평가의 대상이 ⊙이므로 지문에서 ⊙의 내용을 우선 확인한다. 읽어보면 ⊙이 지문의 결론 역할을 하고 있음을 알 수 있으므로 이를 기준으로 하여 선택지의 방향성을 판단한다.

04
정답 ⑤

정답 체크

(나)에 따르면 한국 사회의 행복감이 낮은 이유는 한국 사람들이 다른 사람들과 비교하는 성향이 매우 높은 데에서 찾을 수 있다. 따라서 자신보다 우월한 사람들을 준거집단으로 삼는 경향이 한국보다 강함에도 불구하고 행복감이 더 높은 나라가 있다는 사실은 (나)와 반대 방향의 내용이므로 (나)를 약화한다는 것은 적절한 평가이다.

오답 체크

① (가)는 경제가 일정 수준 이상으로 성장하면 점차 지위재가 중요해지고 물질재의 공급을 늘려서는 해소되지 않는 불만이 쌓이게 되는 '풍요의 역설'이 발생하므로 한국 사람들이 경제 수준이 높아진 만큼 행복하지 않은 이유는 소득 증가에 따른 자연스러운 현상이라고 주장한다. 따라서 지위재에 대한 경쟁이 치열한 국가일수록 전반적인 행복감이 높다는 사실은 (가)와 반대 방향의 내용이므로 (가)를 강화한다는 것은 적절하지 않은 평가이다.

② (가)에 따르면 경제가 일정 수준 이상으로 성장하면 점차 지위재가 중요해지는데, 지위재는 대체재의 존재 여부나 다른 사람들의 요구에 따라 가치가 결정되는 비교적 희소한 재화나 서비스이며, 그 효용은 상대적이다. 따라서 경제적 수준이 비슷한 나라들과 비교하여 한국의 지위재가 상대적으로 풍부하다는 사실은 한국 사람들의 행복감이 낮은 이유를 설명하기 어려우며 (가)의 내용과 직접적인 관련이 없으므로 (가)를 강화한다는 것은 적절하지 않은 평가이다.

③ (가)는 한국 사람들이 경제 수준이 높아진 만큼 행복하지 않은 이유는 소득 증가에 따른 자연스러운 현상이라고 주장한다. 따라서 한국 사회가 일인당 소득 수준이 비슷한 다른 나라들과 비교하더라도 행복감의 수준이 상당히 낮다는 조사 결과는 (가)와 반대 방향의 내용이므로 (가)를 강화한다는 것은 적절하지 않은 평가이다.

④ (나)는 한국 사회의 행복감이 낮은 이유는 한국 사람들이 다른 사람들과 비교하는 성향이 매우 높은 데에서 찾을 수 있다고 주장한다. 그러나 한국보다 소득 수준이 높고 대학 입학을 위한 입시 경쟁이 매우 치열한 나라가 있다는 사실은 (나)의 주장과 직접적인 관련이 없으므로 이 사실만으로 (나)를 약화한다고 보는 것은 적절하지 않은 평가이다.

⏱ **빠른 문제 풀이 Tip**

지문은 (가)와 (나)로 구분되어 있고, 선택지의 ①~③번은 (가)에 대해서, ④~⑤번은 (나)에 대해서만 평가하고 있다. 따라서 지문을 한꺼번에 읽는 것보다는 (가), (나)를 나눠서 읽고, 그에 해당되는 선택지를 먼저 확인하는 방식으로 접근하는 것이 효율적이다.

05
정답 ②

정답 체크

A의 견해는 장소세포가 길을 찾아가도록 도와주는 역할을 한다는 것이지 장소세포가 반드시 해마에 위치해야 한다는 것은 아니다. 따라서 사람의 장소세포는 쥐와 달리 해마뿐만 아니라 소뇌에서도 발견된다는 연구 사례가 보고되었다는 것은 A의 견해와 직접적인 관련이 없으므로 A의 견해를 약화하는 것으로 적절하지 않다.

오답 체크

① A는 해마의 장소세포가 특정 지점의 모양새에 관한 기억을 보관하고, 격자세포는 공간과 거리에 관한 정보를 저장하며 이를 장소세포에 효율적으로 제공함으로써 사람이 길을 찾아가도록 도와주는 것으로 본다. 이때 해마의 장소세포와 격자세포는 모두 신경세포에 해당하므로 해마의 신경세포가 거의 활성화되지 않아도 쥐가 길을 잘 찾는 연구 사례가 보고되었다면, 이는 A의 견해와 반대 방향의 진술이므로 A의 견해를 약화한다.

③ A는 격자세포가 공간과 거리에 관한 정보를 저장하고 이를 장소세포에 효율적으로 제공함으로써 사람이 길을 찾아가도록 도와주는 것으로 본다. 따라서 공간과 거리에 대한 정보량은 산술적으로 매우 크기 때문에 신경세포가 저장할 수 있는 양을 초과한다는 것은 A의 견해와 반대 방향의 진술이므로 A의 견해를 약화한다.

④ A는 쥐가 지나갔던 장소의 시각적 정보가 해마 속 장소세포에 저장되어 해당 지점에 도달했을 때, 장소세포가 신호를 보내 미로상자 속의 쥐가 멈칫거리는 행동을 보인 것으로 분석했다. 따라서 미로상자 속의 쥐가 멈칫거리는 행동은 이미 지나간 장소에 있던 냄새를 기억했기 때문이라는 것이 밝혀졌다는 것은 A의 견해와 반대 방향의 진술이므로 A의 견해를 약화한다.

⑤ A는 쥐를 대상으로 한 실험을 바탕으로 사람에 대한 결론을 내리고 있으므로 A의 견해는 쥐와 사람 간의 유사성에 바탕을 두고 있다. 따라서 쥐에는 있지만 사람에게는 없는 세포 구성 성분이 발견된 것에 비추어 볼 때, 사람의 세포가 쥐의 세포와 유사하지 않다는 것은 쥐와 사람 간에 유사성이 아닌 차이점이 있음을 나타내는 것이므로 A의 견해를 약화한다.

06
정답 ③

정답 체크

제시된 글은 제한된 자원을 서로 경쟁적인 관계에 있는 연구 프로그램들에 어떻게 배분하는 것이 옳은가라는 물음에 대하여 대부분의 자원을 A에 배분하더라도 적어도 어느 정도의 자원은 B에 배분하는 '나누어 걸기' 전략이 바람직하다는 주장을 하고 있다. 따라서 상충하는 연구 프로그램들이 모두 작동하기 위해서는 배분 가능한 것 이상의 자원이 필요한 경우가 발생할 수 있다는 것은 결국 제한된 자원으로는 나누어 걸기 전략을 실행하기 어렵다는 의미가 되므로 글의 논지를 약화한다.

오답 체크

① 제시된 글의 논지는 '선택과 집중' 전략보다는 '나누어 걸기' 전략이 더 바람직하다는 것이다. 따라서 '선택과 집중' 전략이 기업의 투자 전략으로 바람직하지 않다는 것은 글의 논지와 같은 방향의 진술이므로 논지를 강화한다.

② 제시된 글은 현재 유망한 연구 프로그램이 쇠락의 길을 걷게 될 수도 있고 반대로 현재 성과가 미미한 연구 프로그램이 얼마 뒤 눈부신 성공을 거둘 가능성이 있기 때문에 '나누어 걸기' 전략이 더 바람직하다고 주장한다. 따라서 연구 프로그램들에 대한 현재의 비교 평가 결과가 몇 년 안에 확연히 달라질 수도 있다는 것은 논지를 지지하는 전제와 같은 방향의 진술이므로 논지를 강화한다.

④ 제시된 글은 A가 성공하고 B가 실패하거나, A가 실패하고 B가 성공하거나, 아니면 둘 다 실패하거나 셋 중 하나임을 가정하여 결론을 내리고 있다. 따라서 연구 프로그램이 아무리 많다고 하더라도 그것들 중에 최종적으로 성공하게 되는 것이 하나도 없을 가능성이 존재한다는 것은 글의 전제와 같은 방향의 진술이므로 논지를 강화한다.

⑤ 과학 연구에 투입되는 자원의 배분은 사회의 성패와 관련된 것이므로 한 사람이나 몇몇 사람의 생각으로 결정해서는 안 된다는 것은 글의 논지와 직접적인 관련이 없으므로 논지를 약화하는 진술로 적절하지 않다.

⏱ 빠른 문제 풀이 Tip

글의 논지와 같은 방향의 진술뿐만 아니라 논지를 지지하는 전제와 같은 방향의 진술도 결론적으로 논지를 강화하는 진술이 될 수 있다.

07
정답 ⑤

정답 체크

㉠의 내용을 정리하면 '쾌락에 대한 욕구 → 음식에 대한 욕구 → 먹는 행동 → 쾌락'이다. 따라서 맛없는 음식보다 맛있는 음식을 욕구하는 것은 맛있는 음식을 먹어 얻게 될 쾌락에 대한 욕구가 맛없는 음식을 먹어 얻게 될 쾌락에 대한 욕구보다 강하기 때문이라는 것은 쾌락에 대한 욕구가 음식에 대한 욕구의 원인이 된다는 의미이므로 ㉠을 강화하는 진술이 될 수 있다.

오답 체크

① 어떤 욕구도 또 다른 욕구의 원인일 수 없다는 것은 ㉠의 인과적 연쇄를 부정하는 의미이므로 ㉠을 약화한다.

② 사람들은 쾌락에 대한 욕구가 없더라도 음식을 먹는 행동을 하기도 한다는 것은 쾌락에 대한 욕구가 음식에 대한 욕구의 원인이 된다는 것을 부정하는 의미이므로 ㉠을 약화한다.

③ 음식에 대한 욕구로 인해 쾌락에 대한 욕구가 생겨야만 행동으로 이어진다는 것은 쾌락에 대한 욕구가 음식에 대한 욕구의 원인이 된다는 ㉠의 인과적 연쇄와 반대 방향의 진술이므로 ㉠을 약화한다.

④ 첫 번째 단락에 따르면 음식과 같은 것이 외적 대상이 되는데, 이 외적 대상에 대한 욕구가 다른 것에 의해서 야기되지 않고 그저 주어진 것일 뿐이라는 것은 ㉠의 인과적 연쇄를 부정하는 것이므로 ㉠을 약화한다.

⏱ 빠른 문제 풀이 Tip

발문에서 '약화하지 않는 것'의 대상이 ㉠이므로 지문을 읽을 때 세부 정보에 집중하기보다는 ㉠에 해당하는 쾌락주의자의 주장이 무엇인지 우선적으로 확인하여 방향성을 판단하는 기준을 잡는 것이 중요하다.

08
정답 ④

정답 체크

ㄴ. ㉠의 내용은 전체의 의미로부터 그 구성요소의 의미를 결정하는 것이다. 결국 과학의 단어가 지니는 의미는 과학 이론에 의존하게 된다는 것이다. 뉴턴역학에서 사용되는 '힘'이라는 단어의 의미가 뉴턴역학에 의거하여 결정될 수 있다는 점은 뉴턴역학의 전체 의미로부터 그 구성요소인 '힘'의 의미를 결정하는 것이므로 ㉠과 같은 방향의 사례이다. 따라서 ㉠을 강화한다는 것은 적절한 평가이다.

ㄷ. ㉠의 내용은 전체의 의미로부터 그 구성요소의 의미를 결정하는 것이므로 간접적인 의미 결정 방식이다. 따라서 토끼와 같은 일상적인 단어는 언어 행위에 대한 직접적인 관찰 증거만으로 그 의미를 결정할 수 있다는 점은 ㉠과 반대 방향의 사례로서 ㉠을 약화하므로 적절한 평가이다.

오답 체크

ㄱ. "고래는 포유류이다."에서 '포유류'는 구성요소에 해당하므로 "고래는 포유류이다."의 의미를 확정하기 위해서는 먼저 '포유류'의 의미를 결정해야 한다는 점은 ㉠에서처럼 전체의 의미로부터 구성요소의 의미를 추론하는 것과는 반대 방향의 사례이다. 따라서 ㉠을 강화한다고 볼 수 없으므로 적절한 평가가 아니다.

⏱ 빠른 문제 풀이 Tip

선택지를 보면, ㉠을 강화·약화하는지 여부를 묻고 있음을 알 수 있다. 따라서 ㉠의 내용을 확인하고 선택지에 제시된 사례가 ㉠에 대해 어떠한 방향성을 가지는지 파악해야 한다.

09
정답 ④

정답 체크

㉠의 내용은 주먹도끼가 발견되지 않은 인도 동부를 기준으로 모비우스 라인이라는 가상선을 긋고, 그 서쪽 지역인 유럽이나 아프리카는 주먹도끼 문화권으로, 그 동쪽인 동아시아는 찍개 문화권으로 구분하여 모비우스 라인 동쪽 지역은 서쪽 지역보다 인류의 지적·문화적 발전 속도가 뒤떨어졌다고 한 것이다. 그러나 학술 연구를 통해 전곡리 유적이 전기 구석기 시대의 유적으로 확증된다면, 이는 모비우스 라인 동쪽 지역인 동아시아에도 구석기 시대에 주먹도끼가 사용되었다는 것을 나타내므로 동아시아 지역을 찍개 문화권으로 구분하는 ㉠과 반대 방향의 진술이 된다. 따라서 이러한 사실이 확증되면 ㉠은 약화되므로 적절한 평가이다.

오답 체크

① ㉠은 주먹도끼가 사용되지 않은 모비우스 라인 동쪽 지역은 서쪽 지역보다 인류의 지적·문화적 발전 속도가 뒤떨어졌다고 주장한다. 그러나 주먹도끼를 만들어 사용한 인류가 찍개를 만들어 사용한 인류보다 두개골이 더 컸다는 것이 밝혀진다고 해도 두개골의 크기와 지적·문화적 발전 속도와의 관련성이 직접적으로 언급되어 있지 않으므로 ㉠이 강화된다는 것은 적절하지 않은 평가이다.

② ㉠은 모비우스 라인 동쪽 지역인 동아시아에서는 주먹도끼가 사용되지 않았다고 보는데, 주먹도끼처럼 3차원적이며 대칭적인 물건을 만들 수 있으려면 형식적 조작기 수준의 인지 능력을 갖추어야 한다고 언급되어 있다. 따라서 형식적 조작기 수준의 인지 능력을 가진 인류가 구석기 시대에 동아시아에서 유럽으로 이동했다는 것이 밝혀진다면 이는 동아시아에서도 주먹도끼가 사용되었다는 의미가 될 수 있으므로 ㉠이 강화된다는 것은 적절하지 않은 평가이다.

③ 주먹도끼를 사용했다는 것은 계획과 실행이 가능한 수준으로 지적 수준이 도약했다는 것을 나타낸다. 그런데 계획과 실행을 할 수 있는 지적 수준의 인류가 거주했던 증거가 동아시아 전기 구석기 유적에서 발견되었다는 것은 동아시아에서는 주먹도끼가 사용되지 않았다는 ㉠의 내용과 반대되는 사례가 될 수 있다. 따라서 ㉠이 강화된다고 볼 수 없으므로 적절하지 않은 평가이다.

⑤ ㉠의 내용은 주먹도끼가 특정 지역에서만 사용되었다는 것이지, 무엇을 위해 주먹도끼를 제작했는지는 언급하고 있지 않다. 따라서 동아시아에서는 주로 열매를 빻기 위해 석기를 제작하였고 모비우스 라인 서쪽에서는 주로 짐승 가죽을 벗기기 위해 석기를 제작하였다는 것이 밝혀진다 해도 ㉠이 약화된다고 볼 수 없으므로 적절하지 않은 평가이다.

10

정답 체크
ㄴ. 을은 도덕 상대주의가 도덕 절대주의의 이념을 수용해야 하는 역설에 빠지게 된다고 주장한다. 따라서 우월한 도덕 체계와 열등한 도덕 체계를 객관적으로 구분할 수 있다면, 도덕적 상대주의에 대한 비판이 될 수 있으므로 을의 주장은 약화되지 않는다.

오답 체크
ㄱ. 갑은 하나의 도덕원리가 각기 다른 상황에 적용되면서 서로 다른 관습을 초래한 것일 수 있다고 주장하고 있다. 따라서 도덕원리가 "두 사회의 관습이 같다면 그 사회들의 도덕원리가 같다."라는 것이 사실이라고 해도 갑의 주장과는 직접적인 관련성이 없으므로 갑의 주장은 약화되지 않는다.

ㄷ. 병은 도덕 상대주의를 받아들이면 사회 관습이나 신념 체계의 진보를 말할 수 없게 된다고 보고, 사회 관습이나 신념 체계가 진보했다고 말할 수 있는 사례가 존재한다고 본다. 그런데 현재의 관습과 신념 체계가 과거의 것보다 퇴보한 사회가 있다는 것은 사회 관습이나 신념 체계가 진보했다고 말할 수 없는 사례가 존재한다는 것이므로 그런 사회가 있다고 해도 병의 주장과 직접적인 관련이 없다. 따라서 병의 주장은 약화되지 않는다.

⏱ 빠른 문제 풀이 Tip
<보기>를 먼저 보면, 갑, 을, 병의 주장을 하나씩 평가하고 있으므로 지문의 갑 부분을 읽고 <보기> ㄱ을 판단하고, 을 부분을 읽고 <보기> ㄴ을 판단하는 방식으로 접근하는 것이 효율적이다.

11

정답 체크
ㄴ. 사람마다 능력과 적성이 다르며, 능력과 적성에 맞지 않는 일을 하는 사람은 그 일의 진정한 주체가 될 수 없다는 것은 추첨식 민주정이 자유의 이념을 실행하지 못할 가능성이 있다는 의미이다. 따라서 이는 ㉠을 약화한다.

ㄷ. 도덕적 소양을 갖춘 사람이 아니라면, "내가 싫어하는 것은 남들에게 하지 말아야겠어!"라고 생각하기보다 "나도 당했으니 너도 당해봐!"라고 생각하는 경우가 더 흔하다는 사실은 통치와 복종을 번갈아 하는 덕성이 제대로 작동하지 않을 수도 있다는 의미이다. 따라서 이는 ㉠을 약화한다.

오답 체크
ㄱ. 추첨이 아닌 다른 제도를 통해서도 사실상 공직을 맡을 기회가 모든 시민에게 균등하게 배분될 수 있다는 것은 추첨식 민주정이 아닌 다른 방식으로도 평등을 실현할 수 있다는 것이다. 그러나 이러한 내용이 추첨식 민주정이 평등의 이념을 실현하는 데 적합하지 않다는 의미는 아니므로 ㉠을 약화한다고 볼 수 없다.

12

정답 체크
ㄴ. 을에 따르면 우리가 먹는 음식과 주거 환경, 생활양식이 모두 유전자의 활동을 조절하여 다른 신체 상태를 유발할 수 있다. 따라서 고혈압을 유발하는 유전자를 갖고 있더라도 생활환경에 따라 고혈압이 발병하지 않는 것이 사실이라면, 을의 주장이 강화된다.

ㄷ. 갑은 유전자에 의해 질환이 유발된다는 입장이고, 을은 유전자의 활동이 조절될 수 있다는 입장이다. 따라서 대부분의 질병은 특정 유전자가 있어서 생기는 것이 아니라 유전자의 활동이 조절되는 양상에 따라 발병한다는 것이 사실이라면, 갑의 주장은 약화되지만 을의 주장은 강화된다.

오답 체크
ㄱ. 갑에 따르면 유전자에 의해 결정되는 형질은 인간이 환경이나 행동을 바꾼다고 해서 개선될 수 있는 것이 아니다. 따라서 유전자가 작동되는 방식은 정해져 있어 다른 신체 조건이 변경되어도 바뀔 수 없다는 것이 사실이라면, 갑의 주장이 강화된다.

⏱ 빠른 문제 풀이 Tip
발문에서 평가의 대상이 갑과 을의 논쟁이므로 지문을 읽을 때 갑과 을의 주장 간의 차이점을 명확하게 파악하는 것이 필요하다. 그리고 이를 기준으로 선택지의 방향성을 판단한다.

13

정답 체크
ㄱ. 갑은 비버가 댐을 만드는 것이 비버가 지닌 본성에 따른 것처럼 인간이 비행기를 만드는 것도 인간의 본성에 따른 것일 수 있다고 보고, 을은 인간의 기술이 인간 본성에서 비롯했다는 점에 동의한다. 따라서 만들어진 모든 것이 본성의 소산이라는 것은, 갑의 입장도 을의 입장도 약화하지 않는다.

ㄴ. 을에 따르면 인공물은 언제나 부자연스러움을 가져온다. 따라서 자연을 변화시킨 인공물이지만 부자연스러움을 낳지 않는 물건이 있다는 것은, 을의 입장을 강화하지 않는다.

오답 체크
ㄷ. 을에 따르면 어떤 것의 사용에 원리에 대한 이해가 있다면, 그 사용은 반드시 부자연스러움을 낳는다. 따라서 부자연스러움을 낳는 것 중에 원리에 대한 이해 없이 생겨난 물건이 있다는 것은, 을의 입장을 약화하지 않는다.

14

정답 체크
ㄱ. 행성의 공전 주기가 지구의 공전 주기와 유사하더라도, 항성의 밝기가 태양과 크게 다르다면 같은 공전 주기라도 행성이 받는 항성의 빛의 양이 달라지기 때문에, 행성의 환경이 너무 춥거나 너무 더워 생명체가 존재하기 어렵다. 따라서 항성 Y의 밝기가 태양에 비해 훨씬 어두웠다는 것은 ㉠을 약화한다.

ㄷ. 항성이 식에 의해 어두워지는 비율이 크다면 외계 행성이 크기 때문에 이 항성의 빛을 가리는 정도가 크다는 것을 의미한다. 따라서 항성 Y에서 식에 의해 항성의 밝기가 어두워지는 비율이 항성 X에서보다 훨씬 컸다는 것은 Y의 외계 행성의 크기가 지구보다 크다는 의미이므로 ㉠을 약화한다.

오답 체크
ㄴ. 행성의 공전 주기와 크기가 지구와 유사하다면 그 행성에 생명체가 존재할 가능성이 커지는데, 항성 Y에는 식을 발생시키는 행성이 있고 그 행성의 공전 주기가 약 1년이라는 것이 밝혀져 있다. 따라서 항성 Y에서 주기가 더 긴 다른 행성에 의한 식 현상이 추가로 발견되었다는 것은 ㉠과 직접적인 관련이 없으므로 ㉠을 약화한다고 볼 수 없다.

⏱ 빠른 문제 풀이 Tip
발문에서 약화의 대상으로 제시된 ㉠의 내용을 정확히 파악하는 것이 중요하다. 지문에서 가설을 지지하는 근거로 제시된 항성의 밝기, 어두워지는 비율 등을 잘 체크하고 이를 기준으로 선택지의 방향성을 판단한다.

1 독해의 원리

2 논증의 방향

3 문맥과 단서

4 논리의 체계

기출 재구성 모의고사

해커스PSAT 7급 PSAT 유형별 기출 200제 언어논리

15

정답 체크

ㄱ. 나방 A 중에서 날개꼬리를 제거한 그룹이 날개꼬리가 온전한 그룹보다 박쥐에 의해 더 잘 식별되었다는 것은 날개꼬리가 표적 식별을 방해한다는 의미이므로 ㉠과 ㉡을 모두 강화한다. 그러나 두 그룹의 비행 능력에 차이가 없었다는 연구 결과가 나오면, ㉠은 약화되지만 ㉡은 강화된다.

ㄷ. 나방 A 중에서 날개꼬리를 제거한 그룹보다 날개꼬리가 온전한 그룹의 비행 능력이 더 낮았다는 연구 결과가 나오면, ㉢은 약화된다. 또한 이는 비행 능력에 영향을 준 것이므로 비행 능력에 영향을 주지 않는다는 ㉡도 약화된다.

오답 체크

ㄴ. 나방 A 중에서 날개꼬리를 제거한 그룹에 대한 박쥐의 포획 성공률이 날개꼬리가 온전한 그룹에 대한 박쥐의 포획 성공률보다 더 낮았다는 것은 날개꼬리가 있으면 더 잘 포획된다는 의미이다. 따라서 이러한 연구 결과가 나오면, ㉠과 ㉢ 모두 약화된다.

3 문맥과 단서

01	02	03	04	05	06	07	08	09	10
⑤	④	②	②	①	④	①	③	①	①

11	12	13	14	15	16	17			
④	⑤	①	④	①	③	⑤			

01   정답 ⑤

정답 체크

청탁금지법에 따르면 공직자가 부정 청탁을 받았을 때는 명확히 거절 의사를 표현해야 하고, 그랬는데도 상대방이 이후에 다시 동일한 부정 청탁을 해온다면 소속 기관의 장에게 신고해야 한다. 현재 C가 찾아와 X회사 공장 부지의 용도 변경에 힘써 달라며 200만 원을 주려고 해서 단호히 거절하였고, 이후 C가 같은 청탁을 하지는 않은 상태이다. 따라서 현재는 청탁금지법상 C의 청탁을 신고할 의무가 생기지 않지만, C가 같은 청탁을 다시 한다면 신고해야 한다는 것은 빈칸에 들어갈 내용으로 적절하다.

오답 체크

① 청탁금지법에 따르면 여러 행위가 계속성 또는 시간적·공간적 근접성이 있다고 판단되면, 합쳐서 1회로 간주될 수 있으므로 시간적·공간적 근접성은 청탁을 한 사람이 동일인인지를 판단하는 기준이 된다. 그런데 X회사로부터 받은 접대는 이미 1인당 1만 2천 원씩 총 90명에게 제공되어 명목에 상관없이 1회 100만 원을 초과하는 금품이나 접대를 받을 수 없다는 청탁금지법에 위반된다. 따라서 X회사로부터 받은 접대는 시간적·공간적 근접성으로 보아 청탁금지법을 위반한 향응을 받은 것이 된다는 것은 빈칸에 들어갈 내용으로 적절하지 않다.

② Y회사의 임원인 B가 관급 공사 입찰을 도와달라고 청탁하면서 100만 원을 건넨 것은 청탁금지법상의 금품이므로 Y회사로부터 받은 제안의 내용이 금품이라고는 할 수 없지만 향응에는 포함될 수 있다는 것은 빈칸에 들어갈 내용으로 적절하지 않다.

③ 청탁금지법상 한 공직자에게 여러 사람이 동일한 부정 청탁을 하며 금품을 제공하려 하였을 때에도 이들의 출처가 같다고 볼 수 있다면 '동일인'으로 해석되는데, A와 C가 갑에게 동일한 부정 청탁을 한 것은 아니므로 둘이 동일인으로서 부정 청탁을 한 것이 된다는 것은 빈칸에 들어갈 내용으로 적절하지 않다.

④ 청탁금지법에 따르면 공직자는 동일인으로부터 명목에 상관없이 1회 100만 원을 초과하는 금품이나 접대를 받을 수 없다. 그런데 B는 100만 원, C는 200만 원을 주려고 했으므로 직무 관련성이 없다면 B와 C가 제시한 금액은 청탁금지법상의 허용 한도를 벗어나지 않는다는 것은 빈칸에 들어갈 내용으로 적절하지 않다.

02   정답 ④

정답 체크

(가) 갑은 국민 개인의 삶의 질을 1부터 10까지의 수치로 평가하고 이 수치를 모두 더해 한 국가의 행복 정도를 정량화하여 어느 국가가 더 행복한 국가인지 비교할 수 있다고 주장한다. 하지만 필자는 갑의 주장은 일반적인 직관과 충돌하는 결론이 나오기 때문에 받아들이기 어렵다고 본다. 따라서 (가)에는 행복한 국가라면 그 국가의 대다수 국민이 높은 삶의 질을 누리고 있다고 보는 일반적 직관과 충돌하는 사례가 들어가야 한다. (가) 뒤쪽에 'B국에서 가장 높은 삶의 질을 지닌 국민이 A국에서 가장 낮은 삶의 질을 지닌 국민보다 삶의 질 수치가 낮다.'는 문장이 제시되어 있으므로 (가)에 들어갈 말로 가장 적절한 것은 'B국의 행복 정도가 A국의 행복 정도보다 더 크지만'이다.

(나) (나)에는 위 사례에 대한 갑의 주장이 들어가야 하고, (나) 뒤쪽에 '그러나 이러한 결론에 동의할 사람은 거의 없을 것이다.'라는 문장이 제시되어 있다. 따라서 (나)에 들어갈 말로 가장 적절한 것은 'B국이 A국보다 더 행복한 국가라고 말해야 할 것이다'이다.

03   정답 ②

정답 체크

첫 번째 단락에 따르면 세포내액과 세포외액을 가로막고 있는 것은 세포막이고 이 세포막을 이동할 수 있는 것은 물이다. 그리고 물은 삼투질 농도가 낮은 공간의 물이 삼투질 농도가 높은 공간으로 이동한다. <사례>에 따르면 철수는 마신 소금물의 농도가 체액과 동일하기 때문에 물을 마셔도 체액의 농도 변화가 없고, 따라서 물이 이동하지 않는다. 반면 영훈이는 순수한 물을 마셨기 때문에 세포외액의 농도가 낮아진다. 그러면 물의 이동원리에 따라 삼투질 농도가 낮은 공간인 세포외액이 상대적으로 삼투질 농도가 높아진 세포내액으로 이동하게 된다. 세포내액이 세포외액에 비해 비중이 크므로 두 공간의 농도가 평형을 이루려면 세포내액 쪽으로 물이 더 많이 들어가야 한다. 결국 영훈이의 경우 세포내액의 증가량이 세포외액의 증가량보다 크다. 따라서 빈칸에 들어갈 진술로 가장 적절한 것은 '영훈의 세포외액 증가량이 세포내액 증가량보다 적다.'이다.

오답 체크

① 철수는 세포외액만 증가한 상태이므로 철수의 세포내액 증가량과 세포외액 증가량이 같다는 것은 빈칸에 들어갈 진술로 적절하지 않다.

③ 철수의 세포외액만 1L 증가한 상태이므로 철수의 세포외액 증가량이 영훈의 세포외액 증가량보다 적다는 것은 빈칸에 들어갈 진술로 적절하지 않다.

④ 철수의 세포내액은 증가하지 않았으므로 철수의 세포내액 증가량이 영훈의 세포외액 증가량보다 많다는 것은 빈칸에 들어갈 진술로 적절하지 않다.

⑤ 순수한 물을 마신 영훈의 세포내액의 삼투질 농도는 낮아져 있는 상태이므로 철수의 세포내액의 삼투질 농도는 영훈의 세포내액의 삼투질 농도보다 낮다는 것은 빈칸에 들어갈 진술로 적절하지 않다.

⏱ **빠른 문제 풀이 Tip**

선택지에서 영훈이와 철수의 세포내액 증가량과 세포외액 증가량을 비교하고 있으므로 빈칸을 채우기 위해 필요한 정보는 영훈이와 철수가 마신 물의 차이가 각자의 세포내액과 세포외액을 어떻게 변화시키는지이다.

04   정답 ②

정답 체크

빈칸이 들어가 있는 문장의 '이러한 사례'는 빈칸 앞 문장에 제시된 '스카이다이버들은 죽음의 공포를 느끼면서도 그것을 무릅쓰고 비행기에서 뛰어 내린다.'를 가리킨다. 또한 빈칸 바로 뒤에 오는 문장의 첫 단어가 '그렇다면'이므로 빈칸에 들어갈 문장은 뒤에 오는 문장과 같은 방향의 진술이 된다. 따라서 빈칸에는 '즉, 죽음의 편재성이 인간에게 죽음의 공포를 불러일으킨다고 해서 죽음의 편재성이 회피대상이라는 결론으로 나아갈 수는 없다는 것이다.'라는 문장과 같은 방향을 가지는 문장이 들어가야 하므로 가장 적절한 것은 '인간에게 죽음의 공포를 불러일으키는 것이 반드시 회피대상은 아니라는 것이다.'이다.

오답 체크

① 제시된 글에 따르면 죽음의 편재성이 인간에게 죽음의 공포를 불러일으키는 것은 사실이므로 스카이다이버들이 죽음에 대한 공포를 느끼지 않는 사람들이라는 것은 빈칸에 들어갈 내용으로 적절하지 않다.

③ 제시된 글에 따르면 죽음의 편재성이 인간에게 죽음의 공포를 불러일으키는 것은 사실이므로 죽음의 편재성이 우리에게 죽음의 공포를 불러일으킨다는 것이 거짓이라는 것은 빈칸에 들어갈 내용으로 적절하지 않다.

④ 죽음의 공포로부터 자유로운 공간이나 시간이 존재한다는 상상이 현실과 동떨어졌다는 것은 죽음의 편재성이 회피대상이라는 결론으로 나아갈 수는 없다는 글의 내용과 배치되므로 빈칸에 들어갈 내용으로 적절하지 않다.

⑤ 죽음을 피할 수 있는 공간에 사람들이 모이는 이유는 죽음에 대한 공포 때문이라기보다는 죽음에 대한 동경 때문이라고 보아야 한다는 것은 죽음의 편재성이 인간에게 죽음의 공포를 불러일으킨다고 해서 죽음의 편재성이 회피대상이라는 결론으로 나아갈 수는 없다는 내용과 관련성이 없으므로 빈칸에 들어갈 내용으로 적절하지 않다.

⏱ **빠른 문제 풀이 Tip**

빈칸 추론 문제는 문맥을 파악하는 문제이므로 빈칸이 들어가 있는 문장의 앞뒤 문장이 어떤 접속사로 연결되어 있는지 확인하는 것이 문맥을 잡는 데 도움이 된다.

05   정답 ①

정답 체크

빈칸에 들어갈 내용을 추론하기 위한 단서는 '뉴턴의 중력이론의 관점에서는 이렇게 될 이유가 없다'는 것이다. 뉴턴의 중력 개념은 '질량을 갖는 것이라면 우주의 모든 것에 작용하는 보편 중력'이고, '이렇게 된다'는 것은 태양의 질량 때문에 태양 주위에 시공간의 왜곡이 발생해서 태양 주위를 지나가는 광자의 경로가 태양 쪽으로 휘어진다는 것이다. 그렇다면 빈칸 안에는 뉴턴의 중력 이론의 관점의 핵심 단어인 '질량'에 대한 언급이 들어가야 하고, 아인슈타인이 예측한 내용과 질량 간의 연결성이 언급되는 것이 적절하다. 따라서 빈칸에 들어갈 내용으로 가장 적절한 것은 '광자는 질량을 갖지 않는다'이다.

오답 체크

② 진공 속에서 광자의 속력이 일정하다는 것은 뉴턴의 중력 이론의 관점에서는 광자의 경로가 휘어지지 않는다는 것과 직접적인 연관성이 없으므로 빈칸에 들어갈 내용으로 적절하지 않다.

③ 물체의 질량이 클수록 더 큰 중력을 발휘한다는 것은 오히려 빈칸 앞쪽의 내용과 동일한 방향성을 가지므로 '그러나' 뒤의 빈칸에 들어갈 내용으로 적절하지 않다.

④ 중력은 지구의 표면과 우주 공간에서 동일하다는 것은 뉴턴의 중력 이론의 관점에서는 광자의 경로가 휘어지지 않는다는 것과 직접적인 연관성이 없으므로 빈칸에 들어갈 내용으로 적절하지 않다.

⑤ 시간과 공간이 물체의 질량이나 운동에 영향을 받지 않는다고 해서 광자가 휘어지지 않는다는 결론이 나올 수는 없으므로 빈칸에 들어갈 내용으로 적절하지 않다.

06   정답 ④

정답 체크

마지막 단락에 따르면 실천하여 행하는 것이 그 이상과 같아야 비로소 인의 도를 온전히 다했다고 할 수 있는데, 유교 경전인 『논어』와 『맹자』에 나오는 내용은 오히려 실천과 이상이 다른 사례에 해당된다. 따라서 마지막 단락을 정리하는 내용이 들어가야 하는 빈칸에는 '유교는 인의 도가 지향하는 이상을 실천하는 데 철저하지 못한 측면이 있다.'는 내용이 들어가는 것이 가장 적절하다.

오답 체크

① 유교가 『서경』 이래 천지만물을 하나의 가족처럼 여기는 인의 도를 철두철미하게 잘 실천하고 있다는 것은 마지막 단락에 제시된 유교의 사례와 방향이 다르므로 빈칸에 들어갈 내용으로 적절하지 않다.

② 유교에서는 공자와 맹자에서부터 살생하지 말라는 불교의 계율을 이미 잘 실천하고 있다는 것은 마지막 단락에 제시된 유교의 사례와 방향이 다르므로 빈칸에 들어갈 내용으로 적절하지 않다.

③ 유교의 공자와 맹자는 동물마저 측은히 여기는 대상에 포함하여 인간처럼 대하였다는 것은 마지막 단락에 제시된 유교의 사례와 방향이 다르므로 빈칸에 들어갈 내용으로 적절하지 않다.

⑤ 유교에서 인의 도는 인간과 동물을 부모와 자식의 관계로 보고 있다는 것은 마지막 단락에 제시된 유교의 사례와 방향이 다르므로 빈칸에 들어갈 내용으로 적절하지 않다.

07　　정답 ①

정답 체크
제시된 글에 따르면 헌팅턴 무도병은 신체의 근육들이 제멋대로 움직여서 거칠고 통제할 수 없는 운동을 유발하고 반면에 파킨슨병은 근육의 경직과 떨림으로 움직이려 하여도 근육이 제대로 움직여 주지 않는다. 그런데 선조체가 손상을 입으면 헌팅턴 무도병에 걸리고 흑색질에 손상을 입으면 파킨슨병에 걸린다. 결국 선조체는 신체 운동을 억제하고, 흑색질은 신체 운동을 유발하는 역할을 한다는 것을 알 수 있다. 따라서 ⊙에는 '억제', ⓒ에는 '유발'이 들어가야 한다. 또한 흑색질의 기능을 향상시키는 약을 쓰면 파킨슨병의 증세가 완화되므로 ⓒ에는 '흑색질'이 들어가야 한다. 한편 흑색질과 선조체는 대립적인 기능을 가지며 흑색질의 기능을 억제하는 약을 쓰면 신체 운동이 억제되므로 근육이 제멋대로 움직이는 헌팅턴 무도병의 증세가 완화된다. 따라서 ⓔ에도 '흑색질'이 들어가야 한다.

08　　정답 ③

정답 체크
⊙ 첫 번째 단락에 따르면 변별적으로 인식하는 소리를 음소라고 하고, 변별적으로 인식하지 못하는 소리를 이음 또는 변이음이라고 한다. 우리가 [x]와 [y]를 변별적으로 인식한다면, [x]와 [y]는 둘 다 음소로서의 지위를 갖는 반면 [x]와 [y] 가운데 하나는 음소이고 다른 하나가 음소가 아니라면, [x]와 [y]를 서로 변별적으로 인식하지 못한다. 이에 따라 판단하면 '[x]를 들어도 [y]로 인식한다면 [x]는 [y]의 변이음이다.'가 ⊙에 들어갈 말로 가장 적절하다.

ⓒ 세 번째 단락에 따르면 변별적으로 인식하는 소리 즉, 음소의 수와 종류는 언어마다 다르다. 따라서 모국어의 음소 목록에 포함되어 있지 않은 소리를 들었다면, '그 소리를 모국어에 존재하는 음소 중의 하나로 인식하게 된다.'가 ⓒ에 들어갈 말로 가장 적절하다.

오답 체크
⊙ 첫 번째 단락에 따르면 변별적으로 인식하는 소리를 음소라고 하고, 변별적으로 인식하지 못하는 소리를 이음 또는 변이음이라고 하기 때문에 [x]를 들어도 [y]로 인식한다면 [x]는 음소가 아니라 변이음이라 보아야 하고, [y]를 들어도 [x]로 인식한다면 [y] 역시 음소가 아니라 변이음이라 보아야 한다.

ⓒ 지문에서는 음소의 수와 종류가 언어마다 다르다고만 언급되어 있을 뿐, 구체적으로 그 소리를 듣고 모국어에 존재하는 유사한 음소들의 '중간음'으로 인식하게 된다고 판단할 만한 근거는 제시되어 있지 않다.

09　　정답 ①

정답 체크
빈칸이 들어간 문장을 읽어보면 ⊙에 들어갈 문장은 글의 결론임을 알 수 있고, 그 결론은 발룽엔의 존재를 염두에 두었을 때 나오는 것임을 알 수 있다. '발룽엔'의 의미는 첫 번째 단락에 '매우 불명료하고 엄밀하게 정의될 수 없는 용어'라고 제시되어 있다. 또한 '그러나' 뒤쪽 내용은 첫 문장에 제시된 논리실증주의자들이나 포퍼의 생각에 반대하는 것이다. 결국 매우 불명료하고 엄밀하게 정의될 수 없는 용어를 염두에 둔다면, 논리실증주의자들이나 포퍼가 생각하듯이 증거와 가설 사이의 관계를 명확하게 판단하거나 가설을 정확히 검사할 수 있다는 것은 옳지 않다는 것이 이 글의 결론이 될 수 있다. 따라서 ⊙에 들어갈 내용으로 가장 적절한 것은 '과학적 가설과 증거의 논리적 관계를 정확하게 판단할 수 있다는 생각은 잘못된 것이다.'이다.

오답 체크
② ⊙의 결론은 발룽엔의 존재를 염두에 둔다는 것을 가정한다. 그런데 과학적 가설을 정확하게 검사하기 위해서는 우리의 감각적 경험을 배제해야 한다면 발룽엔을 배제하는 것이므로 이는 ⊙에 들어갈 내용으로 적절하지 않다.

③ ⊙의 결론은 발룽엔의 존재를 염두에 둔다는 것을 가정하고 있으므로 과학적 가설을 검사하기 위한 증거를 표현할 때 발룽엔을 사용해서는 안 된다는 것은 ⊙에 들어갈 내용으로 적절하지 않다.

④ 과학적 가설을 표현하는 데에도 발룽엔이 포함될 수밖에 없다는 것은 발룽엔의 존재를 염두에 둔다는 것과 동일한 의미가 될 수 있으므로 이를 전제로 하는 결론이 들어가야 하는 ⊙의 내용으로는 적절하지 않다.

⑤ 증거와 가설의 논리적 관계에 대한 판단을 위해서는 증거가 의미하는 것이 무엇인지 파악하는 것이 선행되어야 한다는 것은 이미 앞 문장에 제시되어 있으므로 증거가 의미하는 것이 무엇인지 정확히 파악해야 한다는 것은 ⊙의 내용으로 적절하지 않다.

> 🕐 **빠른 문제 풀이 Tip**
>
> 빈칸 추론 문제는 문장의 흐름을 보아야 하는 문제이므로 접속사가 추론의 중요 단서가 될 수 있다. 이 문제의 경우에도 빈칸이 포함된 문장이 '따라서'라는 접속사로 시작하고 있으므로 앞의 내용을 정리하는 결론적인 내용이 빈칸이 포함된 문장의 기본적인 방향임을 알 수 있다.

10　　정답 ①

정답 체크
⊙ 두 번째 단락에 따르면 "C시에 건설될 도시철도는 무인운전 방식으로 운행된다."라는 문장을 ⊙처럼 해석할 경우, C시에 도시철도를 건설하지 않기로 했으므로 원래의 문장은 거짓이 된다. 따라서 ⊙에는 C시에 도시철도를 건설하지 않는 것이 참일 때, 즉 C시에 도시철도를 건설하는 것이 거짓일 때 전체 문장의 진위가 거짓이 되는 문장이 들어가야 한다. (가)~(라) 중 이에 해당되는 문장은 (가)의 "C시에 도시철도가 건설되고, 그 도시철도는 무인운전 방식으로 운행된다."이다. 왜냐하면 '~하고'로 연결된 문장에서 한 쪽이 거짓이면 전체 문장이 거짓이 되기 때문이다.

ⓒ 세 번째 단락에 따르면 "C시에 건설될 도시철도는 무인운전 방식으로 운행된다."라는 문장을 ⓒ처럼 해석할 경우, C시에 도시철도를 건설해 그것을 무인운전이 아닌 방식으로 운행하는 일은 없다는 주장과 같은 의미를 나타내고, 이렇게 해석할 경우 원래의 문장은 참이 된다. 따라서 ⓒ에는 'C시에 도시철도를 건설해 그것을 무인운전이 아닌 방식으로 운행하는 일은 없다'는 것과 동일한 의미의 문장이 들어가야 한다. (가)~(라) 중 이에 해당되는 문장은 (다) "C시에 도시철도가 건설되면, 그 도시철도는 무인운전 방식으로 운행된다."이다.

오답 체크
⊙ (나) "C시에 무인운전 방식으로 운행되는 도시철도가 건설되거나, 아니면 아무 도시철도도 건설되지 않는다."처럼 '~거나'로 연결된 문장은 한 쪽이 거짓이어도 전체 문장이 거짓이 된다는 보장이 없으므로 ⊙에 들어갈 문장으로 적절하지 않다.

ⓒ (라) "C시에 도시철도가 건설되는 경우에만, 그 도시철도는 무인운전 방식으로 운행된다."는 것은 'C시에 도시철도를 건설해 그것을 무인운전이 아닌 방식으로 운행하는 일은 없다'는 것과 동일한 의미가 아니라, '도시철도가 무인운전 방식으로 운행하면 C시에 도시철도가 건설된 것이다'는 것과 동일한 의미가 된다. 따라서 ⓒ에 들어갈 문장으로 적절하지 않다.

11   정답 ④

정답 체크

⊙ 첫 번째 단락에 따르면 총알구멍은 동체 쪽에 더 많았고 엔진 쪽에는 그다지 많지 않았으며, 이를 통해 군 장성들은 철갑의 효율을 높일 수 있는 기회를 발견했다. 따라서 ⊙에는 교전을 마치고 돌아온 전투기를 기준으로 판단한 내용이 들어가야 하므로 '전투기에서 총알을 많이 맞는 동체 쪽에 철갑을 집중해야 충분한 보호 효과를 볼 수 있다는' 내용이 들어가는 것이 가장 적절하다.

ⓒ 세 번째 단락에 따르면 첫 번째 단락의 사례에서 군 장성들은 자신도 모르게 복귀한 전투기에 관한 어떤 가정을 하고 있었고, 바로 그 가정이 ⓒ에 들어갈 내용이다. 두 번째 단락에 따르면 장성들의 생각에 대해 수학자들은 엔진에 총알을 덜 맞은 전투기가 많이 돌아온 것은 엔진에 총알을 맞으면 귀환하기 어렵기 때문이라고 주장하며 반박한다. 따라서 ⓒ에는 군 장성들이 한 가정으로 '출격한 전투기 전체에서 무작위로 추출된 표본이라는' 내용이 들어가는 것이 가장 적절하다.

오답 체크

⊙ '전투기에서 가장 중요한 엔진 쪽에만 철갑을 둘러도 충분한 보호 효과를 볼 수 있다는' 것은 총알구멍이 동체 쪽에 더 많았고 엔진 쪽에는 그다지 많지 않았다는 ⊙ 앞의 내용과 배치되므로 ⊙에 들어갈 내용으로 적절하지 않다.

ⓒ 기지로 복귀한 전투기가 '출격한 전투기 일부에서 추출된 편향된 표본이라는' 것이 군 장성들의 가정이었다면 ⊙에서 '전투기에서 총알을 많이 맞는 동체 쪽에 철갑을 집중해야 충분한 보호 효과를 볼 수 있다는' 생각을 하지 않았을 것이다. 따라서 ⓒ에 들어갈 내용으로 적절하지 않다.

12   정답 ⑤

정답 체크

⊙ 세 번째 단락에서 물음 (1)에 대해 ⊙, (2)에 대해 Y라고 답한 이유로 쓰레기를 집으로 가지고 가는 번거로운 행동이 해변의 상태에 유의미한 변화를 가져오지 않는다면 그 번거로운 행동을 피하는 것을 선호하는 생각이 전제되어 있다는 것이 제시되어 있다. 따라서 (2)에 대한 답변인 Y가 번거로운 행동을 피하는 것이 될 것이므로 Y는 '쓰레기를 해변에 버리고 가는 것'이 될 것이고, 그렇다면 X는 '쓰레기를 집으로 가져가는 것'이 될 것이다. 결국 (1)에 대한 대답도 같은 이유에 따라 Y가 될 것이므로 ⊙에는 Y가 들어가는 것이 적절하다.

ⓒ 세 번째 단락에서 당신이 다른 조건이 모두 동등할 경우 해변이 버려진 쓰레기로 난장판이 되는 것보다 그렇게 되지 않는 것을 선호한다는 것을 가정한다. 다른 조건이 동등하므로 당신은 여전히 쓰레기를 집으로 가지고 가는 번거로운 행동이 해변의 상태에 유의미한 변화를 가져오지 않는다면 그 번거로운 행동을 피하는 것을 선호할 것이다. 또한 두 번째 단락에 따르면 (가)로 인한 해변의 상태는 (다)로 인한 해변의 상태와 별반 다르지 않을 것이고, (나)의 결과는 (라)의 결과와 별반 다르지 않을 것이다. 결국 해변의 상태는 당신이 아닌 다른 사람들의 행동으로 결정된다. 따라서 ⓒ에는 (가)~(라) 중에서 당신이 가장 선호하는 것으로 (다)가 들어가는 것이 가장 적절하다.

13   정답 ①

정답 체크

⊙ 현재선호 성향을 가진 사람은 현재가치를 계산할 때 미래가치를 할인하고, 미래선호 성향을 가진 사람은 현재가치를 계산할 때 미래가치를 할증한다. 그러나 현재보다 미래를 선호하는 성향을 가졌음에도 예상치 못한 사고가 발생하여 큰돈이 필요하다면 미래가치의 '할인'을 선택할 수밖에 없다.

ⓒ 이에 따르면 할인을 선택한다는 것이 현재선호를 가지고 있음을 의미하는 것은 아니므로 현재선호는 할인의 '필요조건'이 아닌 것이다.

ⓒ 물가와 화폐가치의 변동은 반대 방향으로 움직인다. 따라서 1년 뒤보다 낮은 수준의 현재 금액을 1년 뒤와 동일하게 평가하는 것을 현재선호 때문이라고 평가하려면, 이때 물가는 큰 폭으로 '내릴' 것으로 예상해야 한다.

ⓔ 반면, 1년 뒤보다 낮은 수준의 현재 금액을 1년 뒤와 동일하게 평가하는 이유가 현재선호 때문일 가능성이 위의 상황보다 상대적으로 작아지려면, 그 사람이 물가가 크게 '오를' 것으로 확신해야 한다.

14   정답 ④

정답 체크

(가) 한 물체의 '퍼텐셜 에너지'는 그 물체의 상대적 위치 등에 의해 달라지는 힘과 관련된 에너지이다. 따라서 댐에 저장된 물은 댐 아래의 물보다 더 '큰' 퍼텐셜 에너지를 갖는다고 보는 것이 적절하다.

(나) '댐 아래의 물을 댐 위로 퍼올리려면 물에 에너지를 투입해야 하는 것처럼'에서 댐의 물과 전자 간에 유사한 점을 언급하고 있다. 따라서 전자를 핵으로부터 멀리 이동시키기 위해서는 전자가 에너지를 '얻어야' 한다는 것이 적절하다.

(다) 공이 어느 계단에 있느냐에 따라 공은 다른 크기의 퍼텐셜 에너지를 가지는 것과 유사한 내용이 되어야 하므로 핵과 전자 사이의 거리가 변할 때, 전자의 퍼텐셜 에너지 크기 변화는 '불연속적이다'가 들어가는 것이 적절하다.

15   정답 ①

정답 체크

(가) 장치 X에는 특정 온도 이상에서는 표면이 양(+)으로 하전되고 이 온도보다 낮을 때 표면이 음(−)으로 하전되는 부품 A가 달려 있다. 이 장치를 −11℃인 방에 두고 방 온도를 −5℃까지 천천히 높일 때 어느 순간 부품 A의 표면은 양(+)으로 하전되었다. 그렇게 하전된 이후에도 방 온

도를 더 높여서 부품 A와 B의 온도는 −8℃가 되었다. 이때 부품 A와 그 표면에 맺힌 물방울 또한 −8℃였으며, 이 온도에서 그 물방울은 결빙되기 시작했다. 반면 이때 부품 B의 표면에 맺힌 물방울은 결빙되지 않았다. 따라서 위 실험 결과는 과냉각된 물은 주변 온도가 '올라가는 상황에서도' 얼 수 있다는 것을 알 수 있다.

(나) A는 −11℃ ∼ −8℃에서 양으로 하전된다. 따라서 A의 표면은 −7℃에서 양의 하전을 보이게 된다.

(다) A의 표면은 −7℃에서 양의 하전을 보이고, 이 온도에서 그 물방울이 결빙되기 시작했다. 반면, 부품 B와 그 표면에 맺힌 물방울이 −12.5℃가 되자 물방울은 결빙되기 시작했다. 즉 물의 온도가 내려갈 때 양의 하전인 경우 더 빨리 결빙된다. 따라서 위 실험 결과는 과냉각된 물의 온도가 내려갈 때 물 주변 양의 하전이 결빙을 촉진한다는 사실을 보여준다.

---

16   정답 ③

정답 체크

빈칸을 포함한 문장이 '따라서'로 시작하는 것으로 보아 빈칸에 들어갈 내용은 적어도 그 단락의 최종 결론에 해당될 가능성이 높다. '확증한다'는 것의 의미가 무엇인지는 빈칸이 들어가 있는 단락 바로 위에 서술되어 있다. 바로 '가설 H가 참인 조건에서 증거 E가 참일 확률이 가설 H가 거짓인 조건에서 증거 E가 참일 확률보다 더 크다'는 것이 증거 E가 가설 H를 확증한다는 의미이다. 제시된 글에서 ST가 참인 조건에서 R이 참일 확률은 1/2이고, ST가 거짓인 조건, 즉 MW가 참인 조건에서 R이 참일 확률은 1이라고 했으므로 R은 ST를 확증하지 못한다. 한편 MW가 거짓인 조건에서 R이 참일 확률은 1/2이고 MW가 참인 조건에서 R이 참일 확률은 1이라는 것을 추론할 수 있다. 따라서 R은 MW를 확증한다. 이를 종합하면 빈칸에 들어갈 진술로 가장 적절한 것은 'R은 ST를 확증하지 못하지만 MW는 확증한다.'이다.

---

17   정답 ⑤

정답 체크

㉠이 들어가 있는 문장을 보면 '지금까지의 논의를 종합할 때'라는 표현이 보이고, ㉠은 '흥미로운 결론'이므로 글의 전체 결론을 파악해 주어야 한다. 이를 위해 첫 번째 문제와 동일한 방식으로 L이 ST와 MW를 확증하는지를 확인하면, ST가 참인 조건에서 L이 참일 확률은 1/2이고, ST가 거짓인 조건, 즉 MW가 참인 조건에서 L이 참일 확률은 1이므로 L은 ST를 확증하지 못한다. 또한 MW가 거짓인 조건에서 L이 참일 확률은 1/2이고, MW가 참인 조건에서 L이 참일 확률은 1이라는 것을 추론할 수 있으므로 L은 MW를 확증한다. 결국 R과 L의 결론이 동일함을 알 수 있다. 따라서 ㉠으로 가장 적절한 것은 '어떤 경험을 하든지 우리의 경험은 양자역학의 특정한 해석 하나만을 확증한다.'는 것이다.

오답 체크

① MW가 확증되는 경우 ST는 확증되지 않으므로 양자역학의 한 해석이 확증되면 다른 해석도 확증된다는 것은 ㉠으로 적절하지 않다.

② MW는 모든 경우에 확증되므로 우리의 모든 경험이 확증하는 양자역학의 해석은 없다는 것은 ㉠으로 적절하지 않다.

③ 다른 경험인 R과 L에서 모두 MW만 확증되므로 우리의 경험이 다르면 그 경험이 확증하는 양자역학의 해석도 다르다는 것은 ㉠으로 적절하지 않다.

④ 경험 R과 L에서 모두 MW만 확증하고 ST는 확증하지 않으므로 특정한 경험은 양자역학의 두 해석을 모두 확증하거나 모두 확증하지 못한다는 것은 ㉠으로 적절하지 않다.

🕐 빠른 문제 풀이 **Tip**

선택지를 보면, R이 ST와 MW를 확증하는지 확증하지 못하는지가 빈칸에 들어갈 문장임을 알 수 있다. 따라서 지문을 읽을 때 주목해야 하는 정보는 R이 ST와 MW를 확증하는지 확증하지 못하는지 여부이다.

01	02	03	04	05	06	07	08	09	10
④	⑤	①	④	④	②	③	④	④	①

11	12	13
①	③	③

1 독해의 원리
2 논증의 방향
3 문맥과 단서
4 논리의 체계
기출 재구성 모의고사
해커스PSAT 7급 PSAT 유형별 기출 200제 언어논리

01   정답 ④

정답 체크

두 번째 단락에 따르면 갑은 영유아와 같이 보호가 필요한 이들이 많이 이용하는 키즈 카페 등과 같은 사업장에도 전기차 충전 시설의 설치를 지원해 줄 수 있는 근거를 조례에 마련해 달라는 민원을 제기하였고, 갑의 민원을 검토한 A시 의회는 관련 규정의 보완이 필요하다고 인정하여, ㉠조례 제9조를 개정하였으며, B카페는 이에 근거한 지원금을 받아 전기차 충전 시설을 설치하게 되었다. 그런데 첫 번째 단락에 따르면 B카페는 주차구획이 50개이므로 조례 제9조 제1항과 제2항에 해당되지 않고 제3항은 설치 권고만 할 수 있을 뿐이다. 따라서 제4항으로 "시장은 제3항의 권고를 받아들이는 사업장에 대하여는 설치비용의 60퍼센트를 지원하여야 한다."를 신설하면 B카페는 이에 근거한 지원금을 받아 전기차 충전 시설을 설치할 수 있다.

오답 체크

① 제1항 제3호로 "다중이용시설(극장, 음식점, 카페, 주점 등 불특정다수인이 이용하는 시설을 말한다)"을 신설하여도 B카페는 '주차단위구획 100개 이상 갖춘' 시설에 해당되지 않으므로 ㉠에 해당하는 내용으로 적절하지 않다.

② 제1항 제3호로 "교통약자(장애인·고령자·임산부·영유아를 동반한 사람, 어린이 등 일상생활에서 이동에 불편을 느끼는 사람을 말한다)를 위한 시설"을 신설하여도 B카페는 '주차단위구획 100개 이상 갖춘' 시설에 해당되지 않으므로 ㉠에 해당하는 내용으로 적절하지 않다.

③ 제4항으로 "시장은 제2항에 따른 지원을 할 때 교통약자(장애인·고령자·임산부·영유아를 동반한 사람, 어린이 등 일상생활에서 이동에 불편을 느끼는 사람을 말한다)를 위한 시설을 우선적으로 지원하여야 한다."를 신설하여도 제2항에 따른 지원은 제1항의 설치대상에 대한 것이고, B카페는 제1항의 설치대상에 해당하지 않으므로 ㉠에 해당하는 내용으로 적절하지 않다.

⑤ 제4항으로 "시장은 전기자동차 충전시설의 의무 설치대상으로서 조기 설치를 희망하는 사업장에는 설치 비용의 전액을 지원할 수 있다."를 신설하여도 B카페는 전기자동차 충전시설의 의무 설치대상이 아니므로 ㉠에 해당하는 내용으로 적절하지 않다.

02   정답 ⑤

정답 체크

세 번째 단락에 따르면 부사적 지능은 어떤 것이 외부에서 주어진 과제를 효율적으로 수행하는 것을 의미한다. ㉡은 더 단순하게 구성된 시스템, 똑같은 일을 훨씬 적은 힘을 들여 처리한다고 설명되어 있으므로 부사적 지능에 해당하고, ㉢은 외부에서 주어진 과제를 효율적으로 수행한다고 설명되어 있으므로 역시 부사적 지능에 해당한다. 또한 뛰어난 체스 컴퓨터가 대부분의 사람들을 상대로 체스 게임에서 상대방보다 더 지능적으로 말을 움직인다고 설명되어 있는 ㉣도 부사적 지능에 해당한다.

오답 체크

㉠ 부사적 지능과 대비되는 명사적 지능은 주어진 과제를 수행하는 과정에서 실수를 하기도 하고 이 과제를 수행하는 것보다 더 많은 것을 동원하기도 하지만, 여러 수단 중에서 하나를 선택하고 그 결과를 미리 예상하는 것이다. 이는 명사적 지능이 부사적 지능만큼 효율적이지는 않다는 것을 뜻한다. 따라서 긴 막대기가 열매를 얻는 효과적인 방법이라고는 할 수 없다고 설명되어 있는 ㉠은 명사적 지능에 해당된다.

⏱ 빠른 문제 풀이 Tip

밑줄 친 ㉠~㉣ 주변에서 각 지능의 특징으로 잡을 만한 키워드를 체크하고, 이를 문제에서 요구하는 부사적 지능과 그것과 대조되고 있는 명사적 지능의 키워드와 매칭하는 방식으로 접근한다.

03   정답 ①

정답 체크

첫 번째 단락에 따르면 서울에 거주하는 초등학생 중에서 일부를 표본으로 삼아 조사해보니 이 중 60%가 휴대전화를 갖고 있다는 자료가 나왔고, 서울에 거주하는 초등학생이면서 차상위계층의 자녀 중에서는 50%의 학생들이 휴대전화를 갖고 있다는 결과가 나왔다. 그리고 서울 거주 초등학생이면서 외동아이인 아이들의 집합에 대해서 조사해 보았는데 70%가 휴대전화를 갖고 있었다는 결과가 나왔다. 두 번째 단락에 따르면 철수는 서울에 거주하는 초등학생이면서 차상위계층의 자녀이고 또한 외동아이인 것으로 확인되었다. 결국 철수는 첫 번째 단락에 제시된 세 가지의 준거집합에 모두 속하게 된다. 따라서 ㉠'철수가 휴대전화를 갖고 있을 확률은 얼마라고 해야 하는가?'라는 물음이 생기는 이유는 한 사람이 다양한 준거집합에 속할 수 있기 때문이라고 보는 것이 가장 적절하다.

오답 체크

② 준거집합의 크기와 표본 조사의 결과에 대한 신뢰도는 철수가 휴대전화를 갖고 있을 확률과 관련이 없으므로 ㉠과 같은 물음이 생기는 이유가 준거집합이 클수록 표본 조사의 결과를 더 신뢰할 수 있기 때문이라는 것은 적절하지 않다.

③ 준거집합의 크기와 표본 조사의 결과에 대한 신뢰도는 철수가 휴대전화를 갖고 있을 확률과 관련이 없으므로 ㉠과 같은 물음이 생기는 이유가 준거집합이 작을수록 표본 조사의 결과를 더 신뢰할 수 있기 때문이라는 것은 적절하지 않다.

④ 첫 번째 단락에 세 가지 다른 준거집합이 제시되어 있지만 모두 같은 표본의 크기를 대상으로 한다. 따라서 ㉠과 같은 물음이 생기는 이유가 표본의 크기가 준거집합의 크기에 따라 달라지기 때문이라는 것은 적절하지 않다.

⑤ 표본을 추출하는 방법과 표본 조사의 결과는 철수가 휴대전화를 갖고 있을 확률과 관련이 없으므로 ㉠과 같은 물음이 생기는 이유가 표본을 추출하는 방법이 얼마나 무작위적인가에 따라서 표본 조사의 결과가 변화하기 때문이라는 것은 적절하지 않다.

04

정답 체크

자신의 정체성이 분열되었음을 '직시한다'는 것은 ㉠망각의 전략의 '망각'이라는 개념과 대립되는 표현이다. 따라서 이것은 ㉠에 해당하는 것으로 적절하지 않다.

오답 체크

① 물화된 세계를 비판 없이 받아들인다는 것은 세 번째 단락에서 변화를 새로운 현실로 인정한다는 ㉠에 대한 설명과 일치한다.

② 고유의 본질을 버리고 변화를 선택한다는 것은 세 번째 단락에서 인간 본질을 붙들고 있지 않고, 변화를 새로운 현실로 인정한다는 ㉠에 대한 설명과 일치한다.

③ 왜곡된 현실을 자기합리화하여 수용한다는 것은 변화를 새로운 현실로 인정하고, 현실에 맞는 새로운 언어를 얻기 위해 망각의 정치학을 개발한다는 ㉠에 대한 설명과 일치한다.

⑤ 소외된 상황에 적응할 수 있는 언어를 찾는다는 것은 현실에 맞는 새로운 언어를 얻기 위해 망각의 정치학을 개발한다는 ㉠에 대한 설명과 일치한다.

> ⏱ **빠른 문제 풀이 Tip**
> 밑줄 친 부분에 대해 추론하는 형태의 문제는 밑줄 친 부분 주변을 중점적으로 읽어줘야 한다. 이 문제의 경우 ㉠망각의 전략이 있는 부분인 세 번째 단락을 중점적으로 보는 것이 필요하다.

05

정답 체크

㉠ '윤리'는 특정 직업인들 사이에 적용되는 규약의 의미로 사용되기도 하고, 한 개인이나 특정 시대, 특정 사회의 도덕관을 가리키는 표현으로 사용된다. 따라서 대다수의 한국인들이 받아들이기 때문에 '윤리적'이라는 (C)가 ㉠에 해당되는 것으로 가장 적절하다.

㉡ '윤리'는 윤리 또는 도덕과 관련된 주제, 경험 등을 가리킨다. 따라서 도덕적 사고분야와 관계되어 있다는 점에서 '윤리적'이라는 (A)가 ㉡에 해당되는 것으로 가장 적절하다.

㉢ '윤리'는 칭찬할 만하고 도덕적으로 알맞은 결정이나 행위를 가리킬 때 쓰인다. 따라서 도덕적으로 올바른 것이므로 '윤리적'이라는 (B)가 ㉢에 해당되는 것으로 가장 적절하다.

> ⏱ **빠른 문제 풀이 Tip**
> ㉠, ㉡, ㉢ 각각의 '윤리'의 의미를 파악할 수 있는 키워드를 지문에서 찾고, <보기>에 나타난 (A), (B), (C)의 '윤리적'의 의미를 키워드로 파악하여 매칭하는 방식으로 접근한다.

06

정답 체크

B에 따르면 분명히 어떤 수학 명제가 참인 세계를 상상할 수 있고, 물론 거짓인 세계도 상상할 수 있다. 그렇지만 이 수학 명제가 참인 세계와 거짓인 세계 중 하나는 분명히 가능하지 않다. 그런데 A는 어떤 물질도 존재하지 않지만 나 자신은 영혼 상태로 존재하는 세계를 상상할 수 있고, 나는 존재하지만 어떤 물질도 존재하지 않는 세계는 가능하다고 말한다. 따라서 A가 암묵적으로 전제하고 있는 ㉠잘못된 생각은 '우리가 상상할 수 있는 모든 세계는 가능하다.'는 것이 가장 적절하다.

오답 체크

① A는 인간의 본질은 물질이 아니라 영혼이라고 생각한다. 따라서 인간의 본질이 영혼이거나 물질이라고 하는 것은 A가 암묵적으로 전제하고 있는 ㉠으로 보기에 적절하지 않다.

③ A는 상상할 수 있는 것은 가능하다고 보고 있으므로 우리가 상상할 수 없는 어떤 것도 참일 수 없다는 것은 A가 암묵적으로 전제하고 있는 ㉠으로 보기에 적절하지 않다.

④ A는 인간의 본질은 물질이 아니라 영혼이라고 생각하고 있으므로 물질이 인간의 본질이 아니라는 것은 상상할 수 없다는 것은 A가 암묵적으로 전제하고 있는 ㉠으로 보기에 적절하지 않다.

⑤ 수학 명제는 B가 A의 생각을 평가하면서 예로 들고 있는 것이므로 뇌과학이 다루는 문제와 수학이 다루는 문제는 동일하다는 것은 A가 암묵적으로 전제하고 있는 ㉠으로 보기에 적절하지 않다.

07

정답 체크

㉠결과는 인지부조화 이론이 이 실험에서 예측한 결과이므로 '인지부조화 이론'의 입장이 무엇인지, '이 실험'이 어떤 실험인지 확인해야 한다. 세 번째 단락에서 인지부조화 이론에 따르면, 사람들은 현명한 사람을 자기 편, 우매한 사람을 다른 편이라 생각할 때 마음이 편안해질 것이다. 또한 실험에서는 선정된 사람들에게 인종차별에 대한 글을 읽게 하였는데 어떤 글은 지극히 논리적이고 그럴듯하였고, 다른 글은 터무니없고 억지스러운 것이었다. 결국 인지부조화 이론에 따르면 논리적인 글과 터무니없는 억지스러운 글 중에서 참여자들은 자신의 의견에 동의하는 논리적인 글과 반대편에 동의하는 터무니없고 억지스러운 글을 기억할 것이다. 따라서 참여자들은 자신의 의견에 동의하는 논리적인 글과 반대편의 의견에 동의하는 터무니없고 억지스러운 글을 기억한다는 것이 ㉠의 내용으로 가장 적절하다.

> ⏱ **빠른 문제 풀이 Tip**
> 밑줄 추론 문제에서 밑줄의 의미를 파악하는 가장 직접적인 단서는 밑줄 주변의 문장에 있는 경우가 많다. 따라서 밑줄 친 ㉠이 들어가 있는 단락을 먼저 읽어 보는 것이 좋다.

08

정답 체크

마지막 단락에 따르면 종교에 대한 관용처럼 비교적 단순해 보이는 사안에 대해서조차 ㉠역설이 발생한다. 세 번째 단락에 따르면 어떤 사람이 용인하는 믿음이 많으면 많을수록 그가 더 관용적이라고 말하는 경우 우리는 인종차별주의처럼 일반적으로 잘못인 것으로 판단하는 믿음까지 용인하는 경우에도 그 사람이 더 관용적이라고 말해야 한다. 하지만 도덕적으로 잘못된 것을 용인하는 것은 그 자체가 도덕적으로 잘못이기 때문에 결국 우리는 관용적일수록 도덕적으로 잘못을 저지르게 될 가능성이 높아지게 되는데 이것이 바로 종교에 대한 관용이 야기하는 역설이다. 따라서 '보편적 도덕 원칙에 어긋나는 가르침을 주장하는 종교까지 용인하는 사람을 더 관용적이라고 평가하게 된다'는 것이 ㉠의 사례로 가장 적절하다.

오답 체크

① 보편적 도덕 원칙에 어긋나는 가르침을 주장하는 종교까지 용인하는 사람을 더 관용적이라고 평가하게 된다는 것이 역설의 내용이므로 종교적 문제에 대해 별다른 의견이 없는 사람을 관용적이라고 평가하게 된다는 것은 ㉠의 사례로 적절하지 않다.

② 역설은 용인하는 믿음이 많으면 많을수록 그가 더 관용적이라고 말하는 경우에 발생하므로 모든 종교적 믿음은 거짓이라고 생각하고 배척하는 사람을 관용적이라고 평가하게 된다는 것은 ㉠의 사례로 적절하지 않다.

③ 글의 내용은 용인하는 믿음이 많을수록 더 관용적이라고 판단할 때의 문제이므로 자신의 종교가 주는 가르침만이 유일한 진리라고 믿는 사람일수록 덜 관용적이라고 평가하게 된다는 것은 ㉠의 사례로 적절하지 않다.

⑤ 보편적 도덕 원칙에 어긋나는 가르침을 주장하는 종교까지 용인하는 사람을 더 관용적이라고 평가하게 된다는 것이 역설의 내용이므로 도덕 원칙에 어긋나는지에 대한 언급 없이 단순히 자신이 유일하게 참으로 믿는 종교 이외의 다른 종교적 믿음에 대해서도 용인하는 사람일수록 더 관용적이라고 평가하게 된다는 것은 ㉠의 사례로 적절하지 않다.

ㄷ. 두 번째 단락에 따르면 진성적혈구증가증에 걸리면 다른 혈액 성분에 비해 적혈구가 많이 생산되는 반면, 가성적혈구증가증에 걸리면 적혈구 총량에는 변동 없이 혈장이 감소한다. 따라서 진성적혈구증가증에 걸리면 적혈구가 많아지므로 ㉠이 정상 상태보다 높아진다는 것은 적절한 판단이지만, 가성적혈구증가증에 걸리면 혈장만 감소하므로 ㉠이 정상 상태보다 낮아진다는 판단은 적절하지 않다.

⏱ 빠른 문제 풀이 Tip
㉠ 전체 혈액 중 적혈구가 차지하는 비율은 분수로 표시될 수 있는 비율 정보이므로 분모와 분자로 나누어 정보를 정리해 두는 것이 수치 판단에 효율적이다.

09
정답 ④

정답 체크
오늘날 유전 과학자들이 관심을 갖고 있는 유전자의 발현에 관한 ㉠물음에 답하려고 수행한 연구의 내용에 따르면, 많이 핥인 새끼는 그렇지 않은 새끼보다 뇌의 해마에서 글루코코르티코이드 수용체들인 GR들이 더 많이 생겨났다. GR의 수는 GR 유전자의 발현에 달려있는데, 이 발현을 촉진하는 인자 중 하나가 NGF 단백질이고, 많이 핥인 새끼는 그렇지 못한 새끼에 비해 NGF 수치가 더 높다. 또한 스트레스 반응 정도는 코르티솔 민감성에 따라 결정되는데, GR이 많으면 코르티솔 민감성이 낮아지게 하는 되먹임 회로가 강화된다. 이에 따르면 후천적이 요소인 핥아주는 성향이 GR 유전자의 발현을 촉진한다. 따라서 '후천 요소가 유전자의 발현에 영향을 미칠 수 있는가?'라는 물음이 ㉠으로 가장 적절하다.

오답 체크
① 연구 결과에 코르티솔 민감성에 대한 언급은 있지만 코르티솔 유전자에 대한 언급은 없으므로 '코르티솔 유전자는 어떻게 발현되는가?'는 ㉠으로 적절하지 않다.

② 연구 결과에 따르면 NGF 단백질이 GR 유전자의 발현을 촉진하는 것이므로 '유전자는 어떻게 발현하여 단백질을 만드는가?'는 ㉠으로 적절하지 않다.

③ 연구 결과에 따르면 핥아주는 성향이 GR 유전자의 발현을 촉진하는 것이지 핥아주는 성향의 유전자에 대한 언급은 없으므로 '핥아주는 성향의 유전자는 어떻게 발현되는가?'는 ㉠으로 적절하지 않다.

⑤ 연구 결과에 유전자 발현에 영향을 미치는 후천 요소에 대한 언급은 있지만 유전자 발현에 영향을 미치는 유전 요인에 대한 언급은 없으므로 '유전자 발현에 영향을 미치는 유전 요인에는 무엇이 있는가?'는 ㉠으로 적절하지 않다.

11
정답 ①

정답 체크
ㄱ. 사건의 부재를 다른 사건의 원인이라고 받아들이게 되면 실제로는 원인이 아닌 수많은 부재를 모두 원인으로 받아들여야 하는 일이 생긴다는 것이 ㉠문제의 내용이다. 따라서 영지가 새벽 3시에 일어나 직장에 걸어가지 않았다는 사건의 부재를 영희가 지각한 원인이라고 보아야 한다는 것은 ㉠에 해당하는 사례이다.

오답 체크
ㄴ. 영수가 야구공을 던지지 않았더라면 그 유리창이 깨지지 않았을 것이므로 영수가 야구공을 던진 것을 유리창이 깨진 원인으로 보는 것이 적절하다. 또한 많은 사람 각각이 야구공을 던지지 않았다는 사건의 부재는 유리창이 깨어진 사건의 원인이 아니라 유리창이 깨어지지 않은 사건의 원인이라고 보아야 한다. 따라서 이는 ㉠에 해당하는 사례로 적절하지 않다.

ㄷ. 햇빛을 쪼이는 것은 사건의 부재에 해당하지 않으므로 햇빛을 쪼이는 것을 식물의 성장 원인이 아니라고 보아야 한다는 것은 ㉠에 해당하는 사례로 적절하지 않다.

12
정답 ③

정답 체크
개별성 원칙은 가구 단위가 아닌 개인 단위로 지급해야 한다는 것이므로 미성년자에게는 성인의 80%를 기본소득으로 지급하면 개별성 원칙에 어긋나지 않는다.

오답 체크
① 보편성 원칙은 소득이나 자산 수준에 관계없이 국민 모두에게 지급해야 한다는 것이다. 따라서 복지 효율성을 높이기 위하여 기본소득을 경제적 취약 계층에만 지급하더라도 보편성 원칙에 어긋나지 않는다는 것은 적절한 판단이 아니다.

② 무조건성 원칙은 수급의 대가로 노동이나 구직활동 등을 요구하지 않아야 한다는 것이다. 따라서 기본소득을 주식에 투자하여 탕진한 실업자에게도 기본소득을 지급한다면 무조건성 원칙에 어긋난다는 것은 적절한 판단이 아니다.

④ 정기성 원칙은 일회성으로 끝나는 것이 아니라 정기적인 시간 간격을 두고 지속적으로 지급해야 한다는 것이다. 따라서 매달 지급하는 방식이 아니라 1년에 한 번씩 기본소득을 지급한다면 정기성 원칙에 어긋난다는 것은 적절한 판단이 아니다.

10
정답 ①

정답 체크
ㄱ. 첫 번째 단락에 따르면 사람의 혈액은 혈구와 혈장으로 구성되어 있는데, 혈구에는 적혈구와 백혈구 그리고 혈소판이 포함되고 혈액의 나머지 액성 물질은 혈장에 포함된다. 따라서 심한 운동으로 땀을 많이 흘리면 혈장이 감소하므로 ㉠이 정상 상태보다 높아진다는 것은 적절한 판단이다.

오답 체크
ㄴ. 폐로 유입되는 산소의 농도가 높아져도 혈구나 혈장의 양에 영향을 미치지 못하므로 ㉠이 정상 상태보다 높아진다는 판단은 적절하지 않다.

1 독해의 원리
2 논증의 방향
3 문맥과 단서
4 논리의 체계
기출 재구성 모의고사
해커스PSAT 7급 PSAT 유형별 기출 200제 언어논리

⑤ 현금 지급 원칙은 특정 재화 및 서비스 이용을 명시하는 이용권이나 현물이 아니라 현금으로 지급해야 한다는 것이다. 따라서 기본소득을 입출금이 자유로운 예금 계좌에 입금하는 방식으로 지급하면 현금 지급 원칙에 어긋난다는 것은 적절한 판단이 아니다.

⏱ 빠른 문제 풀이 Tip

선택지에서 지문에 제시된 ㉠다섯 가지 원칙에 어긋나는지 여부를 묻고 있으므로 선택지와 지문의 내용을 번갈아 확인하는 방법으로 접근하는 것이 효율적이다.

13

정답 체크

상사는 통상적으로 종류가 다른 생물의 기관에서, 구조는 서로 다르나 그 형상이나 기능이 서로 일치하는 것을 가리킨다. 이는 수렴 진화를 통해, 즉 서로 관계가 먼 생물들이 같은 방향으로 진화하면서 나타난다. 따라서 쌍살벌이 큰 뇌가 없어도 영장류처럼 정교한 개체 인식 능력을 갖게 된 것이 상사에 해당한다면, 유사한 메커니즘이 없어도 유사한 기능을 발휘할 수 있는 사례가 될 수 있으므로 ㉠의 근거로 적절하다.

오답 체크

① 쌍살벌과 말벌이 개체 인식 능력에서 차이가 나게 된 것은 상사에 해당한다는 것은 유사한 기능을 발휘하는 것이 아니므로 ㉠의 근거로 적절하지 않다.

② ㉠은 유사한 기능을 발휘하기 위해 유사한 메커니즘이 요구되는지의 문제이므로 영장류가 가지는 사회성과 쌍살벌이 가지는 사회성에는 수준 차이가 있다는 것은 ㉠의 근거로 적절하지 않다.

④ 영장류가 얼굴을 보고 개체를 구별하는 것은 고등한 능력임이 쌍살벌의 사례에서 확인된다는 것은 유사한 기능을 발휘하기 위해 유사한 메커니즘이 요구되는 사례에 해당된다. 따라서 ㉠의 근거로 적절하지 않다.

⑤ 박쥐가 날개로 물건을 쥘 수 없다는 것에서 사람이 손으로 물건을 쥐는 능력이 고등한 능력임이 드러난다는 것은 유사한 기능을 발휘하는 것이 아니므로 ㉠의 근거로 적절하지 않다.

⏱ 빠른 문제 풀이 Tip

㉠은 글의 주장에 해당하므로 그 주장을 뒷받침하는 전제를 찾아야 발문에서 요구하는 ㉠의 근거를 찾을 수 있다.

01	02	03	04	05				
①	⑤	③	④	⑤				

1 독해의 원리

2 논증의 방향

3 문맥과 단서

4 논리의 세계

기출 재구성 모의고사

해커스PSAT 7급 PSAT 유형별 기출 200제 언어논리

01
정답 ①

정답 체크
정에 따르면 보고 대상이 명시적으로 드러날 수 있도록 주제를 더 구체적으로 표현하는 것이 필요하다. 그러나 주제를 '효율적 정보 제시를 위한 보고서 작성 기법'으로 변경하면 보고 대상이 드러나지 않으므로 ㉠에 따라 <계획안>을 수정한 것으로 적절하지 않다.

오답 체크
② 을에 따르면 특강을 평일에 개최하되 참석 시간을 근무시간으로 인정해 준다면 참석률이 높아질 것이므로 일시를 '2021. 11. 10.(수) 10:00~12:00 (특강 참여 시 근무시간으로 인정)'으로 변경하는 것은 ㉠에 따라 <계획안>을 수정한 것으로 적절하다.
③ 병에 따르면 특강 참석 대상이 누구인가에 따라 장소를 조정할 필요가 있고, 중앙부처 소속 공무원에게는 세종시가 접근성이 더 좋다. 갑에 따르면 이번 특강은 현직 중앙부처 소속 공무원을 대상으로 진행하므로 장소를 '정부세종청사 6동 대회의실'로 변경하는 것은 ㉠에 따라 <계획안>을 수정한 것으로 적절하다.
④ 갑에 따르면 이번 특강은 현직 중앙부처 소속 공무원을 대상으로 진행하므로 대상을 '보고서 작성 능력을 키우고 싶은 현직 중앙부처 공무원'으로 변경하는 것은 ㉠에 따라 <계획안>을 수정한 것으로 적절하다.
⑤ 무에 따르면 별도 비용이 있는지 등의 특강과 관련된 정보가 부족하고, 갑에 따르면 특강 수강 비용은 무료이므로, 특강을 듣기 위한 별도 부담 비용이 없다고 안내하는 항목을 추가하는 것은 ㉠에 따라 <계획안>을 수정한 것으로 적절하다.

⏱ 빠른 문제 풀이 Tip
선택지는 주제, 일시, 장소, 대상 등 한 개의 선택지에 하나의 기준과 관련된 수정 사항이 제시되어 있다. 따라서 지문을 읽으며 그에 해당하는 부분이 나오면 바로 선택지로 내려가 수정 사항을 확인하는 순서로 접근하는 것이 효율적이다.

02
정답 ⑤

정답 체크
㉠~㉤을 간단히 기호화하여 정리하면 다음과 같다.
㉠ 강 과장 or 남 박사
㉡ ~도 부장 & ~박 과장
㉢ (강 과장 & RE-201) → S만
㉣ ~S만
㉤ 강 과장 → 남 박사
이때 결론인 [A]는 '~RE-201'이다. [A]가 반드시 참이 되어야 하므로 기호화한 문장을 연결하여 '~RE-201'이 포함되는 문장을 만들어야 한다. ㉢과 ㉣을 연결하면 ~S만 → (~강 과장 or ~RE-201)이 되고, 이때 '~RE-201'이 반드시 참이 되려면 '~강 과장'이 거짓이어야 한다. 즉 '강 과장'이어야

한다. 이에 따라 선택지에서 결과적으로 '강 과장'이 도출되는 것을 찾으면 ㉤을 '남 박사에게는 이 사고와 관련된 책임이 없다'로 고치는 것이다. 이를 기호화하면 '~남 박사'가 되고, ㉠ '강 과장 or 남 박사'와 연결하면 '강 과장'이 도출되기 때문이다.

오답 체크
① ㉠을 '안전관리팀의 강 과장과 시설연구소의 남 박사 모두에게 이 사고와 관련된 책임이 있는 것은 아니다'로 고쳐도 '강 과장'이 도출되지 않으므로 A가 반드시 참이 되지 않는다.
② ㉡을 '사고 당일의 당직 책임자였던 도 부장과 박 과장에게도 책임의 여지가 있었습니다.'로 고쳐도 '강 과장'이 도출되지 않으므로 A가 반드시 참이 되지 않는다.
③ ㉢에서 '관련되었다면'을 '관련되었다면, 그리고 그런 경우에 한해서'로 고쳐도 '강 과장'이 도출되지 않으므로 A가 반드시 참이 되지 않는다.
④ ㉣을 '누출 사고는 S 구역이 아니라 T와 U 구역에서 일어났습니다.'로 고쳐도 '강 과장'이 도출되지 않으므로 A가 반드시 참이 되지 않는다.

⏱ 빠른 문제 풀이 Tip
결론을 참으로 만들기 위해서 밑줄 친 문장을 수정해야 하므로 결론부터 확인한 후 이것이 참이 되기 위해 필요한 정보를 거슬러 올라가 찾는 방식으로 접근한다. 이때 밑줄 친 문장이 논리명제이므로 기호화로 정리하는 것이 효율적이다.

03
정답 ③

정답 체크
세 번째 단락의 '그 결과는 예상과 같았다.'에 따르면 발광하는 와편모충을 잡아먹는 요각류가 발광하지 않는 와편모충만을 잡아먹는 요각류보다 그들의 포식자인 육식을 하는 어류에게 잡아먹힐 위험성이 더 높아질 것이다. 따라서 ㉢을 "빛을 내지 않는 와편모충이 있는 쪽보다 빛을 내는 와편모충이 있는 쪽에서 요각류를 더 많이 먹었다."로 고치는 것이 글의 흐름상 적절하다.

오답 체크
① ㉠ '발광하는 와편모충을 잡아먹는 요각류가 발광하지 않는 와편모충만을 잡아먹는 요각류보다'라는 표현이 세 번째 단락에서 '그 결과는 예상과 같았다.', '이러한 결과는 원생생물이 자신을 잡아먹는 동물에게 포식 위협을 증가시킴으로써 잡아먹히는 것을 회피할 수 있음을 시사한다.'라는 전체 글의 흐름과 일치한다. 따라서 ㉠을 "발광하지 않는 와편모충을 잡아먹는 요각류가 발광하는 와편모충만을 잡아먹는 요각류보다"로 고치는 것은 적절하지 않다.
② ㉡ '연구자들은 수조 속 살아남은 요각류의 수를 세었다.'는 것이 가시고기가 어느 쪽 요각류를 더 많이 먹었는지 판단하는 기준이 될 것이다. 따라서 ㉡을 "연구자들은 수조 속 살아남은 와편모충의 수를 세었다."로 고치는 것은 적절하지 않다.

④ ㉣'요각류에게는 빛을 내는 와편모충을 계속 잡는 것보다 도망치는 편이 더 이익이다.'라는 것이 '이때 발광하는 와편모충은 요각류의 저녁 식사가 될 확률이 낮아지므로, 자연선택은 이들 와편모충에서 생물발광이 유지되도록 하였다.'는 내용과 흐름이 일치한다. 따라서 ㉣을 "요각류에게는 도망치는 것보다 빛을 내는 와편모충을 계속 잡는 편이 더 이익이다."로 고치는 것은 적절하지 않다.

⑤ ㉤'포식자인 육식동물들에게 원생생물을 잡아먹는 동물이 근처에 있을 수 있다는 신호가 된다.'는 원생생물이 내는 빛이 어떤 신호가 될 수 있는지를 나타내므로 적절하다. 따라서 ㉤을 "포식자인 육식동물들에게 자신들의 먹이가 되는 원생생물이 많이 있음을 알려주는 신호가 된다."로 고치는 것은 적절하지 않다.

> ### ⏱ 빠른 문제 풀이 Tip
> 밑줄 친 ㉠~㉤을 전체 흐름과 맞게 고쳐야 하는 문제이므로 지문을 처음부터 읽으면서 밑줄 친 ㉠~㉤ 부분을 읽을 때 선택지를 함께 확인하며 읽는다. 지문의 세부적인 내용보다는 밑줄 친 부분에 전체 맥락에 어긋나는 키워드가 있는지를 확인하는 방식으로 접근한다.

04
정답 ④

정답 체크
'증거관계 제2성질'이란 어떤 관찰 결과가 가설의 긍정적인 증거라면, 그 관찰 결과는 해당 가설이 함축하고 있는 다른 가설에도 긍정적인 증거라는 것이다. 가설 H1과 H2가 양립불가능하며 관찰 결과 O가 가설 H1의 긍정적 증거일 때, 증거관계 제2성질에 따라 O는 H2가 거짓이라는 것에 대한 긍정적 증거가 된다고 하려면, ㉣ 'H2가 거짓이라는 것은 H1을 함축'하는 것이 아니라 'H1이 H2가 거짓이라는 것을 함축'해야 한다. 따라서 ㉣을 "H1은 H2가 거짓이라는 것을 함축"으로 바꾸는 것이 문맥에 맞다.

오답 체크
① 'X는 1,000℃ 미만에서 붉은빛을 내며, 1,000℃ 이상에서는 푸른빛을 낸다.'라는 가설이 참일 때 'X는 1,000℃ 미만에서 붉은빛을 내며, 1,000℃ 이상에서는 푸른빛을 내지 않는다.'라는 가설은 거짓이 되지만, 두 가설은 모두 거짓이 될 수 있다. 따라서 ㉠ '이 두 가설은 동시에 참일 수는 없지만 동시에 거짓일 수는 있다'는 표현은 문맥에 맞다.

② 'X가 700℃에서 붉은빛을 낸다.'라는 관찰 결과는 첫 번째 가설의 긍정적 증거이므로 'X는 1,000℃ 미만에서 붉은빛을 내거나 푸른빛을 내지 않는다.'라는 가설에 대해서도 긍정적인 증거가 된다. 이때 뒤의 가설은 앞의 가설이 함축하고 있는 가설이므로 '어떤 관찰 결과가 가설의 긍정적인 증거라면, 그 관찰 결과는 ㉡ 해당 가설이 함축하고 있는 다른 가설에도 긍정적인 증거이다.'는 것은 문맥에 맞다.

③ ㉢'X는 1,000℃ 미만의 어떤 온도에서는 붉은빛을 내지 않는다.'는 'X는 1,000℃ 미만에서 붉은빛을 낸다.'가 거짓이라는 것이다. 증거관계 제3성질에 따르면 위에서 언급한 관찰 결과가 'X는 1,000℃ 미만에서 붉은빛을 낸다.'라는 것의 긍정적인 증거라면 그 관찰 결과가 ㉢ 'X는 1,000℃ 미만의 어떤 온도에서는 붉은빛을 내지 않는다.'의 부정적인 증거인 것은 분명하다는 것은 문맥에 맞다.

⑤ 증거관계 제3성질은 어떤 관찰 결과가 가설의 긍정적인 증거라면, 그 관찰 결과는 그 가설이 거짓이라는 것에 대한 부정적인 증거라는 것이다. 따라서 증거관계 제3성질에 의해서 ㉤ 'O는 H2가 거짓이 아니라는 것에 대한 부정적 증거일 수밖에 없게 된다.'는 것은 문맥에 맞다.

05
정답 ⑤

정답 체크
'업을 찾지 못하면 그저 세상이 말하는 성공의 기준을 따라갈 수밖에 없다.'라는 부분을 보았을 때, ㉤'직에 대한 이해도를 충분히 높이지 못한다면'이 아니라, ㉤을 "자신의 업을 파악하지 못한다면"으로 수정하는 것이 문맥에 맞다.

오답 체크
① 지문의 중심 소재는 '직'이 아니라 '업'이므로 ㉠을 "평생 나의 직을 무엇으로 삼을지 진지하게 고민하겠다"로 수정하기보다는, ㉠ '자신의 적성을 파악하고 진로를 탐색하겠다'는 표현이 문맥에 맞다.

② '직은 내가 아닌 누군가가 맡아도 크게 문제가 되지 않는 성질의 것이다.'라는 부분을 보았을 때, ㉡ '점유하고 있는 직장 내의 자리에서 담당하는 일을 뜻한다.'는 것은 문맥에 맞다.

③ '흔히 "내가 평생 가져갈 업이야."라는 표현으로 자주 언급된다. 업은 나의 삶과 떼려야 뗄 수 없는 그 어떤 것을 의미한다.'라는 부분을 보았을 때, '업'은 ㉢'평생을 두고 내가 고민하고 추구해야 하는 가치 있는 일을 뜻한다.'는 것은 문맥에 맞다.

④ '우리가 먼저 파악해야 하는 것이 바로 이 업이다.'라는 부분을 보았을 때, 나는 ㉣'어떤 자리에서 일하고 싶은지가 아니라 무슨 일을 하고 싶은지를 먼저 묻고 고민해야 한다.'는 것은 문맥에 맞다.

4 논리의 체계

유형 11 | 논증의 타당성

p.179

01	02	03	04	05	06	07			
⑤	④	⑤	④	⑤	④	③			

01
정답 ⑤

정답 체크

(1) '나는 당신에게 10만 원을 돌려주거나 ⓐ당신은 나에게 10억 원을 지불한다.'를 간단히 기호화하면 다음과 같다.

(1) 제안자가 10만 원 돌려줌 or ⓐ내가 10억 원을 지불

ㄱ. (1)이 거짓이면 제안자는 10만 원을 돌려주고 호화 여행도 제공한다고 했으므로 그는 당신에게 10만 원을 돌려준다. 그런데 (1)이 거짓이라고 가정하면 '제안자가 10만 원 돌려줌'과 'ⓐ내가 10억 원을 지불'이 모두 거짓이 된다. 따라서 ㉠'그는 당신에게 10만 원을 돌려주지 않는다.'는 결론이 나온다. 따라서 ㉠을 추론하는 데 'A이거나 B'의 형식을 가진 문장이 거짓이면 A도 B도 모두 반드시 거짓이라는 원리가 사용되었다는 것은 적절한 분석이다.

ㄴ. 위의 ㄱ과 같은 추론 방식에 따르면 (1)을 거짓으로 가정하면 '제안자가 10만 원 돌려줌'은 동시에 참이 되고 거짓도 되므로 모순되는 상황이다. 결국 (1)을 거짓으로 가정하면 안 되고, ㉡'(1)은 참일 수밖에 없다.'는 결론이 나온다. 따라서 ㉡을 추론하는 데 어떤 가정 하에서 같은 문장의 긍정과 부정이 모두 성립하는 경우 그 가정의 부정은 반드시 참이라는 원리가 사용되었다는 것은 적절한 분석이다.

ㄷ. (1)이 참이면 제안자는 10만 원을 돌려주지 않고 호화 여행은 제공하므로 그는 당신에게 10만 원을 돌려주지 않는다. 그런데 선언지인 (1)이 참이 되기 위해서는 적어도 둘 중의 하나는 참이어야 하므로 '제안자가 10만 원 돌려줌'이 거짓이라면 'ⓐ내가 10억 원을 지불'은 참이 되어야 한다. 즉, ㉢당신은 그에게 10억 원을 지불한다. 따라서 ㉢을 추론하는 데 'A이거나 B'라는 형식의 참인 문장에서 A가 거짓인 경우 B는 반드시 참이라는 원리가 사용되었다는 것은 적절한 분석이다.

⏱ 빠른 문제 풀이 Tip

'A이거나 B'가 참인 경우 A와 B 둘 중에 적어도 하나는 참이어야 하고, 'A이거나 B'가 거짓인 경우 A도 거짓이고 B도 거짓이어야 한다는 연역규칙을 응용한 문제이다. 언어논리에 출제된 적이 있는 기본적인 연역규칙은 숙지하고 있어야 한다.

02
정답 ④

정답 체크

주어진 추론을 기호화하면 다음과 같다.

· 외국어학원 → 외국문화에 관심
· 외국문화에 관심 & ~외국에 가본 적
· ∴ ~외국에 가본 적 & ~외국어학원

첫 번째 명제와 두 번째 명제가 모두 참이더라도 반드시 '~외국에 가본 적 & ~외국어학원'이 된다는 보장이 없다. 즉 외국에 가본 적 없는 사람들이 모두 외국어학원에 다닐 수도 있다. 따라서 타당하지 않은 논증이다.

오답 체크

① · 과학자 & 수학자 → 천재
  · 수학자 → ~천재
  · ∴ ~(수학자 & 과학자)
  두 번째 명제의 대우명제를 첫 번째 명제와 연결하면, '과학자 & 수학자 → 천재 → ~수학자'이다. 이때 '수학자 → ~수학자'라는 모순이 발생하므로 '과학자 & 수학자'는 옳지 않다. 따라서 '~(수학자 & 과학자)'는 결론으로 타당하다.

② · 과학자 → 신 믿음
  · 신 믿음 → ~유물론자
  · 유물론자 & 진화론자
  · ∴ 진화론자 & ~과학자
  첫 번째 명제와 두 번째 명제를 연결하여 대우명제로 변환하면 '유물론자 → ~신 믿음 → ~과학자'이고, 이를 세 번째 명제와 연결하면 '진화론자 & ~과학자'라는 결론이 도출된다. 따라서 타당한 논증이다.

③ · 부산 영화제 → ~광주 동창회
  · ~광주 동창회 → ~견우 만남
  · ∴ ~부산 영화제 or ~견우 만남
  첫 번째 명제와 두 번째 명제를 연결하면 '부산 영화제 → ~광주 동창회 → ~견우 만남'이다. 이 논증의 결론은 '부산 영화제 → ~견우 만남'으로 변환될 수 있으므로 타당한 논증이다.

⑤ · ~(선미 사랑 & 단이 사랑)
  · 선미 사랑 or 단이 사랑
  · ∴ ~선미 사랑 → 단이 사랑, 단이 사랑 → ~선미 사랑
  첫 번째 명제는 '~선미 사랑 or ~단이 사랑'이므로 '단이 사랑 → ~선미 사랑'으로 변환될 수 있고, 두 번째 명제는 '~선미 사랑 → 단이 사랑'으로 변환될 수 있다. 따라서 타당한 논증이다.

⏱ 빠른 문제 풀이 Tip

논리적 타당성을 묻는 문제에서 전제와 결론이 논리명제로 구성되어 있으면 명제를 기호화하여 접근하는 것이 효율적인 방법이다.

1 독해의 원리
2 논증의 방향
3 문맥과 단서
4 논리의 체계
기출 재구성 모의고사
해커스PSAT 7급 PSAT 유형별 기출 200제 언어논리

03
정답 ⑤

정답 체크
㉠~㉤의 5개 문장의 구조와 흐름을 파악하면 다음과 같다.
㉠ 다른 진리를 나타냄
㉡ 다른 진리를 나타냄 → 진정한 속성
㉢ 진정한 속성
㉣ 언어 사용 → ~진정한 속성
㉤ 언어 사용

ㄱ. ㉠과 ㉡을 연결하면 '진정한 속성'이 도출된다. 따라서 ㉠과 ㉡은 함께 ㉢을 지지한다는 분석은 적절하다.

ㄴ. ㉣과 ㉤을 연결하면 '~진정한 속성'이라는 결론이 도출된다. 따라서 ㉣과 ㉤은 함께 ㉢ '진정한 속성'을 반박한다는 분석은 적절하다.

ㄷ. ㉠, ㉡, ㉣을 연결하면 '다른 진리를 나타냄 → 진정한 속성 → ~언어 사용'이 된다. 따라서 ㉠, ㉡, ㉣은 함께 ㉤ '언어 사용'을 반박한다는 분석은 적절하다.

⏱ 빠른 문제 풀이 Tip
선택지를 보면 밑줄 친 ㉠~㉤ 중 일부 문장이 함께 다른 문장을 지지하는지, 반박하는지 여부를 묻고 있다. 따라서 밑줄 친 문장을 간단히 기호화하거나 정리하여, 지지는 같은 결론인지 여부로, 반박은 반대 결론인지 여부로 판단한다.

04
정답 ④

정답 체크
<논증>에서 밑줄 친 문장들을 간단히 정리하면 다음과 같다.
㉠ ~신
㉡ 신 → ~의미
㉢ 부정문 의미 → 의미
㉣ 신 → ?

ㄱ. ㉡과 ㉢을 연결하면, '신 → ~의미 → ~부정문 의미'가 된다. 즉 "신이 존재한다."의 부정문인 "신이 존재하지 않는다."가 무의미하다는 것이 도출된다.

ㄷ. "의미가 없는 문장은 참인지 거짓인지 알 수 없다."라는 전제가 추가되면, '~의미 → ?'이 추가되는 것이다. 이를 ㉡과 연결하면 '신 → ~의미 → ?'가 되므로 ㉣에 해당하는 '신 → ?'이 도출된다.

오답 체크
ㄴ. ㉡의 부정은 "신이 존재한다."가 의미가 있다는 것이다. 그러나 ㉠과 ㉣은 "신이 존재하지 않는다."와 "신이 존재한다."의 참 거짓 여부를 언급하고 있으므로 "신이 존재한다."가 의미가 있다는 것으로부터 도출되지 않는다.

⏱ 빠른 문제 풀이 Tip
<보기>를 보면 밑줄 친 ㉠~㉣ 중 일부 문장으로부터 다른 문장이 도출되는지 여부를 묻고 있다. 이는 전제가 참일 때 결론이 도출되는지를 판단하는 타당성 문제이므로 밑줄 친 문장을 간단히 기호화하거나 정리하여 기계적으로 접근하는 것이 좋다.

05
정답 ⑤

정답 체크
ㄱ. 언어표현의 의미는 그 표현이 지칭하는 대상일 뿐이며, 그 어떤 다른 것도 아니라는 것은 언어표현의 의미는 곧 지칭하는 대상이라는 뜻이다. 따라서 이 문장과 '슈퍼맨'과 '클라크 켄트'는 동일한 대상을 지칭한다는 것이 모두 참이면, '슈퍼맨'과 '클라크 켄트'는 같은 의미를 가지게 된다. 그러므로 ㉠과 ㉡이 모두 참이라면, ㉢도 참이다.

ㄴ. 언어표현의 의미는 그 표현이 지칭하는 대상일 뿐이며, 그 어떤 다른 것도 아니라는 것은 언어표현의 의미는 곧 지칭하는 대상이라는 뜻이다. 따라서 '슈퍼맨'과 '클라크 켄트'는 동일한 대상을 지칭한다는 것과 두 고유명사 '슈퍼맨'과 '클라크 켄트'의 의미가 다르다는 것은 동시에 참일 수 없다. 결국 ㉡과 ㉢이 모두 참이라면, ㉠은 거짓이다.

ㄷ. (1)과 (2)는 인지적 차이가 있다는 것이 참이라면, "문장들이 인지적 차이가 있다면 그 문장들은 의미에서 차이가 난다."는 문장의 전건이 참이 된다. 따라서 이 문장이 참이라면, 후건에 해당하는 ㉢도 참이다.

06
정답 ④

정답 체크
밑줄 친 문장을 간단히 기호화하여 정리하면 다음과 같다.
㉠ 윤리 → 보편
㉡ 이성 → 보편
㉢ 합리 → 보편
㉣ 합리 → 이성
㉤ 윤리 → 합리

ㄴ. ㉡과 ㉣이 참이면, ㉣과 ㉡을 연결하여 '합리 → 이성 → 보편'이 되므로 ㉢ '합리 → 보편'이 참이 된다. 따라서 ㉡과 ㉣이 참일 경우 ㉢은 반드시 참이 된다는 것은 적절하다.

ㄷ. ㉠과 ㉢이 참이라고 해도 ㉠과 ㉢은 연결되지 않으므로 ㉤ '윤리 → 합리'가 반드시 참이라고 볼 수 없다. 따라서 ㉠과 ㉢이 참이라고 할지라도 ㉤이 반드시 참이 되는 것은 아니라는 것은 적절하다.

오답 체크
ㄱ. '1 + 1 = 2'와 같은 수학적 판단은 보편적으로 수용될 수 있는 것이지만, 수학적 판단이 윤리적 판단은 아니라는 것은 보편적으로 수용될 수 있는 판단이라고 해서 윤리적 판단이라고 볼 수 없다는 것이다. 이를 기호화하면 '보편 & ~윤리'이다. 이는 '보편 → 윤리'에 대한 비판이 될 수 있을 뿐, ㉠ '윤리 → 보편'의 비판이 되지 않는다. 따라서 ㉠을 받아들일 수 없다는 것의 이유가 될 수 없으므로 적절하지 않다.

07
정답 ③

정답 체크
밑줄 친 문장을 간단히 기호화하여 정리하면 다음과 같다.
㉠ 인간 고통 & ~좀비 고통
㉡ 좀비 고통행동
㉢ ~동일 존재
㉣ 동일 존재 → ~인간 고통
㉤ 마음 = 행동성향
㉥ 행동주의 → 동일 존재
㉦ ~행동주의

이에 따르면 ⓛ '좀비 고통행동'과 ⓗ '행동주의 → 동일 존재'가 모두 참이라고 해도 두 문장은 관련이 없는 내용이어서 연결되지 않으므로 이를 전제로 ⓜ '마음＝행동성향'이라는 결론이 도출되지 않는다. 따라서 ⓛ과 ⓗ이 모두 참이면, ⓜ도 반드시 참이라는 것은 적절하지 않은 분석이다.

오답 체크

① ㉠에서 철학적 좀비는 고통을 느끼지 못한다는 것과 ⓛ에서 철학적 좀비도 압정을 밟으면 인간과 마찬가지로 비명을 지르며 상처 부위를 부여잡을 것이라는 것은 관련이 없는 문장이므로 ㉠과 ⓛ이 동시에 참일 수 있다는 것은 적절한 분석이다.

② 위의 기호화로 정리한 바에 따르면 ㉠ '인간 고통∧~좀비 고통'과 ㉣ '동일 존재 → ~인간 고통'을 연결하면, ㉢ '~동일 존재'라는 결론이 나온다. 따라서 ㉠과 ㉣이 모두 참이면, ㉢도 반드시 참이라는 것은 적절한 분석이다.

④ 위의 기호화로 정리한 바에 따르면 ㉢ '~동일 존재'와 ⓗ '행동주의 → 동일 존재'를 연결하면 ⊛ '~행동주의'라는 결론이 나온다. 따라서 ㉢과 ⓗ이 모두 참이면, ⊛도 반드시 참이라는 것은 적절한 분석이다.

⑤ 마음은 특정 자극에 따라 이러저러한 행동을 하려는 성향이라는 ⓜ은 행동주의의 내용이다. 그러므로 ⓜ이 거짓이라면 행동주의를 옳지 않다고 보는 ⊛은 참이 된다. 따라서 ⓜ과 ⊛은 동시에 거짓일 수 없다는 것은 적절한 분석이다.

01	02	03	04	05	06	07	08	09	10
③	③	②	④	④	③	③	⑤	③	②

11	12	13	14	15					
⑤	②	⑤	②	③					

01
정답 ③

정답 체크
제시된 진술 중 범인이 누구인지에 대한 것만 정리하면 다음과 같다.
- 바다: ~다은
- 다은: 은경 or 경아
- 은경: ~경아
- 경아: 바다

마지막 단락에 따르면 네 명 중 한 명만 범인이므로 다은의 진술과 경아의 진술은 동시에 참이 될 수 없다. 따라서 경우의 수는 다은이 참말을 하고 경아가 거짓말을 하는 경우, 다은이 거짓말을 하고 경아가 참말을 하는 경우, 다은과 경아가 모두 거짓말을 하는 경우 세 가지로 나뉜다.

<경우 1> 다은이 참말을 하고 경아가 거짓말을 하는 경우
범인은 '은경 or 경아'이므로 바다의 진술은 참이 되고, 은경의 진술은 참이 될 수도 있고 거짓이 될 수도 있다. 이때 각각의 첫 번째 진술을 판단해 보면, 바다, 다은, 은경의 진술은 동시에 참이 가능하고, 경아의 진술은 거짓이 된다. 따라서 <경우 1>은 가능하다.

<경우 2> 다은이 거짓말을 하고 경아가 참말을 하는 경우
범인은 '바다'이므로 바다의 진술과 은경의 진술은 참이 된다. 이때 각각의 첫 번째 진술을 판단해 보면, 은경과 경아의 진술은 동시에 참이 될 수 없다. 따라서 <경우 2>는 가능하지 않다.

<경우 3> 다은과 경아가 모두 거짓말을 하는 경우
범인은 '다은'이므로 바다의 진술은 거짓이 되고 은경의 진술은 참이 된다. 이때 각각의 첫 번째 진술을 판단해 보면, 바다, 다은, 경아의 진술은 동시에 거짓이 가능하고, 경아의 진술은 참이 가능하다. 따라서 <경우 3>은 가능하다.

ㄱ. 경우 1에 따르면 바다와 은경의 말이 모두 참일 수 있다.
ㄷ. 용의자 중 거짓말한 사람이 단 한 명이면, 경우 1에 해당하므로 은경이 범인이다.

오답 체크
ㄴ. 경우 1에 따르면 다은과 은경의 말이 모두 참인 것은 가능하다.

> ⏱ **빠른 문제 풀이 Tip**
> 각각이 두 문장을 진술하고 있으나 이들은 각각 참만을 말하거나 거짓만을 말한다는 조건이 제시되어 있으므로 두 문장은 모두 참이거나 모두 거짓이 되어야 한다.

02
정답 ③

정답 체크
제시된 명제를 기호화하면 다음과 같다.
- 명제 1: A & D
- 명제 2: ~ B or ~D

- 명제 3: A or B → ~C
- 명제 4: ~(A → ~B) = A & B

ㄱ. 명제 1과 명제 4에 따르면 A를 가진 후보자는 B나 D를 가지고 있을 수 있으나, 명제 2에 따라 B를 가지고 있으면 D를 가지고 있지 않다. 또한 명제 3에 따르면 A나 B를 가지고 있으면 C는 가지고 있지 않으므로 네 종류 중 세 종류의 자격증을 가지고 있는 후보자는 없다는 것은 반드시 참이다.

ㄴ. 어떤 후보자는 B를 가지고 있지 않고, 또 다른 후보자는 D를 가지고 있지 않다는 것은 결국 B를 가지지 않거나 D를 가지지 않는다는 의미이다. 따라서 B와 D를 둘 다 가진 후보자는 없다는 명제 2에 따라 반드시 참이다.

오답 체크
ㄷ. D를 가지고 있지 않은 후보자는 누구나 C를 가지고 있지 않다면, C를 가지고 있는 후보자는 누구나 D를 가지고 있다는 의미가 된다. 그러나 네 종류 중 한 종류의 자격증만 가지고 있는 후보자가 있는지는 알 수 없다.

03
정답 ②

정답 체크
제시된 명제를 기호화하면 다음과 같다.
- A: 영희 or 순이
- B: 순이 or 보미
- C: ~영희 or ~보미

발문에서 이 사건은 단독 범행이라고 했으므로 경우의 수는 영희, 순이, 보미 각각이 범인인 3가지가 가능하다. 각 경우에 A, B, C 진술의 진위 여부를 정리하면 다음과 같다. (T: 참, F: 거짓)

	영희	순이	보미
A	T	T	F
B	F	T	T
C	T	T	T

문제에 따르면 A, B, C 중 하나의 진술만 거짓이다. 영희가 범인이거나 보미가 범인인 경우에는 이 조건을 만족하지만, 순이가 범인인 경우에는 세 진술이 모두 참이 된다. 따라서 순이가 범인이라는 것은 반드시 거짓이다.

오답 체크
①, ③, ④ 영희와 보미 중 한 명이 범인이므로 영희가 범인일 수도 있고, 보미가 범인일 수도 있으므로 반드시 거짓이라고 할 수 없다.
⑤ 영희가 범인이 아니면 순이도 범인이 아니라는 것은 반드시 참이다.

> ⏱ **빠른 문제 풀이 Tip**
> 문제 자체에 포진되어 있는 중요한 단서를 놓치면 안 된다. 이 문제의 경우에도 단독 범행이라는 것과 하나의 진술만이 거짓이라는 것이 중요한 단서가 된다.

04

정답 체크

물과 육지라는 기준과 육식에 대한 기준으로 구획을 나눠 정보를 정리하면 다음과 같다.

	물	육지
육식 O	꼬리 O	다리 O, 꼬리 O
육식 X	다리 X	털 X

발문에서 A는 꼬리가 없는 포유동물이라 했고, 육식동물은 꼬리가 있으므로 A는 육식을 하지 않는 동물이다. 만약 A가 털이 있다면, A는 물에 살고 있는 것이므로 A는 다리가 없다. 따라서 A가 털이 있다면, A는 다리가 없다는 것은 반드시 참이다.

오답 체크

①, ② A가 물에 살 경우 다리가 없고, 육지에 살 경우 털이 없다는 것만 알 수 있을 뿐 A가 털이 있다거나 A가 다리가 없다는 것이 반드시 참이라고 할 수 없다.

③ A는 육식동물이 아니기 때문에 A가 물에 살 경우 A는 다리가 없다. 따라서 만약 A가 물에 산다면, A는 다리가 있다는 것은 거짓이다.

⑤ A가 육지에 산다면 A는 털이 없다는 사실만 알 수 있을 뿐 다리가 있는지는 알 수 없다. 따라서 만약 A가 육지에 산다면, A는 다리가 있다는 것이 반드시 참이라고 할 수 없다.

> ⏱ **빠른 문제 풀이 Tip**
> 두 개의 기준으로 정보가 제시되는 퀴즈 문제의 경우 그 기준에 따라 구획을 나누어 정보를 정리하면 단순하게 문제를 해결할 수 있다.

05

정답 체크

제시된 명제를 기호화하면 다음과 같다.
· 명제 1: (~A or ~D) → (C & ~E)
· 명제 2: ~B → (A & ~D)
· 명제 3: ~D → ~C
· 명제 4: ~E → ~B
· 명제 5: ~A or ~B or ~C or ~D or ~E

명제 1과 명제 3을 연결하면 모순이 발생하므로 D는 찬성한다는 것이 확정된다. 확정된 조건으로부터 시작해 다른 조건들을 순차적으로 적용하면 다음과 같이 도출된다. (O: 찬성, X: 반대)

A	B	C	D	E
O	O	X	O	O

따라서 C가 반대하고 D가 찬성한다는 것은 옳다.

오답 체크

① A와 B 모두 찬성하므로 A가 찬성하고 B가 반대한다는 것은 옳지 않다.

② A와 E 모두 찬성하므로 A가 찬성하고 E가 반대한다는 것은 옳지 않다.

③ B와 D는 모두 찬성하므로 B와 D가 반대한다는 것은 옳지 않다.

⑤ 명제 5에 의해 C는 반대하는 것이 되므로 C와 E가 찬성한다는 것은 옳지 않다.

06

정답 체크

제시된 명제를 기호화하면 다음과 같다.
· 갑: 법학 → 정치학
· 을: ~법학 → ~윤리학
· 병: 법학 or 정치학
· 정: 정치학 → 윤리학
· 무: 윤리학 & ~법학

발문에 따르면 한 사람의 진술은 거짓이다. 그런데 을과 무의 진술이 모순관계에 있으므로 거짓을 말하는 사람은 을과 무 중 한 명이고, 나머지 갑, 병, 정은 참을 말한 것으로 확정된다. 이에 따라 경우의 수는 을의 진술이 참인 경우와 무의 진술이 참인 경우로 나뉜다.

<경우 1> 을의 진술이 참인 경우

윤리학을 수강하면 법학도 수강하므로 A는 정치학, 윤리학, 법학을 수강하는 것이 된다.

<경우 2> 무의 진술이 참인 경우

윤리학을 수강하지만 법학은 수강하지 않으므로 A는 정치학과 윤리학만을 수강하는 것이 된다.

따라서 A가 반드시 수강할 과목은 윤리학과 정치학이다.

> ⏱ **빠른 문제 풀이 Tip**
> 제시된 진술 중에서 모순되는 진술을 하고 있는 것이 있는지 찾으면 경우의 수를 줄일 수 있다.

07

정답 체크

제시된 명제를 기호화하면 다음과 같다.
· 명제 1: ~성격 → 발달 & 임상
· 명제 2: 임상 → 성격
· 명제 3: ~인지 → ~성격 & 발달
· 명제 4: ~인지 & ~발달

제시된 글에 따르면 이들 진술 중 세 진술은 옳고, 나머지 한 진술은 그르다고 했으므로 이 중 하나의 진술만 거짓이 된다. 그런데 명제 3과 명제 4는 동시에 참이 될 수 없으므로 이 중에 거짓 진술이 있고, 명제 1과 명제 2는 항상 참인 진술이 된다. 이에 따라 경우의 수는 명제 3이 참인 경우와 거짓인 경우로 나뉜다.

<경우 1> 명제 3이 참인 경우

명제 4는 거짓이 되고, 나머지 두 명제는 참이 된다. 이때 명제 4가 거짓이 되는 경우를 '인지'와 '발달'을 모두 듣는 경우로 가정하면, 영희가 들은 최대 수업 개수는 다음과 같다. (영희가 들은 수업: O, 듣지 않은 수업: X)

인지	성격	발달	임상	들은 수업
O	O	O	O	최대 4개

<경우 2> 명제 3이 거짓인 경우

명제 4가 참이 되고, 나머지 두 명제 역시 참이 된다. 명제 4가 참이 되면 '인지'와 '발달'을 모두 듣지 않는 것이므로, 영희가 들은 최대 수업 개수는 다음과 같다. (영희가 들은 수업: O, 듣지 않은 수업: X)

인지	성격	발달	임상	들은 수업
X	O	X	X	최소 1개

따라서 영희가 들은 수업의 최소 개수는 1개, 최대 개수는 4개이다.

08

정답 ⑤

정답 체크

주어진 명제를 정리하면 다음과 같다.
- 명제 1: 모든 영역에서 보통 평가를 받은 직원이 있다.
- 명제 2: 모든 직원이 보통 평가를 받은 영역이 있다.
- 명제 3: D 우수 → A 우수
- 명제 4: 갑 → C만 보통
- 명제 5: D 보통 → 을
- 명제 6: 병, 정 → A 최우수 & B 최우수
  갑, 을, 무 → ~A 최우수 & ~B 최우수
- 명제 7: 무 → 1개만 최우수

명제 4~6의 조건을 정리하면 다음과 같다.

	갑	을	병	정	무
A	우수		최우수	최우수	우/보
B	우수		최우수	최우수	우/보
C	보통				
D	최/우	보통	최/우	최/우	최/우

이에 따를 때 명제 1에 해당할 수 있는 사람은 을이다. 또한 명제 2에 해당하는 영역은 C이다. 따라서 명제 7에 해당되는 영역은 D가 된다. 한편 명제 3에 따르면 '~A 우수 → ~D'이므로 이를 정리하면 최종적인 결과는 다음과 같다.

	갑	을	병	정	무
A	우수	보통	최우수	최우수	우/보
B	우수	보통	최우수	최우수	우/보
C	보통	보통	보통	보통	보통
D	최/우	보통	최우수	최/우	최우수

따라서 무가 A 영역에서 우수 평가를 받았다는 것은 반드시 참이라 할 수 없다.

오답 체크

① 위의 표에 따를 때 갑이 A 영역에서 우수 평가를 받았다는 것은 반드시 참이다.
② 위의 표에 따를 때 을이 B 영역에서 보통 평가를 받았다는 것은 반드시 참이다.
③ 위의 표에 따를 때 병이 C 영역에서 보통 평가를 받았다는 것은 반드시 참이다.
④ 위의 표에 따를 때 정이 D 영역에서 최우수 평가를 받았다는 것은 반드시 참이다.

> ⏱ **빠른 문제 풀이 Tip**
> 지문에 주어진 조건을 조합하여 직원 갑~무가 영역 A~D에서 어떤 평가를 받았는지 판단해야 하므로 주어진 조건을 표 형태로 정리하는 것이 효율적이다.

09

정답 ③

정답 체크

제시된 명제를 기호화하면 다음과 같다.
- 명제 1: F
- 명제 2: C → G
- 명제 3: D → ~F
- 명제 4: A or C → ~E
- 명제 5: G or B → A or D

ㄱ. 명제 1과 명제 2에서 'F'와 '~D'가 확정된다. 그런데 D를 제외하고 나머지가 모두 신청한다고 가정할 경우 명제 4에 의해서 '~E'가 되어야 한다. 이에 따라 최대 신청자를 표시하면 다음과 같다.

A	B	C	D	E	F	G
O	O	O	X	X	O	O

따라서 요가 교실 신청자는 최대 5명이라는 것은 반드시 참이다.

ㄴ. 지문에 따르면 규정상 신청자가 3명 이상일 때에만 요가 교실을 운영한다. 따라서 G와 B 중 적어도 한 명이 신청하는 경우에만 요가 교실이 운영된다는 것은 '3명 이상 → B or G'를 의미한다. 명제 1과 명제 2에서 'F'와 '~D'가 확정된 상태에서, B나 G가 포함되지 않게 3명이 신청하는 방법은 A, C, F가 신청하는 방법이 있다. 그러나 이 경우 명제 2에 의해 G도 신청해야 한다. 따라서 B나 G가 포함되지 않게 3명이 신청하는 것은 불가능하므로 G와 B 중 적어도 한 명이 신청하는 경우에만 요가 교실이 운영된다는 것은 반드시 참이다.

오답 체크

ㄷ. A가 신청하지 않으면 F를 제외한 어떤 수습사무관도 신청하지 않는다는 것은 '~A → F만'의 의미이다. ~A이면 명제 5에 의해서 ~B & ~G가 확정되고, 명제 2에 의해 ~C도 확정된다. 하지만 E가 신청하는지 여부는 알 수 없으므로 A가 신청하지 않으면 F를 제외한 어떤 수습사무관도 신청하지 않는다는 것은 반드시 참이라고 볼 수 없다.

10

정답 ②

정답 체크

제시된 명제를 기호화하면 다음과 같다.
- 갑: 갑 & ~병
- 을: ~을 & 병
- 병: 무 선발
- 정: 정 선발 & 병 & 무
- 무: 갑 & 정 & 무

갑과 을의 진술은 동시에 참이 될 수 없고, 정과 무의 진술도 동시에 참이 될 수 없다. 제시된 글에 따르면 갑~무 중 세 명의 진술은 참이고 나머지 두 명의 진술은 거짓인 것으로 밝혀졌으므로 병의 진술은 참일 수밖에 없다. 따라서 경우의 수는 갑의 진술이 참이고 을의 진술이 거짓인 경우와 갑의 진술이 거짓이고 을의 진술이 참인 경우로 나뉜다.

<경우 1> 갑의 진술이 참이고 을의 진술이 거짓인 경우
'~병'이 참이 되므로 정의 진술이 거짓이 되고, 무의 진술이 참이 된다.

<경우 2> 갑의 진술이 거짓이고 을의 진술이 참인 경우
'병'이 참이 되므로 정의 진술이 참이 되고, 무의 진술이 거짓이 된다.

각 경우 면접 대상자와 관리자로 선발된 사람은 다음과 같다.

	면접 대상자					관리자 선발자
	갑	을	병	정	무	
경우 1	O			O	O	무
경우 2			O	O	O	정, 무

따라서 을은 서류심사에서 탈락하였다는 것은 반드시 참이다.

오답 체크

① 갑은 경우 1에만 면접 대상자로 결정되었으므로 반드시 참이라고 볼 수 없다.

유형 12 논리 퀴즈 **53**

③ 병은 경우 2에만 면접 대상자로 결정되었으므로 반드시 참이라고 볼 수 없다.

④ 정은 경우 2에만 새로운 관리자로 선발되었으므로 반드시 참이라고 볼 수 없다.

⑤ 무는 새로운 관리자로 선발되었으므로 반드시 거짓이다.

11

정답 체크

세 번째 조건에 따르면 갑은 B와 C를 동시에 소장할 수 없으므로 5권을 소장할 수는 없다. 따라서 갑, 을, 병이 소장하는 권수는 다음과 같이 확정된다.

갑	을	병
4	3	1

여섯 번째 조건과 네 번째 조건에 따르면, E와 F를 소장하는 사람은 을이다. 또한 다섯 번째 조건에 따르면 G를 소장하는 사람은 병이다. 이상의 정보를 조합하면 다음과 같이 정리된다.

	A	B	C	D	E	F	G	H
갑	O	O		O				O
을			O		O	O		
병							O	

D를 소장한 이는 갑이고, F를 소장하고 있는 이는 을이다. 따라서 D를 소장한 이는 F도 소장하고 있다는 것은 반드시 거짓이다.

오답 체크

① 갑이 A와 D를 소장하고 있다는 것은 반드시 참이다.

② 을이 3권의 책을 소장하고 있다는 것은 반드시 참이다.

③ 병이 G를 소장하고 있다는 것은 반드시 참이다.

④ C를 소장한 이가 E도 소장하고 있다는 것은 반드시 참이다.

> ⏱ **빠른 문제 풀이 Tip**
>
> 논리 퀴즈 문제는 주어진 정보를 빠트리지 않고 명료하게 정리하는 것이 중요하다. 이 문제처럼 다양한 정보가 주어진 경우에는 매트릭스를 활용하여 정보를 정리해주는 것이 좋다.

12

정답 체크

제시된 명제를 기호화하면 다음과 같다.

· 갑: 갑-환경 → 을-환경

· 을: 을-환경 → 병-통일

· 병: ~갑-환경 → 병-통일 & 무-통일

· 정: ~병-통일 & 갑-환경

· 무: 갑-통일 & 정-교육

정과 무 진술은 동시에 참이 될 수 없다. 지문에 따르면 갑~무 중 네 명의 진술은 참이고 나머지 한 명의 진술은 거짓인 것으로 밝혀졌으므로 갑, 을, 병의 진술은 참일 수밖에 없다. 따라서 경우의 수는 정의 진술이 참이고 무의 진술이 거짓인 경우와 정의 진술이 거짓이고 무의 진술이 참인 경우로 나뉜다.

1) 정의 진술이 참이고 무의 진술이 거짓인 경우
'병-통일'과 '~병-통일'이 동시에 참이 되므로 가능하지 않은 경우이다.

2) 정의 진술이 거짓이고 무의 진술이 참인 경우
'갑-통일', '정-교육'이 확정되고, 병의 진술에 따라 '병-통일', '무-통일'이 확정된다. 그러나 을이 어디에 배치되는지는 확정되지 않는다.

따라서 을은 환경부에 배치된다는 것은 반드시 참이라고 볼 수 없다.

오답 체크

① 갑은 통일부에 배치된다는 것은 반드시 참이다.

③ 병은 통일부에 배치된다는 것은 반드시 참이다.

④ 정은 교육부에 배치된다는 것은 반드시 참이다.

⑤ 무는 통일부에 배치된다는 것은 반드시 참이다.

> ⏱ **빠른 문제 풀이 Tip**
>
> 참 거짓의 명수가 주어지는 논리퀴즈 문제는 갑~무의 진술 중 동시에 참이 될 수 없는 진술의 쌍을 찾아내는 것이 첫 단계이다.

13

정답 체크

제시된 명제를 기호화하면 다음과 같다.

· 명제 1 : 중점 추진 → ~인력 재배치 & 장기 시행
　　　　　 중점 추진 & 장기 시행

· 명제 2 : 협의 → ~즉각적 효과

· 명제 3 : 많은 예산 & 즉각적 효과

· 명제 4 : 장기 시행 & ~협의 → 인력 재배치

· 명제 5 : 인력 재배치 → ~많은 예산

ㄱ. 명제 4와 명제 5에서 '많은 예산 → ~장기 시행 or 협의'가 도출된다. 이를 명제 2와 연결하면 '많은 예산 → ~장기 시행 or ~즉각적 효과'가 도출된다. 따라서 장기 시행 과제이면서 즉각적인 효과가 나타나는 과제 가운데는 많은 예산이 필요한 과제가 없다는 것은 반드시 참이다.

ㄴ. 명제 2와 명제 4를 연결하면 '~인력 재배치 → ~장기 시행 or ~즉각적 효과'가 도출된다. 이를 명제 1과 연결하면 '인력 재배치 & ~즉각적 효과'가 도출된다. 따라서 인력 재배치가 필요하지 않은 과제 가운데 즉각적인 효과가 나타나지 않는 과제가 있다는 것은 반드시 참이다.

ㄷ. 명제 2와 명제 4, 명제 5를 연결하면 '많은 예산 → ~장기 시행 or ~즉각적 효과'가 도출된다. 이를 명제 3과 연결하면 '많은 예산 & ~장기 시행'이 도출된다. 따라서 장기 시행 과제가 아니면서 많은 예산이 필요한 과제가 있다는 것은 반드시 참이다.

14

정답 체크

지문에 제시된 정보를 조합하여 확정적인 정보를 도출하면 다음과 같다.

· 정보1: 갑의 전적은 1승 1패이다.
　　　　　⇒ 갑은 2위이거나 3위이다.

· 정보2: 정은 을을 이겼다.
　　　　　⇒ 정은 4위는 아니다. 을은 1위는 아니다.

· 정보3: 병은 갑을 이긴 적이 없고 을을 이긴 적도 없다.
　　　　　⇒ 병은 1위는 아니다.

· 정보4: 연구부가 우승했다.
　　　　　⇒ 연구부는 2승을 했다.

· 정보5: 영업부는 2패를 기록했다.
　　⇒ 영업부는 4위이다.
· 정보6: 인사부와 연구부는 대결하지 않았다.
　　⇒ 인사부는 3위이거나 4위이다.

정보를 조합하면 우승한 연구부의 대표는 정이고, 4위를 한 영업부의 대표는 병이다. 이를 바탕으로 토너먼트 표를 그리면 다음과 같다.

결승	연구		자재	
4강	연구	영업	인사	자재
대표	정	병	갑	을
순위	1위	4위	3위	2위

따라서 반드시 참인 것은 '을과 정은 결승전에서 대결했다.'이다.

15

정답 체크

제시된 명제를 기호화하면 다음과 같다.
· 명제 1: 가영:총무 → 나영:인사
· 명제 2: ~나영:인사 → ~라민:인사
· 명제 3: 나영:인사 or 마영:재무
· 명제 4: ~다민:재무 → 가영:총무 & 라민:인사
· 명제 5: ~(~마영:재무 & ~가영:총무)

한 명만 배치되는 총무과에 가영이 배치되거나 배치되지 않는 경우를 나누어 각 직원의 부서 배치를 정리하면 다음과 같다.

1) 가영이 총무과에 배치되는 경우

가영	나영	다민	라민	마영
총무	인사	재무	재무	재무

2) 가영이 총무과에 배치되지 않는 경우

가영	나영	다민	라민	마영
재무	총무	재무	인사	재무
인사	총무	재무	재무	재무
재무	인사	재무	총무	재무
인사	재무	재무	총무	재무

ㄱ. 다민은 재무과에 배치된다는 것은 반드시 참이다.
ㄷ. 나영이 재무과에 배치되면 가영은 인사과에 배치된다는 것은 반드시 참이다.

오답 체크

ㄴ. 라민은 총무과에 배치된다는 것은 반드시 참이라고 볼 수 없다.

1 독해의 원리

2 논증의 방향

3 문맥과 단서

4 논리의 체계

기출 재구성 모의고사

해커스PSAT 7급 PSAT 유형별 기출 200제 언어논리

01	02	03	04	05	06	07	08	09	10
④	③	②	②	②	①	④	②	④	③

11	12	13	14	15					
②	②	④	②	②					

01　　　　정답 ④

정답 체크

주어진 문장을 간단히 기호화하면 다음과 같다.
1) 갑: (A & B) → C
2) 을: ~C
3) 갑: ~A or ~B
4) 을: A or D
5) 갑: ∴ A
6) 을: ∵　　⊙
7) 갑: ∴ (E & F)
8) 을: ∵　　ⓒ

⊙ 2)가 확정적인 정보이므로 이를 1)의 대우명제와 연결하면 '~A or ~B', 즉 3)이 도출된다. ⊙에 들어갈 내용은 3)과 4)와 함께 5)의 결론을 이끌어내기 위해 필요한 전제 중 하나가 된다. 4)에서 ~D가 되면 A가 되고 3)에서 ~B가 된다. 따라서 ⊙에 들어갈 말은 '~D'나 '~B & ~D'가 모두 적절하다.

ⓒ A, ~B, ~C, ~D이 확정된 상태에서 ⓒ은 7)의 결론이 나오기 위해서 필요한 전제이다. ⓒ에는 '(A or ~B or ~C or ~D) → (E & F)'가 들어가면 되므로 '~B → (E & F)'가 들어가면 적절하다.

> ⏱ **빠른 문제 풀이 Tip**
>
> ⊙과 ⓒ에 들어갈 말을 찾는 빈칸 추론 문제지만, 지문의 내용상 빈칸에 들어갈 문장은 결론을 지지해주는 전제의 역할을 하고 있으므로 추가해야 할 전제를 찾는 문제와 동일한 방식으로 접근한다.

02　　　　정답 ③

정답 체크

주어진 문장을 기호화하여 간단히 정리하면 다음과 같다.
· 명제 1: 샤펠식 과정 → 의사결정트리 방식
· 명제 2: 지도학습 or 비지도학습 (배타적)
· 명제 3: 샤펠식 과정 → 지도학습
· 명제 4: 강화학습 → 비지도학습
· 명제 5: 의사결정트리 방식 & 강화학습

ㄱ. 명제 5에 따르면 '의사결정트리 방식 & 강화학습'인데, 명제 4에 따르면 '강화학습 → 비지도학습'이므로 의사결정트리 방식을 적용한 모든 사례는 지도학습의 사례라는 것은 거짓이다.

ㄴ. 명제 1에 따르면 '샤펠식 과정 → 의사결정트리 방식'인데, 명제 5에 따르면 '의사결정트리 방식 & 강화학습'이고, 명제 4에 따르면 '강화학습 → 비지도학습'이므로 샤펠식 과정의 적용 사례가 아니면서 의사결정트리 방식을 적용한 경우가 존재한다는 것은 참이다.

오답 체크

ㄷ. 명제 5에 따르면 '의사결정트리 방식 & 강화학습'이지만, 강화학습을 활용하는 머신러닝 사례들 가운데 의사결정트리 방식이 적용되지 않은 경우가 없는지는 알 수 없다.

03　　　　정답 ②

정답 체크

주어진 문장을 기호화하여 간단히 정리하면 다음과 같다.
· 전제 1: 주관적 판단 → 우연적 요소
· 전제 2: 우연적 요소 → ~보편적 적용
· 전제 3: ~보편적 적용 → ~객관성
· 전제 4: ⊙하나의 명제
· 결론: 주관적 판단 → ~도덕 규범

전제 1, 2, 3을 연결하면 '주관적 판단 → ~객관성'이므로 '주관적 판단 → ~도덕 규범'이라는 결론이 나오기 위해서는 '~객관성 → ~도덕 규범'이라는 연결고리가 필요하다. 따라서 ⊙으로 가장 적절한 것은 객관성이 보장되지 않는 규범은 어느 것도 도덕 규범이 아니라는 것이다.

오답 체크

① '우연적 요소 & 도덕 규범'이 추가되어도 '주관적 판단 → ~도덕 규범'이라는 결론이 도출되지 않는다. 따라서 우연적 요소에 좌우되는 도덕 규범이 있다는 것은 ⊙으로 적절하지 않다.

③ '객관성 → 보편적 적용'이 추가되어도 '주관적 판단 → ~도덕 규범'이라는 결론이 도출되지 않는다. 따라서 객관성이 보장되는 규범은 그것이 무엇이든 보편적으로 적용된다는 것은 ⊙으로 적절하지 않다.

④ '보편적 적용 → ~우연적 요소'가 추가되어도 '주관적 판단 → ~도덕 규범'이라는 결론이 도출되지 않는다. 따라서 보편적으로 적용되는 규범은 어느 것도 우연적 요소에 좌우되지 않는다는 것은 ⊙으로 적절하지 않다.

⑤ '주관적 판단 & ~보편적 적용 & 도덕 규범'이 추가되어도 '주관적 판단 → ~도덕 규범'이라는 결론이 도출되지 않는다. 따라서 주관적 판단에 의존하면서 보편적으로 적용되지 않는 도덕 규범이 있다는 것은 ⊙으로 적절하지 않다.

> ⏱ **빠른 문제 풀이 Tip**
>
> ⊙에 해당하는 내용이 '주관적 판단에 의존하는 규범은 어느 것도 도덕 규범이 아니라는 것'이라는 결론을 내리는 데 필요한 전제의 역할을 하고 있으므로 추가해야 할 전제를 찾는 문제와 동일한 방식으로 접근한다.

정답 체크

첫 번째 단락에 따르면 제시된 네 조건을 모두 충족시키는 방안이 있다면, 정부는 그 방안을 추진해야 한다. 각 방안이 주어진 조건을 만족하는지 여부를 정리하면 다음과 같다.

	대학교 평준화	고등학교 자체평가 확대	대입 정시 확대와 수시 축소	고교 평준화 강화
공정한 기회 균등과 교육의 수월성				공정한 기회 균등
가장 많은 국민이 선호				O
정부의 기존 재정만으로 실행	X	O	O	O
가계 교육 부담 감소	O	O	X	O

고교 평준화 강화는 네 가지 조건 중 세 가지를 만족하고 첫 번째 조건의 일부만 만족하므로 첫 번째 조건의 나머지 일부를 만족하면 모든 조건을 만족하게 된다. 따라서 ㉠정부는 고교 평준화 강화 방안을 추진해야 한다는 결론을 이끌어내기 위해 추가해야 할 전제는 고교 평준화 강화는 교육의 수월성을 이룩할 수 있는 방안이라는 것이다.

> ⏱ **빠른 문제 풀이 Tip**
>
> '추가해야 할 전제'를 찾는 문제는 글의 구조가 명확하게 잡혀 있고, 그 구조를 잡아야 전제를 찾을 수 있다. 따라서 주어진 전제와 결론이 논리명제가 아니어서 기호화되지 않더라도 내용을 간단히 도식화하여 정리하는 것이 좋다.

정답 체크

주어진 문장을 기호화하여 정리하면 다음과 같다.
· 명제 1: 평화 → 원리수용
· 명제 2: 원리수용 → ~권리침해
· 명제 3: ~자유 → 권리침해
· 명제 4: 권리침해 → 힘
· 명제 5: 이성수단 → ~권리침해
· 명제 6: 지식교환 → 평화

ㄱ. 명제 1, 2, 3을 연결하면 '평화 → 자유'가 도출된다. 따라서 반드시 참이다.
ㄹ. 명제 1, 2, 6을 연결하면 '지식교환 → ~권리침해'가 도출된다. 따라서 '권리침해 → ~지식교환'은 반드시 참이다.

오답 체크

ㄴ. 위의 명제를 연결해도 '~힘 → 평화'는 도출되지 않는다. 따라서 반드시 참이라고 볼 수 없다.
ㄷ. 명제 3과 명제 4에 의해 '~힘 → 자유'는 도출될 수 있으나 '힘 → ~자유'가 도출되지 않는다. 따라서 반드시 참이라고 볼 수 없다.

정답 체크

주어진 문장을 기호화하여 정리하면 다음과 같다.
· 명제 1: M → (X & Y)
· 명제 2: X
· 명제 3: 방화 → (카메라 & 비상벨)
· 명제 4: 비상벨 → (~B & ~C)
· 명제 5: ~B
· 명제 6: 카메라
· 명제 7: 누전 → (을 or 병)
· 명제 8: 을 → ~정

ㄱ. 명제 1에 따르면 M → (X & Y)이지 (X & Y) → M이 아니므로 Y공장에서 화재가 발생했어도 기계 M의 오작동이 화재의 원인은 아닐 수 있다. 따라서 반드시 참이다.
ㄷ. 명제 3과 명제 4에 따르면 'C → ~비상벨 → ~방화'이므로 C지역으로 화재가 확대되었더라면, 방화는 이번 화재의 원인이 아니다. 따라서 반드시 참이다.

오답 체크

ㄴ. 명제 7과 명제 8에 따르면 화재의 원인이 누전일 경우 병에게 책임이 없다면 을에게 책임이 있으므로 정에게도 책임이 있다. 그러나 화재의 원인이 누전이어야 한다는 것이 확정되지 않았으므로 병에게 책임이 없다면, 정에게도 책임이 없다는 것은 반드시 참이라고는 볼 수 없다.
ㄹ. 명제 8에 따르면 '정 → ~을'임을 알 수 있을 뿐이고, 이를 통해 누전이 화재 원인임을 알 수는 없다. 따라서 정에게 이번 화재의 책임이 있다고 해도 시설 노후화로 인한 누전이 이번 화재의 원인이라는 것은 반드시 참이라고는 볼 수 없다.

> ⏱ **빠른 문제 풀이 Tip**
>
> '다음 글의 내용이 참일 때'로 시작하는 문제는 논리문제이므로 지문의 문장 중 기호화할 수 있는 문장은 간단히 기호화하여 기계적으로 접근하는 것이 좋다. 이때 논리명제뿐만 아니라 확정적인 정보를 제시하는 문장을 놓치지 말아야 한다.

정답 체크

주어진 조건을 간단히 정리하면 다음과 같다.
· 명제 1: A → B
· 명제 2: ~A → D & ~E
· 명제 3: B → C or ~A
· 명제 4: D → A & ~C

명제 2와 명제 4를 연결하면 A가 채택되는 것이 확정된다. A가 채택되면 명제 1에 의해 B가 채택되는 것이 확정되고, B가 채택되면 명제 3과 명제 4에 의해 C와 D가 채택되는 것이 확정된다. 한편 E는 채택 여부가 확정되지 않으므로 반드시 채택되는 업체 수는 4개이다. 채택 여부를 정리하면 다음과 같다.

A	B	C	D	E
O	O	O	O	?

1 독해의 원리
2 논증의 방향
3 문맥과 단서
4 논리의 체계
기출 재구성 모의고사
해커스PSAT 7급 PSAT 유형별 기출 200제 언어논리

08

정답 체크

주어진 문장을 기호화하여 정리하면 다음과 같다.
· 명제 1: A → (수요 or 공급)
· 명제 2: 가격 → A
· 명제 3: (가격 & ~물가) → 개선
· 명제 4: 가격
· 명제 5: 물가 → (~수요 & ~개선)
· 명제 6: 물가

명제 4에 따라 '가격'이 참으로 확정되므로 명제 2에서 'A' 역시 참으로 확정된다. 또한 명제 6에 따라 '물가'가 참으로 확정되므로 '~수요'와 '~개선' 역시 참으로 확정된다. 'A'가 참이고, '~수요'가 참이므로 명제 1에서 '공급'이 참으로 확정된다. 따라서 부동산 공급이 조절된다는 것은 반드시 참이다.

오답 체크

① 서민들의 삶이 개선된다는 것은 거짓이다.

③ A 정책이 효과적인 것이 참이고, 물가가 상승하지 않는다는 것이 거짓이므로 A 정책이 효과적이라면, 물가가 상승하지 않는다는 것은 거짓이다.

④ A 정책이 효과적인 것이 참이고, 부동산 수요가 조절된다는 것이 거짓이므로 A 정책이 효과적이라면, 부동산 수요가 조절된다는 것은 거짓이다.

⑤ A 정책이 효과적인 것이 참이고, 부동산 가격은 적정 수준에서 조절되지 않는다는 것이 거짓이므로 A 정책이 효과적이라도, 부동산 가격은 적정 수준에서 조절되지 않는다는 것은 거짓이다.

> 🕐 **빠른 문제 풀이 Tip**
> 이 문제의 명제 4와 명제 6은 조건문이 반복되는 가운데 확정적인 정보를 제시하고 있기 때문에 문제 해결의 시작점이 된다. 확정적인 두 개의 정보를 출발점으로 해서 나머지 모든 정보의 참·거짓 여부가 확정된다.

09

정답 ④

정답 체크

주어진 조건을 간단히 정리하면 다음과 같다.
· 명제 1: 양적완화 → 달러가치 하락 & 달러환율 하락
· 명제 2: 달러환율 하락 → 수출 감소
· 명제 3: 주요지표 개선 → ~수출 감소
· 명제 4: ~양적완화 → 미국금리 상승
· 명제 5: 미국금리 상승 → 우리금리 상승
· 명제 6: 우리금리 상승 → 외국인투자 증가
· 명제 7: 우리금리 상승 → 가계부채 심화
· 명제 8: 가계부채 심화 → 국내소비 감소
· 명제 9: 국내소비 감소 → 경제전망 어두움

명제 2와 명제 3에 따르면 '주요지표 개선 → ~수출 감소 → ~달러환율 하락'이므로 우리나라 경제의 주요지표들이 개선되었다면 우리나라의 달러 환율이 하락하지 않았을 것이라는 것은 반드시 참이다.

오답 체크

① 명제 2에 따르면 '달러환율 하락 → 수출 감소'이지만, 우리나라의 수출이 증가했다면 달러화 가치가 하락했을 것인지는 알 수 없다.

② 명제 4, 5, 7에 따르면 '~양적완화 → 미국금리 상승 → 우리금리 상승 → 가계부채 심화'이지만, 우리나라의 가계부채 문제가 심화되었다면 미국이 양적완화를 중단했을 것인지는 알 수 없다.

③ 명제 6에 따르면 '~외국인투자 증가 → ~우리금리 상승'이지만, 우리나라에 대한 외국인 투자가 감소하면 우리나라 경제의 전망이 어두워질 것인지는 알 수 없다.

⑤ 명제 7과 명제 8에 따르면 '~국내소비 감소 → ~우리금리 상승'이지만, 우리나라의 국내소비가 감소하지 않았다면 우리나라에 대한 외국인 투자가 감소하지 않았을 것인지는 알 수 없다.

10

정답 ③

정답 체크

주어진 문장을 기호화하여 정리하면 다음과 같다.
· 명제 1: ~재평가
· 명제 2: ~가용 or ~나윤 → 재평가
· 명제 3: ~드론 법규 → ~나윤 or ~다석
· 명제 4: ~나노 기술 → ~라율 & ~가용

ㄱ. 명제 1과 명제 2에 따르면 '가용'과 '나윤'이 참으로 확정되고, 명제 4에 따르면 '라율 or 가용 → 나노 기술'이 되므로 '나노 기술'도 참으로 확정된다. 따라서 <미래>의 또 다른 과제였던 나노 기술 지원 사업이 성공적이었다는 것은 반드시 참이다.

ㄴ. 명제 3에 따르면 '나윤 & 다석 → 드론 법규'가 되고, '나윤'이 참이므로 '다석 → 드론 법규'는 참으로 확정된다. 따라서 다석이 개인 평가에서 부적격 판정을 받지 않았다면, 그것은 첫 과제로 수행한 <미래>의 드론 법규 정비 작업이 성공적이었음을 의미한다는 것은 반드시 참이다.

오답 체크

ㄷ. '드론 법규'와 '라율' 모두 확정적인 정보가 아니므로 '~드론 법규 → ~라율'은 진위 여부를 알 수 없다. 따라서 <미래>가 첫 과제로 수행한 드론 법규 정비 작업이 성공적이지 않았다면, 라율은 개인 평가에서 부적격 판정을 받았다는 것은 반드시 참이라 할 수 없다.

> 🕐 **빠른 문제 풀이 Tip**
> 지문에 제시된 문장 중 확정적인 정보는 다른 정보의 참·거짓 여부를 판단하는 시작점이 되므로 이를 놓치지 말아야 한다.

11

정답 ②

정답 체크

지문의 논증에서 전제와 결론을 찾아 정리하면 다음과 같다.
· 전제 1: ~셀카 → ~저작권
· 전제 2: 셀카 → 자신 & 의도 & 능력
· 전제 3: ~자아 & 흉내
· 결론: ㉠ ~저작권

㉠의 '~저작권'이라는 결론을 이끌어내려면 전제 1에서 '~셀카'가 필요하고, '~셀카'를 이끌어내려면 전제 2에서 '~자신 or ~의도 or ~능력'이 필요하다. 따라서 '~자아 → ~의도'라는 전제가 추가되면 전제 3과 연결하여 '~저작권'이라는 결론이 도출될 수 있다.

오답 체크

① 자아를 가지지 않으면서 인간의 행위를 흉내 낼 수 없다는 것은 '~(~자아 & 흉내)'를 의미한다. 그러나 이를 추가해도 ㉠을 이끌어낼 수 없다.

③ 자기 모습을 찍으려는 의도를 실현할 능력이 있는 경우에만 자아를 가진다는 것은 '자아 → 능력'을 의미한다. 그러나 이를 추가해도 ㉠을 이끌어낼 수 없다.

④ 자기 모습을 찍으려는 의도가 있다는 것은 그 사진에 대한 저작권이 있다는 것이라는 것은 '의도 → 저작권'을 의미한다. 그러나 이를 추가해도 ㉠을 이끌어낼 수 없다.

⑤ 자기 모습을 찍으려는 의도를 실현할 능력이 없으면서 인간의 행위를 흉내 낼 수는 없다는 것은 '~(~능력 & 흉내)'를 의미한다. 그러나 이를 추가해도 ㉠을 이끌어낼 수 없다.

12
정답 ②

정답 체크
주어진 문장을 기호화하여 정리하면 다음과 같다.
· 명제 1: 본사 개입 → A 선정
· 명제 2: B 선정 → ~본사 개입
· 명제 3: A 선정 or B 선정
· 명제 4: A 선정 → ~직영
· 명제 5: B 선정 → 모두 방역 클린 or 모두 친환경
· 명제 6: B → 방역 클린 & ~친환경
명제 4, 3, 5를 연결하면 '직영 → ~A 선정 → B 선정 → 모두 방역 클린 or 모두 친환경'이고, 명제 6에 따르면 B는 '~친환경'이다. 따라서 '직영 → 방역 클린'은 반드시 참이다.

오답 체크
① '~본사 개입 → A 선정'이 반드시 참인지는 알 수 없다.
③ '~직영 & ~친환경'이 반드시 참인지는 알 수 없다.
④ '우수매장 → 방역 클린 & 친환경'이 반드시 참인지는 알 수 없다.
⑤ '~방역 클린'이 반드시 참인지는 알 수 없다.

⏱ 빠른 문제 풀이 Tip
'다음 글의 내용이 참일 때'로 발문이 시작하는 문제는 지문의 내용을 이해하는 독해식의 접근보다는 기호화하듯이 지문의 정보를 정리하여 선택지가 '반드시 참'인지 여부를 판단하는 것이 좋다.

13
정답 ④

정답 체크
주어진 문장을 기호화하여 정리하면 다음과 같다.
· 명제 1: A → B
· 명제 2: B → ~D
· 명제 3: C → ~E
· 명제 4: ~D → C
· 명제 5: ~E → D
명제 1에서부터 명제 5까지 연결하면 'D'가 확정되고, 이에 따라 '~B'와 '~A'가 확정된다. 그러나 C와 E의 파견 여부는 확정되지 않는다. 이때 'C를 파견하지 않으면 E를 파견하지 않는다.'는 내용을 빈칸에 대입해도 C와 E의 파견 여부가 확정되지 않는다.

오답 체크
① A를 파견하지 않으면 C를 파견하는 경우, 'C'와 '~E'가 확정된다.
② B를 파견하지 않으면 C를 파견하는 경우, 'C'와 '~E'가 확정된다.
③ C를 파견하지 않으면 D를 파견하는 경우, 'C'와 '~E'가 확정된다.
⑤ D나 E를 파견하면 C를 파견하는 경우, 'C'와 '~E'가 확정된다.

⏱ 빠른 문제 풀이 Tip
빈칸 추론 문제이지만 빈칸 뒤에 '기준으로 추가하면'이라는 표현을 보아, 빈칸에 들어갈 내용이 추가해야 할 전제임을 확인할 수 있어야 한다.

14
정답 ②

정답 체크
지문의 논증을 정리하면 다음과 같다.
· 전제 1: ~제작상 문제 → ~제작자 책임
· 전제 2: ~제작자 예측 or ~통제 → ~제작자 책임
· 전제 3: ~지휘관 예측 or ~통제 → ~지휘관 책임
· 전제 4: ~로봇 책임
· 전제 5: ~모두 책임
· 결 론: ㉠ 자율적 군사로봇 사용은 비윤리적
ㄴ. '어떤 행위의 결과에 대해 누구에게도 책임을 물을 수 없다면 그 행위는 비윤리적이다.'를 위의 논증에 추가하면 전제 5와 연결하여 ㉠이라는 결론이 도출될 수 있다.

오답 체크
ㄱ. '인간의 통제하에 있는 존재는 책임의 주체가 될 수 없다.'를 위 논증에 추가하더라도 ㉠이라는 결론이 도출될 수 없다.
ㄷ. '행위자가 예측하거나 통제할 수 없는 결과에 대해서 그에게 책임을 묻는 것은 비윤리적이다.'를 위 논증에 추가하면 전제 2와 3과 연결될 수 있지만, 로봇 자체의 책임 여부와는 연결되지 않는다. 따라서 이를 위 논증에 추가하여 더라도 ㉠이라는 결론이 도출될 수 없다.

15
정답 ②

정답 체크
'운동피질은 자신의 몸 움직임을 현상적으로 경험하지 않아도 활성화될 수 있다.'라는 전제가 추가되면, 운동피질을 이용한 상위 인지적 기능의 검사를 통해 그가 자신의 몸 움직임을 현상적으로 경험하고 있는가를 확인하지는 못한다는 결론이 도출될 수 있다.

오답 체크
① '환자가 신체 일부의 움직임을 현상적으로 경험하는가를 확인할 방법이 있다.'라는 전제가 추가되어도 운동피질과의 연관성이 없으므로 ㉠을 이끌어내기 위해 추가해야 할 전제로 적절하지 않다.
③ '운동피질은 언어 능력과 같은 상위 인지적 기능이 있어야만 활성화될 수 있다.'라는 전제가 추가되어도 현상적 기능과의 연관성이 없으므로 ㉠을 이끌어내기 위해 추가해야 할 전제로 적절하지 않다.
④ '자신의 신체 일부의 움직임을 현상적으로 경험하지 못하는 환자에게는 상위 인지적 기능도 없다.'라는 전제가 추가되면 ㉠과 반대의 결론이 도출되므로 적절하지 않다.
⑤ '운동피질의 활성화 여부는 정상에 가까운 의식을 회복할 가능성을 추정하는 지표이다.'라는 전제는 이미 지문에 제시되어 있으므로 추가해야 할 전제로 적절하지 않다.

1 독해의 원리

2 논증의 방향

3 문맥과 단서

4 논리의 체계

기출 재구성 모의고사

해커스PSAT 7급 PSAT 유형별 기출 200제 언어논리

기출 재구성 모의고사

정답

p.222

01	②	구조 판단	06	②	독해형 논리	11	⑤	개념 이해	16	①	논증 평가	21	③	빈칸 추론
02	①	구조 판단	07	②	논리 퀴즈	12	⑤	구조 판단	17	②	논증의 비판과 반박	22	①	구조 판단
03	②	개념 이해	08	⑤	독해형 논리	13	⑤	논증의 타당성	18	⑤	논증 평가	23	①	빈칸 추론
04	①	원칙 적용	09	③	논리 퀴즈	14	④	견해 분석	19	①	논증 평가	24	③	밑줄 추론
05	③	구조 판단	10	④	논지와 중심내용	15	⑤	원칙 적용	20	④	글의 수정	25	④	견해 분석

취약 유형 분석표

유형별로 맞힌 문제 개수와 정답률, 틀린 문제 번호, 풀지 못한 문제 번호를 적고 나서 취약한 유형이 무엇인지 파악해 보세요. 그 후 틀린 문제와 풀지 못한 문제를 다시 한 번 풀어보세요.

유형		맞힌 문제 개수	정답률	틀린 문제 번호	풀지 못한 문제 번호
독해의 원리	개념 이해	/2	%		
	구조 판단	/5	%		
	원칙 적용	/2	%		
논증의 방향	논지와 중심내용	/1	%		
	견해 분석	/2	%		
	논증의 비판과 반박	/1	%		
	논증 평가	/3	%		
문맥과 단서	빈칸 추론	/2	%		
	밑줄 추론	/1	%		
	글의 수정	/1	%		
논리의 체계	논증의 타당성	/1	%		
	논리 퀴즈	/2	%		
	독해형 논리	/2	%		
TOTAL		/25	%		

해설

01 구조 판단

정답 체크

첫 번째 단락에서 미추이사금은 김씨인 것을 알 수 있으며, 미추이사금이 박혁거세의 묘에서 제사를 지낸 것은 혁거세 자체만을 제사지낸 것이지 그의 직계 조상까지 제사지낸 것은 아니었으므로 김씨 왕들이 시조묘의 제사에서 자신들의 왕조 시조인 김알지에 대해 제사를 지냈다는 것은 옳지 않은 내용임을 알 수 있다.

오답 체크

① 첫 번째 단락에 따르면 시조묘는 혁거세의 아들로 신라의 두 번째 왕인 남해차차웅이 건립하였으며, 남해차차웅의 친누이인 아로(阿老)가 제사를 주관하였다. 따라서 시조묘의 건립뿐 아니라 건립 당시 제사도 시조왕, 즉 혁거세의 자식이 주관하였음을 알 수 있다.

③ 세 번째 단락에 따르면 신라의 건국신화에서 혁거세가 하늘로부터 내려온 알에서 태어났으며, 그가 죽은 후 승천하였다고 한 것은 신라인들이 혁거세를 하늘신으로 인식한 사실을 신화적으로 표현한 것이다. 따라서 혁거세가 강림한 알에서 태어나고 죽어서 하늘로 올라갔다는 신화는 그를 하늘신으로 인식하였음을 보여준다. 그런데 하늘신은 광명신을 의미하므로 이러한 신화는 혁거세를 광명신으로 인식하였음을 보여준다는 것을 알 수 있다.

④ 두 번째 단락에 따르면 불구내는 두 가지로 해석되는데, 첫째는 우리말의 '붉은 해'를 비슷한 발음의 한자로 옮긴 것으로 해석되며, 이는 『삼국유사』에서 불구내를 밝음의 의미인 광명(光明)으로 해석한 것과 동일하다. 두 번째는 불구내에서 내는 안의 의미를 가진 한자 '내(內)'로 옮긴 것으로도 해석되어 불구내는 '불구안'으로도 해석된다. 이때 불구안은 하늘신, 즉 광명신이라는 의미이다. 따라서 혁거세의 별칭인 '弗矩內'의 '內'를 '내'로 보느냐, '안'으로 보느냐에 상관없이 '弗矩內'는 밝음의 의미를 가진다.

⑤ 세 번째 단락에 따르면 알지는 농경신을 가리키는 말이고, 신이나 왕의 절단된 유해를 여기저기 뿌리거나 각기 다른 장소에 매장하였다는 세계 각지의 신화는 모두 대지의 풍요나 다산을 기원하기 위한 것이다. 따라서 혁거세가 '알지'로 불렸던 것과 사체가 토막 나 지상에 떨어진 후 장사지냈다는 것은 혁거세가 농경신임을 의미한다는 것을 알 수 있다.

02 구조 판단

정답 체크

세 번째 단락에 따르면 소년이 장년, 노년과 구분되는 연령 중심의 지칭이었음에 비해, 일반적으로 자제는 막연한 후손이라는 의미보다는 특정한 신분에 있는 각 가문의 젊은 세대라는 의미로 통하였다. 따라서 소년으로 불리는 대상 중 특정 신분에 있지 않으면 자제로 불리지 않는 경우가 있었다는 것을 알 수 있다.

오답 체크

② 다섯 번째 단락에 따르면 청년은 그 자체가 찬미의 대상이 되기보다는 대체로 노년과 짝을 이루어 늙은이가 과거를 회상하는 표현으로 사용되는 경우가 많았다. 그러나 젊은이를 지시하는 말 중 청년이 가장 부정적으로 쓰였는지는 알 수 없다.

③ 네 번째 단락에 따르면 부박하고 상황의 판단이 아직 충분히 노련하지 못하다는 의미로 사용된 것은 소년이다. 첫 번째 단락에 따르면 약년은 스무 살 즈음을 칭하는 표현으로서 약년이 충분히 노련하지 못한 어른을 지칭하기도 하였다는 것은 옳지 않다.

④ 첫 번째 단락에 따르면 약년은 스무 살 즈음을 칭하는 표현이다. 그러나 약년이 소년과 자제의 의미를 포괄하여 사용되었는지는 알 수 없다.

⑤ 세 번째 단락에 따르면 자제는 특정한 신분에 있는 각 가문의 젊은 세대라는 의미로 통하였다. 그러나 명문가의 후손을 높여 부를 때 자제라고 하였는지는 알 수 없다.

03 개념 이해

정답 체크

세 번째 단락에 따르면 환경세 세수만큼 근로소득세를 경감하게 되면 근로자의 실질소득이 증대되고, 그 증대효과는 환경세 부과로 인한 상품가격 상승효과를 넘어설 정도로 크다. 따라서 환경세를 부과하더라도 그만큼 근로소득세를 경감할 경우, 근로자의 실질소득은 늘어난다.

오답 체크

① 세 번째 단락에 따르면 환경세는 환경오염을 유발하는 상품의 가격을 인상시킴으로써 가계의 경제적 부담을 늘려 실질소득을 떨어뜨리는 측면이 있다. 그러나 환경오염 억제 효과가 상쇄되는 것이 아니므로 환경세의 환경오염 억제 효과가 근로소득세 경감에 의해 상쇄된다는 것은 옳지 않다.

③ 네 번째 단락에 따르면 환경세는 노동자원보다는 환경자원의 가격을 인상시켜 상대적으로 노동을 저렴하게 하는 효과가 있으므로 기업의 노동수요가 늘어난다. 따라서 환경세를 부과할 경우 근로소득세 경감이 기업의 고용 증대에 미치는 효과가 나타나지 않는다는 것은 옳지 않다.

④ 노동집약적 상품의 상대가격이 낮아진다면 기업의 고용이 어떻게 될지는 지문에서 알 수 없다. 따라서 환경세를 부과하더라도 노동집약적 상품의 상대가격이 낮아진다면 기업의 고용이 늘어나지 않는다는 것은 알 수 없는 내용이다.

⑤ 세 번째 단락에 따르면, 환경세 세수만큼 근로소득세를 경감하게 되면 근로자의 실질소득이 증대되고, 그 증대효과는 환경세 부과로 인한 상품가격 상승효과를 넘어설 정도로 크다. 따라서 환경세 부과로 인한 상품가격 상승효과가 근로소득세 경감으로 인한 근로자의 실질소득 상승효과보다 크다는 것은 옳지 않다.

⏱ 빠른 문제 풀이 Tip

선택지를 보면 환경세 부과와 근로소득세 경감과의 연관성 여부로 선택지가 구성되어 있다. 따라서 지문을 읽을 때, 환경세 부과와 근로소득세 경감 간의 관계 및 그 효과에 대해 초점을 맞추는 것이 좋다.

04 원칙 적용

정답 체크

ㄱ. '작업률 $= \dfrac{\text{서비스 시간}}{\text{주어진 시간}}$'이므로 처리시간이 더 빠른 계산대로 교체하면 서비스 시간이 줄어드는 효과가 있어 작업률은 낮아진다.

기출 재구성 모의고사 **61**

1 독해의 원리 / 2 논증의 방향 / 3 문맥과 단서 / 4 논리의 체계 / 기출 재구성 모의고사 / 해커스PSAT 7급 PSAT 유형별 기출 200제 언어논리

오답 체크

ㄴ. 계산대를 하나 늘리는 것은 서비스 시간을 줄이는 것이 아니라 대기 시간을 줄이므로 도착 간격이 높아져 서버의 작업률을 낮춘다. 따라서 계산대를 하나 늘리는 것이 서비스 시간을 줄여 서버의 작업률을 높이는 효과를 낸다는 것은 올바른 추론이 아니다.

ㄷ. 계산대에 손님들이 줄을 서서 기다릴 경우 도착 간격이 줄어들어 작업률은 높아지겠지만 그렇다고 해도 주어진 시간보다 서비스 시간이 더 커지는 않을 것이므로 작업률이 100%를 초과할 수 없다. 따라서 계산대에 손님들이 줄을 서서 기다릴 경우 그 계산대의 작업률은 100%를 초과할 수 있다는 것은 올바른 추론이 아니다.

> ⏱ **빠른 문제 풀이 Tip**
>
> 변수 간의 관계가 식으로 표시될 수 있는 부분은 반드시 선택지화 되므로 그 관계를 정리해 두는 것이 필요하다. 이 문제의 경우, 개별 서버의 작업률은 작업이 가능한 주어진 시간 중에서 실제로 서비스를 행하는 시간이 차지하는 비율이므로 '작업률 = $\dfrac{\text{서비스 시간}}{\text{주어진 시간}}$'이다.

05 구조 판단

정답 ③

정답 체크

두 번째 단락에 따르면 체험 마케팅은 고객들이 제품의 기능적 특징에 더불어 '그 이외의 것'을 요구하면서 등장했다고 볼 수 있다. 따라서 체험 마케팅의 발달은 오늘날의 소비자들이 상품의 기능적 효용과 더불어 감성적 측면을 중시함을 반영한 것이지, 기능적 효용보다 감성적 측면을 더 중시하는 것을 반영하는 것이라고 볼 수는 없다.

오답 체크

① 세 번째 단락에 따르면 체험 마케팅의 전략 수립 과정도 하나의 방법론적 이데올로기에 얽매이지 않는다. 따라서 체험 마케팅의 수단과 전략 수립 과정은 다양한 형태로 나타난다는 것을 추론할 수 있다.

② 세 번째 단락에 따르면 전통적 마케터들의 마케팅 범주는 용품이 갖는 기능적 특징을 중심으로 결정됨에 반해 체험 마케터들의 마케팅 범주는 기능적 특징과 더불어 좀 더 폭 넓게 설정된다. 따라서 체험 마케터는 전통적 마케터보다 상품의 마케팅 범주를 더 넓게 설정한다는 것을 추론할 수 있다.

④ 첫 번째 단락에 따르면 전통적 마케터들은 기능적 효용을 중시하는 소비자들에게 마케팅을 할 때, 분석적이며 계량적인 도구를 사용해 얻어진 소비자들의 평가를 수치화하여 분석 모형에 적용한 결과를 토대로 마케팅 전략을 수립한다. 따라서 전통적 마케터는 계량화된 분석 결과를 토대로 기능적 효용을 중시하는 소비자를 대상으로 하는 전략을 수립한다는 것을 추론할 수 있다.

⑤ 첫 번째 단락에 따르면 전통적 마케터들은 기능적 효용으로 설명되지 않는 소비자의 구매 행위에 대해서는 '이미지 효과'나 '브랜드 효과'로 설명하며, 이는 전체 소비 행위의 비중에서 미미할 것으로 간주한다. 따라서 전통적 마케터들은 소비자의 브랜드나 이미지에 의한 소비 비중이 기능적 효용에 의한 소비 비중에 비해 작은 것으로 간주한다는 것을 추론할 수 있다.

> ⏱ **빠른 문제 풀이 Tip**
>
> 선택지를 보면 '전통적 마케팅'과 '체험 마케팅'이 비교되고 있으므로 이 부분에 초점을 맞추어 지문과 선택지를 접근할 필요가 있다.

06 독해형 논리

정답 ②

정답 체크

ⓐ: (가), (나), (다)를 타당한 논증으로 만들기 위해 필요한 (가)의 문장을 <보기> ㄱ과 ㄴ 중 찾아야 한다. 각 문장을 간단히 정리하면 다음과 같다.

(가) _____
(나) 달 따라다님
(다) ∴ ~지구 공전

따라서 (가)에 들어갈 문장은 '달 따라다님 → ~지구 공전'이어야 하고, <보기> ㄱ이 이와 동일하므로 ⓐ에 들어갈 문장은 ㄱ이다.

ⓑ: (라), (마), (바)의 구조를 보면, 망원경에 의한 관찰 자료를 신뢰할 수 있도록 만드는 것을 찾아야 하는데, 그것이 빛 번짐 현상을 없애는 것과 관련되어 있음을 알 수 있다. 이를 바탕으로 지문 세 번째 단락을 확인해 보면, 육안으로 금성을 관찰할 경우 낮에 관찰하는 것이 더 정확하고, 낮에 관찰한 결과 연중 금성의 외견상 크기가 변한다는 것을 알 수 있다. 따라서 밤에 금성을 관찰할 때 망원경을 사용하면 빛 번짐 현상을 없앨 수 있다는 점을 강조하려면 낮에 육안으로 금성을 관찰한 결과와 밤에 망원경으로 금성을 관찰한 결과가 같으면 된다. 결국 ⓑ에 들어갈 문장은 <보기> ㅁ이다.

07 논리 퀴즈

정답 ②

정답 체크

1) A가 참인 경우

1위	2위	3위	4위
A	C		

'D는 2위이다.'라는 진술과 모순된다. 따라서 A의 진술은 거짓이 된다.

2) A가 거짓인 경우

A의 순위가 C보다 낮아야 하고, C는 1위와 2위가 아니므로 A는 4위, C는 3위가 된다. 이때 D는 C보다 순위가 높을 수밖에 없어 C의 진술은 거짓이므로 D는 1위이다. 따라서 B는 2위가 되어야 하고, 자신보다 순위가 높은 D에 대한 B의 진술은 거짓이 되어야 한다. D가 3위나 4위가 아닌 1위이므로 B의 진술은 거짓이 된다. 이에 따라 최종 순위는 다음과 같다.

1위	2위	3위	4위
D	B	C	A

따라서 반드시 참인 것은 'B는 2위이다.'이다.

08 독해형 논리

정답 ⑤

정답 체크

제시된 명제를 기호화하면 다음과 같다.

· 명제 1: 의사 → (사랑하는 or 사랑받는)
· 명제 2: (~의사 → ~사유) & (의사 → 사유)
· 명제 3: 사유 ↔ 행위
· 명제 4: ~행위 → ~자유의지
· 명제 5: 사람 → 자유의지
· 명제 6: ~사랑받는 = 레이

명제 2, 3, 4에 따르면 '자유의지 → 의사'이지만 레이가 '의사 → 자유의지'인지는 알 수 없다. 따라서 만일 레이가 의사를 표명할 수 있다면, 레이가 자유의지를 갖는다는 것은 참인지 거짓인지 알 수 없다.

오답 체크

① 명제 4에 따르면 '자유의지 → 행위'이다. 레이가 '~자유의지 or 행위'인 것은 곧 '자유의지 → 행위'와 동일한 것이므로 레이가 자유의지를 갖지 않거나 행위를 할 수 있다는 것은 참이다.

② 명제 1, 2, 3, 4, 5에 따르면 '사람 → (사랑하는 or 사랑받는)'이다. 명제 6에 따르면 '레이 = ~사랑받는'이므로 레이는 '사람 → 사랑하는'이 된다. 따라서 만일 레이가 사람이라면, 레이는 누군가를 사랑한다는 것은 참이다.

③ 명제 1, 2, 3, 4에 따르면 '자유의지 → 사랑하는'이다. 레이가 '사랑하는 or ~자유의지'인 것은 곧 '자유의지 → 사랑하는'과 동일하다. 명제 6에 따르면 '레이 = ~사랑받는'이므로 레이는 '자유의지 → 사랑하는'이 된다. 따라서 레이가 누군가를 사랑하거나 자유의지를 갖지 않는다는 것은 참이다.

④ 명제 3에 따르면 '행위 ↔ 사유'이므로 '~사유 → ~행위'이다. 따라서 만일 레이가 사유할 수 없다면, 레이는 행위를 할 수 없다는 것은 반드시 참이다.

⏱ 빠른 문제 풀이 Tip
독해형 지문이지만 발문이 '다음 글의 내용이 참일 때'로 시작하고 있으므로 논리 문제이다. 따라서 지문의 문장 중 논리명제를 찾아 간단히 기호화하는 방식으로 접근한다.

09 논리 퀴즈   정답 ③

정답 체크
제시된 명제를 기호화하면 다음과 같다.
· 명제 1: 여러 해석 존재. 각각 하나의 해석만
· 명제 2: 5명만 상태 오그라듦 가설
· 명제 3: 상태 오그라듦 가설 → 코펜하겐 해석 or 보른 해석
· 명제 4: 코펜하겐 해석 or 보른 해석 → 상태 오그라듦 가설
· 명제 5: B – 코펜하겐 해석, C – 보른 해석
· 명제 6: A, D – 상태 오그라듦 가설
· 명제 7: 아인슈타인 해석

명제 3과 명제 4에 따르면 '상태 오그라듦 가설 ↔ 코펜하겐 해석 or 보른 해석'이 된다. 명제 5에 따르면 B와 C는 상태 오그라듦 가설을 받아들인다. 이상의 정보를 매트릭스로 정리하면 다음과 같다. (학회 참석인원은 총 8명이므로 임의로 A~H로 설정한다.)

	A	B	C	D	E	F	G	H
상태 오그라듦	○	○	○	○				
코펜하겐		○						
보른			○					
아인슈타인	X	X	X					

명제 3에 따라 A와 D가 받아들이는 해석이 다르다면, A와 D는 코펜하겐 해석과 보른 해석 중 다른 것을 받아들여야 한다. 이미 B가 코펜하겐 해석을 받아들이고 있으므로 적어도 두 명이 코펜하겐 해석을 받아들인다는 것은 반드시 참이다.

오답 체크
① 적어도 한 명이 많은 세계 해석을 받아들이는지는 주어진 정보만으로 알 수 없다.
② A와 D가 동일하게 코펜하겐 해석을 받아들여도 E~H 중 한 명이 보른 해석을 받아들이면 보른 해석을 받아들이는 이가 두 명이 될 수 있다.

④ 명제 1에 따르면 해석은 여러 가지가 있으므로 오직 한 명만이 많은 세계 해석을 받아들인다 해도 아인슈타인 해석을 받아들이는 이는 두 명이라고 단정할 수 없다.
⑤ A와 D가 모두 코펜하겐 해석을 받아들여도 코펜하겐 해석을 받아들이는 이가 세 명이 될 수 있다.

10 논지와 중심내용   정답 ④

정답 체크
첫 번째 단락에서 '다원주의 사회 내에서는 불가피하게 다양한 가치관들이 충돌한다. 이러한 충돌과 갈등을 어떻게 해결할 것인가?'라는 문제제기에 대해 마지막 단락에서 '자유주의가 채택하는 개인주의나 절차주의적 방법으로는 소수자들의 불평등을 실질적으로 해결하지 못한다. 그 해결은 오직 그들의 문화적 정체성을 인정할 때에만 가능할 것이다.'라고 결론 내리고 있다. 따라서 글의 중심 내용으로 가장 적절한 것은 다원주의 사회에서 집단 간의 가치관 갈등을 해결하기 위해서는 서로 다른 문화적 정체성을 인정해야 한다는 것이다.

오답 체크
① 자유주의가 채택하는 개인주의나 절차주의적 방법으로는 소수자들의 불평등을 실질적으로 해결하지 못한다. 따라서 다원주의 사회에서 다양한 가치관의 갈등은 개인 간의 합의를 통해서 해결된다는 것은 글의 중심 내용이 될 수 없다.
② 제시된 글에서는 집단 간의 갈등을 해결하는 방법에 대해 얘기하고 있으므로 진정한 다원주의는 집단 간의 공평성보다도 개인의 자유와 권리를 우선적으로 보장한다는 것은 글의 중심 내용이 될 수 없다.
③ 제시된 글에서 다루고 있는 것은 개인과 개인의 갈등뿐만 아니라 집단과 집단의 갈등이다. 따라서 국가는 개인과 개인 사이의 갈등을 조정·해결할 수 있는 제도적 장치를 마련하여야 한다는 것은 글의 중심 내용이 될 수 없다.
⑤ 제시된 글에서는 소수 집단의 문화적 정체성을 인정할 때에만 갈등 해결이 가능하다고 본다. 따라서 국가는 개인들이 추구하는 다양한 가치에 대해 어떤 특정한 입장도 옹호해서는 안 되며 중립적 입장을 취해야 한다는 것은 글의 중심 내용이 될 수 없다.

⏱ 빠른 문제 풀이 Tip
글의 중심 내용을 찾는 것은 글의 가장 중요한 내용을 찾는 것이므로 '따라서'나 '하지만' 등 중요한 접속사로 시작하는 문장에 주목하여 글의 큰 흐름을 잡는 방법으로 접근한다.

11 개념 이해   정답 ⑤

정답 체크
세 번째 단락에 따르면 기단의 끝 선을 처마선 안쪽에 위치하도록 함으로써 지붕의 낙수는 기단 밖으로 떨어지게 되며 낙수가 지면으로부터 건물로 튀는 것을 지면보다 높은 기단이 막아준다. 이러한 기단의 기능은 목조 건물이 물이나 습기와 직접적인 접촉을 피할 수 있게 해 줌으로써 건물의 수명을 늘려주는 효과를 가져왔다. 따라서 우리나라 전통 건축에서 지붕보다 좁고 지면보다 높게 설치된 기단이 목조 건물의 수명을 연장하는 데 도움을 주었다는 것은 글의 내용에 부합한다.

1 독해의 원리
2 논증의 방향
3 문맥과 단서
4 논리의 체계
기출 재구성 모의고사
해커스PSAT 7급 PSAT 유형별 기출 200제 언어논리

① 두 번째 단락에 따르면 청동기 시대 전반에 걸쳐 움집은 급격히 지상 건축으로 변화하기 시작했다. 그러나 기단의 도입에 청동기 시대 전반에 걸친 기후 환경의 변화가 주요한 요인으로 작용하였다는 것은 글의 내용에 부합하지 않는다.

② 첫 번째 단락에 따르면 기단은 건물의 하부에 곧은 직선을 형성함으로써 건물이 안정적으로 보이도록 하고, 높이와 규모, 마감 방법 등에 차이를 두어 건물의 가치와 위계를 나타내는 수단으로도 사용되었다. 그러나 기단의 높이나 넓이가 건물의 구조적 안정성보다는 그 건물의 가치와 위계를 고려하여 결정되는지는 알 수 없다. 따라서 기단의 높이나 넓이가 건물의 구조적 안정성보다는 그 건물의 가치와 위계를 고려하여 결정되었다는 것은 글의 내용에 부합하지 않는다.

③ 두 번째 단락에 따르면 지상 건축이 되면서 수직 기둥과 벽이 출현하고 기단이 도입되었다. 즉 지상 건축으로 인해 수직 기둥과 벽의 출현 및 기단 도입이 나타나게 되었다. 따라서 한국 전통 건축에서 기단이 수직 기둥과 벽의 출현 등 가옥 구조 기술의 발달을 가져온 요소라는 것은 글의 내용에 부합하지 않는다.

④ 네 번째 단락에 따르면 좁은 의미의 기단이 도입된 결과로 해충 및 습기 방지의 효과가 나타난 것이지 해충 및 습기 방지를 위해 좁은 의미의 기단이 도입된 것이 아니다. 따라서 좁은 의미의 기단이 우리나라 전통 건축에서 해충 및 습기 방지와 온돌 설치를 위해 도입되었다는 것은 글의 내용에 부합하지 않는다.

12 구조 판단
정답 ⑤

정답 체크

㉠은 개인을 구속하고 굴레를 씌우는 일반 원칙으로 구성되는 것이고 ㉡은 덕의 윤리이다. 따라서 내가 개인을 구속하는 일반 원칙에 얽매이지 않고 덕스러운 방식으로 행복을 추구하는 것이 ㉡에 따라 사는 삶이라는 것은 적절한 판단이다.

오답 체크

① 자신에게 어울리는 것을 자신의 도덕으로 삼는 것은 ㉡이다. 따라서 내가 '좋음'의 의미를 주체적으로 정립하여 사는 삶은 ㉠이 아니라 ㉡에 따라 사는 삶이다.

② 개인의 행복에 도움을 주는 것은 ㉡이므로 내가 나 자신의 탁월성 신장을 통하여 행복을 추구하여 사는 삶은 ㉠이 아니라 ㉡에 따라 사는 삶이다.

③ 개인의 탁월성을 강조하는 것은 ㉡이므로 내가 끊임없이 스스로를 갈고 닦아 자신만의 개성을 만들어 사는 삶은 ㉠이 아니라 ㉡에 따라 사는 삶이다.

④ 주체적인 삶을 영위하기 위해 노력하는 것은 ㉡에 해당하지만 내재화된 이성의 힘은 ㉠에 해당한다. 따라서 내가 내재화된 이성의 힘을 토대로 주체적인 삶을 영위하기 위해 노력하는 것이 ㉡에 따라 사는 삶이라는 것은 적절한 판단이 아니다.

> ⏱ **빠른 문제 풀이 Tip**
>
> 밑줄 친 ㉠과 ㉡에 대한 적절한 판단 여부를 묻는 문제이고 지문에 ㉠과 ㉡의 개념이 대조되고 있으므로 각 개념의 키워드를 체크하는 데 집중한다.

13 논증의 타당성
정답 ⑤

정답 체크

㉠~㉤의 5개 문장의 구조와 흐름을 파악하면 다음과 같다.
㉠ 의미 → 대상
㉡ ~비물질적 실체 대상
㉢ ~비물질적 실체 의미 → ~긍정·부정
㉣ 긍정·부정
㉤ 의미 & ~대상

기호화한 것에 따르면, ㉢과 ㉤이 참이면 '비물질적 실체 의미'가 도출되고, ㉠이 참이므로 최종적으로 '비물질적 실체 대상'이 참으로 도출된다. 따라서 ㉠, ㉢, ㉤이 참이면, ㉡ '~비물질적 실체 대상'이 반드시 거짓이라는 판단은 적절하다.

오답 체크

① 위의 기호화에 따르면 ㉠과 ㉤은 모순관계이므로 ㉠이 참이면, ㉤이 반드시 거짓이 된다. 따라서 ㉠이 참이면, ㉤이 반드시 참이라는 판단은 적절하지 않다.

② 위의 기호화에 따르면 ㉠과 ㉢이 참이라고 해도 ㉤이 반드시 참이라고 볼 수 없다. 오히려 ㉠과 ㉤은 모순관계이므로 ㉠이 참이면 ㉤이 반드시 거짓이 된다. 따라서 ㉠과 ㉢이 참이면, ㉤이 반드시 참이라는 판단은 적절하지 않다.

③ 위의 기호화에 따르면 ㉢과 ㉤이 참이라고 해도 ㉣이 참인지 거짓인지에 대한 판단을 할 수 없다. 따라서 ㉢과 ㉤이 참이면, ㉣이 반드시 거짓이라는 판단은 적절하지 않다.

④ 위의 기호화에 따르면 ㉠, ㉡, ㉢이 참이면, '~비물질적 실체 대상 → ~비물질적 실체 의미 → ~긍정·부정'이 도출되므로 ㉣ '긍정·부정'은 거짓이 된다. 따라서 ㉠, ㉡, ㉢이 참이면, ㉣이 반드시 참이라는 판단은 적절하지 않다.

14 견해 분석
정답 ④

정답 체크

병은 c를 같은 방식으로 던지는 것은 거의 불가능하고, 가능하더라도 그 수는 매우 작을 것이라고 보며, 정은 c가 같은 방식으로 던져진 실제 세계 사례의 수는 무척 작을 것이라고 본다. 따라서 병과 정이 실제 세계에서 c를 같은 방식으로 던지는 사례의 수가 매우 작을 수 있다는 것에 동의한다는 것은 적절한 분석이다.

오답 체크

① 갑은 A가 분명히 참이라고 생각하고, 병은 진술 A가 거짓이라는 것은 받아들일 수 없다고 한다. 따라서 갑은 A가 참이라고 생각하지만, 병은 거짓이라고 생각한다는 것은 적절한 분석이 아니다.

② 을은 c를 여러 번 던져 진술 A의 의미를 결정할 수 있다고 주장하고, 병은 c를 같은 방식으로 던지는 것은 거의 불가능하다고 본다. 따라서 을은 c를 같은 방식으로 여러 차례 던질 수 없다고 주장하지만, 병은 그렇지 않다는 것은 적절한 분석이 아니다.

③ 병은 진술 A가 거짓이라는 것은 받아들일 수 없다고 주장하므로 병이 c를 다양한 방식으로 던진 동전 던지기의 결과가 A의 진위에 영향을 끼친다고 주장한다는 것은 적절한 분석이 아니다.

⑤ 갑은 c의 물리적 특징을 조사한다고 하더라도, '50%의 확률'에 대응하는 특징을 찾을 수 없다고 본다. 따라서 갑, 을, 정 모두 c의 물리적 특징을 안다면 A의 뜻을 결정할 수 있다는 것에 동의한다는 것은 적절한 분석이 아니다.

⏱ 빠른 문제 풀이 Tip

발문이 '논쟁에 대한 분석'이고 지문에 갑, 을, 병, 정 단락이 대비되고 있으므로 각각의 주장 간의 차이점에 초점을 맞추는 것이 중요하다.

15 원칙 적용 ·· 정답 ⑤

정답 체크

ㄱ. (가)에 따르면 조건문 'A이면 C'는 A가 참인데도 C가 거짓인 경우에 거짓이고, 그 나머지 경우에는 모두 참이다. 실제 3월에 누군가 "이번 달이 4월이면, 다음 달은 5월이다."라고 말했다면 '이번 달이 4월'이 거짓이므로 (가)에 따르면 실제 3월에 누군가 "이번 달이 4월이면, 다음 달은 5월이다."라고 말했을 때, 이 조건문은 참이다.

ㄴ. (나)에 따르면 A가 현실 세계에서 참인 경우에는 (가)와 다를 바 없이 C가 참이면 조건문은 참이고 C가 거짓이면 조건문은 거짓이다. 실제 3월에 누군가 "이번 달이 3월이면, 다음 달은 4월이다."라고 말했다면, '이번 달이 3월'이 참이고 '다음 달은 4월'도 참이므로 (나)에 따르면 이 조건문은 참이다.

ㄷ. (가)에서 거짓인 조건문은 조건문 'A이면 C'에서 A가 참인데도 C가 거짓인 경우에 해당한다. 이는 (나)에서 A가 현실 세계에서 참인 경우에 해당하므로 (나)에서도 거짓으로 판정한다.

16 논증 평가 ·· 정답 ①

정답 체크

ㄱ. 제시된 논증은 '평범한 사람들은 어떤 행위가 의도적이었는지의 여부를 어떻게 판단할까?'라는 문제제기에 대해 환경에 해를 끼치는 사례와 환경에 도움이 되는 사례를 제시한 설문조사에 근거해 결론을 내리고 있다. 따라서 위 설문조사에 응한 사람들의 대부분이 환경에 대한 영향과 도덕성은 무관하다고 생각한다는 사실은 설문조사 결과를 바탕으로 결론을 내리고 있는 논증을 약화한다.

오답 체크

ㄴ. 제시된 논증은 '평범한 사람들은 어떤 행위가 의도적이었는지의 여부를 어떻게 판단할까?'라는 문제제기에 대해 특정 행위 결과를 행위자가 의도했는가에 대한 사람들의 판단은 그 행위 결과의 도덕성 여부에 대한 판단에 의존한다고 결론 내리고 있다. 어떤 행위자가 더 큰 도덕적 책임을 갖는지는 지문의 논증과 관련된 내용이 아니므로 위 설문조사 결과는, 부도덕한 의도를 가지고 부도덕한 결과를 낳는 행위를 한 행위자가 그런 의도 없이 같은 결과를 낳는 행위를 한 행위자보다 그 행위 결과에 대해 더 큰 도덕적 책임을 갖는다는 것을 지지한다는 것은 적절한 평가가 아니다.

ㄷ. 제시된 논증은 행위의 의도성을 판단하는 기준에 대한 내용이다. 따라서 두 행위자가 동일한 부도덕한 결과를 의도했음이 분명한 경우, 그러한 결과를 달성하지 못한 행위자는 도덕적 책임을 갖지 않지만 그러한 결과를 달성한 행위자는 도덕적 책임을 갖는다고 판단하는 사람이 많다는 사실은 위 논증과 관련성이 없으므로 논증을 강화한다는 것은 적절한 평가가 아니다.

⏱ 빠른 문제 풀이 Tip

논증에 대한 평가 문제는 논증에서 다루고자 하는 내용을 알려주는 문제제기 부분에 주목하면, 논증에서 최종적으로 이야기하고자 하는 바가 무엇인지 쉽게 확인할 수 있다.

17 논증의 비판과 반박 ·························· 정답 ②

정답 체크

ㄴ. 제시된 글은 1960년대 중반에 비해서 1990년대 중반에 바쁘다고 응답하는 사람의 비율이 절반 이상이나 상승했고, 바빠진 집단이 과거 공동체 생활에 특히 적극적이었다는 점을 바탕으로, 우리를 공동체 참여에서 이탈하게 만드는 범인은 늘어난 노동시간이라고 결론 내리고 있다. 따라서 1960년대 이후 노동시간이 늘어난 집단과 노동시간이 줄어든 집단 모두에서 시민 활동 시간이 감소했다는 것은 노동시간의 감소가 시민 활동 시간 감소의 원인이 아니라는 의미이므로 글을 비판하는 자료로 적절하다.

오답 체크

ㄱ. 1960년대 이후 시간외근무를 하는 사람들의 비율이 지속적으로 증가했다는 것은 1960년대 이후 사람들이 바빠져 공동체 활동을 하기 어렵게 되었다는 글의 내용을 지지하는 자료가 될 수 있다.

ㄷ. 1960년대 이후 맞벌이가정의 비율이 지속적으로 증가했다는 것은 1960년대 이후 사람들이 바빠져 공동체 활동을 하기 어렵게 되었다는 글의 내용을 지지하는 자료가 될 수 있다.

18 논증 평가 ·· 정답 ⑤

정답 체크

ㄱ. <실험 A>는 30분 후 한 차례 방사능에 노출했으므로 중립적 자극과 무조건 자극이 여러 차례 연결되어야 한다는 ㉠을 만족하지 않지만 실험군의 쥐들이 구토 증상을 나타냈으므로 ㉠을 약화한다. 그러나 중립적 자극과 무조건 자극이 단물과 방사능 노출 하나로만 진행되었으므로 무조건 자극과 중립적 자극이 각각 어떤 종류의 자극인지가 조건화에 영향을 미치는지 여부를 확인할 수는 없으므로 ㉢을 약화하지 않는다.

ㄴ. <실험 B>는 중립적 자극과 무조건 자극을 주는 과정을 여러 차례 반복했으므로 ㉠을 약화하지 않는다. 또한 실험군 중 일부에서만 구토와 쇼크가 나타났으므로 무조건 자극과 중립적 자극이 각각 어떤 종류의 자극인지가 조건화에 영향을 미치고 있음을 확인할 수 있으므로 ㉢을 약화한다.

ㄷ. <실험 A>는 한 차례 방사능에 노출했으므로 중립적 자극과 무조건 자극 간의 간격이 0~1초 정도로 충분히 짧아야 한다는 ㉡을 약화한다. 그러나 <실험 B>는 단물이나 밝은 물을 주면서 방사능에 노출하거나 전기 충격을 주었으므로 ㉡을 약화하지 않는다.

⏱ 빠른 문제 풀이 Tip

<보기>를 보면 각 실험이 ㉠~㉢을 강화하는지 약화하는지 여부를 평가하는 것이 핵심이므로 평가의 대상인 ㉠~㉢을 확인하고 이를 기준으로 각 실험의 내용을 정리할 필요가 있다.

19 논증 평가 ·· 정답 ①

정답 체크

ㄱ. 유전 암호가 임의적인데도 그것이 보편적이라는 사실은 모든 생명이 공통의 기원을 갖는다는 가설을 옹호한다는 것이 이 글의 논지이다. '유전 암호가 보편적'이라거나 '유전 암호가 임의적'이라는 것이 논지를 지지하는 근거로 사용되었고, 그와 반대 방향에 있는 키워드는 '명백한 기능적 효용성'이다. 따라서 UUU가 페닐알라닌이 아닌 다른 아미노산의 정보를 지정하는 것이 기능적으로 불가능한 이유가 있다는 것은 기능적 효용성을 긍정하는 것이므로 지문의 논증을 약화한다.

오답 체크

ㄴ. 네 번째 단락에 따르면 숫자는 명백한 기능적 효용성을 갖기 때문에 모든 언어가 수에 해당하는 단어를 포함한다는 사실은 그 언어들이 공통의 기원을 갖는다는 증거가 될 수 없다. 사람은 유아기에 엄마가 꼭 필요하기 때문에 엄마를 의미하는 유아어가 모든 언어에서 발견된다는 것은 이와 유사한 사례에 해당한다. 그러나 이 내용은 유전 암호가 임의적인데도 그것이 보편적이라는 사실이 모든 생명이 공통의 기원을 갖는다는 가설을 옹호한다는 글의 논지와는 직접적인 관련성이 없으므로 논증을 약화한다고 볼 수 없다.

ㄷ. 두 번째 단락에 따르면 코돈을 이루는 뉴클레오타이드는 3개이다. 따라서 코돈을 이루는 뉴클레오타이드가 4개인 것이 3개인 것보다 기능이 우수함에도 불구하고 3개가 코돈을 이루고 있는 것은 이것이 기능적 우수성이 아니라 임의성을 따르고 있음을 의미하므로 이는 지문의 논증을 강화한다.

20 글의 수정   정답 ④

정답 체크

두 번째 단락에 따르면 알파벳의 사용 빈도를 조사해 보니 E가 12.51%로 가장 많이 사용되었다. 그런데 규칙 α가 앞서 예로 든 철수가 사용한 규칙과 동일하다면 알파벳 E는 암호문에서 A로 변환되어야 한다. 따라서 ㉣을 '만일 규칙 α가 앞서 철수가 사용한 규칙과 동일하다면, 암호문들에 가장 많이 사용된 알파벳은 A일 가능성이 높을 것이다'로 수정하는 것이 가장 적절하다.

오답 체크

① ㉠은 'I를 Q로 변경한다', 'L을 R로 변경한다'로 그대로 두는 것이 규칙에 맞다. 따라서 ㉠을 'Q를 I로 변경한다', 'R을 L로 변경한다'로 수정하는 것은 적절하지 않다.

② ㉡'우리가 그 암호문에 단일환자방식의 암호화 규칙이 적용되어 있다는 것을 알고 있다면 문제가 쉽게 해결될 수도 있다.'는 '알파벳의 사용 빈도를 파악하여 일대일 대응의 암호화 규칙을 추론해낼 수 있기 때문이다.'라는 문장과 자연스럽게 연결된다. 따라서 ㉡을 '우리가 그 암호문에 단일환자방식의 암호화 규칙이 적용되어 있지 않다고 생각한다 해도 문제는 쉽게 해결될 수 있다'로 수정하는 것은 적절하지 않다.

③ ㉢'물론 이러한 통계 자료를 확보했다고 해도 암호문이 한두 개 밖에 없다면 암호화 규칙을 추론하기는 힘들 것이다.'는 '그러나 암호문을 많이 확보하면 할수록 암호문을 해독할 수 있는 가능성이 높아질 것이다.'라는 문장과 자연스럽게 연결된다. 따라서 ㉢을 '이러한 통계 자료를 확보하게 되면 자동적으로 암호화 규칙을 추론할 수 있게 될 것이다'로 수정하는 것은 적절하지 않다.

⑤ ㉤'암호문 'H FPW HP'는 'I ATE IT'를 암호화한 것이라는 사실을 알 수 있게 될 것이다.'로 그대로 두는 것이 규칙에 맞다. 따라서 ㉤을 '암호문 'I ATE IT'는 'H FPW HP'를 암호화한 것이라는 사실을 알 수 있게 될 것이다'로 수정하는 것은 적절하지 않다.

21 빈칸 추론   정답 ③

정답 체크

IRP에 따르면 더 많은 상황을 배제할수록 정보의 양은 줄어든다. 따라서 P가 배제하는 상황은 Q도 모두 배제한다면, Q의 정보량은 P의 정보량보다 적지 않다고 판단할 수 있다.

오답 체크

① IRP에 따르면 P가 참일 확률이 더 커질수록 정보의 양은 더 줄어든다. 따라서 P가 참일 확률이 Q가 참일 확률보다 크다면, Q가 제공하는 정보량은 P보다 더 많다. 그러나 IRP에 따를 때 예측 가능성이 클수록 정보량이 작아지는 것이지, 예측 불가능성이 P가 Q보다 더 큰지는 판단할 수 없다.

② IRP에 따르면 논리적으로 타당한 모든 추론이 제공하는 정보량은 0이다. 어떤 추론의 전제들이 모두 참이면서 결론이 거짓인 것이 불가능하다는 것은 타당한 논증을 의미하므로 그 추론은 최대의 정보량을 제공한다고 판단할 수 없다.

④ IRP에 따르면 예측 불가능성이 더 작아질수록 정보량이 작아진다. 그러나 P의 정보량이 0보다 크기 위해서 P의 예측 불가능성이 완전히 사라져야 한다고 판단할 수는 없다.

⑤ IRP에 따르면 논리적으로 타당한 모든 추론이 제공하는 정보량은 0이다. 그러나 논리적으로 타당하지 않은 추론의 정보량이 0보다 클 수 없다고 판단할 수는 없다.

22 구조 판단   정답 ①

정답 체크

ㄱ. IRP에 따르면 항상 참인 진술의 정보량은 0이다. 따라서 <사례>에서 항상 참인 진술인 A의 정보량은 0이다. 한편 E는 항상 거짓이므로 <조건>에 따를 때 정보량이 0보다 클 수 없다. 따라서 B, C, D는 참일 수 있는 가능성이 있으므로 0보다 큰 정보량을 지닌 진술의 개수가 3이라는 것은 적절한 평가이다.

오답 체크

ㄴ. 전제가 B이고 결론이 C인 추론은 타당한 추론이므로 정보량이 0이고, "D이면 A이다."라는 조건문은 참이므로 정보량이 0이다. 따라서 둘의 정보량이 다르다고 평가할 수 없다.

ㄷ. "C이고 D이다."라는 진술은 참일 가능성이 있지만 E는 반드시 거짓이어서 참일 가능성이 없으므로 두 진술의 정보량이 같다고 평가할 수 없다.

⏱ 빠른 문제 풀이 Tip

지문에 제시된 IRP의 특성과 문제에 주어진 <조건>의 내용이 논리적인 문장으로 구성되어 있으므로 이 부분에 주목하여 정보량을 판단할 수 있어야 한다.

23 빈칸 추론   정답 ①

정답 체크

'하지만', '왜냐하면' 등의 접속사에 주목하면 ㉠과 ㉡에 들어갈 단어는 빈칸 앞에 제시된 문장이 틀린 이유를 설명하는 것이 된다. 빈칸 앞에 제시된 문장은 돌출부가 피가 신체 아래쪽으로 몰리는 것을 막는 기능을 한다고 생각했지만 이는 잘못된 생각이라는 것이므로 ㉠에 '아래쪽으로'가 들어가고 ㉡에 '위쪽으로'가 들어가는 것이 적절하다.

오답 체크

'이 돌출부 덕분에'라는 표현에 주목하면 ㉢과 ㉣에 들어갈 단어는 돌출부가 의도하는 피의 방향에 대한 것이 될 것이다. 이 돌출부들은, 피가 굵은 줄기에서 가는 가지로 흘러들어가 정맥을 파열시키는 것을 막고 피가 말단에서 중심으로만 흐르도록 하기 위해서 존재할 뿐이므로 ㉢에 '말단', ㉣에 '중심부로'가 들어가거나, ㉢에 '가는 가지', ㉣에 '굵은 줄기로'가 들어가는 것이 적절하다.

⏱ 빠른 문제 풀이 Tip

빈칸을 채우는 문제는 결국 지문의 문맥을 묻는 문제이므로 글의 내용도 중요하지만 빈칸을 중심으로 그 주변의 글의 구조를 파악하는 것이 문제 해결에 도움이 된다.

24 밑줄 추론

정답 ③

정답 체크

을이 말하는 A 원리는 철수에게 신체적인 위해라는 특정 자극이 주어졌다는 것과 그가 신음 소리라는 특정 행동을 했다는 것을 관찰함으로써 철수가 고통이라는 심리 상태에 있다고 추론하는 것을 정당화하기 위해 가정해야 하는 것이다. 따라서 어떤 존재에게 특정 자극에 따른 행동 Y가 발생할 경우, 그 존재에게는 항상 특정 심리 상태 X가 발생한다는 것을 A 원리라고 볼 수 있다.

오답 체크

①, ② ㉠은 특정 자극과 특정 행동을 관찰함으로써 특정 심리 상태에 있다고 추론하는 것이다. 이는 어떤 존재의 특정 심리 상태 X가 관찰 가능할 경우, 특정 자극에 따른 행동 Y가 X와 항상 동시에 발생한다고 보거나, 어떤 존재의 특정 심리 상태 X가 항상 특정 자극에 따른 행동 Y와 동시에 발생할 경우, X가 관찰 가능한 것이라고 보는 것은 아니다.

④, ⑤ '어떤 존재에게 특정 심리 상태 X가 발생할 경우, 그 존재에게는 항상 특정 자극에 따른 행동 Y가 발생한다.'는 것이나, '어떤 존재에게 특정 심리 상태 X가 발생할 경우, 그 존재에게는 항상 특정 자극에 따른 행동 Y가 발생하고, 그 역도 성립한다.'는 것도 철수에게 신체적인 위해라는 특정 자극이 주어졌다는 것과 그가 신음 소리라는 특정 행동을 했다는 것을 관찰함으로써 철수가 고통이라는 심리 상태에 있다고 추론하는 것을 정당화하기 위해 가정해야 하는 원리가 될 수 있다. 그러나 을에 따르면 고통을 참는 사람들이 있고 그런 사람들이 비정상적인 것은 아니지만 그러한 사람의 존재가 A 원리에 대한 반박 사례인 것은 아니다. 즉, 특정 자극과 특정 심리 상태에 있지만 특정 행동이 나타나지 않는 경우는 A 원리를 반박하지 못한다. 따라서 특정 심리 상태에 있으면 특정 자극과 특정 행동이 나타난다는 것을 포함하는 내용은 A 원리에 해당되지 않는다.

25 견해 분석

정답 ④

정답 체크

갑의 주장은 처벌은 사회 전체의 이득을 생각해서, 다른 사회 구성원들을 교육하고 범죄자를 교화하는 기능을 수행해야 한다는 것인데, 병은 범죄자에 대한 처벌의 교화 효과에 대해서는 의문의 여지가 있다고 본다. 따라서 병은 처벌이 갑이 말하는 기능을 수행하지 못할 수도 있다는 것을 보여준다는 것은 적절한 분석이다.

오답 체크

① 처벌의 정당성을 확립하기 위한 고려사항에 대해 갑은 사회 전체의 이득을 생각해야 한다고 하고, 을은 사회의 이익을 고려해서는 안 된다고 하고 있다. 따라서 갑과 을의 의견은 양립 가능하다고 볼 수 없다.

②, ③ 현대 사회에 접어들어 구성원들 간 이해관계의 충돌이 더욱 심해졌다는 것을 부정하는지 여부와 사람에게는 타고난 존엄성이 있다는 것을 부정하는지 여부는 갑과 을의 차이점이 아니므로 적절한 분석이라 볼 수 없다.

⑤ 병은 범죄자에 대한 처벌의 교화 효과에 대해서는 의문의 여지가 있다는 입장이고, 을은 처벌 여부와 처벌 방식을 결정하는 데 있어 처벌을 통해 얻을 수 있는 사회의 이익을 고려해서는 안 된다는 입장이므로 둘의 주장은 관련성이 없다. 따라서 병은 처벌이 을이 말하는 방식으로 정당화될 수 없다는 것을 보여준다는 것은 적절한 분석이 아니다.

⏱ 빠른 문제 풀이 Tip

선택지를 보면 갑, 을, 병의 의견을 비교하고 있음을 알 수 있다. 따라서 지문을 읽을 때 갑, 을, 병의 주장에 집중하여 같은 주장을 하고 있는지, 반대되는 주장을 하고 있는지를 파악해야 한다.